KB210177

大韓民國 現代政治史

대한민국 현대정치사

- 건준에서 참여정부까지 -

안희수

박영사

머리말

    조선이 해방되어 대한민국이 생기고 자라는 동안, 경건한 순응주의자들이 자유민주주의를 얼마나 무자비하고 반인륜적으로 정치화했는가를 살펴보았다. 되도록 쉬운 우리말을 쓰려고 했지만 힘에 부쳤다.

    마음의 벗 정효택 박사를 그리며 …

2024년 4월 1일

저자

차례

제23장 제6공화국

제1장
조선독립만세

1. 조선건국준비위원회

1945년 8월, 일본의 패전이 임박하자 일제 조선총독부는, 흥분한 죠센진(조선인)으로부터 일본인을 보호하기 위한 여러 방안들을 분주히 공작했다. 주로, 조선총독부에 우호적인 타협적 민족주의자들에게 협조 요청을 해보았지만 여의치 않았다. 독립운동과 거리가 멀거나 손 뗀 지 오랜 명사에게 해방된 민중의 분노를 달랠 재간이 있을 리 없다. 일제 탄압이 극에 달한 전쟁 말기까지 계속 독립운동을 주도한 항일투사라야만 이 일을 해낼 수 있었으며, 그 가장 유력한 사람이 여운형이었다. 여운형은 상해 임시정부가 생기기도 전에 「신한청년당」을 만들어, 김규식 일행을 「파리강화회의」에 대한민국 대표로 파견(1919년 2월 1일)하는 등, 상해 대한민국 임시정부의 기초를 닦은 이래, 끊임없이 비폭력적 강온 독립운동을 전개해 온 선구적 독립투사였다.

조선총독부는. 그의 반일 사상을 저어하여 접촉을 꺼렸지만, 상황이 급박하자 더는 미룰 수가 없었다. 8월 14일, 조선총독 아베(阿培信行)는 여운형과 전후 치안문제에 합의하여 다음 날 아침 일찍 정무총감 엔도(遠藤柳作)를 여운형에게 보내어, 공식적으로 패전 후의 혼란을 방지하기 위한 치안유지에 협력해달라고 요청했다. 엔도를 만난 여운형은, 그 자리서 미리 준비한 5가지 요구조건을 제시했다. 사실상 정권이양 요구다.

1) 전 조선 각지에 구속되어 있는 정치 경제범을 즉시 석방하라.

2) 집단생활인만치 식량이 제일 중요한 문제이니 8·9·10, 3개월간의 식량을 확보 명도하여 달라.

3) 치안유지와 건설사업에 있어서 아무 구속과 간섭을 하지 말라.

4) 조선 안에 있어서 민족해방의 모든 추진력이 되는 학생 훈련과 청년조직에 대해 간섭하지 말라.

5) 전 조선 각 사업장에 있는 노동자를 우리들의 건설 사업에 협력시키며 아무 괴로움을 주지 말라.

엔도는 두 말 않고 당장 수락했다. 이것이 조선에 남겨진 패전국 일본인들을 성난 조선인들의 보복으로부터 보호할 수 있는 유일한 방법이었기 때문이다. 그리고 몇 시간 뒤 일본이 항복했다.

여운형은, 이날 저녁 안재홍 등 민족주의자들과 함께 〈조선건국 준비위원회〉(건준)를 결성하여, 조선총독부 산하기구 접수를 선언했다. 조선총독부는 당황했다. 총독부 감독 하에 조선인의 치안유지에 협조해 달라고 요청했을 뿐인데, 당장 정권인수 작업, 즉 건국작업을 시작했으니 놀라지 않을 수 없었다. 그것도 소련 해방군이 들어온다는 소문으로 환영 인파가 경성(서울)역으로 물밀듯 몰려가고 있을 때다.

여운형이 이렇게 빨리 건국 과업을 추진할 수 있었던 것은, 일본 패망에 대비한 사전준비가 있었기 때문이다. 이미, 해방 일 년 전인 1944년 8월 10일부터, 항일민족 통일전선 「조선건국동맹」과 「조선농민동맹」을 만들어, 독립국가 건설을 준비하고 있었기 때문이다.

조선건국동맹은 일제 강점 말기에 친일파와 민족개량주의 민족주의자를 제외한 모든 항일 독립운동세력이 일제 눈을 피해 〈거국일치로 일본 제국주의세력을 구축하고 조선 민족의 자유와 독립을 회복하기 위하여〉 모인, 국내 최초 최대이며 유일한 범민족주의 지하조직이다.

조선건국동맹은 그 강령 첫 번째로 〈각인 각파를 대동단결케 하여 일제를 구축하고 자유와 독립을 회복하겠다〉고 한 것으로도 알 수 있듯이, 청년, 여성, 교사, 노동자, 일본군 만주군 장교, 사회주의, 공산주의 지하운동 투사 등 좌우 가리지 않고 모든 독립투쟁세력을 포섭하고, 해외 독립운동단체들과도 연계하고 있었다. 여운형이 연합군에게 제시할 첫 번째 조건으로, "연합군에게 감사하지만, 조선인 자체의 피흘린 공이 큰 것을 인식시켜 우리의 권리를 주장하겠다."(1945년 8월 11일)고 말할 수 있었던 것은 바로 이러한 사전 준비 때문이었다.

조선건국준비위원회는, 그 선언문에서 밝힌 바와 같이, 해방과 동시에 국내독립투사들이 수립한, 완전한 〈자주민주임시정부〉이다.

> " 우리 민족을 진정한 민주주의적 정권으로 재조직하기 위한 새 국가 건설의 준비
> 기관인 동시에 모든 진보적 민주주의 세력을 집결하기 위한 해방된 통일전선이요 결
> 코 혼합된 협동기관은 아니다. 왜 그런고 하면 여기에는 모든 반민주적 반동세력에
> 대한 대중적 투쟁이 요구되는 까닭이다. 과거에 그들은 일본 제국주의와 결탁하여
> 민족적 죄악을 범하였고 금후에도 해방 전과 같이 그 건설 도중에 방해할 가능성이
> 있나니, 이러한 반동세력, 즉 반 민주주의적 세력과 싸워 이것을 극복 배제하고 강력
> 한 민주주의적 정권을 수립하는 것이다."

건준은 신속히 국가체계를 갖추어나갔다. 하루라도 빨리 '우리 힘으로' 자주민주국가를 건설하기 위하여, 곧바로 치안을 담당할 〈건국청년치안대〉를 만들어 경성의 치안을 맡기고, 지방 건준과 건준 치안대 조직을 독려했다. 이 밖에도 보안대, 경비대, 학생대 등을 만들어 치안권 인수에 대비하는 한편, 방송국, 신문사 등 언론기관과 경찰서, 학교, 주요 기업 등, 일본인이 관리하는 주요기관들을 접수하기 시작했다. 8월 말까지, 전국 모든 지역에, 건국동맹을 주축으로 하는 지방건준지부가 조직되었다. 평양에도 조만식을 중심으로 하는 평양남도 건국준비위원회가 결성되었다. 지방 치안대도, 읍, 면 단위에 이르기까지 생겨나, 일제가 버리고 도망간 지방행정과 치안업무를 자주적·효율적으로 수행했다. 명실공히, 신생독립국가 조선에, 조선인에 의한 〈자주민주임시정부〉가 탄생했다.

그러나 자주 독립은 금방 어려움에 부딪혔다. 일제가 반발했다. 일제 조선군이 먼저 화를 내었다. 조선총독부가 치안유지권 이양협약을 맺은 바로 다음 날(16일), 조선군이 직접 치안을 담당하겠다고 총독을 협박하자, 총독이 이에 동조하여, 조선군과 공동으로 조선인의 정치활동억압지침인 〈정치운동취체요령〉을 발표했다. 조선군 관구사령부는, 이것으로도 모자라, 이 날 별도로 다음 같은 〈관내 일반 민중에게

고함〉이란 포고문을 내어 치안권 이양거부선언을 했다.

> "일반은 당국의 지시에 따라 생업에 종사하고 경거망동하는 일이 없기를 요한다.
> … 민심교란과 치안방해행위에 대하여 군이 직접 단호한 조치를 취할 것이니, 조선
> 인들의 모든 단체는 즉시 해산하라."

일본은 항복했다. 그러나 조선인에게 권력을 넘겨줄 생각은 조금도 없었다. 일본
인은, 총독부든 군이든 경찰이든 간에, 미개한 조선인이 신성한 대일본제국의 권위
에 도전하는 것을 용납하려 하지 않았다. 그것이 조선을 식민지배하고 있는 일본인
들의 기본적 의식구조였다. 소련 참전 초에는, 소련군이 두려워 마지못해 치안유지
협조를 간청했지만, 소련군이 내려오지 않는다는 것을 알자, 즉시 변심하여, 냉혈적
압제자로 되돌아갔다.

건준이, 굽히지 않고 발 빠르게 건국사업을 추진하자, 마침내 조선총독이 〈건국
준비위원회 등에 맹성을 촉구한다〉는 경고 담화를 발표했다(19일).

> "건준의 사명은 총독부 행정의 치안유지에 협력하는 것인데도, 행정기관의 접수를
> 촉구하는 등 독립정부 준비 공작을 하는 '심대한 과오'를 범하고 있다. … 앞으로는
> 일탈행위를 엄중히 단속하겠다."

완전무장한 채 건재하고 있는 조선군은, 한술 더 떴다. 같은 날 조선군 관구 사령
부는, "조선은 아직 일본 통치하에 있으며, 그 통치권은 조금도 움직임이 없다."는
담화문을 내고, 일본군 3천여 명으로 특별경찰대를 신설하여, 건준 치안대가 접수한
경찰서, 신문사, 학교 등을 도로 빼앗기 시작했다. 그렇게 협박하는 한편으로는, 조
선 철수에 대비하여, 주요 물자를 대량 불태우고, 군수품 열차를 폭파하는 등의 만행
을 서슴지 않았다.

일제 조선총독부는, 겉치레 제대군인들로 경찰력을 강화하여, 〈해방축하 행사 대
열〉에 발포하면서까지 조선인의 정치활동을 방해했다. 자주독립의 일념만으로 갑
작스레 조직된 건준의 앞길이 순탄할 수 없게 되었다. 게다가 내부에마저 적이 생겼
다. 독립투쟁을 외면하던 반 건준 타협적 민족주의자들이, 자주독립의 기선을 장악

한 건준을 마치, 철천지원수인 양 사생결단 중상모략하고 나섰다.

그러나 외세의 끊임없는 압박과 국내 반동 세력의 악랄한 방해에도 굽히지 않고, 단시간 내에, 사실상의 〈자주민주정부〉를 수립하여 조선 민족에게 자주독립의 희망을 안겨주고, 아울러 조선민족의 자주독립 능력을 세계만방에 알려주었다는 점에서 건준의 민족사적 의의는 크다. 미국 군정청 관리였던 그랜트 미드(E. Grant Meade)는, 이러한 우리 민족의 역량을 높이 평가하여, 「건국준비위원회」를 조선의 〈사실상의 정부〉로 인정했으며, 같은 우익 성향의 구드리치(L. M. Goodrich)와 헨드선(G. Henderson)도 견해를 같이했다.

2. 독립투사와 민족반역자

건준은 해방되자마자 우리가 만든 자주적이고 민주적인 우리 임시정부다. 건준을 주도한 여운형과 안재홍은 국내 민족주의자들 중 끝까지 일제에 굴하지 않은 독립투사이다. 그러나 두 사람만으로는 나라를 만들 수 없다. 새로운 독립 국가를 건설하려고 하면, 좌우 가리지 않고 가능한 한 많은 사람과 세력을 끌어들여야 한다. 이념 차원을 뛰어넘는 통일전선적 성격을 띠지 않으면 안 된다. 악질 민족반역자이거나, 드러난 변절자가 아닌 한 모두 감싸야한다. 여기에 문제가 있었다.

일제 강점기, 조선 안에는, 크게 네 종류의 조선인이 살고 있었다.

첫째는, 항일 독립투사다. 독립투쟁이란 것은 인생이 걸린 일이다. 합법적 독립투쟁이란 있을 수 없으므로, 지하로 스며들어 목숨 걸고 싸워야 한다. 웬만한 결의로는 어림도 없는 일생일대 중대사다. 뜻밖에도 사회주의나 공산주의, 무정부주의가, 민족주의자들의 독립투쟁 의지를 굳히는데 엄청난 동력을 제공했다. 특히 소비에트혁명의 성공은, 민족해방만을 위하여 투쟁을 시작한 외로운 순수민족주의 독립지사들의 투쟁결의를 높이는데도 순기능을 했다. 국내 항일투쟁세력이 주로 〈사상가〉나 〈혁명가〉로 불리던 사회주의자, 무정부주의자, 공산주의자였던 것은 이 때문이었을 것이다.

그들은 모두 사회 평등에 가치를 두는 항일 독립투사였다. 그러나 그들의 이념이나 전술이 반드시 같지는 않았다. 같은 것은 단 하나 일제 민완 고등계 형사들이 눈에 불을 켜고 쫓아다니는 〈아까(赤)〉 곧 〈빨갱이〉이었다. 일제 말에는 독립운동이란 것은 민완 고등계형사들이 지극히 미워하는 세칭 〈사상가〉라는 불령선인들이, 감히 대일본제국에 대항하여 조선을 독립시키려는, 무모하고 불공하고 〈천명〉을 거슬리는 불법행위였다.

다음은 어진 백성이다. 공출, 부역, 징용, 징병, 정신대에다, 보국대, 부녀군사 훈련에 이르기까지, 나라에서 시키는 일은 무엇이든, 군말 없이 따를 수밖에 없는 사람들이다. 상전의 보복이 두렵다는 것을 조상 대대로 대물림 받아, 아무리 불만이 쌓여도 내색조차 못하고 살아가는 식민지 백성이다. 왜놈들이 〈아무짝에도 쓸모없는 더러운 조센진, 축생(개돼지)〉이라고 경멸하던 바로 그 노예나 다름없는 천민들이다. 조선 사람 대부분이 여기에 속한다.

세 번째는 자의 반 타의 반 일제에 협조한 사람들이다. 대개 재력과 학식을 겸비하여 정치에 대한 지식과 능력이 있지만, 섣부른 행동을 자제할 줄 아는, 상황 판단력이 뛰어난 현실주의자들이다. 개중에는 한 때 독립운동에 관여한 지사도 없지 않다. 그러나 모두 일제의 위력에 굴복하여, 독립대신 자치를 구걸하는 타협적 민족주의자로 주저앉았다. 처음부터 적극 협조하려고 한 것은 아니었지만, 시대상황에 순응하다가 어느덧 일제 식민지지배구조에 일정 역할을 하게 된 부유하고 유식한 이른바 온건 민족주의자들이 모두 여기 속한다.

어떤 체제를 막론하고, 자본가나 지주의 지위는 국가 권력과의 일정한 타협 없이는 불가능하다. 그래서 국내에 진정한 독립운동가로 불릴 만한 민족주의자가 드물었다. 일제 말기에는, 조선인이 거의 황국신민화 하여 드러난 독립투사 외에는 불령선인이 거의 없다고 해도 과언이 아니었다. 독립이란 말만 해도 폐가망신하는데 무엇 하러 그런 어리석은 짓을 한단 말인가? 하루빨리 〈자치〉라도 얻는 것이 조선 민족 최선의 살길이라고 믿는 민족주의자가 더 많았다. 해방 뒤, 민족주의자를 자처하고 나선 사람 중에는 이토록 점잖게 민족의 경계를 넘나들며 호강한 자들이 아주 많았다.

끝으로 진짜 〈황국신민〉이 된 민족반역자들이다. 더러운 조선인이 아닌, 잘난 일본인으로 부활하여 잘 산 자들이다. 여기에도 두 부류가 있다. 하나는 조선조 말 관리로서 한일 합방에 줄 선 민족반역자들이다. 일제는 이들에게 부와 권력을 듬뿍 안겨주고, 일본인과 거의 같이 칙사 대접했다.

다른 하나는 자수성가 민족만역자다. 헌신적 친일로 입신양명한 독종 친일파다. 개중에는 이광수같이, 여운형을 도와 상해임시정부 만드는 데 앞장서고, 2·8 독립선언서를 기초했으면서도, 어느 날 갑자기 일본인 香山 光郎으로 둔갑하여 민족혼을 팔아넘긴 자들도 있다. 그러나 거의 모두가, 악질형사 노덕술 같이 마음먹고 독립투사들을 짓밟고 출세한 황국신민들이다. 이들이 곧, 일본인 행세하며 일제 민족분리정책의 첨병으로 동족을 멸시하고 박해한 골수 민족 반역자들이다.

문제는 건준의 주축이 된 건국동맹의 핵심세력이 주로 불령선인, 즉 사회주의계열 항일 독립투사들이라는 데 있었다. 건국동맹 강령 중에도 "건설부문에 있어서 일체 시위(施爲)를 민주주의적 원칙에 의거하고, 특히 노동대중의 해방에 치중할 일"이 들어있는 것으로도 알 수 있다. 그들은, 항일투쟁과 동시에 사회개혁에 목숨을 건 능동적인 투사들이다. 당연히 건준 내에서 좌익세력이 우세할 수밖에 없다. 해방되자마자 조선공산당이 모습을 드러낸 것만 봐도, 일제 강점 말기까지 좌익 조직이 얼마나 끈질기게 저항하고 있었던가를 짐작할 수 있다. 사실 일본이 항복할 때까지, 국내에서 〈항일투쟁〉을 계속했다고 떳떳하게 주장할 수 있는 세력은 그들뿐이라고 해도 과언이 아닐 것이다.

어떤 자본주의 국가든 간에 식민지 독립투쟁의 중심에는, 언제나 이른바 좌익이 자리 잡고 있었다. 그들은 정치개혁과 사회개혁을 함께 하려는 사명감으로 독립에 대한 열의가 더 강했다. 따라서 식민지배가 타도된 뒤에는, 어디에서나, 강경 투쟁을 불사한 좌익이 민중의 지지를 더 많이 받았다. 독립투쟁에 목숨 건 조국 사랑에 경의를 표하는 것은 자연발생적인 민족적 양심이다. 그것이 바로 민족주의이며 애국심이다.

제2차 세계대전이 끝나자, 해방된 프랑스인은 나치 독일에 대한 폭력적 저항운동을 이끈 영웅들을 열렬히 환영했다. 광복 뒤 처음 치른 선거(1945년 10월 21일)에서, 국민의 절대적 지지를 받은 공산당, 사회당이 원내 제1, 2당을 차지했으며, 중도 사회개혁정당 인민공화운동당(MRP)이 그 뒤를 이었다. 해외에서 망명정부를 이끈 독립영웅 드골조차 외면했으며, 극우정당은 아예 보이지도 않았다.

조선이라고 다를 리 없다. 해방되자마자 모든 조선인은, 모진 왜놈 탄압에서 살아남은 〈불령선인〉 독립투사들을 열렬히 환영했다. 좌우익 구별 같은 것은 아예 없었다. 온 국민이 자주독립의 기쁨에 들떠, 정치이념 같은 것이 끼어들 틈이 없었다. 친일파 민족반역자가 아닌 사람은 모두 뜨거운 가슴으로 조선민족 지상의 정치이념인 〈자주독립〉의 힘찬 물결에 자랑스레 참여했다. 독립투사 중심으로 〈모두 함께 잘 사는 공정한 민주주의 민족국가〉를 건설하는 것이, 해방을 마지한 모든 조선 사람의 한마음 한 뜻, 정치이념이었다.

친일 의혹으로 얼룩진 소수 기득권세력이, 임정을 앞세워 건국운동을 헐뜯고 나섰지만, 거들떠도 보지 않았다. 일제 강점기에 편히 잘 산 그들의 친일 민족주의를 존중할 생각이 조금도 없었다. 자주독립 열기를 헐뜯는 그들의 추태에, 오히려 화가 났다.

건준이 이름에 걸맞은 자주독립정부가 되려고 하면, 모든 조선인의 힘을 모아야 한다. 아무리 독립투사에 대한 국민의 지지가 높다고 하더라도, 적극 독립투쟁한 사람들만으로는 안 된다. 때문에 건준은 여러 계층, 특히 친일 허물이 적은 민족개량주의자들의 협력을 얻기 위해 많은 노력을 기울였다. 그 중에서도 지주, 자본가를 대표하는 민족개량주의자 송진우를 모시려고 무진 애썼으나 실패했다. 지주, 자본가를 중심으로 하는 전국유지자대회를 개최하려던 계획도 무산되었으며, 공들여 추진한 확대위원회는 열지도 못했다. 건준을 장악한 독립투사들이 독립운동과 거리가 먼, 부유한 친일 기득권집단의 타협적 민족주의를 수용하려 하지 않았다. 새로운 자주 민주국가를 건설하려는 급진적 독립투사에게 식민지배로 다져진 친일 기득권세력은 오히려 걸림돌이었다.

반면에, 일제 강점기 기득권세력이 현상을 개혁하려는 건준의 자주의지를 경계할 것 또한 너무나 당연하다. 그러나 스스로 앞장서 싸우기에는 지난날의 요란한 친일 행적이 발목을 잡는다. 그래서 찾아낸 대안이 "「대한민국임시정부」(임정)을 우리 정식정부로 맞아드리자"는 〈임시정부봉대론〉이다. 조선 사람이면 누구나 환영할 매력적인 깃발을 치켜들고 반 건준, 반 자주, 극우익세력이 이렇게 이 땅에 불쑥 솟아났다.

3. 조선인민공화국

미국이, 38도선 이남을 분할 점령한다는 사실이 알려지면서(8월 20일), 건준의 자주독립 과업에 차질이 생기기 시작했다. 해방열기에 밀려 발들였던 온건민족주의자들이 다투어 빠져나갔다. 그럼에도, 건준 조직은 계속 커져 전국적으로 145개 지부와 162개 치안대가 지방행정기능을 성실히 담당했다. 9월 4일, 허헌이 부위원장으로 증선되어 건준이 좀 더 좌경화하자, 부위원장 안재홍마저 조선국민당을 이끌고 떠나갔다.

건준은 아랑곳하지 않고 건국 절차를 서둘렀다. 망설일 겨를이 없었다. 〈민족자결주의〉를 제창하여 3·1운동을 불러일으킨 미국 해방군이 들어오기 전에, 〈독립국가〉를 선포하는 것만이, 우리 민족자결의지를 미국 정부에 알릴 수 있는 유일한 방법이라 생각했다. 소련군이 북쪽에 들어오자마자, 모든 행정권을 건준에 넘겨준 선례에 따라, 미국도 우리 독립정부에게 행정권을 넘겨주기 바랐다.

9월 6일 밤, 서둘러 「전국인민대표자회의」를 소집하여, 「조선인민공화국」(조선인공, 인공) 수립을 선포하고, 중앙인민위원회를 만들었다. 드디어 조선이 독립했다. 꿈에도 그리던 우리나라가 생겨났다. 대한제국이, 일제에 짓밟힌 지 35년 만에, 〈조선〉을 다시 찾았다.

정부 내각도 발표했다. 주석 이승만, 부주석 여운형, 총리 허헌, 내무부장 김구, 외무부장 김규식, 재정부장 조만식, 군사부장 김원봉, 사법부장 김병로, 문교부장 김성수, 경제부장 하필원, 체신부장 신익희, 보안부장대리 무정이다. 중앙인민위원회 위원 55명 중 38명, 후보위원 20명 중 15명, 부서장 52명 중 38명이 좌익이거나 좌익에 우호적이지만, 국내외 독립운동세력뿐 아니라 국내 민족진영 인사도 여럿 포함되어 있는 것으로 볼 때, 좌익정부 아닌 모두를 대표하는 민족국가를 세우려고 한 것이 분명하다. 좌익이 더 많은 것은, 커밍스(B. Cummings)의 말처럼,

"조선인민공화국은, 해방의 들뜬 분위기와 혁명적 정열의 산물이기도 하지만, 그 인적구성이 지난 20년간의 항일투쟁에 있어서 공산주의자와 민족주의자의 기여도를 불공평하게 왜곡했다고는 볼 수 없다."

조선인공(인공)은, 중앙정부를 구성하자마자, 서울을 비롯한 모든 건준 지부를 「인민위원회」로 바꾸었다.

〈조선인민공화국 선언문〉과 함께 정강과 시정방침도 발표했다.

우리의 완전한 자립과 독립을 달성하여 참된 민주국가를 실현하기 위하여,

"1) 일본인 소유의 토지를 몰수하여 소작인에게 분배.

2) 친일파 및 일본인 재산 몰수. 공공시설, 광산, 산업시설, 공장 등의 국유화

3) 인권옹호.

4) 남녀동등권 확립.

5) 투표연령을 18세로 저하.

6) 미성년노동 폐지. 저임금 최저생활비 보장. 배급제 실시. 1일 8시간 노동제 실시.

7) 문맹인을 적극적으로 계몽. 고리대금업자 및 군국주의자 근절.

8) 군대와 경찰의 지원제 모집"

전국 모든 지역, 면, 리, 동단위에까지, 주민들이 자율적으로 대표를 뽑은 인민위원회가 생겼다. 좌우 가리지 않고, 친일파를 제외한 모든 국민이, 한마음 한뜻으로, "진정한 민족민주주의국가" 건설에 열정적으로 참여하여, 단시일 내에, 전국적인 정부체계가 거의 완전하게 갖추어졌다. 인공 산하에 설치된 치안대, 학생대 등은, 일제 경찰과 충돌하여 사상자를 내면서까지, 경찰서 접수를 강행하여 치안권을 넓혀 나갔다. 지방인민위원회는, 일제 관리가 도망가고 미군정 경찰이 강화될 때까지의 무정부적 혼란을 유능하게 수습하여, 조선인의 탁월한 민주적 자치능력을 행동으로 증명했다

그러나 자주독립국가의 꿈은 멀어져만 갔다. 미국이 군사정치를 시작했기 때문이다. 미국은 처음부터 건준이나 인공을 무시했다. 인공은 이에 대항할 힘이 없었다. 점령군의 물리력을 물리칠 수 있는 힘이 없었다. 게다가, 건준에서 밀려난 자주독립 방해세력까지 나서 조선총독부 짓거리와 꼭 같이 "친일파이고 소련 앞잡이"라고 욕했다. 한 미국인 말처럼, "남 잘되는 것을 못 참는 조선말 당파근성이 재생한 것" 같았다.

주석으로 모신 이승만마저 등을 돌렸다. 독립촉성중앙협의회(독촉)를 만들기 이틀 전(10월 21일)에, "나는 공산당에 대하여 호감을 가지고 있는 사람이다. 그 주의에 대하여도 찬성하므로 … "라면서, 화합을 다짐하던 이승만이, 끝내 인공주석을 거절했다. 상해 임시정부 때부터 명망 높은 반공주의자인 이승만이, 더욱이 귀국 도중 일본에서 반공 동지 맥아더와 웅대한 점령지 통치구상을 다지고 들어온 이승만이, 좌파가 득실거리는 조선인민공화국 수장을 맡을 리 없다.

제2장

미국군사정치

1. 맥아더 포고령

미국군이, 조선에 처음 발을 들인 것은, 1945년 9월 6일이다. 선발대 37명이 일제의 극진한 환대 속에 김포공항으로 들어와 항복문제를 협의했다. 다음날, 태평양 미국군 총사령관 맥아더는, 〈조선주민에게 포고함〉이라는 포고령 제1호, 제2호를 잇따라 내고, 조선점령군 사령관 하지는, 자신과 맥아더 이름으로 된 〈맥아더 포고문〉을 여러 차례 비행기에서 흩날렸다.

〈맥아드 포고문 1호〉

조선 주민에게 고함

태평양 미국 육군 최고지휘관은 좌기와 여히 포고함. 본관 휘하의 〈전첩군〉은 일본국 천황, 정부 또는 대본영의 명에 의하야 또는 이것을 대표하여 서명한 항복문서의 조항에 의하야 본일 조선 북위 38도 이남의 지역을 점령함.

… 본관은 본관에게 부여된 태평양미국육군최고지휘관의 권한을 가지고 일노(오늘)부터 조선 북위 38도 이남의 지역과 동지의 주민에 대하여 군정을 〈포고함으로써〉 점령에 관한 조건을 좌기와 여히 포고함.

제1조, 조선 북위 38도 이남의 지역과 동주민에 대한 모든 행정권은 당분간 본관의 권한 하에 시행함.

제2조, 정부, 공공단체 또는 기타의 명예직원과 고용인의 모든 것과, 또는 공익사업, 공중위생을 포함한 공공사업에 종사하는 직원과 고용인은 유급 또는 무급의 별을 불문하고 또는 기타의 제반 중요한 직업에 종사하는 자는 별명이 있을 때까지 종래의 직무에 종사하고, 또한 기타 모든 기록과 재산의 보관을 중〈임〉할 사.

제3조, 주민은 본관 또는 본관의 권능으로서 발한 명령은 즉속히 복종할 사. 점령군에 대하야 반항행위 또는 질서적 보안을 요란하는 행위를 하는 자는 용서없이 엄벌에 처함.

우 포고함.

1945년 9월 7일, 어 횡빈(요고하마)

태평양미국육군최고사령관미국육군원수 다구라스 맛가-사.

〈태평양 미국육군총사령부 포고령 2호〉

"범죄 또는 법규위반" 조선 주민에게 포고함.

본관의 지휘 하에 유한 점령군의 보전을 도모하고 점령지역에서의 공중 치안질서의 안전을 기하기 위하여 태평양 미국 육군 총지휘관으로서 좌기와 여히 포고함. 항복문서 조항 또는 태평양 미국 육군 총지휘관의 권한 하에 발한 포고, 명령, 지시를 범한 자, 미국인과 기타 연합국인의 인명 또는 소유물 또는 보안을 해한 자, 공중 치안 질서를 교란한 자, 정당한 행정을 방해하는 자, 또는 연합군에 대하여 고의로 적대행위를 하는 자는 점령군 군률회의에서 유죄를 결정한 후 동회의 결정하는 대로 사형 또는 … 그 밖의 형벌에 처해질 것이다.

1945년 9월 7일 일본 橫浜(요코하마)

태평양 미국육군 최고지휘관 미국육군 대장 더글러스 맥아더

대충 이런 말이다. "〈미국군〉은 오늘 북위 38도선 이남의 조선지역을 점령한다. 북위 38도선 이남의 조선영토와 조선인민에 대한 최고 통치권은 나에게 있다. 점령군에 대한 반항행위나 질서교란행위는 엄벌에 처하겠다. 조선인은 모든 명령에 복종해야 하며, 그렇지 않으면, 엄벌하겠다."

점령군이 패전국 국민에게 보내는 경고문과 조금도 다르지 않다. 포고문 어디에도 조선의 해방을 축하한다는 말이 없다. 대신 "조선인의 노예화된 사실을 기피 '불상히 생각하여', '조만간' 해방 독립시켜줄 터이니, 내 명령에 절대 복종하라"고 했다. 맥아더 사령관에게 조선이란 단지 〈대일 전리품〉 중 하나일 뿐이었다.

2. 해방군과 점령군

맥아더 포고령 발포 다음 날, 미국 육군 제24군단이 인천항에 들어왔다. 군단장 하지 중장은 일본군이 보내 준 배를 타고 상륙하면서, 조선인공 환영 사절이 조선국민을 대표하여 드리는 꽃다발을 냉정하게 거절했다. 아침 일찍부터 〈해방의 은인〉을 마중 나온 수많은 조선인을 거들떠도 보지 않았을 뿐 아니라, 환영 나온 사람 여러 명이 일본 경호군 총에 맞아 죽는 것도 못 본 체 했다.

왜 이렇게도 매정하게 굴까? 해방군이 아니라 패전국 식민지를 점령하러 오는 점령군이란 것을 행동으로 보여주는 것일까? 19세기 말 미스전쟁에 승리한 미군을 환영 나간 쿠바와 필리핀인은 총 맞아 죽지 않았다. 즐겁게 손 흔들며 점령한 쿠바와 필리핀조차 식민지 만든 미국이, 총 쏘아 사람 죽이면서 점령하는 조선을 독립시켜줄 생각이 있기나 할까? 두 차례나 뿌린 포고령이 단순한 경고만이 아닌 것 같다.

9월 6일 경기도 경성(서울)에 진주한 미군은, 조선총독과 조선군 사령관으로부터 항복을 받았다. 조선의 「전국인민대표자대회」가 「조선인민공화국」을 수립하여 자주독립을 선포한 사흘 뒤다. 조선총독부 청사에 걸렸던 일본 국기 대신 미국 국기가 높이 올랐다. 조선이 해방된 지, 태평양전쟁이 끝난 지, 거의 한 달이나 지나서야 미국이 일본 식민지 조선을 접수했다. 이제야 공식적으로 조선에서 일본제국이 패전했다. 동시에 일제 식민정치가 끝나고 미국의 점령지 지배가 시작되었다.

조선총독으로부터 통치권을 넘겨받은 재조선미국육군사령관 하지는 9월 11일,

맥아더 포고령 제1호에 따른 〈군사정치〉를 선포하고, 육군 소장 아놀드를 조선군정 장관에 임명했다. 조선총독부 미국총독인 셈이다. 15일에는, 항복문서 제5조에 따라 "일본인 문무관은 연합군사령관에 의하여 면직되지 않는 한 현직에 유임하면서 직무를 수행하라"고 명령하여, 조선총독부와 공공단체, 공공사업에 종사하는 직·용원을 모두 유임시켰다.

그리고 며칠 뒤에야 조선총독을 비롯한 일본인 고위관리들을 해임하고, 미국 헌병사령관 쉬크 준장을 경무국장, 해리스 준장을 정무총감, 학무국장에 로카드 대위 등 미군 장교 109명을 미국군사정부 요원으로 임명했다. 해임된 총독부 고위관리는 모두 고문으로 모시고, 치안유지 명목으로 조선총독부 경찰들을 불러들여 치안을 맡겼다(9월 21일).

조선주둔군 사령관 하지는 일본의 항복을 받은 이틀 뒤 가진 기자회견에서,

1) 현재는 잠정적 방편으로서 현존하는 조선의 행정기관을 이용하려 한다.
2) 조선 주민에게 고한다는 제1호, 제2호에 정부 공공단체 급 기타의 명예직원 급 고용인 및 공익사업 공중위생을 포함한 온갖 공공사업에 종사하는 직원 고용인 은 별명이 있을 때까지 그의 정상기능과 의무를 실행하고 모든 기록과 재산을 보존 보호하여야 한다는 조목이 있다. 여러분은 특히 이 점에 유의하여 범사를 여행해 나가도록 하여야겠다.
3) 조선사람 사이에 알력이라던가 반란이 생겨 치안을 교란하는 사람이 있으면 이는 곧 조선독립을 방해하는 자인 것이다.
4) 미군은 조선 사람의 사상과 의사 발표에 간섭도 안 하고 방해도 안 할 것이며, 출판에 대하여 검열 같은 것을 하려하지도 않는다.

이은 기자들과의 일문일답에서는,

5) 일본 경찰이 악질적인 것을 나도 잘 알고 있고 그 경찰 대책을 연구 중이다. 기왕의 경찰은 압제와 악정의 표본이었으므로 우리는 곧 이것을 개편하려 한다.

일제가 만든 식민지 착취 도구와 직원들을 그냥 그대로 승계하겠다는 말이다. 조

선에 대한 지식이 없는 미국으로서는 최선의 방법이었을지 모른다. 하지만 조선인에게는 더 없는 모욕이다. 해방이란 것은 식민지 지배에서 벗어나는 것인데, 바로 그 식민지 지배체제를 그대로 계승한다는 것은 또 다른 〈식민지 지배〉라는 치욕을 안겨주는 횡포가 아닐 수 없다. 아무리 잠정적이라 하더라도 있을 수 없고, 있어서는 안 되는 폭행이다.

소련은 그렇게 하지 않았다. 일본군을 무장해제하자마자, 일제 관리들을 모조리 쫓아내고, 곧바로 「건국준비위원회」에 행정권을 넘겨주었다. 그러나 미국은 달랐다. 행정권을 넘겨주기는커녕, 오히려 인공을 "소련이 북한에 세운 공산주의인민위원회의 남쪽 지부"라 욕하고, "소련 영사관을 통해 조종되고 있다"는 어처구니없는 비난을 퍼붓고, 여운형을 〈철저히 의식화된 코민테른 공산주의자〉라 욕했다.

미국이, 조선을 직접 지배하는 데는 조선총독부 관리들의 공도 컸다. 조선에 진주하기 전부터 조선총독부와 교감하여, 총독부가 제공하는 정보를 깊이 믿고 있던 미국은 점령절차가 끝나자마자 조선총독부 일인 고관들을 군사정부 고문으로 정중히 모셔 조선인 통치기법에 대한 조언을 구했다. 일제 관리들은 이에 대한 보답으로, 350여 권이나 되는 방대한 비망록을 작성하여 미군정에 바쳤다. 조선인을 능멸하고 무시하는 일본인의 보고서가 조선인에게 유리할 리 없다. 조선인을 비하하는 악의적 정보란 것은 말할 필요도 없지만, 보고서의 건의사항이 예상한 것보다 훨씬 더 간악하고 비열한 것이었다.

1) 조선의 민도는 극히 낮고 야만적인 상태에 놓여있다.
2) 정치세력은 사회주의자와 민족주의자인데, 사회주의자는 소련의 지령을 받고 있다.
3) 조선을 통치하려면 일본의 조선총독부 관료체제의 도움이 필요하다.

더 얄미운 것은, 항일 독립투사들에 대해서는 없는 욕까지 지어낸 반면, 친일파 민족반역자들을 〈민족주의자〉로 극구 칭송했다는 사실이다. 눈의 가시 같은 여운형을 친일파로 조작하면서까지 건준을 비난한 악의가 돋보였다. 조선을 식민지배하던 일제 고관이, 일제에 맞선 독립사를 좋아할 리 없으며, 반대로 일제에 충성을 다 바친 친일파 민족반역자를 상찬하지 않을 리 없다. 일본인은 쫓겨가는 순간까지도,

조선인을 능멸하고, 왜곡된 정보로 미국과 조선인 사이를 이간질했을 뿐 아니라, 1급 전범들조차 나서 미개한 〈조선의 일본 재식민지화〉를 끈질기게 청원하기까지 했다.

3. 재조선미국육군사령부군정청

미국의 조선 군사정치는 이렇게 시작되었다. 최고통치자인 재조선 미육군사령관이 미군장교들을 조선군정장관을 비롯한 핵심 요직에 임명하고 조선인 지배력이 탁월한 조선총독부 고관들 지도하에 총독부 조선인 관리들을 다시 불러들여, 새로운 남조선 통치기구를 만들었다(9월 19일). 그리고 그렇게 급히 만든 조선통치기구를 「재조선미국육군사령부군정청」(United States Army Military Government in Korea, USAMGIK), 약칭 「미국군정청, 미군정」이라 불렀다.

미국은 해방을 기뻐하는 조선인이 아니라, 무조건 항복한 일제 총독부 관리들을 다시 모시고 남조선의 지배를 시작했다. 그리고 이것만이 〈미국에 의한, 조선인을 위한, 조선의〉 공식 정부, 곧 남조선정부라고 선언했다. 미국 군인이 명령하고, 조선총독부 관리들이 그 명령을 집행하는 미일 합작 정부가, 해방된 조선에 들어선 최초의 공식 「조선정부」였다.

우리 망명정부인 〈대한민국임시정부〉와, 국내에서 자주적으로 수립된 〈조선인민공화국〉은 허공에 떴다. 조선이 일본제국에 강점된 이래, 단 한 번도 조선 독립을 도와 준 적이 없는 식민제국 미국이, 강경 민족주의 집단인 임정을 좋아할 리 없으며, 또 반공 주도국 미국이 좌경적인 인공을 용납할 리 없다. 원래 점령지의 통치체제는 점령군 마음대로 결정하기 마련이다. 그것이 예나 지금이나 정복자가 누리는 변함없는 특권이다.

미군정은 14일의 정례 기자회견에서, "일제 경찰을 존속시키고 조선인의 자율적 치안조직을 금지하겠다." 고 공포하여, 건준 산하 치안대 등 조선인의 자생적 치안조직이 가지고 있던 뒷골목 치안유지권마저 조선총독부 경찰에 넘겨주었다. 하지 사령관이, "악질적인 일본 경찰에 대한 대책을 연구 중"이라고 말한 사흘 뒤이다. 스스로 악질적이라고 욕한 지 겨우 사흘 만에, 바로 그 악질 일본경찰을 재등용했다.

이제 모든 세상이, 일제 강점기로 되돌아간거나, 조금도 다를 바 없이 되었다.

드디어, 10월 10일, 조선 군정장관 아놀드가, 인공을 〈괴뢰극의 막후에서 조종하는 사기꾼〉이라 비난하는 성명을 내었다.

> "북위 38도 이남의 조선에는 오직 한 정부만이 있을 뿐이다. 이 정부는 맥아더원수의 포고와 하지중장의 정령과 아놀드 소장의 행정령에 의하여 정당히 수립된 것이다. 아놀드 군정장관과 군정관들이 엄선하고 감독하는 조선인으로 조직된 정부로서 행정 각 방면에 있어서 절대의 지배력과 권위를 가지었다."

최고통치자 하지도, 조선인공이 조선 독립을 방해하는 단체라고 비난했다.

> "군정청이라는 것은 일본의 통치로부터 인민의 인민을 위한 인민에 의한 민주주의 정부를 수립하기까지의 과도기간에 38도선 이남의 조선지역을 통치, 지도, 지배하는 연합군 최고사령관 지도하에 미국군으로 설립된 임시정부이다. 미국군사정부는 남부 조선에 있어서 유일한 정부다. … 조선 국민이 군정의 법령에 순응치 않거나 또는 협력을 게을리함은 오직 국가의 완전 독립의 시일을 지연시키며, … 고의로 군정을 훼상하는 원인을 만들 뿐이다. … 남조선은 언론의 자유 사상의 자유에서 자유롭게 되어 있다. 정치를 비밀로나 공연히 반대하는 단체가 있는 모양인데 자기 국가를 우려하는 선량한 조선인이라고 할 수 없다. … 이러한 단체를 지지하거나 찬성하지 말 것이다."

탄압신호탄이 터지자마자, 미군 CIC가 조선인민공화국 중앙인민위원회를 강제 수색했다. 이 한방으로 끝났다. 국내에서 일제와 싸운 독립투사들이, 우리 힘으로 〈자주민주국가〉를 건설하려던 노력은 물거품이 되었다.

조선의 운명이, 또다시 이방인 손으로 넘어가 배달민족의 뿌리 깊은 종속의식이 또다시 고개 들게 되었다. 이상이나 이념이나 주의나 명분이야 어떻든 간에 조선을 점령한 점령군의 마음을 사로잡는 자만이 이기게 되었다. 무슨 수단 방법을 쓰든지 간에, 일제 대신 조선을 점령한 미, 소 두 강대국의 간택을 받는 자만이 새 나라의 권력을 움켜쥘 수 있는 세상이 되었다. 자주나 민족이 안중에 없는 점령국이 과거의 반역행적에 신경 쓸 리 없다. 역겨운 사대주의가 〈하느님이 보우하사〉 반만년 역사를 자랑하는 배달민족에게 다시 강림했다.

조선은 해방되었다. 하지만 달라진 게 없다. 통치자가 일본인에서 미국인으로 바뀐 것뿐이다. 일제 조선총독부 관리가 그대로 제자리를 차고 앉아 거드름을 피우고, 일제 문화가 그대로 살아있고 친일행적이 명예로운 경력으로 존중되는데 무엇이 달라졌단 말인가? 청산되어야 할 사람이 청산하는 자리를 차고 앉아 있는 판에, 누가 누구의 죄를 물으며, 무엇을 청산한단 말인가? 무엇이 친일이며 무엇이 반역이란 말인가?

미국으로부터 조선총독 직을 파면당한 대일본제국 마지막 조선총독 〈아베〉는, 조선 땅을 떠나면서 이렇게 말했다.

"우리는 패했지만 조선은 승리한 것이 아니다. 장담컨대 조선인이 제정신을 차리고 찬란하고 위대했던 옛 조선의 영광을 되찾으려면 100년이란 세월이 훨씬 더 걸릴 것이다. 우리 일본은 조선인에게 총과 대포보다 더 무서운 식민교육을 심어놓았다. 결국은 서로 이간질하며 노예적 삶을 살 것이다. 보라, 실로 조선은 위대했고 찬란했지만 현재 조선은 결국 식민교육의 노예로 전락할 것이다. 그리고 나, '아베 노부유키'는 다시 돌아온다."

4. 원한의 38선

미국이 군사정치를 실시하자 조선 사람들은 황당했다. 분명히 해방되었는데, 왜 독립 못하고 〈외국군사정치〉를 받아야 하는 건가? 소련군은 이미 전쟁 치러 들어 와 있으니 그렇다 치더라도, 해방되고 근 한 달이나 지나서야 들어온 미국이 어째서 군사정치를 하는 걸까?

이 궁금증을 가장 먼저 풀어준 사람은 미국에서 갓 돌아온 이승만 박사였다. 그게 모두 38선 탓이란다. 1945년 2월 4일~11일, 얄타회담에서 북위 38도선이 그어졌고, 그 선을 경계로 미국군과 소련군이 조선을 남북으로 나누어 점령하게 되었단다. 미국은, 조선을 분할할 생각이 조금도 없었지만, 소련이 조선을 통째로 집어삼키려고 억지 고집을 부리는 바람에 할 수 없이 38도선으로 나누어 군사정치하게 되었단다.

국내 최대신문 동아일보도 거들었다. 〈미소공동위원회〉(미소공위)가 열리기 며칠 전인 1946년 3월 13일, 〈폭로된 얄타비밀〉이란, 깜짝 기사 하나를 실었다.

> "얄타회담에서 소련이 조선반도 전부를 요구했으나, 미국은 조선반도 북부만 주기로 했다. 그 때문에 미국이 38선 문제에 애매한 태도를 보이고 있다."

조선 사람들은 이 말을 믿었다. 그러나 모두 〈거짓〉이었다. 여러 자료들이 공개되면서, 조선의 운명을 결정한 38도선은, 소련이 아니라 미국이 그었다는 사실이 밝혀졌다. 얄타회담에서도 포츠담회담에서도 아니고, 소련의 야욕 때문은 더욱 아니고 바로 미국 정부 스스로가 자기들 마음대로 직접 그었다는 사실이 밝혀졌다.

1945년 8월 11일, 미국 합동참모본부에 파견된 육군부의 두 대령이, 대수롭지 않게 〈조선을 38도선으로 분할하는 초안〉을 만들고, 이 초안이 아무런 수정 없이 국방부와 국무부를 거쳐 대통령에게 올라가자, 대통령 또한 아무런 수정 없이 그대로 승인하여(8월 13일), 즉시 연합국 영국, 소련, 중국에 통보했다. 통보 받은 연합국 중 어느 나라도, 이 결정에 이의를 제기하지 않자, 미국 정부는 8월 15일 이를 미국 극동군 사령관 맥아더에게 〈일반명령 제1호〉로 내려 보냈다. 미국 정부로부터 〈일반명령 제1호〉를 받은 맥아더는 9월 2일 이것을 아무런 수정 없이 그대로 〈연합국최고사령부 일반명령 제1호〉로 발표했다.

〈일반명령 제1호〉는 패전한 일본군이 연합국 중 어느 나라에 항복해야 하는가를 지정하는 6개항으로 된 문서이다. 주요 내용은 다음과 같다.

> 제2항, 만주와 북위 38도선 이북의 조선, 그리고 남부 사하린 및 쿠릴열도에 있는 모든 일본국의 선임 지휘관과 육해공군 및 보조부대는 소련극동군사령관에게 항복한다.
> 제5항, 대본영과 그 선임 지휘관, 그리고 일본 본토와 부속도서, 북위 38도 이남의 공군 및 보조부대는 미국 태평양 육군사령관에게 항복한다.
> 제6항, 위에 지정한 각 지휘관만이 항복을 수락할 권한이 부여된 연합국 대표자이

며 모든 일본국 군대는 이 지휘관 또는 그 대표자에게만 항복하여야 한다.

원한의 38도선은 이렇게 생겨났다. 미국정부가 태평양전쟁이 끝나기 직전, 일본군의 항복을 받기 위한 군사적 목적으로 그었다. 소련이나 중국 등 다른 연합국은, 미국으로부터 통고만 받았을 뿐, 그 결정에는 전혀 관여하지 않았으며 관여할 수도 없었다.

당초 미국은 일본군 무장해제지역을 만주로까지 넓히려 했다고 한다. 그러나 미국이, 소련에게 대일 선전포고를 재촉하고 있는 때라 실현 가능성이 전혀 없었다. 소련군은 개전 즉시 만주로 진격하여 패전에 직면한 허약한 일본군을 손쉽게 무장해제할 수 있었기 때문이다.

그렇다고 조선을 통째로 소련에게 내어주기는 억울하다. 북위 40도선을 놓고 조선 분할을 주저하고 있을 때 갑자기 소련이 참전했다. 8월 15일에 참전키로 약속한 소련이, 히로시마(廣島)에 원자폭탄이 떨어지자 부랴부랴 대일선전포고하고(8월 8일), 150만 대군으로 만주 동북부와 함경북도 경흥으로 쳐내려 왔다. 전대미문의 원자폭탄에다 소련마저 참전하자 일본은 더 이상 견딜 수 없어 10일 중립국 스위스를 통해 포스담선언의 조건부 수락의사를 연합국에 통보했다.

예상보다 빨리 닥쳐온 종전 가능성에 다급해진 미국 정부는 서둘러 미군 점령지역을 38도선으로 후퇴시켰다. 당시의 긴박한 상황에서는, 조선의 양대 항구 부산과 인천, 수도인 경성(서울)만 차지해도 충분하다고 생각하여, 조선반도의 거의 절반인 38도선을 일본군 항복접수와 무장해제의 경계선으로 정했다. 전의를 상실한 일본군을 파죽지세로 무찌르며 남진 중인 소련군이 만주뿐 아니라 조선전체를 점령하여 버티면 그건 정말 큰일이다. 이미 유럽전선에서 경험한 바다. 소련군은 동유럽 모든 점령지에 그대로 눌러앉았다. 또다시 그렇게 내버려 둘 수는 없다. 가능한 한 소련의 남진을 막아야 한다. 그 한계가 38도선이었다.

20세기 초, 제정러시아 때조차 러시아의 남진저지 평계로 일본의〈조선합병〉에 앞장섰던 미국이 제정러시아보다 더 미운 공산국가 소련의 남진을 달가워할 리 없다. 그러나 소련군은 이미 조선 북부에 들어와 있는 데 반해, 미국은 머나먼 태평양에서 힘든 전투에 지쳐있다. 이런 상황에서 조선의 절반만을 차지한다 하더라도 그리 밑지는 장사가 아니었을 것이다. 뒷날 미국 국무장관이 된, 38도선 최초입안자

딘 러스크가 당시의 상황을 회고한 〈러스크 메모〉에서, "소련이 38도선 안을 수락했을 때 약간 놀랐던 것으로 기억한다."고 한 것으로도, 당시의 사정을 능히 짐작할 수 있다.

소련이 덥석 받아들인 것도 문제다. 만일, 소련이 미국의 제안을 거부했더라면, 38도선은 그어지지 않았을 것이라는 말이다. 소련의 고집으로 38선이 생겼다는 이승만의 거짓말은, 이 때문에 나왔을지도 모른다.

그러나 당시 소련의 일차적 관심은 조선반도 분할이 아니라, 훨씬 더 큰 만주와 일본 북해도 북반부의 분할점령에 있었다는 것이 정설이다. 특히 태평양으로 나가는 안정적 진출로를 확보하기 위해 일본 북해도 북부지역 분할에 대한 관심이 더 컸다고 한다. 이 때문에 대일 선전포고를 미루면서, 보다 큰 참전 대가를 압박하고 있는데 갑자기 원자폭탄이 터져 서둘러 선전포고 한 터라, 조선의 절반을 차지하는 것만으로도 충분했을 것이다.

달리 말하면, 만일 미국이 소련에게 억지 선심을 쓰려고 하지 않았으면, 소련이 미국의 제안을 덥석 받아들이지만 않았으면, 또 미국이 원자폭탄을 터트리지만 않았더라면, 38도선 분단이라는 민족적 치욕은 없었을 것이다. 아무튼, 미국과 소련 두 강대국이 아무렇지 않게 내린 결정 하나가 조선 민족을 슬프게 했다.

제3장
때 만난 철새들

1. 임정 업은 한민당

1945년 9월 4일, 「한민당준비위원회발기인총회」가 뜬금없는 선언문을 내었다. "국제적으로 대한민국임시정부(임정) 외에 정권을 참칭하는 일체의 단체 및 그 행동을 단호히 배격한다." 9월 8일에는, 〈창당발기인〉이 건준을 헐뜯는 광고를, 동아일보를 비롯한 여러 신문에 실었다. 임정과 달리 산 명사들이, 임정을 우리정부로 모시자는 깃발을 들고, 미군이 경성에 들어오는 날(9월 16일) 정당을 만들었다. 그것이 「한국민주당」(한민당)이다.

한민당은, 일찍이 독립운동에서 물러난 민족주의자들이 만든 고려민주당(원세훈), 건준의 공산주의세력을 반대한 조선민족당(김병로, 김약수, 백관수), 해외 유학파인 한국국민당(백남훈, 윤보선, 장택상, 허정), 국민대회준비회(송진우, 서상일) 등 명사들이 동아일보 사주이며 타협적 민족주의자인 김성수를 중심으로 모인 정치단체이다. 그들 중에는 독립운동에 관련 있는 사람도 있지만, 주로 자치운동에 헌신한 민족개량주의자들이다. 독립운동 비밀결사 건국동맹과는 거리가 먼 순응주의자들이다.

한민당은, 여운형과 건준 타도가 유일한 목적인 것처럼 사생결단 물고 늘어졌다. 독립운동을 포기했거나, 대놓고 친일한 명사들이 투철한 독립투사 여운형을 오히려 악질 친일파라고 욕했다. 미국 점령군에게는, 한 술 더 떠 친일파에다가 공산주의자라고 고자질했다.

자주독립 열정에 들뜬 조선 사람들은, 친일로 얼룩진 명사들의 발악쯤으로 생각하여 그리 신경 쓰지 않았다. 그러나 그게 아니었다. 한민당이 생긴 것만으로도 건준을 반대하는 부유하고 교양 있는 반공, 반자주 수구세력이 결집했다는 중대한 정치적 의의가 있었다. 건준의 자주독립의지를 싫어하는 미국으로서는 고맙기 그지없는 횡재가 아닐 수 없다. 당장 그들을 깊이 믿어, 대한민국의 명운을 그들에게 맡겼다. 하지 사령관 정치고문으로 온 미국무부 관리 H. 메럴 베닝호프는, 9월 15일 미국 국무부에 보낸 첫 보고서에 이렇게 썼다.

"정치 정세에 있어서 유일하게 고무적인 요소는 서울의 보다 나이 들고 교육을 받은 사람들 중에 보수주의자 수백 명이 있다는 사실이다. 비록 그 중 많은 사람들이 일본을 위하여 봉사하기는 했으나 그러한 오점은 결국 없어질 것이다. 이 사람들은 임시정부의 귀환을 지지하고 있으며, 비록 다수는 아니지만 아마도 최대의 한인 집단일 것이다."(브루스 커밍스, 〈한국전쟁의 기원〉 김자동 옮김, 일월서각, 197쪽)

또 다른 미국 자료는,

"한민당은 일반 대중의 지지도 없었고, 인공과 같은 조직의 솜씨도 갖추지 못했던 그들은 이조시대 당파싸움의 전통적 수법으로 대응할 수밖에 없었던 것이다. … 한민당에는 일본의 전쟁 노력에 협력하여 반미 연설을 한 인사들이 많다. 이들은 미국의 정책적 변수가 무엇인가를 정확하게 읽고 재서 미군정 당국이 듣기를 원하고 믿기를 원하는 바를 그들에게 들려주었다."(이승만의 실체를 밝힌다. 송건호)

미국이 한민당 인사들을 얼마나 극진히 모셨던가는 한민당 간부들과 자주 접촉한 미국 정보기관 G2 책임자 세실니스트 대령의 말에 잘 나타나 있다.

"한민당은 저명하고 존경할 만한 사업가요 지도자이며, … 자격이 있고 덕망이 있는 보수주의자의 대다수를 포함한 정당이다."

건준은 생기자마자 한민당이라는 기득권세력으로부터 어이없는 기습공격을 받았다. 반면에 어떠한 자주민주세력도 받아들일 생각이 없는 미국은 힘들이지 않고 자주독립을 방해하는 세력의 도움을 받는 행운을 얻었다.

하기야 미국은 인공 반대세력 같은 것이 있건 없건 별 문제가 아니긴 했다. 이미 맥아더 포고문에서 점령지 주민의 자주정부를 인정할 생각이 없다는 것을 분명히 밝혔다. 조선의 독립정부는 〈차후 연합국 4개국의 신탁통치협상에서 결정할〉 문제 라고 했다. 이를 빌미로 건준과 인공을 무시했을 뿐 아니라 임정의 김구, 김규식 등 독립투사들과, 심지어 미국에서 임정대표를 자처하던 친미주의자 이승만조차, 임정 각료로서가 아니라 개인 자격으로 기획 입국시켰다. 미국은 처음부터 조선인의 자 주정부를 망명정부든 현지정부든 간에, 인정할 마음이 조금도 없었다. 조선에 상륙 한 미군은 일본 식민지를 접수하러 온 점령군일 따름이었다.

2. 발 빠른 자치세력

미국 군사정치가 시작되자마자, 남조선의 정치지형은 재빨리 미국 최대 협조자인 한민당으로 기울었다. 일제 식민지 기득권층이기도 한 그들은, 태생적으로 독립투 쟁이란 험난한 모험을 감내할 수 없었다. 잠깐 동안 독립운동에 발들였다가 현실과 타협한 것도 이 때문이다. 그들의 대표적인 조직인 〈연정회〉는 송진우, 최린, 최남 선, 김성수들이 모여 만든 〈자치운동단체〉이다. 그들이 꿈꾼 모델은, 필리핀이 처절 한 독립전쟁 실패 뒤 얻은 자치정부이다. 〈독립〉과는 거리가 한참 멀다.

이런 와중에서 갑자기 해방을 맞았다. 그들 대부분이 일제 강점기의 경력에 발이 저려, 떳떳이 해방공간에 고개를 내밀 처지가 아니었다. 그러나 건준이 해방물결을 타고 재빨리 진보적으로 국민을 동원하자, 신변에 위협을 느끼지 않을 수 없었다. 소 련이 점령한 38도선 이북에 공산주의정권이 들어설 것이 확실한 판에, 남쪽에도 공 산당이나 그와 비슷한 민족주의정권이 들어선다면 일제 강점기의 안일한 그들의 민 족주의운동이 도마 위에 오르지 않을 수 없다. 무슨 수를 쓰서라도, 38도선 이남에 만은 해방 정서상 진보성향으로 흐르기 쉬운 〈자주민주정권〉이 들어서는 것을 막아 야만 한다. 이런 절박한 상황에서 황급히 만든 정당이 한민당이다. 한민당이 미국을 적극 도와 항일 자주독립세력을 타도하고 〈친미 반자주 반공정권〉을 세우려 한 것은 이 때문이었다.

한민당이 들고 나온 명분은 임정봉대론이다. "기미 이래의 조선독립운동의 결정체이며, 국제적으로 승인된 재외 대한민국 임시정부를 반대, 부인하는 도배는 3천만 민중이 용납하지 않을 것"이니, 건준이 국내에서 정부 만드는 짓을 당장 그만두라고 꾸짖었다. 그럴듯하다.

그러나 실상은, 독자적으로는 국내 자주민주세력에 대적할 명분도 능력도 없는 소수의 부유하고 유식한 명사들이 3천만이 우러르는 임정을 입에 올려, 건준 대신 자기들 중심으로 새 국가를 만들려고 하는 낯간지러운 반민족적 책략이었다. 임정의 독립정신과 거리가 먼 인사들이 〈발기인총회 선언문〉을 시작으로, 만사 제쳐놓고 여운형과 건준을 끈질기게 헐뜯은 것은 바로 이런 음험한 〈속셈〉 때문이었다.

한민당이 건준과 인공을 비방하는 골자는 두 가지다. 하나는, 일본의 사주를 받는 〈친일파의 책동〉이고, 다른 하나는 소련의 지령에 따르는 〈공산주의자의 망동〉이다. 건준이 친일파 집단인 동시에, 소련의 꼭두각시라고 하는 모순적 조합이다. 앞의 것은 일본과 가까운 자기들을 제치고 조선총독부로부터 치안권을 위양 받아 정부 행세를 하는 데 대한 불만일 것이고, 뒤의 것은 미국이 가장 미워하는 것이 공산주의이기 때문이었을 것이다. 또 여운형을 친일파로 몰면 누가 진짜 친일파인지 헷갈릴 수 있고, 친일파가 곧 악질 공산분자가 되니 일거양득이다.

만약에 해방이 우리 독립투사에 의한 것이었다면, 친일분자들의 정치단체가 생겨날 리 없다. 어떤 명분을 세운다 하더라도 친일파는 친일파다. 식민지약탈자에게 아첨한 민족반역자가 독립하는 국가의 애국자가 될 수는 없다. 그러나 우리 해방은 우리 힘에 의한 것이 아니다. 연합국, 특히 미국이 준 선물이다. 일본이 져서 해방된 것이지, 조선이 이겨서 해방된 것이 아니다. 거의 공짜로 얻은, 굴러들어 온 해방이다. 〈도둑 같이 뜻밖에 와서〉(함석헌), 〈아닌 밤중에 찰시루떡 받는 기분으로〉(박헌영) 맞이한 해방이다. 이러한 현실이 친일파에게 재기의 기회를 주었다.

해방의 감격에 겨운 우리 백성은, 독립을 방해하거나 외면한 인사들 집단이 우리 독립에 걸림돌이 되리라고는 꿈에도 생각하지 않았다. 마땅히 정당한 권리를 주장할 수 있는 독립투사들이 자주적이고 민주적인 정부를 세울 것이라 믿고 따랐다. 당시의 여러 여론조사가 이를 증명한다. 한민당 산파격인 동아일보조차 75% 이상의 국민이 〈조선인민공화국〉을 지지한다는 여론조사 결과를 발표했다. 중경임시정부

제2진이 귀국한 사흘 뒤인 1945년 12월 5일, 조선일보는 사설에 이렇게 썼다.

"첫째, 양대(대한민국임시정부와 조선인민공화국)세력이 어떠한 일이 있더라도 합작하여 민족통일전선을 완성할 것.

둘째, 민중의 총의에 의한 민주정부여야 한다.

셋째, 조선에는 아직 사회경제적 기반이 봉건제를 못 벗어났으니 이를 현실적으로 타파할 것. 이를 위하여 토지개혁을 해야 한다.

넷째, 현재 민족통일전선의 암이 되어 있는 친일파 민족반역자 문제다. 이런 도배를 신성한 우리의 건국에서 배제함으로써 후환을 단절하는데 어느 누가 찬동치 않을 것인가."

그러나 이승만이 인공 주석을 거부하고, 임정을 우리 정부로 지지해 줄 것을 국민에게 호소(11월 7일)하면서부터, 건국운동 지형에 금이 갔다. 온 국민이 소망하는 민족자주통일전선이 무너지고, 조선인공 진영과 반인공진영, 즉 한민당과 김구의 임정, 이승만의 연합세력으로 확연히 갈라섰다. 반인공진영의 중심인 한민당은, 임정 봉대에 목맬 때는 독립운동에 무임승차하는 것이 급했지만, 친미 반공투사 이승만을 받들면서부터 반공 반진보 본색을 보란 듯이 드러냈다. 일제 식민정치에 묵종하거나 협조한 명사들이 조선인의 마음을 선점한 건준과 인공에 대항할 수 있는 방법은, 오직 그들을 〈공산주의자, 좌익분자〉로 모는 길밖에 없었기 때문이다. 어떤 정파를 막론하고 인공을 반대하지 않으면 무조건 빨갱이로 본 것도 바로 이 때문이다. 일본제국의 악랄한 억압 수법을 그대로 물려받았다.

미군정 초 서울에는 3백도 넘는 정당, 단체가 있었다. 하룻밤 새 수십 개가 생기고 이합집산했지만, 그 중 중요한 것을 진보(극좌, 좌), 중도(혁신, 개혁), 보수(극우, 우)로 나누어 직선상에 배열해 보면, 극좌에 공산당이 있고, 시차가 조금씩 겹치기는 하지만, 대체로 좌에 팔로군 출신이 주축인 백남운의 〈남조선 신민당〉, 중도 혁신에 여운형의 〈조선인민당〉, 중도 개혁에 김규식 등의 〈민족자주연맹〉, 안재홍의 〈국민당〉, 우에 김구와 조소앙 등 임정의 〈한국독립당〉, 극우에 이승만 지지자만 남은 〈독립촉성중앙협의회〉와 〈한민당〉이 놓인다.

이 중 진보와 중도 세력이 해방되자마자 지하조직을 재빨리 확대하여 건준을 만들고, 이를 바탕으로 조선인공을 수립했다. 그러나 한민당이 극력 헐뜯고, 임정이 외면하고 이승만이 거부하고 미국이 부인하여, 존립 자체마저 위태로워졌다.

반면에 한민당은 신바람이 났다. 미국인을 〈짐승〉이라 욕하던 황국신민들이 갑작스레 찬미주의자로 표변하여 외국 유학으로 얻은 지식과 풍부한 경제력을 앞세워 미국인의 마음을 사로잡아 잽싸게 들뜬 해방정국의 주도권을 움켜쥐었다. 언제어디서나 점령군의 1차적 관심은 점령지 통치권이다. 통치권을 넘보는 것만은 절대안 된다. 건준과 임정이 외면당한 것도 이 때문이다. 거꾸로 이런 점령국 의중에 가장 알맞은 세력이 한민당이었다. 미국은 〈연합군환영준비위원회〉까지 만들어 해방의 은인을 열렬히 환영하는 유일한 협력세력을 우대하지 않을 수 없었을 것이다.

두 차례 세계대전을 거치면서 자본주의 맹주가 된 미국이 더욱이 역사상 해외 점령지를 곱게 독립시켜준 적이 단 한 번도 없는 미국이 건준이나 임정을 받아들일 리없다. 비록 조선사람 모두가 지지한다고 할지라도, 미국을 받드는 정치세력이 아니면 절대로 용인할 리 없다. 그런데도 우리 독립투사들은 눈감았다. 해방이 우리에게 〈자주〉와 〈민주〉를 주리라 믿었다. 해방 열기에 들떠 자주독립을 지나치게 자신하고 있었거나, 아니면 미국을 자유롭고 〈아름다운 나라〉로 맹신했을 수도 있다. 조선인이 고대하던 해방이 미국이 주려는 해방의 색깔과 다르리란 사실은 상상조차 못했다. 그렇게나 기다리던 해방이 우리 민족 최대의 비극을 가져올 줄은 더욱 몰랐다.

미국 눈 밖에 난 인공이 엉거주춤하는 사이, 인공 타도를 지상목표로 모인 한민당은 승승장구했다. 탁월한 순응주의정신으로 재빨리 미국 최고위층과 교감하여 미국의 진의를 터득한 덕분이다. 미국도 부유하고 교양 있는 최상위계층의 자발적 협조에 크게 만족했다. 최고 통치자 조선주둔군사령관 하지는, 미국 유학생을 앞세운 한민당 대표 송진우를 인공의 여운형보다 먼저 만났다. 그리고 그 성과는 금세 나타났다. 10월 5일, 김성수, 송진우 등 한민당 간부들이 〈미국군정청 조선군정장관 조선인고문〉으로 발탁되었다. 11명으로 구성된 조선군정장관 조선인 고문단에는 한민당 인사가, 위원장 김성수를 비롯하여 6명이나 되었다. 정치인 자격으로 임명된 여운형과 조만식이 불참했으니 사실상 한민당 독판이다.

「충칭임시정부 급 연합군환영준비회」를 열면서 해방정국에 등장한 미국 유학생 조병옥은 미국군정청 조선인 경무부장으로 발탁되어 미국 정부를 대리하여, 남조선의 치안을 총지휘하는 경찰총수가 되었다. 한민당 간부 장택상도, 수도(경기도)경찰청장 겸 제1경무총감으로 중용되어 미군정 치안유지권이 완전히 한민당 수중에 들어갔다. 이는 곧 한민당이 미국으로부터 치안권을 위임받아 사실상의 통치권을 대행하는 남조선의 권력 실세가 되었다는 것을 뜻한다.

일제의 압제가 경찰력 중심으로 실행되었던 것으로 미루어 보아, 치안권을 잡는다는 것이 얼마나 중대한 의미를 갖는 가를 쉽게 알 수 있다. 뿐만 아니다. 검찰권은 물론 금융, 실업계까지 모두 움켜쥐어 미군정의 정치, 경제, 행정실권을 몽땅 차지했다. 한민당이 처음 생겼을 때는 민족정체성이 흐릿한 부유하고 교양 있는 명사들의 작은 정치집단에 불과했지만, 이제는 아니다. 미국군사정부 권력을 휘어잡은 실세다. 수백 년 동안 관존민비 굴레에 신음해온 조선인이 가장 두려워하는 관권을 움켜쥔 〈지존〉이다.

제4장

독립운동과 민족주의

1. 누가 민족주의자인가

조선의 근대 민족주의는, 〈중국으로부터의 독립〉에서 싹텄지만, 일제의 강점 만행에 분개한 선비들이 국권 되찾기 운동에 나서면서, 반일 독립운동으로 바뀌었다. 의병이다. 뒤늦게 정신 차린 선비 지사들이 조선왕조를 부흥하려는 항일 복벽투쟁이다. 일제가 그냥 둘 리 없다. 1911년 1월 신민회 사건을 조작하여 철퇴를 가하고, 다음 해에, 조선민사령, 조선형사령, 조선태형령, 조선감옥령을 연이어 발령하여, 민족주의운동을 무자비하게 눌렀다.

우리 항일 민족주의가 힘 한번 써보지 못하고 작살이 날 무렵, 공산주의 혁명에 성공한 러시아 소비에트정부가 우리 독립운동에 아주 큰 영향을 미쳤다. 억압받는 사람들도 해방될 수 있다는 희망을 심어 주었을 뿐 아니라, 소련 정부 스스로 우리 민족 독립운동을 물심양면으로 적극 도왔다. 식민지의 사회주의운동이, 제국주의국가에 대한 민족해방전쟁인 동시에, 자본주의국가에 대한 사회개혁투쟁이기도 하기 때문이었을 것이다. 더욱이 일본은 러시아혁명을 방해한 백색테러국가였다.

한동안 우리 독립투사 거의 모두가 직간접으로 소련 정부의 도움을 받았다고 해도 과언이 아니었다. 심지어 미국에서 외로이 외교독립운동을 하던 생태적 반공전도사 이승만조차 소련의 지원을 요청했을 정도였다. 일본과 가장 가까운 우방이며 동맹국이면서도, 일본 눈치를 살펴야 하는 부자 나라 미국과는 정반대였다.

조선독립투사들의 지상목표는 조선 독립이다. 독립에 도움이 되기만 하면, 그것이 누구이든, 무엇이든 간에 두 손 들고 환영하기 마련이다. 더욱이 낯선 외국 땅에서 막강한 일본군과 싸우려면, 더더욱 많은 물질적, 정신적 도움이 절실하다. 중국에서 싸우던 독립투사들이 장개석에 의지하다가 중국공산당과 함께 싸우고, 소비에트를 쌍수로 환영한 것도 모두 이 때문이다. 이들 말고는 조선독립을 도와주는 국가나 세력이 달리 없었다.[1]

이렇게 되자, 민족 해방만이 목표이며 신앙이든 독립운동에, 계급 해방도 함께하려는 사람들이 늘어나게 되었는데, 그들이 곧 사회주의자나 공산주의자다. 그들 중 많은 사람들이 사회주의를 깊이 익힐 겨를이 없었을 것으로 보아, 어느 면에서는 독립투쟁의 한 방편일 수도 있었을 것이다.

일제강점기에는 이런 독립투사들을 대개 사상가 또는 혁명가라 불렀다. 아마 사회주의나 공산주의라는 사상을 가진 사람이라는 뜻이었을 것이다. 일제 말에 가까워지면, 우리 독립투사는 사회주의사상을 가졌든 안 가졌든 간에 모두 사상가나 혁명가라고 생각하게끔까지 되었다.

세칭 사상가인 사회주의자나 공산주의자의 주된 투쟁 목표가 민족해방이었음은 말할 것도 없다. 1926년에 발표된 〈조선공산당선언서〉에도 분명히 나타나 있다.

> "조선공산주의자들은 일본제국주의의 압박 하에서 조선을 절대로 해방시킬 것을 당면의 근본과업으로 한다. 이를 위해 조선공산주의자들은 모든 반일 역량을 집결하여 〈민족유일전선〉을 결성하고, 일제에 대한 정확한 공격 준비와 타격을 가해야 한다."

이들 말고도 우리 민족의 독립과 발전을 위한 민족운동을 한 사람들이 있었는데, 그들을 대개 그냥 민족주의자 또는 순수 민족주의자라 불렀다. 민족운동을 하지만 사회주의자나 공산주의자 같이 〈사회개혁〉까지 하려는 사람이 아니라는 뜻이다. 이들도 여러 갈래가 있다.

---

1) 미국은, 조선독립운동을 도와줄 처지가 아니었다. 1905년, 태프트-가쯔라조약으로 〈일본의 조선합방〉을 세계 최초로 공인하고, 1908년에는, 루트-다카하라조약을 맺어 〈조선이 일본식민지인 것〉을 재확인 해준 미국이, 조선독립운동을 도울 리 없다. 1945년, 태평양전쟁이 끝나기 직전 임시정부 요청으로 미국 첩보기관 OSS가 소규모 조선 후방 교란작전 병력 훈련을 시작했으나, 일본의 조기 항복으로 곧 중단되었다.

해외 민족주의자들은, 김구 등 임정 요인들 같이 주로 중국에서 〈조선 독립〉을 위해 싸우는 지사들이었다. 그러나 국내는 달랐다. 거의 대부분이 독립이 아니라 〈민족자치〉, 민족개조운동을 하는 민족주의자들이었다. 그들의 공통점은, 민족을 위한 〈운동〉은 하되, 독립이 아니라 민족의 계몽과 민족성 개량에 집중하는 것이었다. 독립투쟁을 외면했을 뿐 아니라 때로는 이승만 같이 폭력투쟁을 〈비난〉했다. 여운형 같은 극소수를 제외하고는, 거의 대부분 무저항적, 평화적, 타협적 민족주의운동을 했다.

국외에서는 이 두 세력, 즉 사회주의 민족주의자와 비사회주의 민족주의자 간의 대립이 좀 심했다. 상해임시정부 초대대통령 이승만이 임시정부에서 공산주의자를 모두 축출하려 했던 것으로도 알 수 있다. 그러나 국내에서는 그 대립이 거의 눈에 띄지 않았다. 독립운동이 모두 지하로 스며들었기 때문이다. 공개적인 독립투쟁을 용인하는 관대한 식민국가란 있을 수 없다.

일제는 더욱 아니다. 비폭력주의나 무저항주의 같은 평화적 독립운동조차 대일본제국의 야만적 폭압 밑에서는 꿈조차 꿀 수 없는 로맨틱한 개념이다. 미국에서 천만 번 일본 욕을 퍼부어도 일본 경찰에 잡혀 갈 염려가 없지만, 조선에서는 어림도 없다. 당장 불령선인으로 잡혀가 목이 달아날 수도 있다. 그래서 일제 강점 말기 조선에는 독립운동이란 것이 겉으로는 거의 사라졌다고 해도 과언이 아니었다.

사상범에 대한 핍박은 극심했다. 불령선인이라는 요시찰인물 거의 모두가 세칭 〈사상가〉였기 때문이다. 일제는 1925년 5월, 공산주의, 사회주의, 무정부주의 등 반국가활동을 억압하기 위해 〈치안유지법〉을 만들어, 불령선인이라 의심되는 자들을 닥치는 대로 잡아다 족쳤다. 1936년 12월에는, 일제에 반항하는 사상과 활동을 탄압하기 위해 〈조선사상범보호관찰령〉을 만들어 사상범들을 밀착감시했다. 또 1938년 7월, 모든 정치범에게 강제로 사상전향서를 쓰게 한 뒤 「시국대응전선 사상보국연맹」이란 전향자단체에 강제가입시켰다. 보국연맹이 「대화숙」으로 개편된 1940년 12월 말까지, 조선 내 83개 분회에, 자의 타의로 가입한 이른바 〈전향사상범〉이 3천 3백여 명에 이르렀다.

치안유지법이 제정된 1925년부터 1938년까지만해도 이 법으로 검거된 〈사상불온자〉가 17,000명을 넘었던 것을 보면, 일제가 얼마나 지독하게 독립투사 특히 〈적색분자〉를 억압했던가를 알 수 있다. 일제는 이것으로도 모자라, 1941년 2월에 〈조선사상범예방구금령〉, 3월에 〈국방보안법〉을 만들고, 〈치안유지법〉을 여러 차례 고쳐, 사상이 의심스럽다고 생각되면, 마음대로 잡아들여 고문하고 〈보호〉했다. 웬만한 재주로는 독사보다 더 독한 일제 경찰 특히 조선인 고등계 형사의 눈초리를 피할 수가 없었다. 아무튼 지하 독립운동은 순수 민족주의자보다 사회주의 독립운동가에게 월등히 유리한 투쟁방식이었다.

비사회주의 계열, 즉 보수적 타협적 온건민족주의자는 체질상 지하운동에 안 맞는다. 그들은 점령국으로부터 일정한 혜택을 받고 있는 식민지 사회의 경제적, 사회적 기득권층이다. 어떤 사회를 막론하고 가진 것이 많으면 잃을 것도 많다. 현상변화가 반드시 필요하지 않을 뿐 아니라, 오히려 위협이 될 수도 있어 그리 달가워할 일이 아니다.

조선이라고 다를 리 없다. 1910년, 일제가 조선을 강점하자마자 지주의 권한을 강화하는 조치를 취했다. 조선시대에는 소작인이 도지를 한 번 받으면 세습적으로 농사지을 수 있었으나, 일제는 지주 마음대로 매년 소작인을 바꿀 수 있게끔 법을 고쳤다. 주된 목적은 농민의 경작권을 인정하지 않음으로써 조선의 토지를 손쉽게 약탈하려는 음모였지만, 동시에 조선인 지주의 권한과 위상을 강화하는 조치이기도 했다. 일제 약탈자에게 재산을 빼앗길까 전전긍긍하던 지주들에게는 고맙기 그지없는 예기치 않은 시혜가 아닐 수 없었다. 뿐만이 아니다. 일제는 강점기 내내 지주와 자본가, 특히 부유한 조선조 관리, 양반들을 극진히 보살피는 민족분리정책으로 정성스레 모셨다.

비사회주의적 온건 민족주의자도 다 같지 않다. 우선 이완용 같은 〈매국민족주의자〉가 있었다. 이들은 일제에 합병되는 것이 조선민족 최선의 길이라 했다.

> "조선이 식민지가 된 것은, 구한국이 힘이 없었기 때문이며, 역사적으로 당면한 운명과 세계적 대세에 순응키 위한 조선민족의 유일한 활로이기에 단행된 것이다." (1919년 5월 30일, 이완용이 매일신보에서 한 말).

이완용이, 조선조 말 청국으로부터의 〈자주독립〉과 〈충군애국〉을 내건, 조선 최초의 민족주의단체 〈독립협회〉 초대 위원장을 맡았고, 또 미국인 추밀원 고문 서재필(Philip Jaisohn)과 함께 〈독립문〉 건립에 앞장섰던 것을 보면, 이 사람이 얼마나

〈애국충정〉이 넘치는 민족주의자였던가를 능히 알 수 있다.

다음은, 독립협회 회장과 신민회 간부를 지낸 바 있는, 〈대한민국 애국가 작사자〉 윤치호 같은 〈일선(日鮮)동화 민족주의자〉들이다. 1911년 9월, 일제가 조작한 〈신민회 사건〉 주모자로 몰려 잠깐 옥고를 치르다가 특사로 풀려나자마자 1915년 3월 14일 매일신보와의 인터뷰에서 다음과 같이 다짐했다.

　　"조선민족은 어디까지나 일본을 믿고 상호 구분이 없어질 때까지 노력할 필요 있다. 일선(日鮮) 민족의 행복을 위해 양 민족 동화에 혼신의 힘을 다하겠다."

어차피 자주적으로 살아갈 능력이 없는 민족이니, 하루라도 빨리, 일본인이 되는 게 낫다고 했다. 그리고 그 맹서를 굳게 지키며 잘 살았다. 윤치호를 잡아넣은 신민회사건도 어이없는 항일운동 억압 조작극이었다. 천주교 서울대교구장 뮈텔 주교가 총독부 경찰총수 아까시 경무총감을 찾아가, 안중근 의사 동생 안명근이, 조선총독 암살음모를 꾸미고 있다고 밀고하면서 시작되었다. 신부 그것도 주교란 자가, 신도의 고해성사를 이교도 경찰에 고해 바친 성사에 놀라움을 금할 수 없었으며, 이를 빌미로 반일극을 조작한 일제 경찰의 간계 또한 우러러 탄복하지 않을 수 없었다.

이 부류에는 위로는 일본 배 타고 일본 가면서 〈태극무늬〉를 조선왕조 국기로 내건 일제 중추원 부의장 겸 일본 귀족원의원 박영효 후작, 아래로는 중학생 때 만세 부르다가 구금된 일이 있는 〈고문귀〉 하판국 경관이 있다. 이들 중에는 해방 뒤 〈위장친일〉했다거나, 은밀히 독립투사들을 도왔다는 〈유령 민족주의 사기꾼〉이 아주 많다.

이 두 귀화민족주의 민족반역자들 말고도 우리 민족의 앞날을 설계한 민족주의자가 더 있었다. 먼저 자치주의 민족주의, 개량주의 민족주의 등 〈타협적 민족주의자〉와 〈비폭력 민족주의자〉이다. 이들 또한 민족을 지극히 사랑한 민족주의자다. 그 중에는 한 때 독립운동에 발 들였다가 마음 바꾼 사람도 있지만, 대개 독립과는 거리가 먼 민족운동을 했다.

다음은, 이른바 〈민족주의좌파〉인 〈비타협민족주의자〉이다. 이들은 한 동안 굴욕적인 자치운동을 배격하고, 사회주의자와 연합하여 '민족반일당 민족협동전선' 기치 아래, 항일투쟁단체 〈신간회〉를 조직하는 등 항일운동에 적극 발을 들였다. 그러나 일제가 민중대회를 빌미로 간부들을 대거 구속하는 등으로 강경 탄압하자, 갑자기 지도노선이 합법주의, 온건주의로 바뀌고 결국 사회주의자와의 노선 대립으로 자진 해산했다. 이들 중에는, 끝까지 자치론과 타협하지 않은 지사도 있었지만, 거의 모두 타협적 민족주의와 타협했다.

3·1 운동 때 만세 한 번 부르고는 혼비백산하여 젊은이들에게 군대 가라, 징용 가라, 정신대 가라고 내몬 민족주의자와, 왜놈들과 목숨 걸고 싸운 독립투사가 같을 수 없다. 일제의 압력에 순응한 명사들이, 일제에 맞서 독립운동 했다고 자랑하고 나설 처지는 결코 아니다. 그러나 해방되고 미국 해방군이 들어오자, 자치주의자들의 얼룩진 정체성이 열혈 독립투사보다 오히려 더 민족주의적이었다는 기적이 일어났다.

사회주의자, 공산주의자는 독립을 빙자하여 폭력적 파괴적 투쟁 그것도 무산자를 위한 계급투쟁만을 일삼았지만, 자기들은 오직 민족의 행복만을 위한 생산적 민족운동을 전개했다는 논리로 비약했다. 일제에 아부한 역겨운 행적은 현란하게 장식된 짧은 민족운동 경력에 묻혀 흔적 없이 사라졌다. 이유는 간단하다. 미군정이 일제의 〈천왕적 사회주의관〉을 그대로 물려받아 우리 독립투사를 〈체제전복을 꾀하는 파괴분자〉, 〈우리 민족을 소련에 갖다 바치려는 공산주의 민족반역자〉에다 말만 잘하는 〈빨갱이〉로 내몰았기 때문이다. 미군정이 일본 천황을 경배하는 황국신민을 너무 많이 등용한 것도 한 원인이었을 것이다.

해방 무렵, 우리 백성들은 사회주의란 말을 상당히 긍정적으로 받아들이고 있었다. 독립운동 하는 사람들의 어려운 사상이라 생각하여 거부감보다 존경심이 더 컸다. 학교 운동회에서, 적군 편이 〈적기가〉 부르며 "적군 이겨라"고 응원하는 것이 조금도 이상하지 않았다. 반면에 자본주의라는 말은 그리 좋은 대접을 받지 못했다. 〈벼락부자, 친일파, 모리배, 수전노〉같이 부정적으로 쓰이는 경우가 더 많았다.

그러나 미군이 우리 땅을 밟으면서 사정이 달라졌다. 공산주의나 사회주의가, 해방 은인인 미국이 가장 싫어하는 사상이란 것을 알고는 황급히 움츠렸다. 미국 자본주의만이 진정한 자유민주주의이고, 나아가 자본주의가 곧 민주주의이며, 다른 민주주의는 민주주의가 아니라고 한다는 것을 알았다. 이것이 타협적 민족주의자에게 찾아온 구세주였다.

민주주의는, 모든 사람이 기회와 소유에 균등한 권리를 가지고, 공정하게 의사결정에 참여하는 정치형태이다. 인간의 가치가 얼마나 평등하며, 인민이 어떻게 얼마만큼 권력에 참여하는가에 따라, 자유민주주의나 시민민주주의, 부르주아민주주의만이 아니라, 사회민주주의, 인민민주주의, 대중민주주의, 참여민주주의 같은 민주주의도 있다.

서양제국주의가 세계를 제패하면서, 자유민주주의가 모범적 정치체제인 것처럼 학습되고는 있지만, 완전한 것도 아니고 이상적인 것도 아니다. 종주국 영국은 십자가 앞세운 가혹한 식민지배로 착취한 〈미개한 유색민족〉의 한 맺힌 피땀 찌꺼기를 적절히 하사하여, 비교적 쉽게 안정될 수 있었다. 그러나 정치문화가 다른 지역에서는 종주국보다 훨씬 더 가혹한 시련을 겪어야 했으며, 정착된다고 하더라도 기득권세력의 외연이 다소 늘어날 뿐, 대다수 국민은 여론에 묶인 속 빈 주권자에 불과하다. 주연도 조연도 아닌 엉겁결에 동원된 평등한 관객일 뿐이다.

그런데도, 타협적 민족주의자들은 미국식 자유민주주의만이 민주주의이지 다른 것은 민주주의가 아니라고 주장하고 나아가 정의로운 미국 민주주의와 음흉한 소련 공산주의가 대립되는 것처럼 민족주의와 공산주의도 대립되는 것이라 고집하면서, 해방과 더불어 민족의 가슴을 뜨겁게 달군 민족주의마저 순식간에 독차지했다.

2. 날개 단 일제 관리

미육군 제24군단 군단장이며, 조선주둔군 사령관인 육군 중장 하지는 조선총독의 항복을 받은 뒤 항복문서 제5조에 따라 "일본인 무관은 연합군 사령관에 의하여 면직되지 않는 한 현직에 유임하면서 직무를 수행하라"고 명령했다. 이 날부터 일본인에 의한 지배 곧 〈정치〉는 끝나지만, 일본인에 의한 관리, 즉 〈행정〉은 그대로 계속하겠다는 말이다. 조선에 대한 지식이 없는 미국 점령군이, 좌익세력이 정국을 주도하는 상황에서 취할 수 있는, 최선의 방책이었을 것이다. 하지 사령관 자신이 본국에 보낸 전문을 보면 그 사정을 충분히 가늠할 수 있다.

"적극적인 행동을 취하지 않는 한 공산주의자의 활동은 권력을 획득할 수준에까지

도달했다.

　미군정이 조선에서 이룬 가장 눈부신 업적은 조선총독부 경찰의 재등용이었다. 미국은 광복 직후부터 해방 정국의 혼란을 성실히 수습하던 건준 산하 치안대 등 조선인 치안 조직의 치안권을 금지하고 대신 조선총독부 경찰을 다시 불러들여 치안을 맡겼다.

　한민당이 결성된 날로부터 1946년 11월까지 미군정은, 조선총독부 조선인 경찰 8천여 명 중 5천여 명을 특별 채용했다. 그중 경위 이상 경찰 간부 1,157명의 82% 949명이, 일제 총독부 경찰 출신이었고, 하급 경찰도 30% 이상이 일제 경찰이거나 경찰 앞잡이였다. 명분은 치안유지지만, 실상은 좌익으로부터 정국주도권을 빼앗기 위한 정략이었다. 일제 강점기에 좌익분자를 손본 경험 있는 친일경찰 말고는, 좌익을 효율적으로 제어할 수 있는 세력이 달리 없었기 때문이다. 더욱이 일제 경찰은 지난날의 잘못에 발이 저려 좌익이 두려운 만큼 미움 또한 큰 자들이다. 해방되자마자 황급히 숨었다가, 모집소식 듣자마자 튀어나와 특채되었다. 화려한 〈친일경력〉이 존중되어 몇 단계씩 승진한 자도 많았다.

　그들은 미국이 베푼 뜻밖의 은전에 감격하여, 미국이 기대한 것보다 훨씬 더 유능하고 신속하게 해방정국을 휘어잡아 그 은혜에 보답했다. 일제 강점기에 갈고 닦은 압제 〈경력〉을 유감없이 발휘한 일제 경찰 덕분에 미군정은 그들을 특채한 지 두 달도 안 되어, "한국 경찰이 법과 질서의 유지임무를 이양 받음으로써 미국은 한국에 소규모 병력만 주둔시켜도 된다."고 말할 수 있게 되었다. 이는 곧, 두 달도 안 되는 단기간에 정국의 흐름을 바꾸어놓을 만큼, 미군정경찰의 좌익 억제력이 뛰어났다는 것을 뜻한다. 커밍스는 미국 CIA문서를 인용하여 이렇게 썼다.

　"남로당을 비롯한 좌익 대중단체의 가입이 미군정하에서 공식적으로는 합법이었지만, 경찰은 대체로 공산주의자를 폭도나 반역자로 생각하여 조그만 핑계만 있어도 체포하고 구금하고, 때로는 쏘아 죽일 대상으로 보았다. … 남조선의 관료체제는 본질적으로 옛 일본의 체제 그대로였다. 전쟁(제2차 대전)전, 일본의 가장 어두운 반동세력의 소굴로 E. H. 노이만이 지목했던 내무부는, 남조선에서 '인민의 생활 거의 모든 면에 걸쳐' 고도의 통제력을 발휘하고 있었다. … 국가경찰의 수장 조병옥은, 많은 사람들이 이승만 다음으로 큰 권력을 가진 사람으로 여겼는데, 한민당은 그의 덕으로 경찰과 지방정부 내에 자기네 세력을 키울 수 있었다."

미국군정청 미국인 경무부장 윌리엄 맥크린은, 친일 경찰을 재임용하는 데 대한 비난이 높자, 태연히 맞받았다.

"만약 그들이 과거에 일제를 위하여 일을 잘했다면, 그들은 우리 미국을 위해서도 일을 잘해줄 것이다."

미국군정청 조선인 경무부장 조병옥 박사는, "일본 경찰 출신이라고 모두 친일파(pro-jap)가 아니라 직업경찰(pro-job)이다."라며 친일경찰을 한껏 감쌌다. 뿐만 아니라, "경찰은 기술직이므로 어쩔 수 없다"고 두둔하는 수도경찰청장 장택상과 손잡고, 경찰 내 민족주의자들을 경찰에서 쫓아내는 데 앞장섰다. 친일 경찰 채용문제로, 조병옥을 비롯한 조선인 경찰 최고위층과 다툼을 벌이던 경무부 수사국장 최능진은, "경찰이 일본 밑에서 그들에게 협조한 경찰관과 전직 민족반역자들의 피난처가 되고 있다."는 보고서를 제출한(1946년 11월 20일) 죄로 파면되었다(1946년 12월 4일). 친일파를 몰아내려다가 도리어 쫓겨났다.

옛 일제 경찰은, 과분한 벼슬자리에다가 절대 신분보장이라는 날개까지 달았다. 이제 일본제국 순사가 아니다. 새로운 조국의 안녕을 지키는 〈국립애국민주경찰〉이다. 친일파 민족반역자가 아니다. 미국 조선군사정부 민주주의를 수호하는 애국자요 민족주의자다. 해방 덕이다.

미군정은 연말까지 약 3개월 동안, 7만 5천여 명의 조선인을 군정 요원으로 뽑았다. 경찰 외 다른 관리들도, 거의 모두 일제 관리였거나 유학 다녀온 지식인으로 채웠다. 새로 임명된 고위 관리는, 미국인이던 조선인이든 간에 정부행정 경험 없는 신인이다. 실무경험 있는 수족이 필요할 수밖에 없다. 그리고 그 수족이 될 수 있는 인재라고는 오직 조선총독부 관리뿐이다. 그들을 쓰지 않을 수 없다. 심지어 미국이 만든 〈국방경비대〉도 모두 일본군과 만주군 출신으로 채웠다. "일제 강점기에 일본 법률로 처벌을 받은 자는 군대에 지원할 수 없다"는 규정을 만들어, 독립운동으로 실형 받은 독립투사는 군대에 들어갈 수가 없었다. 군대뿐 아니라 미군정의 어떤 기구에도 독립투사가 발붙일 틈이 없었다. 운 좋게 발붙인 독립투사도 얼마 못 가 밀려났다. 미국 인사정책이 총독부 관료조직을 그대로 재활용하는 것이었으니, 일제에 항거한 독립투사들이 버텨낼 자리가 있을 리 없다.

일제에 충성하여 독립투사를 고문한 일제 경관이 바로 그 독립투사를 다시 고문할 수 있는 권한을 가진 새 국가의 애국경찰로 재림했는데, 누가 누구를 청산한단 말인가? 해방은 무슨 해방이란 말인가? 누가 누구로부터 해방되었단 말인가? 독립에 목숨을 걸었던 사람들은 분통이 터졌다. 이제는, 일제에 대한 독립투쟁이 아니라, 미군정 애국경찰로 옷 갈아입은, 전 일제경관에 대한 해방투쟁을 벌이지 않으면 안 되게 되었다.

미국은 조선에 해방의 기쁨을 안겨준 은인이다. 게다가 세계 최고의 민주주의를 자랑하는 선진국이다. 그러나 바로 그 해방의 은인이며 위대한 자유민주주의 선진국인 미국을 상대로 〈자유와 민주, 그리고 민족〉을 지키기 위한 투쟁을 벌이지 않으면 안 되는, 기막힌 처지가 되고 말았다. 동족 간에 피를 볼 것은 불 보듯 뻔하다. 시간문제일 뿐이다.

제5장

신탁통치의 마술

1. 조선의 신탁통치

조선의 신탁통치는 미국 대통령 F. 루즈벨트가 카이로와 얄타회담에서 스탈린에게 제안하여 합의한, 일본 식민지 조선의 전후처리방식이다. 아직 제2차 세계대전 중이고, 국제연합(유엔)이 생기기 전이라, 구체적인 실행 방법이 어떤 것인지는 아무도 몰랐다. 다만 F. 루즈벨트가, 필리핀을 식민 지배하고 있는 미국 통치방식을 〈가장 성공적인 위임통치〉라 자찬하던 것으로 미루어보아, 대체로 국제연맹의 위임통치제와 같은 것이었을 것이다.

국제연맹의 〈위임통치제〉는 제1차 세계대전에 이긴 나라들이 진 나라들, 특히 튀르키예 식민지인 중동과 아프리카를 분할 지배하기 위해 만든 〈승전보상제도〉이다. 패전국 식민지를 아직 독립능력이 없는 미개인이란 구실로 전승국 중 〈1국가〉가 〈국제연맹 감독 하에〉 지배하는, 패전국 식민지 지배 방식이다. 신탁을 위임 받은 1국가가 자기 영토의 일부분으로 지배하며, 입법, 사법, 행정 및 외교에 대한 〈전권〉을 가지고 자국 법률을 적용한다. 따라서 제국주의 식민지와 조금도 다르지 않은 식민지 지배제도이다.[2]

제2차 세계대전이 끝난 뒤 생긴 「유엔」도, 국제연맹의 위임통치제를 그대로 본떠

---

[2] 제1차 세계대전 전승국 영국과 미국이, 돈 많은 유대인에게 패전국 튀르키예 식민지 팔레스타인 땅을 돈 주고 사게 한 것도 바로 이 때이다.

패전국 식민지 처리 제도를 만들었다. 그것이 〈신탁통치제〉다. 따라서 국제연맹의 위임통치제와 꼭 같이 〈1국가〉가 전권을 가지고, 패전국 미개인이 독립할 능력을 갖출 때까지 지배하는, 제국주의 식민지와 똑같은 식민지 지배제도이다.

조선 사람들은 처음 신탁통치라는 말이 나왔을 때는 별 관심이 없었다. 아직 일제 지배하에 있을 때라 신경 쓸 이유가 없었다. 제1차 세계대전 직후 이승만이 일본 대신 미국이 조선을 〈위임통치〉하게 해달라고 국제연맹에 청원한 사실도 신채호 같은 열혈 투사나 서양 유학생들 정도나 알고 있을 뿐이었다. 1945년 10월 20일, 미국 국무부 극동국장 빈센트가 미국이 조선을 〈신탁통치 하려고 한다〉는 미국 정부정책을 밝히자, 비로소 놀랐다. 빈센트의 말은 이렇다.

> "조선은 오랫동안 일본에 부속되어 있었기 때문에 즉시 자치할 준비가 되어 있지 않다. 그러므로 우리는 일정기간 동안 조선인이 그들 나라의 독립정부를 떠맡을 준비를 갖출 수 있도록 신탁통치할 것을 주장한다. 그 기간은 얼마나 걸릴지 모른다. 그러나 짧으면 짧을수록 좋다는데 동의한다."

즉시 독립할 줄 알았던 조선 사람들은 깜짝 놀랐다. 온 국민이 한 목소리로, 비난했다. 독립시켜주지 않고, 신탁통치라는 또 다른 식민 지배를 받으라니! 말도 안 된다. 당황한 미군정이 서둘러 진화에 나섰다. 조선군정장관이 기자회견을 자청하여, "극동국장 빈센트의 말은 단지 개인의사에 지나지 않는 줄 믿는다. 그분 말이 미국 정부방침이 아님은 틀림없다. 그러므로 그러한 소식은 묵살해야 할 것이다"고 강력 부인했다. 최고 통치자 하지까지 나서, "하찮은 지위에 있는 빈센트 개인 의견일 뿐"이라고, 평가 절하하는 말을 측근인 한만당 대표 송진우를 통해 발표했다.

조선 사람들은 한숨 돌렸다. 그러나 조선 문제에 대해 미국 국무부와 국방부의 견해에 미묘한 차이가 있다는 사실은 몰랐다. 국무부는 빈센트 말대로 〈연합국 4개국이, 상당기간 신탁통치한 뒤 독립시켜주는〉 정책을 견지하고 있었다. 그 사실은, 1945년 10월 13일자, 미국 연방정부 3부(국무부, 전쟁부, 해군부) 〈조정회의 기본군정지침〉에 상세히 나와 있다.

> "조선에서 미국의 최종 목표는 자유독립국가를 수립하고, 나아가 책임 있는 평화

를 애호하는 국가의 일원이 될 수 있는 여건을 형성하는 것이다. 미, 소에 의한 잠정 〈군정기〉로부터, 미, 소, 영, 중에 의한 〈신탁통치〉를 거쳐 최종적 유엔 회원국으로서 독립국가에 이르는 단계적 발전을 계획하고 있는 미국의 정책을 유념해야 한다."

적어도 1945년 무렵, 트루먼 정부의 공식적 조선정책은, 〈군정 − 신탁통치 − 독립적이고 민주적인 통일조선정부 수립〉이 분명했다. 10월 27일, 트루먼 대통령이 미국 해군 기념일 연설에서 연합국과의 협력관계를 강조하면서 F. 루즈벨트의 외교정책을 재확인한 바도 있다.

그러나 미국 군부 생각은 달랐다. 특히 반공적인 극동 지배자 맥아더와 미국조선군정청은 〈조선을 미국만의 직접적 영향력 하에 두어야한다〉고 생각했다. 제2차 세계대전 특히 태평양전쟁을 승리로 이끈 일등공신 미국이 그에 알맞은 보상으로 조선 전체에 독립정부를 세워줄 권리가 있다고 자신했다. 태평양전쟁에 이바지한 것이 거의 없는 소련이 조선 문제에 간여하는 것이 못마땅했다. 나치가 항복하자마자 동유럽 전 지역을 몽땅 〈적화〉하는 것을 보고, 소련이란 국가 자체를 미워했다. 그래서 빈센트가 미국의 대 조선정책을 정직하게 밝혔을 때도 즉시 빈센트 〈개인 의견〉에 불과하다고 평가절하하면서, 진정한 미국 정책은 조선을 〈신탁통치 없이 즉시 독립시켜 주는 것〉이라고 주장했던 것이다.

미국조선군사정부가 본국 정부의 정책을 모를 리 없다. 그럼에도 불구하고, 빈센트를 비난하고 나선 것은, 고의로 왜곡하려 했다기보다는 그것이 미국 군부의 본심이고, 또 미국 정부의 〈참뜻〉도 그런 것이라고 생각했기 때문이었을 것이다. 종속유전자를 타고 난 어진 조선백성은 우리를 해방시켜준 고마운 미국 장군님들의 말씀을 믿을 수밖에 없었다.

순진한 조선인들 의구심에 이승만이 또 〈헛불〉을 놓았다. 조선 신탁통치 문제가 「모스크바 미영소 3국외상회의」에서 결정된다는 소문이 나돌아, 민심이 흉흉한 12월 14일 저녁 곧 「모스크바 3국외상회의」에 조선 문제가 올라가기 〈이틀 전〉, 이승만이 라디오 방송에서 깜짝 발표를 했다.

"와싱턴에서 오는 통신에 의하면 아직도 조선의 신탁통치안을 지지하는 사람이 있다 합니다. 우리 조선은 이 안을 거부하고 완전독립 의외에는 아무것도 용납할 수 없음을 알리고 싶습니다. 여기에는 당당한 이유가 있습니다. 즉 트루만 대통령, 번즈 국무장관, 연합군사령관 맥아더 대장, 하지 중장은 다 조선독립을 찬동하고 있습니다."

그 다음날(15일), 곧 「모스크바 3국외상회의」에 조선 문제가 올라가기 〈바로 전날〉, 미군정 실세인 한민당 지도자 김성수가 주인이고 송진우가 사장인 동아일보가, 한 미국통신사가 고의로 만든 억측기사를, 그냥 그대로 제1면 머리에 〈워싱턴 발 지급뉴스〉로 보도했다.

〈외상회의에 논의된 조선독립 문제, 소련은 신탁 주장, 소련의 구실은 38선 분할 점령, 미국은 즉시독립 주장〉이란 큼직한 표제어에 〈조선의 분점은 부당〉을 부제로,

"'번즈' 미 국무장관은 출발 당시에 소련의 신탁통치안에 반대하여 즉시독립을 주장하도록 훈령을 받았다고 하는데, 3국간에 어떠한 협정이 있었는지 없었는지는 불명하나, 미국의 태도는 카이로선언에 의하여 조선은 국민투표로서 그 정부의 형태를 결정할 것을 약속한 점에 있는데, 소련은 남북 양지역을 일관한 1국 신탁통치를 주장하여 38도선에 의한 분할이 계속되는 한 국민투표는 불가능하다고 하고 있다."(워싱턴 25일발 합동지급보)

미국 고위층은 모두 조선을 〈완전 독립〉 시켜주려는데, 소련은 〈신탁통치〉만을 고집한다는 말이다. 어제 저녁, 소련만이 〈신탁통치〉를 고집하고 있다고 한 이승만의 라디오방송과 꼭 같은 〈입도선매 특종〉이다. 다른 신문들도 다투어 이를 퍼날랐다. 미국은 즉시 독립시켜주려는데, 소련은 신탁통치만을 고집한다고 대서특필했다.

모스크바에서는, 아직, 조선처리문제 논의가 시작되지도 않았는데도 불구하고, 온 조선 사람이 〈소련의 신탁통치음모〉에 격분한 데는 이틀이 안 걸렸다. 좌우 가릴 것 없이, 온 국민이 신탁통치를 고집하는 소련에 대한 적개심에 불타올랐으며, 소련에 대한 분노가 곧바로 반공운동으로 폭발했다. 이승만의 「독촉전국청년연맹」은 분연히 궐기하여 〈신탁통치 절대반대〉 신탁배격운동에 참여치 않는 자는 민족반역자로 규정한다는 결의문을 채택했다. 조선에 새 〈민족반역자〉가 양산되는 역사적 순

간이다.

2. 유엔의 신탁통치와 모스크바의정서의 신탁통치

동아일보 특종이 나온 다음날인 12월 16일에야 비로소 모스크바 「미영소 3국외상회의」에, 조선 문제가 의제로 올라갔다.

먼저, 미국 국무장관 번즈가 〈한국인의 참여 없는 5년 내지 10년의 신탁통치〉를 내어놓자, 소련은 〈즉시 독립〉을 주장했다. 미국이 이를 거부하자, 소련은 조선에 독립을 부여하기 위한 민주적 〈임시정부 수립〉 뒤, 〈5년 이내〉 신탁통치 실시 수정안을 내어놓았다.

미국 안은 〈조선인의 참여 없이, 4대 연합국이, 5년 내지 10년간, 신탁 통치한 뒤에 독립시키자〉는 것이고, 소련 수정안은 〈조선인이 만든 임시정부를 지원하기 위한, 5년 이내, 신탁통치〉이다. 미국 안은 조선인의 임시정부를 만들지 말자고 한 반면, 소련 안은 조선인의 임시정부를 먼저 만들자고 했다. 신탁통치 기간도, 미국은 〈최소 5년〉을 고집했으나, 소련은 〈5년 이내〉로 하자 했다. 결국 소련 수정안을, 미국이 다시 수정하여, 최종적으로 합의한 문서가 2월 28일에 발표된 「모스크바 3국 외무장관회의 결정서」(영국, 소련, 미국 외상의 모스크바회의결정서)(1945년 12월 28일), 곧 「모스크바의정서」이다. 주요 내용은 이렇다.

> 1) 조선을 독립국으로 재건하고, 민주주의 원칙에 입각하여 … 임시정부를 구성하고, 임시정부는 조선의 산업, 운수, 농업과 조선 인민의 민족문화를 발전시키는 데 필요한 모든 방안을 강구하지 않으면 안 된다.
>
> 2) 조선임시정부 조직에 협력하며 이에 적용할 제 방책을 예비 작성하기 위하여 남조선 미국군 사령부 대표들과 북조선 소련군 사령부 대표들로서 공동위원회를 조작한다. 위원회는 자기의 제안을 작성할 때에 조선의 민주주의 제 정당과 제 사회단체와 반드시 협의할 것이다. 위원회가 작성한 건의문은 공동위원회 대표로 되어있는 양국 정부의 최종적 결정이 있기 전에 소, 미, 영, 중 제국 정부의 최종 심의를 받아야 된다.

3) 공동위원회는 조선민주주의 임시정부를 참가시키고, 조선민주주의 제단체를 인입시키고 조선인민의 정치적 경제적 진보와 민주주의적 자치발전과, 또는 조선독립의 확립을 원조 협력하는 제 방책도 작성할 것이다. 공동위원회의 제안은 조선임시정부와 협의 후 5년 이내를 기한으로 하는, 조선에 대한 4개국 후견의 협정을 작성하기 위하여 소, 미, 영, 중 제국 정부의 공동 심의를 받아야 한다.

4) 남북조선과 관련된 긴급한 제 문제를 심의하기 위하여 2주일 이내에 조선에 주둔하는 미소 양국 사령부 대표 회의를 소집할 것이다.

먼저, 조선인이, 스스로 〈조선민주주의 임시정부를 만들고〉, 이 임시정부와 〈연합국 4개국이 합의한 방식〉에 따라, 〈연합국 4개국〉이 공동으로, 〈5년 이내〉 신탁통치(후견)한다는 협정이다. 따라서 1국가가 직접 통치하는 국제연합의 위임통치와는 전혀 다르다.

3. 신탁통치 반대

모스크바의정서가 나온 뒤에도 국내 사정은 그리 달라지지 않았다. 즉시 독립시켜주지 않고 그 지긋지긋한 식민지 지배를 다시 받으란다. 어림도 없다. 절대로 안된다. 신탁통치란 것은 어떤 것이든 간에 식민지와 똑같다고 굳게 믿어 무조건 반대했다.

음흉한 소련의 음모를 줄곧 헐뜯고 있던 동아일보는 한 술 더 떴다. 가장 중요한, 〈선 조선인의 임시정부 수립〉은 빼고, 〈5년 간 1국 신탁통치〉한다고만 썼다. 연합국 4개국이 아닌 〈1국 신탁통치〉에, 〈5년 이내〉가 아니라 〈5년 간〉이라고 했다. 1국 신탁통치라면 그게 바로 식민통치다. 그것도 5년간이다. 즉시독립을 바라는 조선인의 분노가 신탁통치를 고집하는 소련으로 몰리지 않을 수 없다. 동시에, 신탁통치를 지지하는 공산당과 좌파도 소련의 사주로 민족을 팔아먹는 매국노로 매도되었으며, 급기야 반공 반소가 신탁통치를 고집하는 매국노를 때려잡는 애국주의 민족주의와 같은 말로 진화했다.

한민당은 "소련은 신탁을 주장하고, 미국은 즉시독립을 주장한다."는 특보를 내고(1946년 1월 10일), 이승만의 독촉은 "소련이 신탁통치 주범"이라는, 다음 같은 결의문을 내었다.

> "미국의 트루만 대통령, 번즈 국무장관, 맥아더 원수, 하지 중장은 모두 조선의 즉각 독립을 주장하고 신탁을 반대하고 있으나, 국무성 안의 일부 용공분자들이 소련에 동조하여 신탁을 지지하고 있다."

극우세력은 마침내 그토록 바라던 민중동원력을 얻었다. 그것이 거짓말이라도 좋다. 어떤 신탁통치든 간에 〈신탁통치는 신탁통치〉다.

뒤늦게 조약문 전체가 공표되어, 이승만과 동아일보가 결정도 안 된 국제조약을 정반대 〈거짓말〉한 사실이 드러나고 또 그들의 주장과는 정반대로 미국은 신탁통치를 계속 고집한 반면 소련은 즉시 독립을 주장했다는 사실이 밝혀졌음에도 불구하고 조선인의 마음은 조금도 흔들리지 않았다. 외교독립운동가 이승만과 자칭 민족신문 동아일보의 때맞춘 거짓말이 너무나 강렬하게 뇌리에 박히고 또 그것이 계속 재생산되어 오해를 바로잡을 겨를이 없었거나 아니면 작심하고 진실을 외면하려 했을 것이다. 조선 사람들은, 신탁통치라는 새로운 식민지 제도가 그토록 싫었다. 반탁물결이 그래서 그렇게 거세었던 것이다.

F. 루즈벨트 대통령이 필리핀을 거울삼아 장장 30~40년간 조선을 신탁통치하려 했다는 사실도 밝혀졌다. 그런데도 우익 지도자와 신문들은 요지부동이었다. 미국의 오랜 정책 복안이라는 사실 자체를 인정하려 하지 않았다. 오히려 음흉한 소련과 그 사주를 받은 거짓말쟁이 좌익도배들이 조작한 간악한 모략이라고 비난했다. 신탁통치란 것은 오직 〈소련이 조선을 집어삼키기 위해 만든 흉측한 음모〉일 뿐이라고 외쳤다.

조선인의 잘못된 믿음에 불을 붙이는 일이 또 벌어졌다. 신탁통치를 강력히 고집하던 미국 국무장관 번즈가 뜻밖에도 "신탁통치가 불필요할 수도 있다"는 라디오방송을 했다(12월 30일). 4개국 신탁통치를 반대해 온 미군정은 기다린 듯 신탁통치 없이 즉시 독립시켜주겠다고 대대적으로 선전했다. 그러나 소련은 달랐다. 모스크바의정서의 신탁통치는 "반드시 지켜야 하는 국제조약이며, 이에 반대하는 자는 파괴분자"라고 꾸짖었다.

미국은 신탁통치를 안 하고 바로 독립시켜준다는데, 소련은 꼭 신탁통치 해야 한다고 옥박질렀다. 조선인은 소련만이 신탁통치를 고집한다는 믿음을 굳히지 않을 수 없게 되었다. 게다가 신탁통치를 적극 반대하던 조선공산당 등 좌익세력이 갑자기 신탁통치를 지지한 것이 소련 지령 때문이라는 우익신문들의 줄기찬 선동을 믿었을 수밖에 없었을 것이다. 승기를 잡은 보수신문들은 〈신탁통치를 통한 소련의 음흉한 지배 음모〉를 쉬지 않고 쏟아내었다.

그러나 사실은 그게 아니었다. 번즈 장관의 라디오방송을 듣고 깜짝 놀란 조선주둔군 사령관 하지가 직접 본국 정부에 신탁통치 실시 여부에 대해 문의하자, 미국 국무부는 이렇게 답했다.

"번즈 장관의 연설은, 단지 관련 4개국 정부가 만족할 만한 다른 해결책을 발견할 경우에는, 우리가 신탁통치안을 끝까지 고수하지는 않을 것이란 의미일 뿐이다. 앞으로 특별한 사정이 없는 한, 신탁통치를 계속 고수한다."

이것이 미국 정부의 공식정책이었다. 미국 군부 특히 극동지배자 맥아더와 미군정이 못마땅했을 뿐이었다. 조선의 현실을 잘 아는 미군정은, 신탁통치의 결과를 두려워했을 것이다. 만일 조선인에 의한 임시정부가 생기면, 미국의 남조선 지배가 끝날 수도 있다는 것을 염려했을 것이다.

신탁통치 반대운동(반탁)에 앞장을 선 사람은 김구였다. 임정만이 조선의 정식 정부가 되어야 한다고 고집하는 김구가, 임정 아닌 새 임시정부를 더욱이 소련만이 고집하고 있는 신탁통치를 받아들일 리 없다. 국무회의를 열어 다음 사항을 결의했다.

1) 신탁제에 대하여 철저히 반대하고 불합작 운동을 단행할 것.
2) 신탁제도에 대하여, 중미소영 4국에 대하여 반대하는 전문을 급전으로 발송할 것

이 날 저녁, 정당 사회단체 대표들을 불러 모아, 〈각 정당 사회단체 대표자회의〉

를 열었다. 참석자 모두, 모스크바의정서를 본 일이 없어 그 내용을 전혀 모를 때다. 임정요인을 비롯한 좌우, 중도, 정당 단체 대표들이 모두 모인 자리에서, 먼저 연합국에 〈중경임시정부 승인〉을 요구한 다음, 임정 중심으로 신탁통치 반대투쟁을 전개하기 위해 다음 사항을 결의했다.

> 1) 신탁통치를 반대하기 위한 〈신탁통치반대 국민총동원위원회〉를 설치한다.
> 2) 위원회는 각정당, 각 종교, 각 사회단체 기타 유지인사로 조직한다.
> 3) 위원회의 기관은 중앙, 군, 면에 종으로 분설한다.
> 4) 위원회는 국무회의의 지도를 받는다.

김구는 이 자리에서 "우리 민족이 다 죽는 한이 있더라도 신탁통치만은 받아들일 수 없다"면서, 〈신탁통치를 지지하는 자는 매국노〉라 소리쳤다. 모든 사람이 분연히 동조했지만, 오직 한민당 대표 송진우만이 신중론을 폈다. 자기가 사장인 동아일보 보도를 믿는다면 신중론을 펼 사람이 결코 아니다. 미군사령관 하지를 만난 뒤, 이 회의에 참석한 것으로 미루어보아 모스크바의정서의 내용을 알고 있었을지도 모른다. 아니면 한민당을 적극 지원하는 미군사령관의 처지를 봐서라도 성급한 반대운동에 동참할 수 없었을 수도 있다. 아무튼 그는 성급히 반탁운동을 전개하면 미군정과의 마찰이 불가피할 터이니 좀 더 신중히 대처하는 것이 좋겠다고 했다.

신탁통치를 지지하는 말을 한 것이 결코 아니다. 단지 전후 사정을 좀 더 알아보고 신중하게 행동하자고 했다. 그런데도 다음 날 새벽 피살되었다. 신중하게 대처하자고 한 것뿐인 데도 즉각 죽임을 당했다. 저격범 한현우는 "송진우가 미국의 후견을 지지한 것이 자신의 저격 동기"라고 주장했다. 한현우가 김구계 사람이기는 하지만 김구나 임정의 사주를 받은 증거는 없었다. 죽은 송진우는 〈임정봉대론〉을 높이 들고 창당한 한민당 대표다. 건준과 인공을 역적으로 몰면서까지 임정을 우리 정식 정부로 맞아들이자고 외친 사람이다. 그런 사람이, 미군정의 비위를 맞추느라 신중론을 편 것이 눈에 거슬렸을지도 모른다. 아무튼 반탁을 적극 지지하지 않는 것만으로도 〈반독립분자〉에다 〈매국노〉로 몰려 죽임을 당할 수도 있을 만큼 반탁 열기가 거칠었다는 것을 반증이다.

12월 30일, 「대한민국임시정부」는 결연히 〈국자 제1호〉를 반포했다.

"현재 전국 행정청 소속의 경찰기구 급 한국인 직원은 전부 본 임시정부 지도하에
　　예속케 함"

　이는 곧, 경찰을 포함한 전국 모든 행정기관은 임정 지도하에 들어올 것이며 미군
정 조선인 직원은 전원 즉시 파업하라는 〈임시정부 포고령 제1호〉이다. 우리 정부
를 자처해 온 대한민국 임시정부가 마침내 역사적인 첫 〈정부명령〉을 내렸다. 지
금 이 순간부터 「대한민국임시정부」가 미군정을 대신하는 정식정부란 것을 밝히
는 단호한 의사표시다. 〈명예혁명〉이다. 〈3천만 동포에게 읍소〉하는 성명서도 발
표했다.

　　" … 우리 3천만은 영예로운 피로써 자주독립을 획득해야 할 단계에 들어섰다.
　　　동포여! 8·15 이전과 이후, 피차의 과오와 마찰을 청산하고 〈우리정부 밑에〉 뭉
　　치자. 그리하여 3천만의 총역량을 발휘하여 〈신탁관리제〉를 배격하는 민족운동을
　　전개하자."

　조선 사람들은 열광했다. 모든 백성이 〈우리 정부〉 최초의 명령을 적극 따랐다.
거리에는 밤낮을 가리지 않고 신탁통치 반대 데모가 줄을 이었다. 서울의 모든 시장
이 자진 철시하고, 모든 극장이 휴업하고, 환락가도 문을 닫고, 독립 영웅 김구가 이
끄는 「신탁통치반대 국민 총동원위원회」의 반탁국민총궐기대회에, 제2독립운동 하
는 열정으로 떨쳐나섰다. 일제 때는 경찰 무서워 꼼짝 못 했지만 이제는 아니다. 경
찰이 지켜주는 데다, 목소리 클수록 더 큰 애국자가 될 것 같아 목이 터져라 반탁을
외쳤다. 수도(서울)청에 근무하는 조선인 직원들은 총사직을 결의하고, 미군정청 조
선인 직원과 경찰도 반탁대열에 동참키로 결의했다. 미군 사령관 공관 근무 직원 모
두가 반탁시위에 나가는 바람에, 최고 통치자 하지마저 야전용 식사로 저녁을 때워
야 했다.

　좌익진영도 예외가 아니었다. 모스크바의정서가 발표된 다음 날(12월 29일), 조선
인민공화국 대변인이, "진위는 아직 공식 발표를 기다려 봐야 할 것이므로 개인적
입장에서 말하겠다." 고 전제한 뒤, "어떠한 의미에서라도 조선의 자주독립이 침해
를 받는다면, 우리는 과거 일본 제국주의에 항쟁하던 이상으로 단호히 싸워야 할

것"이라는 성명을 발표했다. 다음날에는 국내 최대노동자 조직인 전평도 〈신탁통치 절대반대. 반소의 음모를 배격하자〉는 성명을 내었다.

좌우 가리지 않고, 모든 조선인이 신탁통치 반대 대열에 합류하자 미국 정부를 대표하는 하지 사령관이 다급했다. 당장, 주요 정당대표들을 미국 군정청으로 긴급 초치하여 모스크바의정서의 신탁통치제가 유엔의 신탁통치제와 크게 다르다는 것을, 적극 해명하고 나섰다.

"이 신탁통치제는 주권을 침해하는 것이 아니다. 주권은 조선의 정당, 사회단체 대표들이 조직한 「임시정부」에 있지, 「4개국 관리위원회」에 있는 것이 아니다. 〈신탁관리〉는 일본제국의 통치와는 달리 정치적, 경제적 발전을 위하여 〈원조〉하는 기관이다."

그러나 아무도 믿으려하지 않았다. 하지를 만나고 나온 김구가 "파업을 철회하라"고 명령한 것이, 그나마 조선최고통치자의 유일한 소득이었다.

이렇게 모든 조선인이 반탁 열기에 들떠 천지가 시끄러운데도, 이승만은 조용했다. 누구 말마따나 "쓰다 달단 말이 없었다." 신탁통치가 미국 정부의 기본정책이란 것은 말할 것 없고, 미국 국무부와 합참에서 〈모스크바3상회의결정을 이행하라〉는 지시가 계속 미군정에 내려오고 있다는 사실을 잘 알고 있는 외교전문가가 미국 정부와 공연한 마찰을 일으키고 싶지 않았을 것이다. 신탁통치 자체를 반대한 것이 아니라 4개국 공동관리, 즉 소련이 발언권을 갖는 신탁통치를 반대한 것이 아닐까 하고 의심하는 사람도 있었다. 이승만이 원하는 것은 남조선 단독정부이고, 그것은 오직 미국 단독으로 신탁(위임) 통치해야만 가능하기 때문이다.

4. 신탁통치 찬성

모스크바의정서 내용이 알려지자, 그토록 거세던 반탁운동에 금이 가기 시작했다. 가장 먼저 〈모스크바3상회의 결정서〉를 찬성하고 나선 사람은, 중도 우파 김규식이다.

"모스크바의정서의 신탁통치제는, 국제연합의 〈1국가가 직접 지배하는 신탁통치제〉와는 전혀 다른 신탁통치제이므로, 조선의 독립을 위한 최선의 방책이라 생각한다."

온건우파 안재홍도 같은 이유로, 〈모스크바의정서 찬성〉을 선언하고 찬탁 대열에 앞장섰다. 중도 온건 자주민주의들이 모두 그 뒤를 따랐다.

다음 해 1월 2일에는, 조선공산당도, 공식적으로 "모스크바3상회의 결정을 전면 찬성한다."고 선언하고 찬탁 대열에 합류했다. 조선공산당 중앙위원회와 조선인민공화국 중앙인민위원회가 함께 다음과 같이 발표했다.

"모스크바결정서를 신중히 검토한 결과, 조선을 위하여 가장 정당한 결정이며, 제국주의적 위임통치가 아니라, 우호적 원조와 협력 신탁이다."

바로 이 날, 조선공산당 북조선분국도 김일성과 김두봉 이름으로 〈모스크바3상회의 결정을 찬성한다〉는 성명을 내었다.

조선공산당과 인공은 며칠 전에 신탁통치반대성명을 낸 바 있다. 공식적으로는, 모스크바의정서의 내용을 알 때까지 관망하겠지만, 대변인 개인 자격임을 전제로 "모스크바의정서의 신탁통치제가, 조선의 자주독립을 침해하는 것이라면, 단호히 항쟁하겠다."고 했다. 또 다음 날(12월 30일)에는 「반파쏘공동투쟁위원회」가 1월 3일 오후 1시 서울운동장에서 좌익진영 정당 단체들이 공동 주최하는 〈신탁통치반대 시민대회〉를 개최하기로 결정하고, 다음 같은 신탁통치 반대성명을 발표했다.

"연합국이 신탁통치를 실시한다는 것은 우리 민족이 분열된 모습을 보여서다. 분열하면 신탁통치를 실시하려고 할 테니 단결해야 한다. 파쏘 친일세력을 배격하고 민주주의 세력이 모두 단결하자."

이렇듯 강경 반대하던 좌익진영이 시민대회 바로 전날(1월2일), 갑자기 〈모스크바3상회의결정지지〉 성명을 내었다. 그리고 바로 그 다음 날(3일) 예정대로 개최된 〈민족통일자주통일촉성 시민대회〉에 모인 좌익진영 40여 정당, 단체 참가자들이

〈신탁통치찬성, 반탁반대〉를 외치며 시가행진했다. 예고한 〈신탁통치 반대〉와는 정반대로, 〈신탁통치 찬성〉을 외치는 행렬을 본 시민들은 깜짝 놀랐다. 우익은 기다렸다는 듯 좌익이 갑자기 〈찬탁〉으로 돌아선 것은 소련의 지령 때문이라고 퍼부었다.

좌익진영이 처음 반대한 신탁통치는, 이승만과 동아일보가 미리 비난한 신탁통치, 즉 국제연합의 신탁통치였다. 그리고 나흘 뒤인 1월 2일에 찬성을 선언한 신탁통치는 모스크바의정서의 신탁통치였다. 미군정 수장 하지 사령관 말처럼, 〈주권을 포기하는 신탁통치〉가 아니라 〈우리 임시정부를 먼저 만든 뒤, 그 정부를 연합국 4개국이 후원하는 신탁통치〉였다. 중도 우파 김규식, 안재홍과 똑같은 논리이다.

그러나 온 국민이 신탁통치에 격분하고 있을 때, 갑자기 주장을 바꾸었다. 보수진영은 온 언론을 동원하여 소련지령에 의한 전환이고, 민족분열행위, 민족반역자라 퍼부었다. 김구도 조선공산당을 〈반민족집단이며 신사대주의자〉라고 욕했다. 좌익은, "우익이 본질을 호도하는 거짓 주장을 하고 있다"고 항변만 할 뿐, 성난 민심을 달랠 길이 없었다.

조선주둔군 사령관 하지 중장도 모스크의정서를 준수하려고 노력했다. 개인적으로는 신탁통치를 찬성하지 않는다고 하더라도, 미군정 수장으로서는, 미국 정부가 주도하여 체결한 국제조약을 거부할 수 없다. 하지 사령관이, 주요 정당대표들에게 〈신탁통치 찬성〉을 요청하자, 여운형이 이에 화답했다. 조선신탁통치의 구체적인 내용을 몰라 침묵하고 있던 여운형은, 하지로부터 4개국 신탁통치가 〈조선인의 임시정부를 후원하는 제도〉라는 설명을 들고는, 곧바로 "모스코바3상회의에서 결정된 신탁통치안을 지지한다."는 성명을 내었다. 그리고 1월 8일, 여운형 주도로 조선민주당, 한민당, 국민당, 조선공산당 4대 정당 지도자와 중도파 임정세력이 함께 모여 신탁통치 문제를 논의했다. 모스크바의정서의 신탁통치제가 국제연합의 신탁통치제와 달리 〈조선인 임시정부에 대한 신탁통치제〉라는 사실을 모두 잘 알고 있을 때다. 진지한 토의 끝에, 4당이 합의한 〈4당 코뮤니케〉를 발표했다.

"모스크바3상회의의결정이 조선의 자주독립을 보장하고 있으므로 이를 전적으로 찬성하며, 신탁은 장래 수립될 우리 정부로 하여금 결정하게 한다."

그러나 이 합의문은, 김구와 한민당 내 친일세력의 거센 반발에 부딪쳐 단 하루도 못 버티고 휴지조각이 되었다. 식을 줄 모르고 타오르는 반탁열기에 들떠 정권이 눈앞에 일렁거리는 김구가 자기 임시정부 아닌 새 임시정부를 받아들이려 할 리 없다. 반면에 한민당 지도부는 새로 구성되는 조선인의 임시정부가 민족 정서상 반드시 친일파 민족반역자를 청산할 것이 두려웠을 것이다. 애석하게도 골수 독립투사 김구와 골수 친일파 민족반역자라는 지극히 상극적인 두 극우익세력의 권력 이기주의로 말미암아 민족통일로 동행할 수 있는 최후의 기회가 사라지고 말았다.

좌익이 주춤하는 사이, 〈신탁통치 무조건 반대〉를 외치는 것만으로 정국의 주도권에 다가선 극우세력은 이 기회를 최대한 활용했다. 신탁통치가 어떤 것이든 상관없었다. 무조건 반대했다. 우리 임시정부를 먼저 수립한다는 사실은 아예 외면했다. 새 임시정부를 수립하면 좌익이 훨씬 유리하다는 것을 너무나 잘 알고 있기 때문이다. 대신, 쉽게 정리하여 선동했다.

"미국은 즉시독립을 주장하는데 소련은 신탁통치를 고집한다. … 신탁통치는 식민지 지배와 꼭 같은 것이다. 이런 것을 5년이나 받은 뒤에야 독립시켜 준다는 것은, 우리 민족을 우롱하는 만행이다."

기력을 회복한 민족반역자까지 가세해 〈반탁에 협력하지 않는 자는 민족반역자이며, 나라 팔아먹는 빨갱이〉라 규탄했다. 아무리 악질 친일파라도 신탁통치 반대만 외치면, 당장 애국자에다 민족주의자로 부활했으며, 거꾸로 아무리 독립에 목숨을 걸었던 투사라도 반탁운동에 동참하지 않으면 무조건 독립을 방해하는 매국노, 민족반역자로 전락했다. 반탁을 제2독립운동이라 열 올리는 반탁투사에게, 일제와 싸운 독립투쟁 쯤은 흘러간 옛 노래였다.

선수 잡은 극우진영의 발걸음은 재빨랐다. 김구는 「신탁통치반대국민총동원위원회」를 통하여 국민총동원령을 내리고, 이승만의 독촉과 함께 「대한독립촉성국민회」(독촉국민회)를 만들어(2월 8일), 전국 시, 도 조직을 늘리고, 청년전위대 「대한독립촉성국민회청년대」(국청)도 만들었다.

조선의 신탁통치는 미국이 제2차 세계대전이 끝나기 전에 입안하여 모스크바3외상회의에서 성사시킨 미국의 기본정책이다. 그 뒤에도 미국 생각은 달라지지 않았다. 미소공위가 열리고 있던 1947년 7월 20일, 미국 연방정부 행정기구 혁신을 위한 〈행정개혁위원회〉(후버위원회)를 이끌고 있던 후버 전 미국 대통령이, 하원세출위원회에 나가 이렇게 증언했다.

"소련은 구주(유럽)의 장애물이며 동시에 조선의 통일에 관한 방해물이다. 나는 조선을 여하히 처리해야 할지에 관하여 건설적 사상을 자아낼 수 없었다. 그곳(조선)에 있는 사람들은 금후 다년간 자치를 행할 수 없다. 조선이 재통일된다고 해도 누군가가 금후 25년 동안 그들의 정부를 감독하여야 할 것이다. 조선이 분열되어 있는 동안 우리는 조선 문제 해결을 기도할 수 없었다. 소련이 그 태도를 유지하는 한 문제 해결책은 없을 것이다. 우리는 남조선을 자유 자족케 할 수 있을 것이나, 소련이 북방에 잔류하는 동안 강력한 점령을 계속할 필요가 있을 것이다." (자유신문 7월 20일자. 〈조선 25년 감독론〉)

우리가 그토록 저주하는 신탁통치 〈주범〉이, 소련이 아니라 미국이란 사실이 분명해지자, 조선 사람들은 아연실색했다. 미국의 속내가 처음부터 조선을 신탁통치하는 것이었고, 그것도 무려 25년 동안이나 〈1국 신탁통치〉하는 것이란 사실을 알고는 말문이 막혔다.

그러나 국내 사정은 정반대였다. 미국이 지원하는 우익진영은 계속 적극 반대한 반면, 미국이 탄압하는 좌익진영은 적극 지지했다. 미국 정부의 대응은 더 아리송했다. 적어도 1946년 초까지는 자신이 주도하여 체결한 국제조약을 지지했다. 그러면서 동시에 미국이 조선에서 가지고 있는 독점적 권리가 계속 유지되기를 바랐다. 미국의 이러한 이중성이 남조선 정치지형에 혼란을 더했다. 미군정이 신탁통치를 지지한다 하면서도 반탁운동이 힘을 얻자마자, 극우익을 적극 후원한 것은 바로 이 때문이다.

모스크바의정서의 내용을 분명히 알리지 못한 소련에도 문제가 있었다. 신탁통치가 38도선 이북을 분할 점령하려는 소련 야욕 때문이라는 극우세력의 비난에도 불구하고 국제조약을 지키려고만 했다. 국제정치의 변덕에 놀아난 우리 정치인의 권력욕과 종속 근성 또한 여운을 남겼다.

미군주둔지역에서 엉뚱한 반탁운동이 거센데 놀란 소련 언론 타스통신이, 1월 24

일 모스크바3외상회의의 모든 과정을 공개했다. 조선인이 알고 있는 것과는 정반대로 미국은 끝까지 신탁통치를 고집한 반면, 소련은 기회 있을 때마다 완전독립을 주장했다는 사실이 밝혀졌다. 미국정부가 이를 공식적으로 시인하자 깜짝 놀란 하지가 사표를 내는 촌극까지 벌어졌다.

그러나 조선 사람들은 이런 사실을 알지 못했거나 모른 척 했다. 신탁통치란 것은, 오직 소련이 조선을 통째로 집어삼키려는 〈팽창주의 음모〉라는 생각만이 조선 사람들 머릿속에 깊이 박혔다.

제6장

너도 나도 국민대표

1. 비상국민회의와 민족대표자대회

김구는, 반탁 열기를 몰아, 1946년 1월 4일 〈3단계 정부수립방안〉과 함께, 비상정치회의를 소집했다. 비상정치회의라는 과도입법기구를 통해 임정을 정식정부로 추대하려는 전략이다. 임정 산하 5개 정당을 비롯한 18개 단체가 「비상정치회의주비회」를 만들자(1월 20일), 여기에 이승만의 독촉과 민족통일총본부(민통)이 참여하여, 「비상국민회의」로 이름을 바꾸었다(2월 1일). 비상국민회의가 〈중경임시정부의 임정 헌장에 따른 의정원을 계승한다〉는 것으로 보아 중경임시정부를 우리 정식정부로 추대하기 위한 의회 격이다.

처음에는, 좌 우 중도 모두를 아울러 임정을 추대하는 국민대표기구를 만들고자 했다. 그러나 반탁을 반대하는 조선공산당 등 좌익세력과 좌우합작운동을 추진하고 있는 조선인민당 등 중도세력이 외면한데다가 이승만이 가세하자, 이승만의 반공주의에 식상한 임정 양대 지주 중 하나인 조선민족혁명당(김규식, 김원봉 등)을 비롯한 좌익 민족주의세력이 모두 탈퇴하여 결국 극우익 김구와 이승만의 〈반탁연합〉으로 쪼그라들고 말았다. 그럼에도 불구하고, 서슴없이 과도정부 수립 등 긴급 현안문제를 결정하기 위한 최고기구로 「최고정무위원회」를 만들고(2월 14일), 28명으로 이루어지는 최고정무위원회 위원의 인선은 주석 이승만과 의장 김구에게 맡기기로 결의했다.

미군정은, 당장 비상국민회의를 남조선 주민대표기구로 받아들였다. 김구 중심 극우익 반탁세력만으로 구성되어 국민 대표성이 없었지만 개의치 않았다. 해방 열기에 눌려 맥 못 추던 극우진영이 반탁운동을 계기로 정계 주도권에 접근하자마자 적극 지원하고 나섰다. 미국이 이렇게 적극 극우진영을 감싸고 돈 것은, 현재 진행 중인 미소공동위원회 에 대응하기 위한 전략적 가치뿐 아니라 미국의 대외정책 기조가 반소 반공으로 선회하여 반공 노선이 강화되었기 때문이기도 했다.

그동안 본국 훈령에 따라 마지못해 신탁통치를 지지하던 하지 사령관도, 공공연히 반탁운동을 지지하는 쪽으로 돌아섰다. 극우세력이 현저한 열세임에도 불구하고, 즉시 비상국민회의를 국민대표기구로 승인하고, 최고정무위원회가 생기자마자, 〈남조선대한국민대표민주의원〉(민주의원)으로 격을 높여 미군정 공식 〈자문기구〉로 제도화했다.

이로써 미국의 목표인 남조선과도정부수립 구상에는 상당한 탄력이 붙었지만, 반대급부도 따랐다. 당초 불붙은 반탁 여세를 몰아 비상국민회의를 만들고, 이를 발판으로「중경임정」을 조선 정식정부로 선포하려던 김구의 꿈은 물거품이 되고 말았다. 적어도 남조선 땅에서는 미국 의사와 다른 어떠한 원주민의 임시정부도 용납되지 않는다는 것을 김구와 임정은 잊고 있었다.

2월 중순, 비상국민회의는 제2차 전국 대의원총회에서「국민회의」로 이름을 바꾸어 조직 강화를 시도했지만, 이승만의 의도적인 무성의로 계파 간 갈등만 키웠다. 이승만은 비상국민회의에 동참하여 민주의원 의장이 되었음에도, 국민회의와 일정 거리를 두고 있다가, 4월 말 갑자기 독촉과 민통을 묶어「민족대표자대회」(민대)라는 새 국민대표기구를 만들고, 한술 더 떠 제1차 미소공위가 결렬되자마자 정읍에서 작심하고 〈남쪽만의 단독정부〉를 수립하려는 오랜 소신을 공식 발표했다.

"우리는 무기 휴회된 공위가 재개될 기미도 보이지 않으며 통일정부를 고대하나 여의치 않게 되니, 〈남쪽〉만이라도 임시정부 혹은 위원회 같은 것을 조직하여 38선 이북에서 소련이 철퇴하도록 세계공론에 호소하여야 할 것입니다." (6월 3일)

그리고 9월 16일, 국민회의 주석을 사절하는 성명을 발표했다. 국민회의가 남조선 단독선거를 반대하기 때문이라고 했다. 이로부터 국민의회와 민대, 즉 김구와 이승만은 극우익 주도권을 놓고 치열하게 다투었다. 이승만이 임정법통을 인정하자, 김구가 그 보답으로 남조선 단독선거를 지지하는 담화를 내는(1945년 12월 1일) 등으로 두 세력이 통합될 것 같은 적이 있기도 했지만, 결국 실패했다.

2. 민주주의민족전선

자주민주주의 진영 움직임도 활발했다. 좌익, 중도를 아우르는 진보 혁신세력은, 1월 2일 「조선인민공화국」 중앙인민위원회가 〈선 임시 정부수립, 후 신탁통치〉를 공식화하면서 「민주주의민족전선」(민전)을 결성했다(2월 15일). 민전은 미국 지배지역 내에 있는 모든 자주민주 정당, 단체들이 모인 거대 조직으로서, 이 또한 과도정부 수립을 목표로 하는 임시의회였다.

여기에는 가장 먼저, 모스크바의정서 신탁통치제를 찬성한 중도 우파 김규식과 안재홍을 비롯하여, 조선공산당(박헌영, 허헌), 조선인민당(여운형), 남조선신민당(김두봉, 최창익), 조선민족혁명당(김원봉, 장건상)과, 전평, 전농, 전국청년단체총동맹(청총), 전국공산주의청년동맹, 청년독립동맹, 건국부녀동맹에서 친일파들을 제거한 조선부녀총동맹, 조선문학가동맹(홍명희, 이기영), 비상국민회의주비회에서 탈퇴한 임정혁신세력과 중도 우파 이극로 등 혁신세력, 천도교 진보세력 등 29개 정당 단체가 동참했다.

주요 강령은 〈모스크바3상회의결정지지, 미소공동위원회지지, 친일파 민족반역자처단, 무상토지개혁, 미군정 고문기관인 입법기관 설치반대, 8시간 노동제실시〉이다. 의장단은, 여운형을 비롯하여 박헌영, 허헌, 김원봉, 백남훈이 추대되고, 사무국장 이강국, 문화부장 이태준이 선출되었다.

김구의 국민회의나 이승만의 민대와 달리, 산하에 「친일파 민족반역자 심사위원회」를 두었다. 이미 많은 친일파와 민족반역자들이 우익 지도자 김구, 이승만에게 뜨겁게 다가가 애국민주세력으로 부활했을 뿐만 아니라 미군정 요직을 독점하여, 사실상 미군정 실권을 잡고 있을 때라 그 함의가 매우 컸다. 민전은, 일제 강점기 투쟁 기반과 건준을 바탕으로 순식간에 전국 마을과 직장 단위에 이르기까지 하부 조직을 정비하여 소수 명사집단인 국민회의나 민대와는 차원이 달랐다.

3. 좌우합작위원회

제1차 미소공동위원회가 무기 휴회하자 좌우 갈등의 골이 더욱 깊어졌다. 좌경적인 민전은, 〈6·10 만세 시민궐기대회〉를 비롯한 민중대회를 열어, 미소공위를 통한 〈통일국가〉 수립을 주장한 반면, 극우익은 반탁 반소운동을 넘어 이승만이 〈단독정부〉 수립을 주장하는 지경에까지 이르렀다.

이렇게 좌우 대립이 남북 분단이라는 막다른 길목에까지 다다르자 보다 못한 여운형과 김규식 등 중도 진보세력이 민족분열을 막아 평화적으로 통일국가를 수립하기 위해 발 벗고 나섰다. 미군정도 도왔다. 미군정이 좌우합작운동을 지원하고 나선 것은 미국의 점령 목적을 보다 더 효율적으로 실천하려는 국무부 점령기구담당차관보 힐드링의 조선정책 지침(6월 6일)에 따라 보다 넓은 지지세력을 확보하기 위한 것이었다. 온건 중도파를 지원함으로써 남한단독정부수립을 주장하는 이승만과, 임정 법통만을 고집하는 김구를 함께 견제하는 동시에 불법선상에 있는 진보진영도 분열시킬 수 있을 것으로 생각했다.

제1차 미소공위가 결렬되자마자(5월 25일), 미군 사령관 정치고문 겸 보좌관 버치 중위 주선으로 우익 대표 민주의원 의장대리 김규식과 한민당 총무 원세훈, 좌익 대표 여운형 보좌역 황진남, 그리고 미군정의 아펜젤러가 만나 좌우합작운동을 시작했다. 명분은 이승만의 단정수립계획과 극좌의 무조건적 모스크바의정서지지를 거부하고 온건 좌우 진보세력이 미소공위 재개를 촉구하여 모스크바의정서상의 임시정부를 수립하고, 이 임시정부가 민족주의적 정신으로 국제연합과 협의하여 신탁통치문제를 결정하려는 것이었다.

6월 30일, 하지 사령관이 좌우합작운동을 지지한다는 성명을 발표하자, 갑자기 힘이 났다. 남한단독정부 수립을 공언한 이승만조차도 다음 날 즉시 지지성명을 발표할 정도로 동력이 붙어 마침내 7월 19일 「좌우합작위원회」(좌우합작위)가 구성되었다. 우파 대표는, 주석 김규식, 대표 원세훈, 김붕준, 안재홍, 최동오, 좌파 대표는, 주석 여운형, 대표 허헌, 정노식, 이강국, 성주식이다. 좌우합작운동의 목표는 〈민주주의 임시정부를 수립하여 조국의 완전 독립을 촉성하는 것이다.

좌우합작위의 좌우 양측은, 처음부터 합작 원칙을 둘러싸고 다투었다. 7월 22일 제1차 예비회담에서 좌파가 「민전」 명의로 〈합작원칙 5개조항〉을 회의진행 전제조건으로 제시했다.

> 1) 조선의 민주 독립을 보장하는 3상회의 결정의 전면적 지지, 미소공위의 속개촉
>   진운동을 전개하여 남북통일민주주의 임시정부수립에 매진, 북조선민주주의민
>   족전선과의 직접회담.
> 2) 토지개혁(무상몰수 무상분배), 중요 산업 국유화, 민주주의 노동법령 급 정치
>   적 자유를 위시한 민주주의 제 기본과업 완수에 매진.
> 3) 친일파 민족반역자, 친파쇼반동거두들의 완전 배제, 테러 박멸, 검거 투옥된 민
>   주주의 애국지사의 즉시석방 실현.
> 4) 군정으로부터 인민의 자치기관인 인민위원회로의 즉시 정권이양.

미국과 우파가 받아들일 리 없다. 곧 유회했다. 8월 2일에 재개된 제2차 정례 회담
에서는 우파가 다음 〈8원칙〉을 제시했다.

> 1) 남북을 통한 좌우합작으로 민주주의임시정부수립에 노력할 것.
> 2) 미소공위재개를 요청하는 공동성명 발표.
> 3) 친일파 민족반역자를 징치하되 임시정부수립 후 즉시 특별법정을 구성하여
>   처리 등.

이번에는 좌파가 거부하여 산회했다.

8월 말, 좌파대표 중 강경파 이강국과 허헌에게 체포영장이 발부되어 온건파 장건
상과 박건웅으로 교체되자 분위기가 급변하여 좌우 양쪽의 주장을 절충한 〈좌우합
작7원칙〉이 발표되었다(10월 4일).

> 1) 조선의 민주독립을 보장한 모스크바3상회의결정에 의하여 남북을 통한 좌우합
>   작으로 민주주의임시정부수립.
> 2) 미소공동위원회 속개요청 공동성명발표.
> 3) 토지개혁으로농민에게 토지무상분여, 주요사업국유화, 지방자치 확립, 민생문
>   제 등을 급속히 처리하여 민주주의 건국과업 완수에 매진

4) 친일파 및 민족반역자를 처리할 조례를 본 합작위원회 등에서 입법기구에 제
   안, 심리 결정하여 실시.
5) 남북의 현 정권하에 검거된 정치운동가의 석방, 남북 좌우의 테러적 항동을 일
   체 제지 노력.
6) 입법기구의 권능과 구성 방법 및 운영 등을 작성하여 적극 실행.
7) 전국적으로 언론, 집회, 출판, 교통, 투표 등의 자유 절대 보장 노력.

좌우합작7원칙은, 극한으로 치닫는 해방정국에서 좌우를 통합하는 민족통일국가
수립 가능성을 열어 놓은 소중한 결실로 받아들여져 많은 국민이 성원했다.

그러나 국내 정파들의 견해는 대체로 부정적이었다. 극우파의 중심인 이승만의
태도는 흐릿했다. 엉겁결에 지지표명을 한 뒤로는 지지도 비난도 않고, 침묵을 지키
고 있었다. 미국이 정책적으로 지원하는 운동을 섣불리 비판하고 나설 수 없었을 것이
다. 그러나 이승만 추종세력인 독촉은 강력히 반대했다. 좌우합작위를 〈독립운동
반역집단〉이라 규탄하며, 완전 소탕하자는 결의까지 했다. 반탁을 제2독립운동으
로 높여, 반탁반대자를 〈민족반역자, 매국노〉라 매도하는 제2독립운동투사들이, 반
탁에 유보적인 좌우합작운동을 용납할 리 없다.

한독당은 당초 좌우합작7원칙에 대해 공식적으로 지지를 표명했지만, 내부 의견
이 엇갈려 소극적 입장으로 돌아섰다. 반면에 김구는 좌우합작위를 〈유령집단〉이
라고 맹비난했다. 중경 임시정부를 계승하려는 자신의 의도에 반하는 어떠한 새로
운 임시정부도 받아들이려 하지 않았다.

한민당도 반대했다. 좌우합작위에 참여하여 좌우합작 7원칙을 함께 만들었으면
서도, 좌우합작 7원칙이 나오자마자 곧바로 반대하고 나섰다. 아마도 7원칙 중에 들
어있는 〈토지개혁과 친일파 응징〉이 불안했을 것이다. 거의 모든 국민이 토지개혁
을 열망하고 있다는 사실을 한민당이라고 모를 리 없다. 한민당 자신의 강령에도 분
명히 토지개혁을 약속하고 있다. 그러면서도 반대했다. 유상 매수해서 무상 분배하
는 것은 국가재정파탄을 초래한다는 것이 반대 이유였다.

한민당이 공식적으로 좌우합작 7원칙을 반대하자, 당내 진보파 원세훈, 송남헌,
김약수, 이순택 같은 독립운동 경력이 있는 민족주의자들이 모두 탈당했다. 독립투
사들이 빠져나간 한민당은 적극적 반공투쟁을 선언하고, 단독정부수립을 열창하는

이승만에게 달라붙었다. 반탁 덕에 친일파 오명을 벗고 새로운 민족주의 민주투사로 부활한 명사들이 또다시 친일파, 민족반역자로 몰릴 수는 없었다. 반공만이 살 길이었다.

좌익진영도 부정적이었다. 민전이 제시한 5원칙으로도 알 수 있듯이, 좌익진영은 미군정이 추진하는 좌우합작위 자체를 믿지 않았다. 오히려 〈미군정과 연탁한 기회주의자〉라고 비난했다. 5월 이래 강경 탄압으로 조선공산당 간부 전원이 지명 수배되고 모든 지방인민위원회가 강제 해산된 마당에 미군정이 추진하는 좌우합작운동이 달가울 리 없다.

좌우합작운동에는 결국 이승만, 김구, 한민당 등 극우익 세력과 조선공산당 등 극좌익 세력이 모두 빠지고 얼마 뒤에는 중도 좌파마저 밀려나 오직 온건 중도우파만이 외로이 남았다. 그런데도 미군정은 중용했다. 9월 총파업과 대구 10월 인민항쟁 등의 여파를 정리하여, 시국을 안정시키려고 만든 〈조미공동소요대책위원회〉(조미합동위원회)에 참여시키는 배려를 아끼지 않았다. 뿐만 아니라, 좌우합작 7원칙 중 하나인 입법기구 설치제의를 받아들여 입법기구를 만들어주기로 했다. 온건 좌파마저 빠진 좌우합작위를 미군정이 끝까지 지원한 이유는 바로 여기 있었다.

4. 남조선과도입법의원

1946년 6월 29일, 하지 사령관이 군정장관 러치가 건의한 〈조선인민이 요구하는 법령을 조선인민의 손으로 제정하는 입법기관 창설〉을 재가하여 〈조선과도입법의원〉, 약칭 입법의원 건설을 미군정 법령 제118호로 공포했다(8월 24일). 미국이 입법의원을 〈건설〉한 목적은, "임시조선민주정부의 수립을 기하며 정치적, 경제적 급사회적 개혁의 기초로 사용될 법령초안을 작성하여 군정장관에게 제출하는 것"(제2조)이다. 소련이 이 해 2월 북쪽에 만든 「북조선림시인민위원회」에 맞먹는 기구라는 설명도 곁들였다. 북조선임시인민위원회는 소련이 접수한 일제 행정권을 넘겨받은 조선인 중앙정부이다. 임시의회 입법의원과는 차원이 다르지만 미국도 남쪽에 민의대변 기구를 만들어준다는 데 의의가 있다.

「입법의원」은 미군정이 지명하는 관선의원 45명과, 조선인민이 직접 뽑는 민선의원 45명, 합쳐 90명으로 구성되었다. 의원 절반인 관선입법의원은 미군 사령관이 직접 임명하고, 민선입법의원은 일정한 납세조건이 있는 제한선거에 각 단계마다 2명의 대표를 뽑는 3단계 선거를 거쳐 최종 단계에서 민선의원인 〈도대표〉를 뽑는 다단계 선거방식이다.

　미국이 급히 만든 입법의원에 대한 견해는 정파마다 달랐다. 김구와 임정은 국민회의의 법통을 무시하는 술책이라며 강력 반발했다. 반대로, 임정을 제외한 극우진영은 적극 지지했다. 미군정 행정권을 쥐고 있는 극우익이 미국정책을 반대할 리 없다. 뿐만 아니다. 미국 계획대로 입법의원 선거를 치르면 반드시 이기게 되어 있다. 유력한 좌익인사 모두가 선거에 나설 수 없는 데다 자기들이 쥐고 있는 관권, 금권, 그리고 사회적 지위가 후진국 선거에서 필승의 무기가 된다는 사실을 잘 알고 있었다.

　반면에 좌익진영은 입법의원 자체를 반대했다. 남조선 단독정부를 만들어 미군정을 연장하려는 술책이며, 그 성격 또한 조선총독부 「중추원」과 같은 미군정 〈들러리국회〉라고 맹비난했다. 미군정의 지원을 받는 좌우합작위조차 입법의원 선출방식에 불만이 컸다. 입법의원 의원 모두를 좌우합작위 위원 중에서 선임하자고 요청했음에도 불구하고, 그 중 절반을 〈조선 인민〉이 직접 뽑는 민선의원으로 돌렸기 때문이다. 극우세력이 미군정의 행정권 특히 경찰권을 확실히 장악하고 있고, 미군정이 이를 용인하고 있어, 민선의원선거가 단순한 요식행위가 될 뿐이라는 사실을, 너무나 잘 알고 있었기 때문이다.

　10월 21일에서 31일까지, 장장 열하루에 걸쳐 민선입법의원 선거가 치러졌다. 북위 38도선이남 전 지역에서, 주민이 직 간접으로 참여하는 복잡한 다단계선거제로, 민선의원 45명을 뽑았다. 선거방식은, 일제 강점기의 도 부회의원선거를 본떠, 먼저, 일정한 납세 요건을 갖춘 선거인이 2명의 리(里) 대표를 뽑고, 리 대표들이 면 대표 2명을 면 대표들이 군 대표 2명을 뽑고, 군 대표들이 도(道) 대표인 입법의원을 뽑는 〈4중 단순간접 다단계 제한선거제〉다.

　이런 불평등하고 복잡한 선거가 끝나자, 누가 당선되었느냐는 것보다도, 선거인들의 선거에 대한 무관심이 더 큰 관심사로 떠올랐다. 전라남도에서 한민당 후보 4명과 한독당 후보 2명이 당선되자, 1946년 11월 2일자 자유신문에 이런 기사가 났다.

"입법의원선거 전남 당선자는 다음과 같으며, 투표 성적은 약 3할인데, 그 중에도 무효가 약 1할이라 한다."

　민선입법의원을 뽑는 최종단계인 군 대표의 투표율이 약 30%이고, 그 중 무효표가 약 10%였다는 것을 보면, 〈조선 인민〉의 입법의원에 대한 관심이 어느 정도였던가를 짐작할 수 있다.

　선거 관리는 더 큰 문제였다. 좌우합작위가 공정한 독립적 선거관리기구를 건의했지만 미군정은 이를 묵살하고, 선거관리 업무를 직접 관리한다는 명목으로 모든 선거관리 업무를 한민당과 독촉에게 맡겼다. 그 결과 강원도에서는 단독으로 선거관리 업무를 맡은 독촉 후보 3명만이 당선되고, 서울 또한 한민당 후보만이 당선되었다. 다른 지역도 마찬가지였다. 모든 지역에서 각종 부정과 편법을 동원한 부유하고 교양 있고 힘센 후보가 모두 당선되었다.

　좌익은 꼼짝달싹할 수 없었다. 불법조직으로 찍혀 선거에 참여하려도 할 수 없는 처지였다. 좌익을 근절하기 위해 만든 미군정법령 제72호 〈군정 위반에 대한 범죄〉와 제88호 〈신문 급 기타 정기간행물 허가에 관한 건〉이 공포되어 있었을 뿐만 아니라, 그보다 더 무서운 〈새 노선〉이 발동하고 있었기 때문이다. 새 노선이란, 수도(서울, 경기) 경찰청장 장택상이 9월 총파업을 분쇄하기 위해 공산당의 〈신노선〉에 빗대어 선언한(9월 30일), 〈새 좌익탄압지침〉이다. 〈법적 근거가 없더라도, 혐의만 있으면 검거할 수 있는〉 특권을, 경찰에게 부여한 경찰 만능 지침이다.

　입법의원은, 민선입법의원 선거 직후 개원할 예정이었지만 연기되었다. 좌우합작위가 심각한 선거부정과 친일파가 대거 당선된 것을 강력히 항의했기 때문이다. 미군정법령 제118호 제7조 〈과도입법의원의 자격〉에 친일파의 입후보 제한이 명시되어 있음에도 불구하고, 많은 친일파가 당선될 수 있었던 것만 보더라도, 민선입법의원 선거관리가 얼마나 허술했던가를 짐작할 수 있다. 결국 미군정도 한민당 김성수, 장덕수, 김도연만 당선된 서울과, 이승만의 독촉 후보만 당선된 강원도의 선거에 심각한 부정이 있었다는 사실을 인정하여 재선거를 실시하지 않을 수 없었다.

　한 달 뒤인 12월 12일에야 〈남조선과도입법의원〉이 개원했지만, 그마저도 순탄치 않았다. 남쪽만의 입법기구 설치를 반대한 중도좌파 대표 여운형은 미군정이 민선의원 선거부정에 강력하게 대응하지 않는데 항의하여 입법의원직을 사퇴했다. 같은 이유로 장건상, 홍명희 등 중도파 관선의원들과, 한독당 진보파 조완구, 엄항섭 등 우파의원들도 사퇴했다. 민선입법의원 중에서도, 임정의 열혈 반탁투사 조소앙과 문도배, 김시탁이, 〈모스크바3상회의 결정의 충실한 이행만이 민주독립의 유일한 길〉이라는 〈늦깎이 찬탁〉으로 사퇴하여, 중도세력 중심으로 정국을 재편하려던 미군정 구상에 차질이 생겼다. 미군정 실세 한민당이 재선거에 대한 불만으로 입법의원 개원 예비회담에 출석하지 않았으나, 미군정은 즉시 정족수에 관한 법령을 고쳐 김규식을 의장, 최동오, 윤기석을 부의장으로 뽑았다.

입법의원의 입법의원은 극우파가 다수였다. 민선의원 중 한민당 등 극우파 의원이 40명이고, 미군 사령관이 직접 뽑은 관선의원도 14명이 한민당 등 극우파 출신이라 극우파가 입법의원을 압도했던 것을 보면, 미국이 입법의원을 〈건설〉한 참뜻이 무엇이었던가를 짐작할 수 있다. 여운형 같은 중도파 인사들이 의원직을 사퇴한 이유도 바로 여기에 있었다.

미군정은 다음 해 5월, 중도 우익 안재홍 의원을 미국군정청 「조선민정장관」으로 임명하고, 그를 수반으로 하는 행정부를 만들어 이를 「남조선과도정부」라 명명했다. 북쪽 「북조선인민위원회」에 대응하는 기구다. 사법부도 김용무를 조선인 「대법원장」으로 임명하여, 조선인의 입법, 행정, 사법 3부가 모두 갖추어졌다. 그러나 「조선인민정부」 3부의 모든 최종결정권은, 조선주둔군 사령관 휘하의 「조선군정장관」에게 있었다.

제7장

해방, 그 뒤 일 년

1. 더 살기 힘들다

해방 1주년 언저리의 조선은 매우 어수선했다. 해방을 따라온 여러 사회문제들이 복잡하게 얽혀 어지러웠지만, 미군정은 해결할 능력도 의지도 없는 것 같았다. 먹고 사는 문제가 가장 급했다. 당장 양식이 모자랐다. 일제는 태평양전쟁 막바지에 조선에서 모든 곡식을 빼앗아갔다. 멸사보국을 앞세운 강제공출제로 몽땅 빼앗아갔다. 착취한 곡식 대신 양식이라고 주는 것이 깻묵이었다. 그것도 조선 콩으로 만든 콩깻묵이 아니라 만주고량으로 만든 고량깻묵이었다. "황공하옵게도, 천황폐하께옵서는 못난 조선인을 불쌍히 여기샤", 비료로나 쓰는 검은 만주 수수찌꺼기를 양식으로 하사하는 은총을 베푸셨다. 쌀은 일본인이나 황국신민이 먹는 식량이지 조선인이 먹을 〈량식〉이 아니었다. 해방 무렵 얼마나 살기 힘들었는가는 여운형이 조선총독부에 〈3개월분 식량〉을 요구한 것으로도 짐작할 수 있다.

해방되자 수많은 귀환동포들이 고향을 찾아 돌아왔다. 이북에서도 일본인 도망자와 함께 친일파와 반소 반공주의자들이 무리 지어 내려왔다. 양식이 모자랄 수밖에 없다. 건준은 일제 전시식량배급제를 활용하여 「식량대책위원회」를 설치하고, 서둘러 식량의 확보와 통제에 나섰다. 사실 그 길 말고는 갑작스러운 해방이 몰고 온 식량부족을 해결할 방도가 없었다.

그러나 미군정은 달랐다. 배급제를 당장 없애버렸다. 자본주의 본산인 미국이 반시장적 반자유주의 정책을 용인할 리 없다. 미국은 군사정부를 만들자마자, 일반고시 제1호 〈미곡의 자유시장에 관한 건〉을 공포하여 (10월 5일) 배급제를 폐지하고, 미곡자유시장제를 도입했다. 또 일반고시 제2호 〈자유시장설치에 관한 건〉을 공포하여(10월 20일) 미곡 자유판매를 허용하고, 동시에 벼의 농가 최저가격을 가마당 32원으로 고시했다.

미국은 아주 쉽게 미국자본주의를 점령지 조선에 심으려고 했다. 그러나 조선인이 미개인인 줄은 알고 있었으면서도 시장경제에 탁월한 재능을 가진 날고 기는 자본주의 도사라는 사실은 미처 몰랐다. 바로 이 어쭙잖은 불찰 하나가 남조선을 대혼란에 빠트리는 대악수가 될 줄은 더욱 몰랐다.

미곡의 자유판매제가 시작되자마자 식량이 동났다. 값이 자꾸 올랐다. 지주와 자본가는 매점매석하고 상인들은 투기에 열을 올렸다. 쌀값이 비싼 일본에 대량 밀수출된다는 소문까지 나돌아 곡식 값이 더 많이 뛰었다.

게다가 조선총독부는 제2차 세계대전 말기 특히 패전 전후 고의적으로 1,000원짜리 최고액 신권을 포함한 조선은행권을 대량 발행하고, 폐기용 구권마저 꺼내어 관, 군, 기업에 쏟아 부어 도망 준비용으로 썼고, 미군정 또한 이 법정화폐를 경제부흥 명목으로 마음대로 찍어내어 돈이 흥청망청 넘쳐났다. 1936년을 기준으로 1947년 초의 화폐발행액이 100배를 넘었으니 물가가 폭등하지 않을 수 없다. 쌀값은 더 심했다. 나날이 쉬지도 않고 뛰었다. 소비 인구가 자꾸 늘어나니 안 오를 수가 없었다.

다행히 1945년 가을에는, 전례 없는 해방 풍년으로 쌀 수확량이 20%가량 더 늘어났다. 미국 군정청 농상국 경제과가 발표한 1945년도 남조선 미곡 예상 수확고는 예상 소비량을 훨씬 넘는 최소 1,700~1,800만 석이나 되었다(동아일보, 1945년 12월 14일 자). 유례없는 풍작에다 공출제마저 없어졌는데도 쌀은 더 귀했다. 섣부른 자유민주주의 경제정책이 사람들을 굶겼다.

당황한 미군정은 10월 30일, 미군정법령 제19호 〈국가적 비상시기의 선고 등〉으로 비상사태를 선포하여 〈민중을 희생하고 폭리를 취하는 결과로 되는 필수품의 축적 및 과도한 가격의 판매〉를 금지했다. 그리고 11월 19일 일반 고시 제6호 〈미곡통제에 관한 건〉으로 "미곡최고소매가격"을 지정 고시하는 명백한 반자본주의 정책을 공포한 뒤, 12월 19일 〈미곡 소매 최고가격〉을 결정, 다음 해(1946년) 1월 1일부터 시행하기로 했다.

그러나 다음 해에는 물가가 더 올랐다. 한 해에 6배나 폭등했다. 쌀값도 덩달아 뛰었다. 지난해에 비해 5.6배나 올랐다. 1936년부터 10년 기준으로 1945년 12월 서울의 시장 가격지수는 4,359.2 포인트, 다음 해 1946년 12월에는 25,563 포인트까지 폭등했다. 봉급생활자와 노동자의 구매력이 급격히 감소하여 가장 큰 타격을 받았다.

미군정은, 마침내 손을 들었다. 1946년 1월 25일, 미군정법령 제45호 〈미곡수집령〉을 발표하여 양곡유통을 통제하고, 〈쌀공출〉을 시작했다. 모든 가구는 일정량(1가구당, 1석의 45/100 (67.5킬로그램)×상주 가족 수)만의 백미 또는 현미를 소유할 수 있고, 그 이상은 최고공시가로 당국에 공출하라는 포고령을 내렸다. 미국이 자랑하는 자유주의 시장경제도, 영악한 조선인 간상, 모리배의 날고 기는 상술에 두 손 들고 항복했다.

그러나 미곡수집령은 오히려 혼란만 더했다. 2월 1일 자로 미곡수집령을 발동하여 가마 당 120원에 강제 수매를 시작했지만 아무 소용없었다. 쌀 수매를 시작한 2월 초는 농민들이 쌀을 거의 다 판 뒤이고, 또 설사 쌀이 남아있다고 하더라도 강제 수매에 응할 농민이 많지 않았다. 고시 가격은 가마당 365원에서 370원이지만, 농민에게는 이 가격을 적용하지 않았다. 미곡 수매에 자진 협조하면 가마당 150원씩 쳐주지만, 협조하지 않으면 120원에 강제 수매키로 했다. 일제 말기 공출제보다 더 심했다. 쌀값은 계속 뛰는데 수집 가격은 반값도 안 되었다.

수매 가격에 팔면 전혀 혜택이 없는 것은 아니었다. 자진 수매에 응하면, 가마 당 150원씩 쳐줄 뿐만 아니라, 조선생활필수품회사의 생필품을 싸게 살 수 있는 〈생필품매입증명표〉를 받을 수 있었다. 공산품 값도 나날이 뛸 때라 저울질해 볼만도 하다. 그러나 생필품 수요에는 한계가 있고, 뛰는 쌀값을 따라잡을 수 없다. 자진수매에 응할 농민이 많을 리 없다.

미곡수집령을 발동하여 쌀을 수집한 결과, 생산예상고 대비 5.3%, 수집계획 대비 12.4%(수집 할당량 551만 석 중, 수집량 49만 6천 석) 밖에 거두지 못하여, 곡물 수집을 하곡(보리, 밀 등)으로까지 연장한 것이 탈이었다. 각 도와 시군에 일정 목표량을 할당하여 수집을 독려했는데, 그 목표량이란 것이 바로 강제 공출량이다. 미군정은 이 목표를 달성하기 위해 경찰과 관리는 물론, 일제 강점기 강제공출의 악질적 상징이든 식량영단까지 동원했다. 불행히도 공출을 강제하는 자들은 모두 일제 강점기에 공출을 강요한 경력이 있는 바로 그 일제 경찰과 관리였다. 동네 사정을 잘 아는 그들은 유력한 지주나 권력자의 공출은 외면하고 거두기 쉬운 힘없는 소작농이나 영세농민에 대한 강제공출에 집중했다. 그 수탈 행위가 일제 강점기와 조금도 다름없어, 전국에서 공출반대 소동이 벌어졌다.

해방되자, 미국 군정 경찰과 관리로 옮겨 앉은 전 일제 관리와 경찰이, 할당량 완수를 위해, 일제 강점기와 똑같은 방식으로 〈멸사봉공〉한 것이 농민들의 분노를 더 샀다. 농민들은 무식하지만 조선이 일제로부터 해방되었다는 사실은 알고 있었다. 그런데도 바로 그 못된 악질 일제 관리와 경관이 또다시 공출을 강요하며 행패를 부리고 다녔으니, 반대 투쟁이 거셀 수밖에 없었다. 공출제가 오히려 문제를 더 키웠다.

강제수집 여파는 곧장 도시를 덮쳤다. 춘궁기가 닥치자 도시 서민의 배고픔이 한계에 다다랐다. 쌀이 동났는데도 배급량은 일제 강점기의 절반에도 못 미쳤다. 전평이 지령 제7호로 밥쌀구하기전쟁, 곧 〈반미(飯米)투쟁〉을 벌여야 할 만큼 심각해졌다. 드디어 서울을 비롯한 여러 도시에서 성난 시민들이 미국 군정청과 시청으로 몰려 들어갔다.

배급량만으로는 살 수 없게 된 도시민의 잇단 시위가 불씨만 던지면 폭발할 지경에 이르자, 다급한 미군정은 미군정법령 제77호와 제78호로, 서울과 부산시민에게 쌀구매허가증을 내어주는 응급조치를 취했다. 그러나 아무 소용없었다. 1946년 1월에 180원이던 쌀값이, 9월에는 1,200원으로 폭등했다. 해방 이래 토지개혁을 발목잡아 온 부자 지주정당 한민당이 배부른 해결책을 내어 놓아 배고픈 사람들 기를 더 올렸다.

"긴급조치로서 최고 가격과 쌀 반출취체의 규약을 철폐하여 자유롭게 쌀을 유통시키자."(서울신문 1946년 2월 17일 자).

1946년 8월, 한국여론협회가 여론조사결과를 발표했다. 미군정이 실시되고 거의 1년이 다 된 때다. "미군정에 대해서 잘했다고 생각하는 점은 무엇이냐"는 질문에, 응답자 98%가 기권을 했다. 잘한 일이 아무것도 없다는 뜻이다. OK가 아니라 NO다. 잘했다고 생각하는 것은 위생시설뿐이고, 그것도 겨우 1.8%였다. 반면, "잘못한 점은 무엇이냐"는 질문에는 53%가 식량정책을, 31%가 산업운영과 주택관리를 꼽았다. "일제 때보다 나아진 것은 DDT 뿌리는 것밖에 없다." "먹고 살기는 그때보다 훨씬 더 힘들어졌다", "해방의 선물은 기근이다"는 말이 널리 퍼졌다.

동아일보에, 또 다른 여론조사 결과가 나왔다. 미국군정청 여론국이 30개 항의 설문으로 8,453명을 직접 조사한 것이다. 그중 재미있는 것은 "귀하가 찬성하는 것이 어느 것입니까?"라는 질문에, 사회주의를 찬성한다는 사람이 압도적으로 많았다.

  (가) 자본주의 1,189인(14%)
  (나) 사회주의 6,037인(70%)
  (다) 공산주의 574인(7%)
  (라) 모릅니다. 653인(8%)
  (동아일보 8월 13일자, 제3면 여론특집)

2. 해방 맞은 노동자

노동자들 형편은 더 안 좋았다. 해방되자마자 노동조합을 만들어, 일본인 공장과 회사를 인수 관리했지만 사정이 안 좋았다. 전주인인 일본인이나 친일 자본가와 기술자들이 모조리 도망가 조업 재개가 힘들었다. 공장 수도 1943년의 1만여 개에서 1947년에는 4천5백여 개로 줄어들고, 1946년의 공업생산은 1939년의 30% 수준밖에 안 되었다. 공장노동자 수도 43만여 명에서 12만여 명으로 줄고, 1946년 11월 실업자가 110만 명을 넘어, 실업률이 12%나 되었다. 노동조건은 더 나빴다. 조업이 여의치 않아 많은 노동자가 실직자로 내몰리는 판에 일본과 만주에 징용 갔던 노동자들이 돌아왔다. 월남민도 나날이 늘었다.

게다가, 1946년 물가는 1944년에 비해 92배 뛰었다. 1945년 5월 물가지수가 233일 때 노동자 임금지수는 233이었지만, 1946년 5월에는 물가지수 77,393에, 임금지수 6,015로, 물가의 13분의 1밖에 안 되었다. 1946년 소매물가지수는 1936년에 비해 233배 올랐으나 같은 기간 임금은 71배밖에 오르지 않았다. 실질임금은 1936년을 100으로 할 때, 1946년 1월에 43.32로 줄었다. 실질임금은 떨어지는데 물가는 더 올랐다.

그런데도 미군정은 냉담했다. 임금인상이 물가상승을 부추긴다면서, 1945년 10월 10일, 미군정법령 제14호로 일반노동임금을 동결했다. 한 달 벌어 반달도 못 버티게 되었다. 참다못한 노동자들이 일어났다. 그들이 내건 주된 요구조건은, 임금인상과 배급 쌀 인상이었다. 최소한의 생계유지를 위한 생존권투쟁이었다.

실제로 1946년까지 일어난 노동쟁의 60%가 임금인상 요구였다. 비극을 불러온 〈9월 총파업〉의 요구조건에도, 미군정이 4월 8일에 결정한, 〈1일 1인 1홉〉 쌀 배급량을, 〈1일 1인 4홉〉으로 올려달라는 생존권 호소가 들어있었다. 일제 강점 말기에도 배급량이 〈1인 1일 2.5홉〉이던 것을 감안하면, 노동자의 생활이 얼마나 나빠졌는가를 짐작할 수 있다. 노동자의 생활조건에 반비례하여 조직은 강화되어갔다. 일제에 저항하던 노동운동을 바탕으로 한 노동조합들이 「조선노동조합전국평의회」(전평)를 만들었다. (1945년11월 5일). 전평은, 12월 현재, 16개 산별노조에 1,157개 분회와 553,408명 회원을 거느리는, 역사상 최초 최대 전국 산업별 노동조직으로 발전했다.

그러나 미국은 처음부터 노동계와 호흡이 맞지 않았다. 미국식 자유주의 노동정책을 실시하려는 미국이, 식민지 경제구조를 개조하려는 노동운동을 좋아할 리 없다. 미국은 자본의 자유를 절대시하는 자본주의국가다. 점령지 정부라고 다를 리 없다. 재정권, 재산관리권만은 끝까지 독차지하고자 했다. 가장 먼저 손댄 것이 일본정부와 일본인의 재산 〈적산〉, 즉 〈귀속재산〉이었다. 9월 22일 〈미군 점령지역 내에서의 토지소유에는 하등의 변동도 없다〉고 선언한 뒤, 9월 25일 미군정법령 제2호 〈패전국 정부 등의 재산권행사 등의 금지〉를 공포하여, 일인 재산의 이동을 금했다. 또 28일 미군정법령 제4호 〈일본육해군재산에 관한 건〉을 발포하여 일본 정부 재산을 압수하고, 광산을 접수했다(10일 1일). 모두 전리품이다.

12월 10일에 공포된 미군정법령 제33호 〈조선 내 소재 일본인 재산권 취득에 관한 건〉 제2조는 이렇다.

"1945년 8월 9일 이후 조선에 소재하는 일본정부기관 또는 그 국민, 회사, 단체, 조합 및 그 정부의 기타 기관 또는 그 정부가 조직, 취체한 단체가 직접적 간접적으로 그 전부 또는 일부를 소유 또는 관리하는 전 종류의 재산 및 수입에 대한 소유권은, 9

월 25일 부로 조선군정청이 취득하고 그 재산 전부를 소유한다."

　몰수한 일인 재산을 관리하기 위해 〈재산소청위원회〉와 〈관재처〉를 설치했다. 귀속재산은 은행 43개, 상업회사 136개, 전기회사 51개, 식품양조회사 472개, 기계제작회사 322개, 인쇄소 102개, 제약회사 111개, 운수회사 75개, 산회사 74개, 금속회사 84개, 해운회사 5개, 국제전신회사, 전매사업체 등 모두 2,576개로, 남조선 전체 기업의 90%가 넘었다.

　1946년 12월 31일에는 관재령 제8호 〈각종 귀속사업체에 관한 건〉으로, "군정청 재산관리관은 그 관할 하에 있는 모든 귀속재산의 관리감독권을 군정 각 부처 소관 미국 고문관에게 맡긴다."고 하여, 귀속재산, 즉 일제와 일인의 재산처분권이, 전적으로, 미국인 수중에 있다고 선포했다. 해방 이래 노동자들이 자주적으로 관리해오던 은행, 회사와 공장이 모두 미군 손으로 넘어갔다. 마찰이 생기지 않을 수 없다.

3. 농민과 토지개혁

　농민들 또한 고달프기는 매한가지였다. 8.15 해방 전후의 농지소유 실태를 보면, 자작농토가 37%인 85만 헥타르, 소작농토가 67%인 147만 헥타르였다. 농가 호수는, 순자작 13.7%, 자작 겸 소작 34.6% 지만 이 중 소작 부분이 50% 이상인 농가가 전농가의 18.3%이고, 순소작 48.9%, 피용자 농가가 2.7%로 전 농가 중 소작농이 70%가량 되었다.

　농민의 대다수를 차지하는 소작농의 소원은 농지개혁이었다. 해방되자 농민들은, 지하조직 「조선농민회」를 중심으로 농민위원회, 농민조합, 농민동맹을 조직하여, 일본인 소유 토지와 민족반역자의 토지를 직접 관리하거나, 인민위원회나 관리위원회를 통해 분배 경작했다. 그리고 그들의 권리를 지키기 위해, 1945년 12월 8일, 「전국농민조합총연맹」을 만들었다. 전농은, 13개 도 연맹, 188개 군 지부, 1,745개 면 지부에 조합원 330여만 명의 거대 조직으로 자랐다. 주된 주장은, "3 : 7제 소작료운동, 양곡수집령 반대, 일제와 민족반역자 토지몰수, 토지개혁"이었다.

　그러나 미군정은 외면했다. 군정법령 제2호로, 일본정부와 일본인 재산을 몰수하여 미군정 소유로 하였으니, 토지분배를 바라는 농민들과 마찰이 생기지 않을 수 없다. 미군정은 10월 5일 미군정법령 제9호 〈최고소작료결정의건〉으로, "소작료가 그 총액의 1/3을 초과하지 못한다"고 규정하여, 소작료를 30%대로 경감하는 선심을 썼다. 종래 50% 이상이던 것에 비하면 아주 좋은 조건이고, 전농 주장인 3 : 7제에 부합한다. 그러나 무상토지개혁을 원하는 소작농민의 마음을 달랠 수는 없었다.

다행히 이 해에는 대풍년이 들었고, 공출제 대신 양곡자유판매제가 실시되어, 농민의 불만은 다소 가라앉았다. 그러나 다음 해 초 지주와 간상배의 매점매석으로 쌀값이 계속 뛰자 당황한 미군정이 미곡수집령을 내려 강제 수매하면서 탈이 났다. 추수가 끝나고도 여러 달이 지난 데다, 시중가의 절반에도 못 미치는 싼 값으로 쌀을 빼앗아 가려 했으니 사달이 안 날 수 없었다.

농민들이 강제수매를 거부하자, 일제강점기 〈탈취대〉까지 동원하여 할당량을 강제 징수했다. 경찰이 가택을 무단 수색하고 저항하는 농민은 즉시 투옥했다. 1947년 5월까지 8천여 명이 〈미곡 수집령 위반자〉로 체포 수감되었다. 일제 식민지 지배와 조금도 다를 바 없었다.

4. 해방과 교육

해방의 감격에 겨운 선생님들은, 전국 각지에서 교육자치단체를 만들어, 일제강점기 식민지 노예교육에 봉사한 과오를 사죄하고, 참다운 민주교육으로 해방된 조국에 적극 헌신하겠다고 다짐했다. 경성대학을 비롯한 관공립학교 교직자들도 〈자치위원회〉를 만들어 민주교육에 헌신할 준비를 갖추었다. 8월 말, 전국 교육자들이 〈초등교육건설회〉를 결성하고, 9월 초에는 〈중등교육협회〉를 만들어, 다음 같은 성명서를 내었다.

> "교육자로서 과거 일제 노예교육에 봉사한 죄를 국민에게 사과하고 재래 교직원 또한 총사표를 제출하되, 교직원만은 학도를 위하여 학원에 잔류, 신정부 수립 후에 벌을 기다리겠다."

그러나 자주적 민주교육 열망은 곧바로 무너졌다. 미군정이, 새 점령지에 미국식 교육을 하사하는 과업을, 한민당에게 맡겼기 때문이다. 교육행정을 관장하는 학무국, 최고책임자인 조선인 최고 고문에 김성수, 조선인 학무국장에 유억겸을 발탁했다. 이들은, 저명한 교육자이기는 하나, 자주민주교육과는 거리가 먼 한민당 간부들이다.

미국 은총으로 교육계를 휘어잡은 한민당은, 즉시 일제에 충성하던 총독부 문교행정 관리들을 모두 불러들여, 모든 교육기관 요직에 승진 임명했다. 경건한 황국신민으로 교육칙어를 선창하며 〈미영(米英)격멸〉을 외치던 친일 교육자들이, 순식간에, 미국 군사정부 관리가 되었다. 일본군이 주둔 중인 경성대학도 한민당이 차지했다. 학장 격인 법문학부 학부장 겸 경제학부 학부장에 백낙준, 예과부장에 현상윤이 임명되었다. 전국의 주요 공립학교장 거의 모두, 재주 좋고 재수 좋은 친일파들이 차지했다.

일제에 아부하지 않은 교육자들이 반발했다. 일제 군국주의 식민지로 되돌아가는 반민주 반민족적 교육정책을 받아들일 수 없었다. 조선교육혁신동맹을 바탕으로 결성된 「조선교육자협회」(1946년 2월 17일) 등이, 친일 교원과 교육 행정가를 청산하고, 학원의 민주화, 교육의 자주성과 전문성을 확립하기 위하여 일어났다. 그러나 보복만 돌아왔다. 당장 빨갱이로 몰려, 교사는 파면, 학생은 퇴학처분 되었다. 다음 해 3월 초에는, 학무국에서 문교부로 승격한 미군정 교육당국이 법정전문학원을 비롯한 신생 무허가 교육기관을 모두 강제 폐쇄했다. 일제가 휘두르던 군국주의 관권이, 일제로부터 해방된 나라에서 다시 용틀임 쳐, 자주민주주의 성향 교육자들의 반발이 거세어지고 있을 때, 〈국립서울대학교설치안〉 (국대안)이 나왔다.

해방되었을 때, 조선에는, 대학이라고는 경성제국대학 하나밖에 없었다. 그 밖의 고등교육기관인 전문학교는, 관립이 경성경제전문학교 등 16개, 사립이 연희전문학교 등 12개 있었다. 미군정은 들어서자마자 교육제도를 미국식으로 바꾸었다. 일본식 봄 학기를 미국식 가을 학기로 바꾸고, 학제도 5년제이던 중학교를 6년제로 올리고, 3년제 사립 전문학교를 모두 4년제 대학으로 승격했다. 여기까지는, 물리적 변화가 따르지 않아 별 문제가 없었다. 그러나 예과 포함 5년제 경성대학을 3년제 관립 전문학교와 수평 통합하여 종합대학을 만드는 데는, 진통이 따랐다.

미군정은, 1945년 10월 16일 미군정 법령 제15호 〈제국대학명칭변경의 건〉으로,

「경성대학」으로 이름이 바뀐 경성제국대학을 다시 「서울대학」으로 바꾸고, 다음해 7월, 국립대학 설립취지문을 발표했다. 경성대학과 서울, 경기도에 있는 9개 관립 전문학교를 통합하여 국립서울대학교를 만든다는 내용이다. 관련 학교 교수와 학생들이 거세게 반대한 것은 물론이고, 전국 교육자들이 교육자대회를 열어 철회를 요구했다. 그러나 미군정은 개의치 않고 8월 22일 미군정법령 제102호 〈국립서울대학교설립에관한 법령〉으로 국립서울대학교를 만들어 초대 총장으로 경성대학장 미국 해군대위를 연임시켰다.

국대안이 확정되자 반대가 거칠어졌다. 관선이사회가 운영권을 독점하는 것은, 학원의 자치와 자유를 침해할 뿐 아니라, 진보 교수 숙청 수단이 될 수 있을 것으로 우려했다. 이공계 고등교육을 경시한다는 불평도 겹쳤다. 그러나 가장 큰 반대이유는 친미주의 간부를 양성하기 위한 〈신식민지 노예교육정책〉의 일환으로 본 것이었다. 처음에는 미국의 식민지 교육정책에 반대하는 진보성향 교수와 학생들이 반대투쟁에 나섰으나, 어언간, 모든 학생이 등록을 거부하고 동맹휴학에 들어갔다.

요구조건은 〈친일 교수 배제, 경찰의 학원 간섭 중지, 국립대 행정권을 조선인에게 이양할 것, 미국인이 아닌 조선인 총장 임명〉이었다. 반대 운동은 여러 달 계속되었다. 서울의 다른 대학들도 등록을 거부하고 동정 동맹휴학에 들어갔다. 반대운동은 갈수록 커져 12월 초에는 서울대학교 9개 단과대학과 연희대학, 한양대학, 동국대학, 국학대학에 중학교로까지 번져, 57개교 4만여 학생이 동맹휴학에 들어갔다. 심지어 국민학교 학생들까지 반대데모에 나설 정도로 전국적 투쟁으로 커졌다.

당황한 미군정이 〈국대안〉을 입법의원으로 넘기자, 이제 교육정책 차원을 넘어, 좌우 대결의 정치문제로 바뀌었다. 입법의원에서는 가톨릭 대표 의원 장면이 국대안의 발의와 통과에 적극 앞장섰다. 미군정 대응도 강경했다. 반대 운동하는 학생과 교수들을 모조리 대학에서 쫓아내는 한편, 경찰을 동원해 체포 감금하고, 서북청년단 등 반공청년단체들을 동원하여, 일제가 저지른 만행만큼 가혹하고 무자비한 물리력을 행사했다. 그 결과, 1947년 5월 12일 국립서울대학교 학생 8,040명의 절반이 넘는 4,956명이 제적되고, 전체 교수와 강사 429명 중 380여 명이 해임되었다.

5월 말이 되어서야, 겨우 반대 운동이 수그러들었다. 미군정이 〈국대안에 관한 수정법령〉을 공포하여 학생들 요구를 일부 수용했기 때문이다. 1947년 8월 14일, 제적 학생 중 3,518명에게 복학을 허용하여, 거의 1년 만에야 반대 분규가 겨우 가라앉왔다.

그러나 후유증은 컸다. 이공계 교수 중심으로 많은 교수와 학생이 미군 점령지역을 떠났다. 그 빈자리는, 모두 국대안반대운동 타파에 큰 공 세운 극우세력에 돌아갔다. 빈 교수자리는 국대안을 극력 지원한 반공 투사들이 차지했다. 교수 능력과는 상관없었다. 미군정에 대한 충성도가 특채의 준거였다. 쫓겨난 학생들의 빈자리는, 국대안 반대운동 분쇄에 혁혁한 공을 세운 용맹한 서북청년단 등 반공 청년단체의 지원으로 메워졌다. 이 또한 학력 같은 것은 아무 문제없었다. 청년단체 추천만 있으면 만사형통이었다.

5. 민주정치의 묘약

해방 따라 생겨난 모든 사회불안은, 주로 미국이 베풀려는 시혜적 민주주의와, 항일 독립투사들이 소망하는 자주적 민주주의 사이의 골이 너무 깊은 데서 비롯된 것이었다. 해방된 조선인은, 사회 모든 분야에서 스스로 만든 조직을 바탕으로 새로운 자주적 민주국가를 세우고자 했고, 그 중심에는 조선인의 자유와 권리를 되찾기 위해 싸운 독립투사들이 있었다. 건준이 그렇고, 전평, 전농이 그랬다. 이것이 문제였다.

조선을 점령한 미국은, 이런 조직이 희망하는 자주적인 자유와 민주를 용인할 생각이 없었다. 대신, 자기가 해방시킨 일본 식민지 조선에, 자기를 닮은 자유민주주의를 시혜하려 했다. 그러나 해방 열기에 들뜬 조선 사람들은 미국이 베풀려는 것보다 훨씬 자주적이고 민주적인 독립 국가를 원했다.

미국도 처음에는 미국의 점령목적이 "조선인 인권보호"라는 맥아더포고령 제1호를 성실히 이행하려는 듯 했다. 군사정부를 만들자마자 조선군정장관 명의로 일제의 치안유지법, 보안법 등의 폐지를 지시하고(1945년 9월 22일), 다음날에는 "정당에 대하여 중립적 태도를 취하겠다."고 발표했다.

실제로 이 해 10월 9일, 미군정법령 제11호 〈일정(日政) 법규 일부 개정 폐기의 건〉을 발포하여, 일제의 악법을 여러 개 없앴다. 그 중에는, 정치범처벌법, 예비검속법, 치안유지법, 출판법, 정치범보호관찰령, 신사법, 경찰사법권 같은 악법이 포함되어 있었다. 거기에 "신조, 정치사상을 이유로 차별을 생케 하는 것은 자에 차를 전부 폐지한다."는 맥더 〈인권지령〉도 추가되어, 일제의 군국주의 통치 대신, 미국식 자유민주정치가 실시될 수 있는 바탕이 마련되는 듯 했다.

그러나 미국의 속내는 그게 아니란 것이 금세 드러났다. 조선군정장관이 인공을 비난하는 성명을 발표하여, 조선인 모두가 긴장하고 있던 11월 2일, 미군정법령 제21호 〈이전 법령 등의 효력에 관한 건〉[3]이 공포되자, 조선 천지가 몸서리쳤다. 그 제1조는 이렇다.

> "모든 법률 또한 조선 구 정부가 발포하고 법률적 효력을 유한 규칙, 고시, 기타 문서로서 1945년 8월 9일 시행 중인 것은 그간 이의 폐지된 것을 제하고 조선군정부의 특수 명령으로 폐지될 때까지 전 효력으로 차를 존속함. 상사의 지령에 종하여 종래 조선 총독이 행사하는 제반 직권은 군정장관이 행사를 득함."

곧, 〈지금까지 폐기되지 않은 모든 일제 강점기의 법률, 규칙, 고시, 문서는, 새 법이 나올 때까지, 효력을 갖는다.〉는 말이다. 이 법령으로, 1908년의 군사법령, 1910년의 정치집회금지법, 1936년의 선동문서통제령, 1907년의 치안유지법 같은 악명 높은 일제 〈정치탄압법〉이 모두 되살아났다.

부활한 법률 모두 일제 군국주의에 저항하는 불순세력을 소탕하기 위해 만든 반인권 악법으로, 수많은 조선독립군과 항일투사들이 바로 이 법으로 고문당하고 죽었다. 그런데, 이 흉악무도한 군국주의 악법을 최고 민주주의를 자랑하는 미국이 보란 듯이 되살려놓았다. "인류의 자유를 위하여 파쇼와 싸워 이겼다"(하지 사령관)는 미국이, 바로 그 파쇼국가의 반인권적 악법을 되살려 악용하는 행위는 자유와 인권, 민주주의뿐만 아니라, 자신이 숭앙하는 신에 대한 모독이다.

미군정은 필요할 때마다 이 법령을 써먹었다. 집행자는 물론 미군정 검찰과 경찰이다. 다음해 가을, 미군정 경찰총수 조병옥은 이 법을 발동하여, "일제 강점기의 조선독립군과 독립투사"를 대거 〈예비 검속〉했다.

일제 강점기에, 조선을 독립시키려고 피 흘려 싸운 우리 독립군과 독립투사들이,

---

3) 이 법들 중, 1925년 5월 12일에 조선에서 시행된(일본에서는 4월 12일 공포) 치안유지법은, 1948년 12월 1일 대한민국정부가 〈국가보안법〉으로 개편 공포했다.

해방되고도 한참이나 지난 뒤에 〈해방 전에 일제에 항거하여 독립운동 한 죄〉로 잡혀 들어갔다. 당시 한 검사가 한 말이 가슴을 저민다.

> "이 자식아, 우리가 일본 놈한테 억눌려 산 것만도 분한데, 상전이 바뀌었다고 해서 이제 미국 놈한테 붙어서 한국 사람을 괴롭히냐?" (선우종원, 〈8.15의 기억〉, 116~117쪽)

이 미군정법령은, 총선거인 등록이 끝난 1948년 4월 8일까지 유효했다. 그동안 일제 밑에서 인권유린 문리를 터득한 미군정 경찰이 얼마나 많은 독립투사의 인권을 얼마나 합법적으로 짓밟았는지는 말할 것도 없다.

제8장

격동의 세월

1. 9월 총파업

미국은 군정 초 집회나 결사 같은 〈표현의 자유〉를 보장한다고 약속했다. 그러나 자주독립세력이 점령지 미개인 대다수의 지지를 받고 있다는 사실을 알자 마음을 바꾸었다. 미국이 원하지 않는 표현의 자유까지 주면, 미국식 자유민주주의를 하사하려는 분홍빛 점령 명분이 사라질 수도 있었기 때문이다, 제1차 미소공위 전후로, 반탁열기에 올라탄 극우세력이 얼마쯤 힘을 얻자, 미군정은 지체 없이 좌익에 대한 공격을 개시했다.

우선 2월 23일, 미군정법령 제55호 〈정당에 관한 규칙〉을 공포하여, 정당 활동을 규제하는 사실상의 〈집회금지법〉을 공포했다. 군정 초, 정당에 대하여 중립적 태도를 취하겠다던 약속은 어느 덧 간 곳 없다. 미소공위가 결렬되자, 미군정은 대놓고 좌익소탕작전에 들어갔다.

그 결정타가 1946년 5월 7일 〈조선정판사사건〉이다. 조선공산당이, 자금조달과 경제교란이라는 두 가지 목적으로 조선정판사를 통해 대량의 위조지폐를 발행했다는 사건이다. 조선공산당은, 황급히 전혀 무관하다는 성명을 내었지만 소용없었다. 당장, 조선정판사와 같은 건물에 있는 조선공산당이 불법화되고, 기관지 해방일보가 폐간되었으며, 박헌영, 이강국, 이주하 등 공산당 간부들에 대한 체포령이 내렸다.

조선공산당은 이때부터, 미국을 민주세력 아닌 〈제국주의 반동세력〉으로 규정하고, 반미(反美)공세에 들어갔다. 드디어 7월 26일, 〈정당방위의 역공세〉라는 구호와 함께 박헌영의 〈신전술〉이 나왔다. 미군정에 대한 전면적, 총체적 반격 투쟁 선언이다.

1) 적극적 공세로의 전환. 2) 합작 노선의 변화. 3) 반미운동의 적극화.
4) 북조선과 같은 제반 개혁의 요구. 5) 인민위원회에 정권 이양 요구

가장 눈길을 끈 것은, "반동들의 테러에 대한 정당방위의 역공세" 곧 〈방어적 폭력을 불사한다〉는 선언이다.

"지금까지 미군정과 그 비호 하에 있는 반동들의 테러에 대하여 그저 당하고만 있었지만, 지금부터는, 맞고만 있을 것이 아니라 정당방위의 역공세로 나가겠다. 테러는 테러로, 피는 피로써 갚겠다."

그동안 미군정과 부유한 극우익 청년단체의 횡포가 얼마나 무자비했던가를 실감케 하는 울분에 찬 외침이다. 밤마다 철길 가에 무참히 살해된 좌익분자 시체가 나뒹굴고 있다는 보도가 흔했지만, 미군정경찰은 한결같이 기차에 치어 죽은 것이라며 외면했다. 8월 20일에는, 당 책임비서 박헌영이 제시한 8월 테제 〈현 정세와 우리의 임무〉가 조선공산당 중앙위원회에서 채택되었다. 주요 내용은 이렇다.

"조선 해방은 진보적 민주주의 국가인 소 영 미 중 등 연합군에 의해 실현되었다. 현재 조선은 부르주아 민주주의혁명 단계에 있으며, 앞으로 제2단계인 사회주의혁명으로 전환되어야 한다. 주된 과업은 민족의 완전 독립, 토지문제의 혁명적 해결이다. 우리의 임무는 과거 혁명운동의 파벌을 극복하고 대중운동 전개, 노동자 농민 중심의 조직사업, 좌우 기회주의와의 투쟁, 프롤레타리아 헤게모니를 위한 투쟁, 민족통일전선에 의한 인민정권수립투쟁이다."

조선공산당 산하 조직 전평과 전농이 움직였다. 그동안 대단히 온건한 산업건설

운동을 벌이던 전평은 8월 23일 〈현하에 있어서의 스트라이크전략의 문제 − 조선 노동운동 당면의 제 문제, 특히 2, 3의 우익적 편향에 대하여〉로 조선공산당의 신전술을 채택했다. 온건에서 강경투쟁으로 노선을 바꾼 전평은 1946년 9월 초, 16개 산별노조 대표자회의에서 〈남조선총파업투쟁위원회〉를 결성하고, 전국 산업 중심지에 지역별 총파업투쟁위원회를 조직했다.

9월 15일 남조선총파업투쟁위원회는 다음과 같은 요구조건을 미군정에 보냈다.

1) 노동자, 사무원, 모든 시민에게 하루 3홉 이상의 쌀 배급
2) 물가 등귀에 따른 임금 지급
3) 모든 실업자에게 집과 일과 쌀 제공
4) 공장 폐쇄 및 해고 반대, 노동운동의 절대자유 보장, 모든 반동 테러 배격 보장
5) 북조선과 같은 민주주의로동법 즉시 실시
6) 검거, 투옥 중인 민주주의운동자 즉시 석방
7) 언론, 출판, 시위, 집회, 결사, 파업의 자유 보장
8) 학원의 자유를 무시하는 '국대안' 즉시철회
9) 해방일보, 조선인민일보, 현대일보 등 정간신문 즉각 복간 및 사원 석방
10) 무상몰수, 무상분배 토지개혁 실시
11) 미군정을 즉시 철폐하고 정권을 인민위원회에 넘겨라
12) 미소공동위원회를 속개하고 즉시 민주조선독립을 실현시켜라

9월 23일까지 회답을 요구했지만, 미군정이 이런 요구를 받아줄 리 없다. 23일 자정까지 아무런 반응이 없자, 〈남조선총파업투쟁위원회〉는 24일 0시를 기해 〈전 민족을 구출하고 생존과 자유의 길을 열고 자주독립을 위하여 4만 철도노동자를 선두로 사생존망의 민족적 투쟁을 시작한다〉는 성명을 내고, 총파업투쟁에 돌입했다. 〈압제적인 외국 군사정부에 대한 민족적 투쟁〉이라는 이름의 〈9월 총파업〉은 이렇게 시작되었다.

철도노동자들이 앞장섰다. 사실 철도노조는, 신전술이 나오지 않았다고 하더라도 생존투쟁을 벌이지 않을 수 없을 만큼 처지가 딱했다. 전평의 총파업투쟁이 결정되기 한 달도 더 앞선 8월 17일, 철도운수 동맥의 심장인 경성철도공작창 용산기관구

3천7백여 노동자들이 6개 건의사항을 미군정 운수부장과 철도국장에게 보냈다. 주요 건의사항은 〈쌀 배급 (노동자 4흡, 가족 3흡), 일급제 반대, 임금 인상, 해고 감원 반대, 급식 계속, 북조선과 같은 민주주의 노동법령 즉시 실시〉 등, 거의 모두가 먹고 살기 위한 생존권 요구였다.

21일까지 회답이 없으면 최후 행동하겠다는 경고도 했다. 그러나 미군정 운수부는, 오히려 시한 하루 전인 8월 20일, 산업합리화를 빌미로 "종업원 25%를 감원하고 월급제를 일급제로 바꾸겠다."면서 비웃었다. 회답 시한인 21일까지 요구조건이 받아들여지지 않자, 사흘을 더 기다린 종업원 대표들이 24일 아침 운수부장을 찾아가, '정중하게' 총파업을 선언했다.

부산의 철도노동자가 먼저 일어섰다. 7천여 노동자들이 9월 23일 0시를 기해 부산기관구(부산철도공작창) 등 주요 철도시설을 장악하여 부산에서 떠나는 모든 열차 운행을 중단했다. 다음날, 서울철도노동자 1만 3천여 명이 용산기관구(경성철도공작창)에서 점거농성을 벌였다. 전국철도노동자들이 잇따라 파업에 동참하여, 경부선, 호남선을 비롯한 모든 기차가 멈추어 섰다. 체신노동자도 뒤따랐다. 전국의 우편, 전신, 전화망이 모두 정지되었다. 전기, 금속, 광산, 해운, 교통, 운수, 화학, 식료, 섬유, 토건, 출판, 일반 봉급자들도 따라나서 전국적으로 26만이 넘는 노동자, 농민이 총파업을 함께 했다.

노동자, 농민뿐 아니라, 실업자, 빈민, 학생도 가세했다. 철도, 전신, 전화, 해운, 교통, 운수, 신문과 그 밖의 산업 모두가, 10여 일 동안 완전히 마비되어, 전국이 대혼란에 빠졌다. 전평 통계로는 절대 인원 17만 3천4백 명의 노동조합원이 참가하고, 472건의 파업이 일어났다.

그러나 결과는 참담했다. 9월 30일 새벽, 미군탱크를 앞세운 4천여 무장 경찰과, 김두한이 이끄는 대한민주청년동맹, 서북청년단 등 극우청년단체들이 용산기관구를 무력 점령했다. 그 자리에서 노동자 두 사람이 목숨을 잃고, 1,200여 명이 잡혀갔다. 절대로 이길 수 없는 무모한 도전이었다.

그런데도 이 무모한 투쟁은 농촌으로 번져갔다. 7월부터 하곡수집반대투쟁을 벌이고 있던 농민들이, 10월 1일을 전후하여 전국적으로 반대투쟁 대열에 동참했다. 〈10월 항쟁〉이다. 강제 양곡수매와 물가고에 따른 상대적 빈곤화가, 반대투쟁의 주된 원인이었다. 그중 가장 피해가 큰 것이, 대구 경북지역의 〈대구 10.1사건〉, 곧

〈대구 10. 1 인민항쟁〉이다.

2. 10월 인민항쟁

　　10월 인민항쟁은, 미군정의 자유민주주의에 실망한 민중이 9월 초에서 11월에 이르기까지, 전국 각지에서 일으킨 민중항쟁이다. 경찰까지 동원한 미곡강제수매로 민심이 흉흉한 판에, 무서운 호열자까지 창궐하여 굶주린 사람들을 더욱 괴롭히고 있을 때이다. 어디선가 터지게 되어 있던 울분이 대구에서 먼저 터졌다. 대구 사람들의 자주민주주의 의지가 강하기도 했지만, 쌀 배급 정책 실패를 만회하려는 미군정의 분별없는 시책이 문제를 키웠다.

　　대구 10.1 사건은 정말 별 것 아닌 일로부터 시작되었다. 쌀 배급이 제대로 안 되어 기근이 심각할 때, 하필이면 지독한 호열자가 번졌다. 무서운 전염병이 급속도로 퍼지자, 미군정은 전염병 예방을 구실로 말썽 많은 대구지역을 아예 완전 봉쇄해 버렸다. 차도 사람도 드나들 수 없게 되었다. 생필품이 모자랄 수밖에 없다. 돈을 주고도 쌀을 구할 수 없어 없는 사람들 살기가 더 힘들어졌다. 게다가 일제 때 악질 경찰까지 일제 때와 똑같은 행패를 부려 분통을 건드렸다. 여기에 자주와 자유를 둘러싼 정치적 대립이 불을 붙여, 드디어 기미년 3월 독립만세 이래 가장 큰 규모의 민중항쟁으로 발전했다.

　　시작은, 9월 1일 일요일 대구지역 노동자들의 소박한 〈국제청년데이〉 기념행사이었다. 전평의 〈9월 총파업〉 결의에 맞추어, 노동자들의 시위 규모가 나날이 커지고 있을 때, 식량 대책에 항의하는 시민들이 가세했다.

　　마의 10월 1일에도 500여 노동자들이 대구역과 공회당 부근에서 경찰과 대치하고 있었으나 별 탈 없었다. 저녁 무렵 부녀자와 어린이들이 모여들어 1천여 명으로 불어난 시위대가 시청 앞에서 식량문제 해결을 외치자 갑자기 경찰이 총을 쏘아 두 사람이 죽고 여러 명이 다쳤다. 총 쏜 경찰이 악질 일제 경찰이었다는 사실이 알려지자 분노가 폭발했다. 다음 날, 흥분한 민중 수만 명이 대구경찰서를 에워싸고 돌을 던지자, 경찰이 또 발포하여 17명이나 죽었다. 시민의 분노가 극에 달했다. 순식간에 경찰서를 점령, 무기를 빼앗아 무장하고, 시내 경찰주재소들을 점거했다. 한편으로는 쌀을 매점한 부자, 고급 관리, 경찰 등 친일파 집을 습격하여, 식량과 생필품을 빼앗아 시민에게 나누어 주었다. 악질 일제 경찰을 붙잡아 집단폭행하여 죽이기도 했다. 미군정경찰로 출세한 일제 조선인 경찰의 만행에 분개한 민중의 항의가, 얼떨결에 민중항쟁으로 커졌다.

시위가 시작되기 전부터 만반의 사전 준비를 갖추고 대기 중이던 미국군과 미군정경찰은 바로 그날 저녁, 계엄령을 선포하고, 탱크와 장갑차를 앞세운 무력 진압에 돌입했다. 경북지역 경찰 대신 타 지역 경찰 수백 명을 동원하여 사정없이 시위대에 조준사격 시켰으니 우발적으로 일어난 비조직적 항쟁이 오래 버틸 수 없다. 바로 다음 날, 대구 시내의 모든 소요사태가 진압되었다. 이 과정에서 적어도 18명의 시민이 숨지고, 경찰 4명이 맞아 죽었다. 9월 총파업에 대한 미군정의 초 강경책이 마침내 대참사를 불렀다.

민중항쟁은, 대구를 넘어 경상도 전역으로 번져 나갔으며, 11월 중순까지 남조선 거의 모든 도시와 전국의 군(郡) 중 절반에 가까운 56개 군에서 인민항쟁이 일어났다. 경상남북도와 전라남도에서는 거의 모든 지역에서 민중항쟁이 발생했으며, 경기도, 황해도, 강원도 등 도시와 농촌에서도, 여러 지역에서 항쟁이 일어났다. 그중, 전라남도에서 일어난 투쟁은 〈11월 인민항쟁〉이라 불릴 만큼 규모가 컸으며 피해 또한 컸다.

10월 인민항쟁은 모든 지역에서 동시에 폭발한 항쟁이 아니라, 시차를 두고 다른 지역으로 번져 나갔으며, 투쟁 범위도 읍, 면 단위를 벗어나지 못했던 것으로 미루어 보아, 조선공산당의 신전술에 의한 체계적인 역공세라기보다, 통제되지 않은 산발적인 항의시위였다. 미군정 1년의 실정에 따른 민생 불안과 친일 경찰과 관리의 횡포에 대한 민족적 분노가 신전술에 실려 폭발한 것이다. 해방과 더불어 당연히 청산되었어야 할, 일제 강점기의 사회 경제 행정 구조와 관행을 그냥 그대로 복원하고 있는 미군정과 반동세력, 특히 친일관료에 대한 조선 백성의 자주민주주의적 항거이었다.

대구 10.1항쟁으로 촉발된 전국적 민중봉기사태, 곧 10월 인민항쟁은 한국 역사의 전환점이 될 만큼 중대한 의미를 갖는다. 경북에서만도 주민의 25%가량인 77만여 명이 참여했으며, 남조선 전체로는 전인구의 10%가 넘는 230여만 명이 동참했다. 미군정의 공식 발표는 사망 20명, 중상 50명, 행방불명 30명이지만, 경상북도에서 극우청년단체에 생매장된 희생자만 해도 그보다 훨씬 더 많았다. 경북에서만 적어도 136명이 사망하고, 5천도 훨씬 넘는 사람들이 폭동혐의로 체포 구금되었다.[4]

그러나 정확한 희생자 수는 아무도 모른다. 미군정도 공식적인 것 외는 밝히려 하지 않았다. 자주민주진영의 타격은 참담했다. 해방 이래 공들여 가꾼 자주독립역량이 거의 모두 사라졌다. 후유증은 더 컸다. 폭동에 가담한 사람은 말할 것 없고, 구경한 사람도 좌익으로 몰려 신변이 위태로워졌다. 잡혀 가 죽거나 병신 안 되려면 산으로나 지하로 숨어야만 했다. 엉겁결에 일제 강점 말기의 산사람이 다시 생겼다. 이제는 식민제국 일제 경관이 아니라, 미군정경찰이 된 전 일제 경찰에게 쫓기는 신세가 되었다. 권력을 다시 매단 뽑난 미군정경찰과, 물불 가리지 않는 서북청년단, 족청 등 극우 반공청년단체들이, 눈에 쌍심지 켜고, 빨갱이를 잡으러 쫓아다녔다.

대구 10.1 인민항쟁은, 우익 주장대로, 조선공산당의 신전술에 의한 내란음모이었든지, 아니면 좌익 말같이, 미국과 우익이 미리 짠 각본이었든지 간에 돌이킬 수 없는 민족적 비극으로 발전하여 해방정국의 전환점이 되었다. 그동안 군정경찰과 극우 청년단체에만 의존하던 미국이 황급하게 직접 폭동진압에 앞장선 것은 더 이상 미국 국익에 배치되는 어떠한 점령지 주민의 의사나 세력도 용납하지 않겠다는 단호한 결의를 행동으로 표명했다는 중대한 의의를 갖는다.

미국은 쿠바, 필리핀 등지에서도, 대구에서와 똑같은 방법으로, 현지민의 민중봉기나 독립운동을 진압한 전력이 있다. 순수한 민족주의 독립운동조차 무력으로 완전 소탕한 미국이 미국 최대 공적인 공산주의에 동조하는 자들을 용서할 리 없다.

이제 민중을 믿고 그늘로 숨은 좌익과 미군정 국립경찰을 앞세워 양지에 우뚝 선 우익은 절대로 용서할 수 없는 철천지원수가 되고 말았다. 해방 열기에 들떠 있던 시절과는 완전히 뒤바뀐 무섭고 험악한 세상이 되고 말았다. 동족이란 생각은, 호랑이 담배 먹던 옛 이야기일 뿐, 사람 목숨이 파리 목숨과 다를 바 없는 세상이 되었다. 일제 식민지였던 조선 땅에 미국식 자유민주주의 새 국가가 탄생하려는 피어린 진통이 시작되었다.

---

4) 2007년에 시작된 〈진실·화해를 위한 과거사 정리 위원회〉는 대구사건을 재조사하여, 2010년 3월 다음과 같은 〈대구10월사건 관련 진실규명 결정서〉를 발표했다. "이 사건은 식량난이 심각한 상태에서 미군정이 친일관리를 고용하고 토지개혁을 지연하며 식량공출정책을 강압적으로 시행하자 불만을 가진 민간인과 일부 좌익세력이 경찰과 행정당국에 맞서 발생한 사건이다." 따라서 "국가의 책임을 인정해 유족들에 대한 사과와 위령사업을 지원하도록 권고한다."

3. 꿈은 먼 곳에

1947년 3월 1일 제주도에서 어처구니없는 변고가 생겼다. 30만 제주도민 중 3만도 더 넘는 사람들이 모인 〈제28주년 삼일절기념 제주도대회〉 기념행사 뒤, "3.1정신으로 통일독립 쟁취하자", "삼상회의결정 절대지지", "10월 인민항쟁만세", "강제공출 절대반대", "친일파 처단", "부패경찰 몰아내자" 등을 외치며 행진하자, 경찰이 엉뚱하게 구경하는 사람들에게 총을 쏘아, 어린이와 부녀자를 포함한 6명이 죽고 8명이 다쳤다. 그러고도 기념행사에 참가한 사람은 말할 것 없고, 구경꾼까지 수백 명을 무더기로 잡아넣었다. 지난해, 서울에서도 비슷한 일이 벌어졌다. 우익은 서울운동장, 좌익은 남산에서, 따로 모여 〈8.15 해방절기념식〉을 치르고 시가행진 중 남대문에서 충돌하자, 경찰이 좌익에게 총을 쏘아, 여러 명이 죽고 다쳤다.

미군정은, 10월 인민항쟁 이래, 어떠한 자주독립 집회나 시위도 용납하려 하지 않다가, 마침내 1947년 8월 4일 미국군정청 남조선과도정부 민정장관 안재홍이, 8.15 경축행사의 옥외 집회와 가두 행렬을 금지하는 행정명령 제5호 〈해방기념축하식 거행에 관한 건〉을 공포했다. 명분은, 정치세력 간의 충돌예방이다. 이 명령으로 말미암아 좌익이 주최하는 모든 공공행사는 사실상 불법화되고, 이를 빌미로 한 경찰 탄압은 더욱 심해졌다.

해방절 나흘 전인 11일 밤에 갑자기 좌익사범 수백 명을 〈내란음모를 기도하는 불순분자〉란 죄목으로 예비 검속했다. 해방절 봉축을 빌미로 한 좌익 불순분자들의 봉기책동을 사전에 분쇄한다는 핑계로, 무더기로 잡아넣었다. 적용 법률은, 일제 악법을 재활용한 미군정법령 제21호 〈이전 법령 등의 효력에 관한 건〉 (1945년 11월 2일 발포)이었다.

그리고 나흘 뒤 8원 15일 서울에서는 서울운동장에서 열린 서울시 주최 〈해방절 경축집회〉가 아무런 사고 없이 아무런 충돌 없이 무사히 잘 끝났다. 지난해 좌우익 행렬이 남대문에서 충돌한 것과는 사뭇 다르다.

그러나 부산은 달랐다. 부산에서는 행정명령 제5호에도 불구하고, 〈8.15 해방절 2주년 경축식〉이 두 곳에서 열렸다. 하나는 부산시 주최로 부산공설운동장에서 열리는 공식 경축식이고, 다른 하나는 좌익이 허가 없이 주최하는 자갈치광장 경축식이다. 며칠 전, 대대적인 〈좌익검거선풍〉이 불어 분위기가 살벌했는데도 부산사람들은 허가 없는 기념식을 멈추지 않았다. 결국 사달이 났다. 사람들이 많이 모인 자 갈치광장에서 경찰이 총을 쏘았다. 대회열기가 한창 달아오를 때, 군중을 에워싸 감 시하던 경찰이, 갑자기 청중을 향해 무차별 사격을 가해, 여러 사람이 죽고 여러 사 람이 다쳤다. 행정명령 제5호에 의한 〈합법 살인〉이다.

미군정 허가를 받은 집회는 언제나 허용되었다. 미국 자유민주주의 원칙을 준수 하는 〈표현〉이나 〈의사표시〉는 언제나 자유로워 우익 반공단체의 옥외집회는 언제 나 순조롭게 진행되었다. 사전 허가를 받기만 하면, 언제나 자유롭게 〈표현〉할 수 있는 의사표시의 자유를 즐길 수 있었다. 어용 집회, 관제데모란 말이 그래서 나왔 다. 사전 허가를 받을 길이 막힌 좌익은 지하로 숨을 수밖에 없다. 미국이 자랑하는 자유주의적이고 민주주의적인 방식으로 〈의사표시〉할 수 있는 길이 막혔으니, 도 리가 없다. "자유란 아무에게나 주는 것이 아니다. 지킬 수 있는 자에게만 주는 것 이다."

한동안 미국 지원으로 활기를 띠던 중도세력도, 좌우합작운동의 존립 이유인 미 소공위가 결렬되고 재개 가능성마저 없어져 미군정이 손을 놓자, 갑자기 신변마저 위협받는 처지로 전락했다. 마침내 1947년 7월 19일, 좌우합작운동의 구심점이며, 조선의 독립과 건국에 평생을 바친 민족운동의 거목 몽양 여운형 선생이 암살당했 다. 미군정 실권을 움켜쥔 일제 관리 눈에게는, 극우 반공투사가 아니면 모두 〈빨갱 이〉요, 〈민족반역자〉일뿐 중도란 있을 수 없었다.

이런 어려움 속에서도, 중도 세력은 남북 총선거로 통일정부를 수립하려는 노력 을 버리지 않았다. 제2차 미소공위가 열리고 있던 10월 1일, 미군정 배려로 중앙청 회의실에서 〈남북총선거를 통한 민주주의통일정부수립〉을 지향하는 〈민족자주연 맹결성준비대회〉를 열었다. 좌우합작위원회, 민주주의독립전선, 민주주의민주주의 독립전선, 시국대책협의회, 미소공위대책각정당사회단체협의회(정협)를 비롯한 18 개 정당, 5개 단체와 개인이 참여했다. 김규식은 개회사에서,

"작년 9월부터 고 여운형 씨와 협력하여 좌우합작을 기도하여 왔는데, 이는 미소 공위의 속개와 남북통일 임시정부 수립을 촉진시키기 위함이었다. 그러나 좌우의 분 열은 날로 커져가고 있으며, 그리고 남북은 점점 더 멀어지고 있다. 이러한 정형 아래 중간 진영은 무엇을 할 것인가? 좌우익의 합작도 중하거니와, 이보다 긴급히 요청되

는 것은 우선 중간 진영의 단결이라 생각한다. 좌우중의 각층은 각기 진영의 결속을 성취한 후에 이 삼자가 한데 뭉치어 숙명의 민족통일을 기하고자 한다."

이 해 10월 19일에는, 중도세력을 통합한 〈민주독립당〉을 결성했다. 홍명희를 비롯하여, 안재홍, 김병로, 김호, 박용희, 이극로, 김원용 등 중도 우파 인사들이 대거 참여했다. 창당준비위원장을 맡은 홍명희는 창당대회 개회사에서, 이렇게 말했다.

"독립을 하되 민주가 건국이념이 아닐 수 없다. 그러면 민주는 미국식 민주냐, 소련식 민주냐? 우리는 대다수가 노동계급의 독재나 자본가의 발효를 원치 않는다. 만인 다 자유롭고 조선 현실에 맞는 적당한 민주주의를 취할 수밖에 없지 않은가."

입법의원이 개원하자, 소명을 다한 좌우합작위를 해체하고, 중도우파 연합체인 「민족자주연맹」(민련)을 결성했다(12월 20일). 10월 1일의 결성준비대회에 참가했던 좌우합작위원회, 정협 등 네 단체를 비롯하여, 민중동맹, 신진당, 사회민주당 등 〈민족자주 노선〉을 표방하는 중도세력이 다시 모여, 총재에 김규식, 정치위원 홍명희, 원세훈, 이극로, 손두환, 윤기섭, 김성규, 김순애를 선임했다. 그러나 그 힘은 보잘 것 없었다. 남북통일 말만 해도 빨갱이에 반민분자로 몰리는 것이 두려운 많은 중도 인사들이 극우파와 손잡고 떠났다. 이제 남조선 정치공간에는, 〈신탁통치〉를 반대하는 극우파와 〈만인 다 자유롭고 조선현실에 맞는 적당한〉 민주주의민족국가를 건설하려는 중도좌파연합의 두 세력만 남아 사생결단 쫓고 쫓기는 살벌한 세상으로 바뀌었다.

1947년 8월 26일부터 9월 3일까지, 트루먼 대통령 특사로 방한한 위드마이어 (Albert C. Wedemeyer) 장군은, 조선의 국내정세를 다음과 같이 보고했다. 그는 제2차 세계대전 때 중국방면 미군총사령관으로, 세계대전이 끝난 뒤에도 장개석 정부군을 적극 지원한 반공군인이다.

1) 한민당은 친일파 출신을 주축으로 하는 이권 집단이다.
2) 한민당은 민중의 지지를 받지 않으면서 미군정에 큰 영향력을 누리고 있다.

3) 한민당 등 극우파는 경찰의 힘에 의지하면서 테러단체를 운용하고 있다.

4) 좌익 활동은 경찰과 극우 테러단체의 폭력에 과도한 억압을 받고 있다.

제9장

친일파 청산

1. 누가 친일파인가

왜놈으로부터 〈조센진〉으로 천대받던 조선인은, 왜놈처럼 산 친일파가 미웠다. 해방이 기쁠수록 더 미웠다. 왜놈보다 더 미웠다. 왜놈 앞잡이가 되어 동족을 능멸한 매국노를 단죄하지 않고서는 민족정기를 되찾을 수 없다며 분개했다. 사실 친일파 는 결코 〈조선 사람〉이 아니었다. 일본인 흉내 내어 호강하며 잘 살았다. 독립군과 독립투사를 마적, 비적, 역적이라 욕하며 고문하고 죽였다. 조선인 경관은 왜놈보다 더 지독했고, 조선인 관리는 왜놈보다 더 교만했다. 동족을 미개인이라 얕보면서도, 제 잘 살려고, 청년들에게 군대 가라, 징용 가라, 정신대 가라, 내몬 민족반역자였다. 친일파는 단지 일본과 친한 자라는 무색한 단어가 아니었다. 나라 팔아먹고 일본인 행세하면서, 동족을 능멸하고, 청년을 군대로, 정신대로, 탄광으로 내몰았을 뿐 아니 라, 조선독립을 방해한 부역자, 민족반역자, 역적이었다.

해방 직후에는 모든 조선 사람이 한 목소리로 친일파를 규탄했다. 새로 독립하는 「우리나라」에는 친일파 민족반역자가 절대로 발붙이지 못하게 해야 한다고 외쳤다. 모든 신문이 하나 같이, 민족통일전선의 암인 친일파 민족반역자를, 신성한 우리의 건국에서 배제하자고 주장했다. 모든 정파가 앞 다투어 친일파 척결을 정강 정책에 명기했다. 심지어 친일파가 득실거리는 정당, 단체조차, 친일파 규탄을 외치지 않을 수 없을 만큼, 친일파를 미워했다. 독립투사들의 분노는 더 컸다. 한독당은, 〈건국강령〉에 "적에게 부화한 자와 독립운동을 방해한 자의 선거권을 박탈하겠다."고 했다. 민족혁명당도 귀국 직전, 전당대표대회에서 "조선 경내의 일본 제국주의의 잔여세력과 친일파 반동분자를 철저히 숙청할 것"을 당면 강령으로 정하고, "친일 반도를 공개재판으로 철저히 징벌하는 것"을 당면정책으로 채택했다.

그러나 그 어디에도 친일파에 대한 규정은 없었다. 친일파는 그냥 친일파요, 민족반역자였다. 구체적으로 어느 정도 부역한 자를 친일파로 볼 것인가를 일일이 따지려 하지 않았다. 그것이 문제였다. 객관적으로 친일한 것이 확실하다고 하더라도 위장 친일했다거나 독립운동을 몰래 도왔다고 하면 어쩔 것인가? 실제로 밖으로는 고분고분 하면서 몰래 독립운동을 도운 지사들이 있는 반면,[5] 겉으로 민족운동 하는 척 하면서 진짜 친일한 박쥐도 많았다. 당장 흑백을 가려낼 방법이 없다.

다음 해 2월15일에야, 〈민전〉이 처음으로 친일파와 민족반역자의 범위를, 경제와 문화 분야로까지 확대하여 규정했다. 민전은 우익 임시의회 격인 국민회의와 미군정 자문기구로 승격된 「민주의원」에서 활약하는 명사들의 껄끄러운 친일행적을, 밝혀야 할 때가 왔다고 판단한 것 같았다. 그러나 규정만 했을 뿐, 아무런 조치도 할 수 없었다. 이승만, 김구 같은 독립위인들이 친일파 척결은 급한 일이 아니라며 뒤로 미루자고 해서, 섣불리 서두를 수도 없었다.

척결 범위와 방법에도 논란이 있었다. 우익은 미온적이었다. 대개, 임시정부 수립 후에, 특별법정을 만들어 처리하자고 했다. 김구조차도, "악질분자가 건국에 참여를 원하는 자는 없을 것" 이라면서 애써 외면했다. 정치자금 줄을 쥔 명사들의 비위를 건드리고 싶지 않았을 것이다. 반면에 좌익은 강경했다. 여운형이 이끄는 〈조선인민당〉은 〈민족반역자의 선거권, 피선거권 박탈, 조선 내 일본인 및 민족반역자의 재산 몰수〉를 당면정책으로 내걸었다. 그러나 여운형 자신은, 정부 수립과정에서는 친일파를 배제하되 처리 범위는 최소화하자고 했다. 건준을 강화하는 일이 더 급했을 것이다.

오랜 세월 무력 독립투쟁을 벌인 김원봉, 김규식의 「조선민족혁명당」은, 〈조선경내의 일제 매국족과 부일반도의 일체의 공, 사 재산 몰수, 기업의 국영, 토지는 농민

---

5) 실제로, 백산 안희제와 경주 부자 최준, 최태욱, 윤현태, 강복순 같은 지사들이 엄청난 독립자금을 몰래 보냈으며, 박승환, 박준효, 이상열, 최창륜, 문용채 등 만주군 장교들이 〈조선건국동맹 만주분맹 군사위원회〉를 조직하여, 독립운동을 도왔다.

에게 분배한다.〉는 강령을 내걸고, 친일파를 공개재판으로 처단하자고 했다. 김두봉, 백남운이 이끄는 「조선신민당」도 당 강령에 〈친일분자 등은 철저히 소멸할 것, 일제와 친일분자에게서 몰수한 대기업은 국유, 일제 및 친일분자에게서 몰수한 토지는 농민에게 분배한다.〉고 명시했다. 「조선공산당」도 친일파 재산을 몰수하여 농민에게 무상분배 한다는 등 강경한 주장을 폈다. 우익 진영 22개 정당, 단체가 모여 만든 〈신한민족당〉 조차 자신이 재산 몰수대상이 될 수 있는데도 불구하고, 〈일본인과 민족반역자의 재산 몰수〉를 주장했다.

2. 미군정과 친일파

해방 직후에는 친일파가 금세 응징될 것 같았다. 전국 거의 모든 지역에 자생한 건준과 인민위원회가, 백성의 울분을 얼마쯤 뭉칠 수 있었기 때문이다. 실제로, 북쪽에서는 일본인과 친일파에 대한 응징이 아주 매서워, 많은 친일파들이 쫓겨 갔다. 그러나 남쪽은 달랐다. 해방의 감격에 겨운 무리가, 어지러이 거리를 누비고 다니다가, 미처 도망 못 간 졸개 몇을 혼내줄 정도였다. 해방이 너무나 뜻밖에 들이닥쳐, 서둘러 만든 자주조직의 힘만으로는 태산 같은 국내외의 조직적 압력을 넘어설 수 없었다. 더욱이 건준은 건국이 더 급했다. 해방열기가 식기 전에, 좌우 모든 세력을 뭉쳐, 강력한 국민통합조직을 만들어야 했다. 친일파 따위에 신경 쓸 겨를이 없었다.

친일파 척결의 가장 큰 걸림돌은 조선총독부와 미국이었다. 일제 조선총독부는, 건준에 약속한 치안유지권을 넘겨주기는커녕, 오히려 방해했다. 일제가 여운형에게 치안유지권을 준다고 한 것은, 선전포고하자마자 함경도로 쳐들어온 소련군을 믿고, 조선인이 난동부릴까 봐 두려워서였다. 소련군이 내려오지 않는다는 것을 알고서도 약속을 지킨다면, 그건 왜놈이 아니다. 오히려 미국에 조선인과 건준에 대한 거짓 정보를 제공하면서 이간질했다.

조선총독부를 존속시킨 미국은 더 큰 장애였다. 미국은, 일반명령 제1호로 "아시아 모든 지역에 주둔하고 있는 일본군과 일본 통치기구는, 공인되지 않은 현지 세력에 항복하지 말고, 각자 맡은 근무지에서 기존의 법과 질서를 준수하라"고 명령했다. 일본 식민지를 그대로 유지하고 있으란 군령이다. 조선만이 아니다. 베트남, 필리핀, 인도네시아 등 아시아 모든 지역에 모두 적용되었다. 미국이야 전승자로서의 당연한 권리 주장이었겠지만, 당하는 민족에게는 굴욕적인 제국주의적 만행이다.

더욱 황당한 것은, 일제 식민지 통치기구를, 그냥 그대로 미국 통치기구로 사용한 횡포이다. 이름만 미국조선군정청으로 바뀌었을 뿐, 그게 바로, 미국 조선총독부다. 일제 관리를 처단은커녕 고문 등으로 받들어 모시고 민족반역자로 지탄받는 조선인 관리들도 모두 불러들였다. 일본인은 곧 떠난다. 그러면 미군정은 일제 조선인 관리 독무대가 된다. 미국은 통치만 할 것이니, 조선인 관리가, 나머지 권력을 마음대로 휘두를 수 있다. 이제 더 이상 친일파 민족반역자가 아니다. 미군정을 받드는 자유민주주의자이며, 미국이 만들려는 새 나라의 개국공신, 애국자이다.

미국도 일제 총독부 체제를 그대로 계승함으로써 조선인의 비난을 사고 있다는 것을 모르지 않았다. 친일관료와 친일경찰이 조선민족 증오의 대상이란 사실 또한 잘 알고 있었다. 미군정 정치고문 메럴 베닝호프가, 미 국무부에 보낸 보고서에, 이렇게 적혀 있다.

"남조선은 불꽃만 튀어도 폭발할 화약고와 같다고 묘사하는 것이 가장 적절할 것이다. 여기서는 즉각적인 독립과 일제의 청산이 이루어지지 않는 것에 크게 실망하고 있다. 일본인 밑에서 높은 지위에 오른 한국인은 친일분자로 여겨지고 있으며 그들의 주인들만큼이나 저주의 대상이 되고 있다."

조선 식민지인의 친일파 척결 의지가 거세다는 것을 잘 알고 있음에도 불구하고, 그들을 중용한 이유를, 조선 주둔군 사령관 하지는 이렇게 말했다.

"일본 관리의 해임은 여론의 견지에서는 바람직한 것이었으나 당분간은 실행하기 어려운 문제였다. 그들은 명목상 해임된 듯하나 사실상은 계속적으로 일할 수 있게 되었다. 과거에 일본을 위해 일했던 사람이라면, 우리 미국을 위해서도 일해 줄 수 있다." 미국 국무부 외교문서(미국의 외교관계, 1945 v.6: 1049)

이는 곧 식민지 통치경험이 풍부한 친일 관리만이, 미국 국익을 효율적으로 실현할 수 있는 유일한 세력이며, 그들을 활용하는 것이, 일본 식민지를 미국 통치영역으로 바꿀 수 있는 최선의 선택이라 생각한다는 말이다.

미국은 아예 처음부터 조선인의 자치능력을 인정하지 않았다. 미국의 본심은, 제2차 세계대전이 끝나기 전부터 미개한 조선을 필리핀처럼 위임통치하는 것이었다. 일본의 탁월한 야만인 조련법을 존경하는 미국은, 부유하고 유식한 친일관료들이야말로 미국 국익에 알맞은 유일한 위임통치 자원이라는 사실을 잘 알고 있었다. 하지 사령관 말처럼 "그들은 이방인의 지배를 도운 경험이 있다. 한 번 더 동족을 버리지 못할 리 없다."

친일 언저리에서 거들먹거리던 명사들 또한 참회할 생각이 없었다. 일본 식민지로 살자는 "내선일체"와 우리 성 버리고 일본 성 따를 것을 강요하는 "창씨개명"에 앞장선 「국민정신총동원조선연맹」에서 뛰던 황국신민들이 불쑥 정당을 만들었다. 해방되고 한 달도 안 되어서다. 미국에서 금의환향한 이승만까지 거들고 나섰다. 친일파가 대거 포진한 독촉을 끌어안고 〈선 정부수립, 후 친일파 청산〉을 당당하게 주장했다.

"친일파가 누구인지를 알 수 없고, 또 미군이 물러난 뒤에 우리 손으로 처리해도 늦지 않으니 서두를 것이 없다."

망명정부 초대 대통령이 미루자는데, 누가 감히 반대하고 나설 것인가? 지배자인 미국이 끌어안고, 머나먼 미국에서 외교독립운동 한 이승만이 거들고 나섰는데, 누가 감히 과거의 시비를 따진단 말인가? 백보 양보한다 하더라도, 관리란 것은 먹고 살기 위한 직업인데, 그것이 왜 나쁘단 말인가?

친일파 척결은, 이렇게 소리만 요란할 뿐, 행동은 굼떴다. 강력한 척결 주체가 없었기 때문이다. 임시정부를 자처하는 건준은 반역자를 응징할 힘이 없었다. 일제를 쫓아내고 들어선 정부가 아니라, 조선총독부의 양해를 얻어 만든 임시 치안보조기구였다. 여운형에 주어진 권한은, 〈일본인이 무사히 돌아갈 때까지 그들의 생명과 재산을 보호하는 치안기능〉, 곧 분노에 찬 조선인의 〈난동〉을 막는 일뿐이었다. 그마저도 금세 빼앗겼다.

3. 입법의원의 친일파 척결 조례

숨죽였던 친일파 척결문제가 다시 불붙은 것은, 1946년 말 미군정 자문기구인 입법의원에서 친일파처벌법이 논의되면서이다. 친일파 민족반역자들이 청산은커녕, 오히려 미군정 요직에 높이 올라 기세등등할 때, 온 국민의 귀와 눈이 쏠리지 않을 수 없었다.

1947년 1월 입법의원은 정이형 의원 발의로, 〈부일 협력자, 민족반역자, 전범, 간상배에 대한 특별법률 제정을 위한 기초위원회〉를 만들었다. 〈10월 인민항쟁〉이 친일경찰과 관리의 가혹한 월권행위에서 비롯된 것임에도 불구하고, 입법의원 선거에서 많은 친일파가 당선된 것이 계기이다. 설치 목적은,

> "10월 인민항쟁에서 나타난 민심을 수용하기 위하여 선거로 당선된 친일파 민선의원의 자격을 심사하여, 향후 선거에서의 입후보 자격을 박탈하기 위한 것이다."

김상덕, 윤기섭 의원 등 독립투사 7명으로 이루어진 기초위원회는, 3월 13일 〈특별조례법률초안〉을 입법의원에 상정했다. 친일파의 범위는, 민족정통성을 지키기 위해 〈모든 일제 관공리를 당연범〉으로 하고, 〈모든 처벌조항에 최저형〉을 규정했다. 그러나 이 초안이 순탄할 리 없다.

겁에 질린 한민당과 독촉의원들은, 친일파 처리가 시기상조라며, 특별조례 자체를 반대했다. 적용범위가 너무 넓어 민중의 공포와 불안을 조성할 수 있으니, 정부수립 이후에 처리하자거나 친일파를 처벌하면 유능한 인재를 잃게 되니 관대하게 대우하자거나, 남북통일 이후로 미루자 고도 했다. 심지어 독촉 이남규 의원의 "이완용의 매국행위는 당시의 국제정세에서는 어쩔 수 없는 일이었다"는 망언까지 나왔다. 수도경찰청 수사과장 이해진은, 여러 신문에 특별조례를 제정하려는 의원들을 협박하는 광고를 실었다.

우여곡절 끝에 1947년 7월 2일 재수정안을 반대한 독립투사 관선의원 5명이 다시 재수정한 최종안이 입법의원을 통과했다. 이것이 5장 12조로 된 〈부일 협력자, 민족반역자, 전범, 간상배에 대한 특별 법률 조례〉이다. 말썽 많은 친일파척결 문제가 드디어 제도적으로 수렴되었다. 해방되고 2년 만이다.

미군정의 임시방편 들러리기구 치고는 분에 넘치는 큰일을 해내었다. 입법의원의 인적 구성을 보면 더욱 놀랍다. 민선의원선거는, 자금력, 경찰력을 독점한 극우세력 독판이었다. 당연히 친일파가 많은 한민당, 독촉 등 극우파가 압도했다. 미군정이 직접 임명한 관선의원 중에도 친일파 동조자가 많았다. 여운형, 조소앙 같은 중도파 의원들이 의원직을 사퇴한 것도, 이러한 친일파 편향 때문이었다. 그런데도, 바로 그 입법의원에서 친일파청산조례를 만들었다는 것은 조선의 민족정기가 아직도 살아 있다는 것을 보여주는 장거였다. 또다시 튀어나와 안하무인으로 설쳐대는 친일파 민족반역자들에 대한 국민의 분노가 그만큼 컸다는 반증이기도 했다.

그러나 특별법률조례는 빛을 보지 못했다. 입법의원 상부기관인 조선군정장관이 인준을 거부했다. 미군정은, 법안이 발의되자마자 사회불안조성을 이유로 논의 자체를 저지했고, 계속 논의되자 〈선 선거법 제정, 후 친일파숙청법 제정〉을 요구했으며, 의결되자 인준을 거부했다.

> "반역자나 협력자가 누구인지 확인하기 어려울 뿐 아니라, 모든 의원이 민선대표가 아닌 입법의원에서 다룰 문제가 아니다." (서울신문, 1947년 11월 28일 자).

미군정은, 자신이 주민대표기구라며 만든 입법의원의 합법성을 부인하는 모순까지 감수하면서 친일파를 감쌌다.

제10장

한 나라냐 두 나라냐

1. 놀다 지친 미소공동위원회

1946년 초에 미소공동위원회(미소공위)가 열렸다. 모스크바의정서에 따라, 〈조선인의 임시정부를 수립하여, 신탁통치문제를 협의〉하기 위해서다. 1월 16일의 예비회담을 시작으로, 3월 20일 제1차 회의가 개최되었으나, 곧 깨어졌다. 모스크바의정서 제2항 〈임시정부 구성을 협의하는데 참여할 민주적 정당, 단체〉 선정방법 견해차이 때문이다.

소련 대표는, 모스코바의정서 규정에 따라 신탁통치를 반대하는 정당, 단체는 협의에 참가할 수 없다고 주장한 반면, 미국 대표는 〈표현의 자유〉를 들어, 신탁통치 반대가 임시정부 구성문제를 협의하기 위한 정당, 단체의 참가기준이 되어서는 안된다고 맞섰다. 신탁통치를 지지하는 좌익정당만을 참여시키려는 소련과, 급히 만든 수많은 우익정당들을 모두 참가시키려는 미국의 속뜻이 맞물렸다.

5월 1일, 소련의 양보로, 반탁단체도 반탁운동을 하지 않겠다는 서명을 하면, 임시정부 수립 협의대상이 될 수 있다는 데 합의했다. 그것이 〈공동성명 5호〉다. 김구가 공동성명 5호에 서명하지 않자, 미군 사령관 하지와 민주의원 의장대리 김규식이, "서명이 곧 신탁문제에 언질을 주는 것은 아니다"는 특별성명을 발표했다. 이승만은 동의하지 않다가 미군정 압력으로 서명하고, 한민당과 김구도 서명했다.

그러나 미소공위는 다시 대립했다. 가장 큰 이유는, 미국이 협의에 참가할 남조선의 정당 단체로 제시한 25개 중 좌익계열은 단 4개밖에 없었기 때문이다. 소련이 받아들일 리 없다. 5월 6일 무기휴회에 들어갔다.

이승만은, 기다리기라도 한 듯, 불참성명을 내었다(5월 19일). 이에 대해, 입법의원 의장 김규식은, "전체 애국자는 적극 미소공동위원회에 참가하라"는 반박성명을 내었다.

1년도 더 지난 1947년 5월 21일, 미국 요청으로 미소공위가 다시 열렸다. 제2차 회의다. 1차 때와 마찬가지로 또다시 협의대상 자격문제가 발목을 잡았다. 양쪽 대표들이, 남북을 오가며 회의를 진행하면서, 6월 29일까지, 남쪽에서 387개 정당 단체가 미소공위와 협의하고, 북쪽에서 35개 단체가 협의에 참여하여 다소 진전되는 듯 했지만, 또다시 의견이 엇갈렸다.

미국은, 크고 작은 모든 정당, 단체를 동일하게 취급하자고 주장한 반면, 소련은, 24개 단체는 제외하자고 맞섰다. 7월 16일 미국대표가, 소련이 미소공위 협정을 무효화하려 한다고 비난하자, 소련대표도 미국 태도를 비난했다. 7월 27일, 미국 대표가, 뜬금없이 "선거를 실시하여 새로운 정부를 구성할 수 있다"는 새로운 주장을 내어놓았다. 이에 대해, 소련대표는, 미소공위 반대 단체를 제외하고, "남북한 동수의 대표로 입법부를 구성하자"고 맞섰다. 물론 둘 다 거부했다.

제2차 미소공위마저 아무런 합의 없이 시간만 끌던 표면상 이유는, 제1차 때와 마찬가지로, 반탁운동을 벌이고 있는 정당 단체를 임시정부 수립을 위한 협의에 참여시킬 것인가에 대한 견해차이였다. 미국은 〈의사표시의 자유〉를 내세워, 신탁통치 찬반에 관계없이, 모든 정당 단체의 참여를 주장한 반면, 소련은 모스크바의정서 규정에 따라, 의정서에 찬성하는 정당 단체만을 참여시켜야 한다고 맞섰다. 소련 주장은, 조약 규정대로 하자는 것이지만, 그리 되면, 눈치 빠른 한민당을 제외한 우익단체 대부분이 제외된다. 조약규정 지키려고 우익세력을 버릴 미국이 아니다.

소련은, 이견을 조정하기 위해서라도 회의를 계속하자고 했지만, 미국은 협의대상 문제가 해결되기 전에는 더 이상 회의를 진행할 수 없다고 버텼다. 8월 들어, 미군정이 〈8.15 폭동 음모〉를 구실로 남로당과 좌익계 인사들을 무더기로 검거하자, 미소의 감정 대립이 격화하여, 8월 12일부터는 사실상 결렬 상태에 들어갔다.

핑계야 어떻든 간에, 미소공위는 처음부터 합의를 기대할 수 없는 회담이었다. 세계 곳곳에서 공산주의 폭동이 잇따르자 성난 미국이 〈트루먼 독트린〉이라는 강경 반공정책을 발표하여, 동서진영 간의 긴장이 최고조에 달해 있는 상황에서, 냉전 최전방 전초기지를 포기할 국가는 없다. 갈 길은 뻔하다. 남북 조선을 나누어 점령한 미소가, 각기 자기들이 믿을 수 있는 〈점령지인 정부〉를 세우는 일뿐이다. 사실 그것이 미소 양국이 처음부터 예정한 수순이었을 것이다. 38도선이란 것도 그래서 생겼을 것이다.

조선독립문제가 유엔소총회에 올라가자, 미소공위 미국 수석대표가, 제62차 본회의(10월 18일)에서, "국제연합에서 조선 문제 토론이 끝날 때까지 공동위원회 업무를 중당하자"고 제의했다. 할 일이 없어진 소련대표단이, 10월 21일 서울을 떠나, 조선임시정부 수립을 논의하던 미소공위는, 아무 성과 없이 끝났다. 남북통일정부 수립 꿈도 함께 사라졌다.

2. 국제연합조선임시위원단

미소공위가 계속 헛돌자, 미국은, 조선 문제를 정부 간 교섭으로 격상하여, 9월 8일, 워싱턴에서 〈연합국4개국회의〉를 열자고 제안했다(8월 29일). 소련이 거절하자(9월 4일), 미국 국무장관 마샬은, 조선의 독립과 정부수립 문제를 곧바로 「국제연합(UN) 소총회」에 올렸다(9월17일). 미소공위가 2년 동안 아무런 성과를 내지 못했고, 이 문제를 연합국 4개국회의에 부치자고 했지만, 소련이 거부했다는 것을 전제하고, "국제연합이, 신탁통치 없이, 바로 조선에 독립정부를 수립해 주자"고 제안했다.

"조선 문제를 이상 더 쌍방의 교섭으로서 해결하려는 것은 조선의 통일독립국가 수립을 지연시킬 것이 명백하다. 그러므로 이에 미국은 조선의 독립에 관한 문제를 국제연합총회에 제출한다."

이에 대해, 소련대표 소련 외무장관 대리 비신스키는, 다음같이 역제안했다.

"「미소공동위원회」는 모스크바3상회의의 결정에 의한 것이므로, 미소공위회담이 불충분하다면, 마땅히 「4대후원국(미영중소)회의」에 회부하여 이를 논의해야 함에도 불구하고, 아무런 사전협의 없이 일방적으로 유엔에 상정하는 것은, 모스크바3외상회의 결정을 파기하는 행위이다. 조선에 독립정부를 수립하려고 한다면, 우선 총선거 실시 이전에, 미소 양국군이 동시에 철군하자".

조선 문제가 유엔으로 넘어가면서 미소의 주장이 확 바뀌었다. 서울 미소공위 때는, 임시정부에 참여할 정당 단체의 자격문제로 다투었지만, 이제는 아니다. 미국은 〈선 정부수립, 후 주둔군철수〉, 소련은 〈선 주둔군철수, 후 자주정부수립〉을 주장했다. 미국안의 요지는 이렇다.

　　"유엔감시 하에, 남북조선의 인구 비례에 의한 총선거를 실시하고, 정부수립과 동시에 미소양국군이 함께 철수한다. 총선거와 철군 등을 감시하기 위하여 유엔조선임시위원단을 설치한다."

이에 대해, 소련은 〈선 철군, 후 총선거〉를 주장하면서, 〈조선인 대표가 참여하지 않는 유엔조선임시위원단에 소련은 참가하지 않겠다.〉는 성명을 발표했다. 조선을 분할 점령하고 있는 두 강대국의 의견이 완전히 갈라섰다. 미국은 선 철군하면, 좌경 정부가 생길까 봐 양보할 수 없고 소련은 그 반대일 뿐 아니라, 명분마저 떳떳하니 물러설 리 없다.

11월 4일, 미국 안이, 압도적 다수로, 유엔 소총회를 통과했다. 동시에 조선에서 총선거를 실시하여, 새로운 독립국가 수립 업무를 담당할 「국제연합조선임시위원단」(United Nations Temporary Commission on Korea)(유엔임시위원단)도 만들었다. 위원단 9개국 중, 우크라이나가 참가를 거부하여, 나머지 8개국만으로 위원단을 구성했다.

3. 선 총선거 대 선 외국군철수

조선 문제가 유엔으로 넘어가면서부터 〈외국군 철수운동〉이 불붙었다. 외국 군대가 주둔하고 있는 곳에서 치러지는 선거가 공정하리라고 믿을 사람은 없다. 민전이 〈미소 양국군대 동시 철수〉를 촉구하고 나서자(9월 30일), 근로인민당, 사회민주당, 민주한독당이, 〈미소 양국군 즉각적 철수, 통일정부 수립을 위한 전국적 총선거 준비기구 구성〉을 주장하는 공동성명을 발표했다(10월 18일). 김구와 중도우파도 〈미소 양국군 철군, 통일정부 수립〉을 요구하는 투쟁에 동참했다(11월 2일).

유엔에서, 총선거가 확정되자, 반대운동이 거칠어졌다. 일부 극우파를 제외한 모든 정당 단체가 반대투쟁에 합류했다. 한독당, 근로인민당, 인민공화당, 민주한독당, 신진당, 민중동맹, 조선공화당, 보국당, 조선민주당, 민주독립당, 사회인민당 등 우익 및 중도단체들이, 〈각정당협의회〉(정협)를 만들어, 유엔에 〈자주독립민주주의정부 수립, 전국적 총선거실시 전, 미소양군 철병, 남북정당대표회의 구성〉을 요구하는, 〈12정당 공동담화〉를 발표했다. 김규식이, 정협의 과격성을 우려해, 민족자주연맹(민련)을 중심으로 〈총선거 반대운동〉을 추진하자, 중도세력이 모두 여기 모여, 민련과 민련 주도정당 민주독립당(위원장 홍명희)이, 사실상 단독선거반대투쟁의 중심이 되었다.

반탁운동을 주도하던 극우익 진영은 두 쪽으로 갈라섰다. 이승만과 독촉, 한민당은 유엔결의를 적극 지지하여, 곧바로 유엔위원단을 지원하기 위한 〈한국민족대표단〉을 만들었다. 반면, 반탁운동의 다른 한 축인 김구와 임정은 망연자실했다. 김구와 임정이 반탁에 열 올린 것은, 임정 중심의 통일정부를 수립하기 위한 것이지, 남한 단독정부를 만들려던 것이 아니었다.

사실 김구와 이승만의 공통분모는 〈신탁통치 반대〉밖에 없었다. 김구는, 임정 아닌 임시정부를 받아들일 수 없었고, 이승만과 한민당은 새로운 임시정부의 친일청산이 두려웠다. 그러나 이제 남한 총선거가 결정되어 반탁이 무용지물이 되었으니 반탁 연대가 무너질 수밖에 없다.

임정 법통에 집착하여, 인공과 좌우합작운동을 차갑게 외면하고, 찬탁을 민족반역이라 저주하던 김구의 처지가 갑자기 좁아졌다. 뒤늦게(12월 22일) 단독선거는, 국토영구분단을 초래한다면서 이승만에게 한국민족대표단을 해산하고 〈남북협상에 의한 통일정부〉를 수립하자고 요구했다.

그러나 오랫동안 미국정책에 발맞추어 단독정부 수립을 추진해 온 이승만이 받아들일 리 없다. 남한단독정부수립으로 패권을 잡으려는 이승만과, 임정법통으로 민족통일정부를 수립하려는 김구가 같은 길을 걸을 수 없다. 반탁 열기에 올라타 정권을 넘보다가 미국 눈 밖에 난 김구에게 남은 길은 오직 하나 〈남북협상〉을 통한 〈민족통일정부〉수립뿐이다.

4. 단독정부와 남북협상

1948년 1월 1일 정월 초하루, 미군정 조선인 경무부장 조병옥이 뜬금없이 〈부산경남지역 인민해방군사건〉을 발표했다. 그리고 며칠 뒤(7일), 유엔임시위원단이 들어왔다. 진작부터 단독정부수립을 주창해온 이승만계는 즉시 전국애국단체연합회이름으로 〈환영대회〉를 열고 "자율선거로 독립을 쟁취하자"는 성명을 내었다.

반면, 총선거 반대세력은 〈유엔임시위원단 입국거부투쟁〉을 벌였다. 38도선 이북의 총선거가 불가능하다는 사실을 알면서도 들어온 것은, 즉시 독립을 빌미로, 남조선에 〈괴뢰정부〉를 수립하려는 흉계라며 거세게 반대했다. 좌익뿐 아니라, 이승만계를 제외한 모든 정당 단체가 〈외국군대가 주둔하고 있는 한 자유선거는 불가능하다. 외국군대가 먼저 철수해야 한다.〉고 외쳤다. 38도선 이북은 말할 것 없고, 이남에서도, 파업과 시위가 쉼 없이 잇따랐다.

미군정 후원으로 좌우합작운동을 주도하던 중도우파 김규식 입법의원 의장과, 반탁 선두주자 김구 임정 주석이 앞장섰다. 이승만 계를 제외한 모든 정당, 단체들이, 민전과 남로당의 〈단선반대구국투쟁위원회〉가 지휘하는 〈2.7 구국투쟁〉에 동참했다. 미군지배지역에서만도 200여만 명이 단선 반대 투쟁에 함께 나섰다. 전평 산하30만 노동자가 총파업에 돌입하고, 농민들은 무장소조를 만들어 봉기를 준비하고, 학생들은 동맹휴학하고 시위를 벌였다.

경남지역이 가장 돋보였다. 부산에서는 육, 해상 교통이 마비되고, 중학생 수천명이 동맹 휴학하고 가두시위를 벌였다. 밀양에서는 총파업에 동참한 노동자들이체포되자, 주민들이 경찰서와 서북청년단 사무실을 습격하여 10여 명이 죽고 백여명이 잡혀갔다. 2월 20일까지 약 2주일 동안 계속된 전국적인 충돌로 100여 명이 죽고 수만 명이 체포되었으며, 8,500여 명이 투옥되었다. 체포를 피한 사람들은 근처산으로 들어가 투쟁을 계속했다. 그들을 야산대라 불렀다. 좌우합작위 우파 대표이며 입법의원 부의장인 최동오도 단독선거를 반대하여 부의장을 그만두었다.

미국 믿다 지붕 쳐다보는 신세가 된 김구는 분연히 〈삼천만 동포에게 읍소한다.〉는 호소문을 내었다.

> "통일하면 살고 분열하면 죽는다는 것은 고금의 철칙이니 자기의 생명을 연장시키기 위하여 남북의 분열을 연장시키는 것은 전 민족을 사경에 넣는 극악극흉의 위험일 것이다."

다음날 (2월 10일)에는 〈3천만동포에게 읍고함〉이란 단독선거 반대성명도 발표했다.

> "친애하는 3천만 자매 형제여! 마음속의 38선이 무너지고야 당위의 38선도 철폐할 수 있다. 나는 통일된 조국을 건설하려다가 삼팔선을 베고 쓰러질지언정 일신에 구차한 안일을 취하여 단독정부를 세우는 데는 협력하지 아니하겠다."

2월 16일, 김구와 입법의원 의장이며 민련 위원장인 김규식 등은 미군정의 반대를 무릅쓰고 북조선노동당의 김일성과 김두봉에게 〈남북정치협상 회의〉를 열어 통일민주정부수립 논의를 하자고 제안했다. 중도단체들의 잇단 선거불참성명과 수백만 민중의 연 이은 집회와 시위로 단독선거 반대 열기가 거세던 3월 25일, 드디어 북조선공산당이 응답했다. 4월19일부터 23일까지 평양에서 「전조선제정당사회단체 대표자연석회의」를 열자고 했다.

김구, 김규식이 즉시 화답하여 남쪽의 41개 정당, 단체를 대표한 545명이 대표자연석회의에 참석하기 위해, 38선을 넘었다. 김구는, 〈남북협상은 소련에게 나라를 갖다 바치는 역적 행위〉라고 비난하는 이승만 세력의 거친 반대를 무릅쓰고, 평양으로 떠나기에 앞서, 전쟁을 막기 위해서라도 남북협상이 불가피하다고 거듭 역설했다(4월 19일).

> "이대로 가면 조선은 분단될 것이고, 서로 피를 흘리게 될 것이다."

평양에서 열린 남북 56개 정당 사회단체 대표 695명의 연석회의에서는 〈남조선만의 단독선거를 반대하고, 외국군대를 즉시 철수시키고, 조선의 통일적 민주주의 독립 국가를 수립하기 위하여 투쟁하자〉는 결정서가 채택되었다. 그리고 26일에서 30일 사이, 남쪽 대표 김구와 김규식, 북쪽 대표 김일성, 김두봉이 남북요인회담, 4 김회담, 양김회담(김규식, 김일성) 등의 〈남북협상〉을 진행했으나, 별다른 성과가 없었다.

이미 막바지에 다다른 남쪽의 단독선거를 막을 재간이 있을 리 없다. 뿐만 아니라, 북측은, 남쪽에서 올라간 김구 일행을, 단독정부 수립을 막기 위한 남쪽 민족대표라기보다는 북조선공산당이 소집한 〈전조선제정당 사회단체대표자연석회의〉에 온 남쪽 정당 사회단체 대표로 보려는 듯 했다. 남쪽 대표들과 회담을 진행하고 있는 가운데 북조선임시인민위원회 특별회의가 〈북조선인민민주주의공화국헌법 초안〉을 승인했다(4월 29일).

5. 미국군주둔지역 총선거

유엔임시위원단은, 입국하자마자 이승만과 김구를 만나, 총선거 문제를 문의했다. 그러나 두 지도자의 의견은 달랐다. 이승만은 한국의 국권회복은 당연한 권리이니, 〈당장 남쪽만이라도 총선거를 실시해야 한다〉고 역설한 반면, 김구는, 외국 군대가 주둔하고 있는 한 자유선거가 불가능하니, 〈미소 주둔군이 모두 철수한 뒤, 자유선거를 실시하자〉고 했다. 김구는 유엔위원단에 보낸 의견서에서도, 단독정부수립을 반대하고 남북지도자회의를 소집하여 결정하자고 주장했다.

소련의 입북 거부로 전국 총선거가 불가능해진 데다 남쪽 주요 지도자들의 견해마저 상반되자 유엔임시위원단은 난감했다. 유엔 결의가 유효한 미국 지배지역만의 총선거실시를 논의했지만 이마저도 위원단 내부의견이 갈려, 부득이 유엔에 보고하여, 유엔 지시에 따르기로 했다.

유엔임시위원단 보고를 받은 유엔소총회는 격론 끝에, 〈선거실시가능지역만 총선거를 실시하자〉는 미국 안을 채택하여, 유엔임시위원단이 〈선거가 가능한 미군주둔지역에서만 총선거를 감시토록〉 임무를 바꿨었다(2월 말). 이 회의에는 소련 등 11개국이 불참하고, 11개국이 기권했으며 캐나다와 호주 두 나라가 반대하고, 미국 등 31개국이 찬성했다. 회의에 불참한 소련과 반대한 호주, 캐나다는, "선거가능지역에서만 선거를 치를 경우, 조선의 분단을 영구화할 뿐 아니라, 결국 세계평화를 위협할 것이다."고 우려했다.

유엔임시위원단은, 유엔소총회가 의결한 가능지역 선거실시를, 찬성 4, 반대 2, 기권 2표로 가결했다(3월 12일). 위원단 중, 중화민국, 필리핀, 에콰도르, 시리아는 단독선거를 찬성했으나, 호주와 캐나다는 반대하고 인도와 프랑스는 기권했다.

호주와 캐나다는, 미국과 가장 가까운 우방국임에도 불구하고, 남조선만의 단독선거를 반대했다. 〈극우단체를 제외한 한국 내 모든 정당이 선거를 보이콧하는 중대한 사태가 발생했다〉는 것이 반대이유였다.

유엔의 총선거 논의에 발맞추어, 국내 제도권에서도 발 빠르게 남조선 단독선거 지원조치들을 취했다. 미군정 자문기구 입법의원의 극우세력이 먼저 움직였다. 2월 22일, 김규식 의장 등 23명이 항의 퇴장한 가운데, 변칙적으로 임시의장을 선출하여, 재적의원 90명 중 재석의원 42명의 찬성만으로, 〈남조선 단독선거촉구결의안〉을 통과시켰다.

입법의원 개원 이래 가장 심한 난장판 속에서, 재적의원 과반수에 못 미쳤을 뿐 아니라 임시의장 선출에 중대한 하자가 있었음에도 불구하고, 한민당과 독촉 등 이승만계 민선의원들은 저돌적으로 밀어붙였다. 이승만은, 다음날, 스스럼없이 〈3월 1일까지 유엔이 총선거실시를 결정하지 못하면 독자적으로 선거를 추진하겠다.〉고 협박했다.

미국지배지역 총선거가 확정되자, 조선주둔군 사령관 하지는, 재빨리 유엔 소총회결의 지지성명을 내고, 〈조선인민대표에 의한 선거에 관한 포고령〉을 내려(3월1일), 5월 9일에 총선거를 실시키로 결정했다. 조선군정장관도 이틀 뒤, 행정명령 제14호로 선거업무를 총괄할 「국회의원선거위원회」를 만들어, 이갑성, 김동성, 김법린, 김지환, 노진설, 이승복, 박승호, 백인제, 오상현, 윤기섭, 장면, 김규홍, 최윤동, 최두선, 현상윤 등 15명을 〈중앙선거위원〉으로 임명했다. 이어 입법의원이 만든 〈입법의원선거법〉을, 미군정법령 제157호 〈국회의원선거법〉으로 공포했다(3월 17일).

전문 57조로 된 국회의원선거법은, 임기 2년의 국회의원을 미국 관할지역의 200개 선거구에서 선출하고, 선거권은 21세 이상, 피선거권은 25세 이상으로, "자기 선거구 유권자 200인 이상의 추천만 받으면" 누구나 입후보할 수 있었다. 이미 지난해에, 읍 면 동에 이르기까지 선거대책위원회를 꾸려, 총선거에 대비하고 있던 이승만의 독촉 등 68개 〈애국단체〉가 즉시 참여 성명을 내었다. 미국 유엔 대표는, 유엔안전보장이사회에서 "남조선을 분할 독립시키기 위한 총선거가, 차질 없이, 진행되고 있다"고 발표했다.

6. 제주 4.3 인민항쟁

4월 3일, 미국 주둔군 사령관 하지는, 선거예정일인 5월 9일이 예수교 주일이라고 탄원하는 기독교 장로들의 간곡한 민의를 받아들여 선거일을 5월 10일로 바꾸었다. 또 유엔위원단의 건의를 받아들여, 불온한 좌익계 수배자를 제외한, 정치범 특별사면령을 내렸다. 공교롭게도, 바로 이 날, 제주도에서 민중 봉기가 일어났다. 남로당과 민전의 〈2.7 구국투쟁〉에 신경이 곤두선 미군정의 강경 반공정책이 화근이었다.

제주도의 비극은 〈3.10 총파업〉에서 비롯되었다. 어린 학생을 포함한 죄 없는 주민 여러 명이 경찰 총에 희생된 지난해의 〈3.1절 기념식 발포〉에 정부가 아무런 반응도 하지 않는데 항의하여, 3월 10일 제주도민 거의 모두가 총파업에 들어가, 정부의 사과를 요구했다. 그러나 미군정은, 총파업의 원인을 제공한 발포경찰의 만행은 외면한 체, 모든 책임을 남로당의 총선거 방해공작으로 돌려, 사태를 오히려 더 키웠다.

미군정은, 남로당의 선동을 막지 못한 책임을 물어, 도지사 등 주요 공직자를 모두 파면하여 외지인으로 바꾸고, 미군정 조선인 경무부장 조병옥과 신임 도지사 유해진이, 외지에서 차출한 정예 폭동진압경찰과 악명 높은 반공청년단체 서북청년단과 독촉 등 우익 청년단체를 대거 투입하여, 무자비하게 진압했다. 한 달도 체 안 되어 500여 명을 잡아넣었을 뿐만 아니라, 지독한 테러와 고문을 견디지 못한 청년 세 명이 어이없이 숨져, 민심이 들끓던 4월 3일, 한라산 오름마다 봉화가 올랐다.

남로당 제주도당이 주도하는 무장투쟁이 시작되자, 고문치사까지 아랑곳하지 않는 외지인의 무자비한 횡포로 궁지에 몰려 있던 제도도민의 분노가 한꺼번에 터져, 인민봉기로 커졌다. 총선거가 〈작전명령 제1호〉인 미군정은, 무슨 수를 쓰서라도,

소요사태가 더 커지기 전에 싹을 잘라, 반드시 총선거를 성공시키려 했다. 만일 제주도의 소요가 더 커지면, 〈2.7 구국투쟁〉에 힘이 실려, 새로운 미국 점령지에 새로운 독립국 세워주려는 미국의 웅대한 자유주의 세계전략에 치명타가 될 수도 있다. 미군정은 이미 군정경찰을 앞세워 〈대구 10.1 인민항쟁〉 같은 강력한 민중 봉기를 손쉽게 진압한 경험이 있다. 외딴섬 제주의 봉기쯤이야 단숨에 진압할 수 있을 것으로 자만했다. 그러나 예상은 빗나갔다.

미군정 경찰과 극우 반공단체들의 반인륜적 만행에도 불구하고, 제주도의 소요가 가라앉지 않자, 조선주둔군 사령관 하지와 조선군정장관 딘은, 드디어 조선인 국방경비대에 진압 출동명령을 내렸다. 진압에 투입된 국방경비대는 무장대를 설득하여, 〈4.28 협상〉을 맺어 사태를 평화적으로 해결하는데 합의함으로써 소요가 일단 가라앉았다.

그러나 증파된 경찰과 서북청년단의 악의적인 방해공작으로 사태가 오히려 악화되자, 미군정은 온건한 국방경비대 대신 강경 진압을 주장하는 경찰 중심으로 진압 전략을 바꾸었다. 5.10 총선거의 정신반추에 쫓긴 조선주둔군 사령관 하지는, 가능한 한 빨리, 폭동을 진압하고자 했다. 하지만, 사정은 하지 마음대로 되지 않았다. 유혈사태는 나날이 확대되었다. 서울 등지에서 동정원정 온 청년 학생들까지 합세하여 국민저항으로 확대되었다. 미군정의 처절한 노력에도 아랑곳없이, 이 지역 국회의원 선거는, 무효 처리되었다.

대한민국 정부가 수립된 1948년 8월 15일 뒤에도, 제주도의 사정은, 달라지지 않았다. 10월 19일에는, 전남 여수에 주둔하고 있던 국방경비대 제14연대가, 〈제주 4.3 폭동 진압명령〉을 받자, 동족학살을 자행할 수 없다면서 순천과 여수에서 반란(여순반란사건)을 일으켜, 사태가 더욱 악화되었다. 이른바 〈공비소탕작전〉이란 이름의 무자비한 살육은 그 뒤에도 오랫동안 계속되었다.

제주 4.3 인민항쟁은, 1948년 4월 3일 미군정하에서 시작하여, 대한민국 정부가 수립되고, 6.25 전쟁이 끝난 뒤인 1954년 9월 21일에 이르기까지, 장장 7년에 걸쳐, 공식적으로도, 2만 5천에서 3만여 명의 주민이 학살된 뒤에야 끝났다. 미군정의 반인권적 오만과 반공세력의 비인도적 탄압이, 6.25 전쟁에 버금가는 또 하나의 민족적 참극을 낳았다. 미국이 그토록 뽐내는 자유와 인권이란 것도 극동의 작은 섬에서는 빈 말이었다.

제11장

오. 대한민국

1. 5.10 총선거

미국군 주둔지역 총선거는 예정대로 진행되었다. 미군정은 전국적으로 펼쳐지고 있는 총선거 반대투쟁에 괘념치 않았다. 이미 여러 곳에서 경험했기 때문이다. 선거인 등록은 3월 30일에서 4월 8일까지 10일간이다.

선거인 등록이 끝나자, 미군정은, 총 유권자 934만 명의 79.4%인 783만 7,504명이 등록했다고 발표했다. 실제로, 등록기간 내에 선거인명부에 자진 등록한 유권자는, 총 유권자 813만 2,517명의 96.4%인 784만 871명인 것으로 나타났다. 가히 천문학적 수치다. 미국보다 적어도 두 배는 더 〈민주주의적〉이다. 지상 최고의 자유민주주의를 자랑하는 미국에서는, 꿈에서조차 나올 수 없는 놀라운 참여이다. 그러나 뒷말이 좀 있었다.

선거인등록이 끝난 4월 12일, 한국여론조사협회가, 서울에서 통행인 1,262명을 대상으로 실시한 여론조사 결과를 발표했다(4월 15일 자 조선일보). 조사에 응한 사람 중 선거인 등록을 한 사람은 74%, 안 한 사람은 26%였으며, 등록자 중 자발적으로 등록했다고 한 사람은 9%에 불과했고, 강요당했다고 대답한 사람이 91%였다. 한 동안 미군정 경남군단장을 지냈던 미국 육군 대령 질레트가, 46년 7월 미국 국무부 관리들과의 면담에서 이런 말을 했다.

"미군정 감독 하에 실시된 선거에서는 항상 보수파에 대한 지지율이 80%가량 되었으나, 군정의 감독이 없으면 항상 공산주의자들에 대한 지지율이 80%가량 되었다."

선거인 등록률 향상에는, 100만 단원을 자랑하는 경찰보조조직 「향토보위단」(향보단)의 공이 컸다. 향보단은, 4월 초 미군정 조선인 경무부장 조병옥이 군정장관 특명으로, 전국의 만 18세 이상 55세 이하의 모든 남자를 강제 편입시켜 만든 선거용 경찰보조기구다. 불순분자의 선거방해공작을 막는다는 구실로, 조선민족청년단(족청), 서북청년단 등 극우 반공청년 단체들과 함께 완장 차고 다니며, 총선거의 동원과 감시에 크게 기여했다. 공포분위기를 조성하여 선거의 자유를 저해할 뿐만 아니라, 공개적인 탈법선거에도 서슴없이 개입했다.

유엔위원단은 4월 28일 투표자 등록 부정행위로 다음과 같은 것들을 지적했다.

1) 쌀 배급 통장을 발급하는 지방행정 사무실에서 등록을 받은 것
2) 통장을 몰수하겠다고 위협해서 강제로 등록시킨 것
3) 경찰과 청년단체가 등록을 강권한 것

유엔임시위원단 의장 야심 머기(시리아 대표) 조차도,

"남한은, 경찰국가일 뿐만 아니라, 선거지지자들이 경찰과 긴밀한 관계를 맺고, 또 지방행정조직을 조종하여 완벽하게 선거를 좌우하고 있다. 남한에는 자유로운 선거를 치르기 위한 분위기가 조성되어 있지 않다."

유엔임시위원단은, 이와 같은 상황에서, 선거의 자유분위기를 보장할 수 있을 것인가는 문제를 제기하고, 또 중앙선거위원 15명 중 12명이 한민당과 이승만계 인사란 것에 대해서도 우려했다. 그러면서도 3개 감시단이 각도 도청소재 도시를, 단 한 번씩 들러, 선거인 등록상황을 살핀 뒤, 예정대로, 남조선만의 총선거를 감시하기로 결정했다(4월 28일).

반면에 남북연석회의에서 조직된 「남조선단독선거반대투쟁위원회」는 "단독선

거철회 민중총궐기”를 호소하는 성명을 발표했다. 전국 방방곡곡 담벼락과 전선주에, ‘외국군철수,’ ‘통일정부수립,’ ‘단독정부수립반대’를 외치는 벽보가 흐드러지게 나붙었다.

드디어 5월 8일, 총선거 이틀 전, 전평이 총파업을 지시했다. 산업계는 문을 닫고, 농촌에서는 농민폭동이 일어났으며, 중학교 이상 학생들은 동맹휴학에 들어갔다. 철도와 선박은 멈추어서고, 통신과 교통이 마비되고, 시장은 문을 닫았다. 선거 당일까지 350여 명이 희생되고, 수천 명이 투옥되었다. 한민당 지도자 김성수의 동아일보사도 불탔다.

이런 혼란 속에서도, 200개 선거구에서 934명이 입후보 등록을 했다. 무소속이 417명으로 가장 많고, 이승만의 독촉국민회가 235명, 김성수의 한민당 91명, 지청천의 대동청년단 87명, 미군정의 특별지원을 받는 이범석의 족청이 20명의 후보를 내었다. 1명 이상 후보자를 낸 단체가 조선불교교무원, 조선예수교장로회 등 종교단체를 포함하여, 무려 44개나 되었다. 의원정수 10명인 서울에는 83명이 난립하여 전국 최고경쟁률을 보였고, 선거실시가 불투명한 제주도에도, 정원 3명에 18명이 입후보했다.

미군정은, 모든 위험에 대한 만반의 준비를 갖추고, 선거에 임했다. 통행금지시간을 연장하고, 증파된 미군에게 특별경계령을 내리고, 비상경계에 들어간 미군정경찰과 국방경비대에게, 단독선거 반대자를 영장 없이 체포 구금할 수 있는 권한을 주었다.

드디어 5월10일, 유엔감시단 35명이 지켜보는 가운데, 남조선국회의원선거가 치러졌다. 주요 도로와 건널목에 바리케이드가 쳐지고, 골목마다 경비대가 배치되고, 경찰이 직접 투표소 안에서 감시하는 곳도 많았다. 향토보위단과 족청 등 반공청년단체는, 투표소 주위를 에워싸 경비하면서, 수시로 투표소 안에 들락거렸다. 그런데도 선거 당일에만, 전국적으로 62개 투표소가 단독선거반대자 습격을 받고, 44명이 죽었다. 계엄령 하의 제주도 북 제주 갑, 을 두 선거구는, 선거를 치를 수 없었다.

엎치고 겹친 악조건에도 불구하고, 남조선 총선거는 기적 같은 대성공을 거두었다. 선거등록 유권자 784만 871명의 95.5%인 748만 7,649명이 투표했다. 이 숫자는 선거가 무효 처리되어, 다음 해 5월 10일에 재선거 한북 제주 투표율 86.6%를 포함한 것이라, 5.10 총선거 당일의 투표율은, 이보다 훨씬 더 높았다.

투표율이 가장 높은 강원도는 98.2%, 가장 낮은 서울도 93.3%나 되었다. 총투표 중 96.4%인 721만 6,942표가 유효표였으며, 무효표는 총투표자의 단 3.6%인 270,707표에 불과했다. 남조선 사람들이야말로, 세계 최고의 민주의식을 가진 세계 최고의 문명인이라는 사실이, 또 한 번 밝혀졌다.

좌익은 물론이고, 김규식 등 중도 우파, 극우익 김구와 한독당 등 민족해방투쟁에 앞장섰던 자주독립세력들이 모두 불참했음에도 불구하고, 이토록 감격적인 대성공을 거둔 것은, 가히 세계선거사에 길이 남을 일대 성공 사례였다. 유례없이 높은 투표율은, 이승만의 자랑처럼,

> "우리 민족의 불타는 독립정신의 발로이며, 우리 민족의 탁월한 민주정치 역량과 높은 교육문화 수준, 그리고 우리 겨레가 얼마나 민주주의 정신에 투철한 가를 세계 만방에 과시했다."

총선거가 끝나자, 선거를 감시 감독한 유엔임시위원단은 다음 같은 보고서를 제출했다.

> "주한 미군 및 남조선 임시정부는 선거절차에 대한 유엔조선임시위원단의 모든 건의를 준수하였다. 선거관리는 대체로 선거법 및 제 규칙에 따랐다. 선거 준비기간 중, 그리고 선거 당일에 있어서 언론, 출판 및 집회의 민주주의적 자유권이 인정되고 존중되는 상당한 정도의 자유 분위기가 존재하였다."

이리하여 유엔, 달리 말하면, 세계정부 인정을 받은 새로운 국가가 탄생했다. 대신, 수많은 독립투사들이 오랫동안 목숨 걸고 염원하던 민족통일국가는 물거품이 되고 말았다. 김구는 "국민들은 경찰과 향토보위단의 억압적인 태도 하에서 등록하고 투표했다"고 울분을 토할 뿐, 속수무책이었다.

총선거 결과, 200개 선거구 중, 북제주 2곳을 제외한 198선거구에서 198명이 당선 되었다. 무소속이 85명으로 가장 많았다. 정치단체 중에서는, 총선거에 적극 앞장섰던 한민당이, 미군정 실세임에도 불구하고, 겨우 29명 당선시켰으며, 지청천의 대동청년단 12명, 미군정이 총애한 이범석의 족청 6명, 이승만의 독촉이 5명을 당선

시켰다. 그밖에는, 이승만계 독촉농민총연맹 2명 등, 10개 단체가 1명씩을 당선시켰다. 부산일오구락부는 1명 출마하여 1명 당선되었다. 무투표 당선자도, 서울 동대문구의 이승만을 비롯하여 12명이나 나왔다. 미군정 경찰에서 친일경찰을 쫓아내려다 쫓겨난 최능진은 이승만에 맞서 동대문구에 출마하려했지만, 등록조차 하지 못했다.

임기 2년의 제헌국회는 이렇게 생겨났다. 여기서 〈헌법〉을 만들어 정부를 세운다. 북제주갑, 을구 투표 무효선언이 있은 다음 날(5월 25일), 총선거에 공을 세운 향보단이 해체되었다. 다음날에는 부정선거를 귀찮게 까발리던 신민일보와 우리신문이 정간되었다. 점령지 의회 구실하던 입법의원도 5월 29일자로 용도 폐기되었다.

2. 제헌국회

5월 31일, 제헌국회가 열렸다. 가장 나이 많은 이승만이 임시의장을 맡아, 국회의장에 이승만, 부의장에 한민당의 김동원, 독촉의 신익희를 뽑았다. 헌법, 정부조직법 기초위원과 국회법 기초위원도 정했다. 헌법위원회는, 유진오 전문위원이 기초한 〈의원내각제와 상하양원제〉 초안심의를 시작했다. 이 초안은 이승만을 비롯하여 총선거에 참여한 모든 정파가 합의한 최종안이었다. 그러나 이승만이 갑자기 대통령중심제로 바꾸자면서, 만일 바꾸지 않으면, 일반시민으로 남아 개헌운동을 추진하겠다고 으름장 놓았다.

제헌국회의원 모두가 이승만 추종자인 데다, 기민한 한민당이 거들고 나섰으니, 그의 뜻이 이루어지지 않을 리 없다. 급히 뜯어고쳐 다시 만든 〈대통령중심제와 단원제〉를 중심으로 하는 새 헌법안을, 7월 12일 통과시켜, 1948년 7월 17일 〈대한민국헌법〉으로 공포했다.

이에 앞선 7월 1일, 제헌국회는, 남조선의 국호를 〈대한민국〉으로 정했다. 명분상으로는, 독립운동의 구심점이던 〈대한민국임시정부〉를 승계하는 우리 정부가 생겼다. 동시에 일제강압으로 생긴 〈대한제국〉을 계승하는 이름이기도 하다. 1년 전 조선신문기자회가 실시한 〈국호〉 여론조사에서, 조선인민공화국(69.5%)이 대한민국(24.6%)을 압도했던 것(조선일보 1947년 7월 6일 자)과는 사뭇 다르지만, 그동안 조선, 대한, 고려, 한국 등, 기분따라 부르던 우리나라 이름이 마침내 통일되었다.

해방 전이나 해방 뒤에나, 〈공식적〉으로 사용한 우리 민족국가의 이름 〈조선〉이, 그만 설 땅을 잃었다. 35년이란 긴 세월, 왜놈들로부터 참지 못할 수모를 견뎌낸 〈조선〉과 〈조선인〉이라는 한 많은 이름이, 한국 역사의 뒤안길로 사라졌다. 대신 〈대한민국〉 약칭 〈한국〉, 〈대한민국인〉 약칭 〈한국인〉이, 우리 국가와 국민 이름으로 우뚝 섰다. 교활한 왜놈들로부터 〈쓸모없는 짐승〉이란 푸대접을 더 이상 받지 않게는 되었지만, 배달민족과의 반만년 인연이 끊어져, 신채호 같은 열혈 독립투사들의 불굴의 민족혼이, 잠들 곳을 잃었다. 덩달아 조선반도는 한반도, 조선옷은 한복, 조선음식은 한식, 조선과자는 한과, 조선집은 한옥으로 높아졌다. 조선어도 한국어로 바뀌었지만, 한글이란 말이 있어 천만다행이다.

7월 20일, 국회의장 이승만이 압도적 득표로 대통령에 당선되었다. 재석의원 196명 중, 이승만 180표, 김구 13표, 안재홍 2표, 무효 1표였다. 공석이 된 국회의장에는 독촉의 신익희 부의장이 당선되고, 새 부의장에는 한민당의 김약수가 선출되었다. 부통령은 이시영, 초대 국무총리는 이범석이 간신히 차지했다. 김병로가 8월 5일, 국회 인준을 받아 대법원장에 임명되어, 대한민국 정부 체제가 모두 갖추어졌다.

행정부는, 13부 장관과 2처 처장을 먼저 임명한 뒤에야, 11부 4처로 확정되었다. 장관과 처장 중 떳떳하게 독립운동 했다고 주장할 수 있는 사람은 국무총리 겸 국방장관 이범석뿐이었다. 이승만을 대통령 만드는데 지대한 공을 세운 한민당 출신은, 해방 전부터 이승만과 연이 있던 외무장관 장택상, 내무장관 윤치영, 재무장관 김도연 등 유학파 셋뿐이었다. 조선공산당을 탈당한 조봉암이 농림장관이 된 것은 뜻밖이었다.

1948년 8월 15일, 대한민국 건국 일등공신 미국극동군 총사령관 맥아더 원수 부부를 귀빈으로 모시고, 역사적인 〈대한민국정부수립선포식〉이 열렸다. 미국은, 마침내, 해방된 한국인에게 〈자유민주주의정부〉를 선사했다.

그러나 대한민국정부는, 생기자마자 미군철수 덫에 걸렸다. "한반도에 독립국가가 생기는 즉시, 외국군대는 철수해야 한다."는 유엔총회 결의 때문이다. 미국은, 고심 끝에 철수 개시일은, 1948년 9월 15일, 완료일은 1949년 9월 15일로, 잠정 결정했다. 다만 철수 완료 전에 〈대한민국정부가, 반드시 독립국가로 대외적 승인을 받아, 국제연합에 가입되어 있어야 한다.〉는 단서를 달았다.

한국 정부는 기겁했다. 미군 철수를 막기 위해 서둘러 한국 최초 국제협약인 〈한미잠정군사협정〉을 체결하여, 미국 군대가 계속 주둔할 수 있는 명분을 마련했다(8월 25일). 국회도 즉시 〈미군계속주둔요청결의안〉을 의결하고(11월21일), 대통령도 〈미군주둔요청담화문〉을 발표했다. 이 같은 애소에도 불구하고, 주한미국공보원장이 미군철수성명을 내고(11월 23일), 미국 육군부는 제7사단이 남한에서 철수한다고 공식 발표했다(12월 29일). 그러나 다음날, 이 대통령이 "미군 일부 철수는 부당하다"는 담화를 발표하자, 한국주둔군 사령관이, "한국이 자립할 때까지 미국의 지도와 원조가 필요하다"고 화답했다. 미국 국무부도, 마지못한 듯, "한국의 자위가 가능할 때까지" 미군을 철수시키지 않겠다고 발표했다(1949년 1월 4일).

겨우 한숨 돌렸는데, 또 철군 문제가 터졌다. 1949년 12월 12일, 유엔이 〈한반도에서 모든 외국군은 즉시 철수하라〉고 결의하자, 다음 해 1월 4일, 소련 신문들이, "이 결의에 따라, 소련군이 북조선에서 완전 철수했다"고 보도했다. 국제 여론에 쫓긴 미국 국무부도, 부득이 5월 28일, "군사고문단 외의 모든 미국 군대가 철수한다."고 발표하고, 6월 29일, 〈철수완료선언〉을 했다. 다음날 유엔한국위원회도 〈미국군 완전철수〉를 확인했다.

미국 정부는 날마다 쉬지 않고, 〈미군철수반대〉를 외치며 데모하는 한국 국민의 애달픈 하소에 감동하여, 500여 명의 군사고문단을 남겨두고, 연 1천만$의 군사원조를 하는 한편, 새로운 〈한미상호방위원조협정〉을 체결하여(1950년 1월 26일), 한국의 안전을 계속 지켜주기로 했다. 조선조의 〈조미수호통상조약〉이래, 58년 만에, 새로운 한미수호조약이 생겼다.

제12장

민족반역자와 반공투사

1. 반민족행위처벌법

〈대한민국 건국헌법 제101조〉

"이 헌법을 제정한 국회는 단기 4278년 8월 15일 이전의 악질적 반민족행위를 처
벌하는 특별법을 제정할 수 있다."

제헌국회는, 이 조항에 따라 1948년 8월 5일, 「반민족행위처벌법기초특별위원회」
(반민법기초특위)를 만들었다. 제헌국회 제40차 본회의에서, 반민족행위처벌법을 제
정하기 위한 기초특별위원회를 만들자는 김웅진 의원의 긴급 동의안이 찬성 105표,
반대 16표의 압도적 찬성으로 통과되었다. 도 대표 28명으로 구성된 반민법기초특
위는, 입법의원이 만든 〈부일협력자, 민족반역자,전범,간상배에 대한 특별법률조
례〉를 바탕으로, 일본공직자추방령, 장개석정부전범처리법안, 북조선인 위원회의
법안 등을 참조하여 만든 전문 32조의 〈반민족행위처벌법〉 초안을 8월 16일 국회
본회의에 올렸다. 국민의 관심도 뜨거웠다.

〈 반민족행위처벌법에 관한 논설〉 (경향신문, 1948년 8월 7일 자)

"이 땅이 해방된 지 3년이 지난 오늘날까지 왜정에 아부하여 조국을 팔아먹고 동
포를 괴롭혔던 악질적 친일파, 민족반역자를 처단하라는 국민의 부르짖음은 무시된

체 관리로서 미군정에 구석구석 파고들어 앉았으며 중요한 산업부문에 뿌리박고 들어가 조금의 양심의 가책의 가책을 받음이 없이 뻔뻔스럽게 활개치고 있지 않은가?, 이제 우리 손으로 뽑은 대변자 국회의원들이 문제를 들고 나선 것을 쌍수를 들어 환영하며 문서상의 처단법에 그치지 말기를 부탁하는 바다."

심의과정에서 김준연, 곽상훈 등 한민당 의원들이, 사회를 혼란에 빠트린다며 반대했으나, 독립운동 의원들과 노일환 같은 젊은 의원들은 오히려 처벌을 더 강화하자고 주장했다. 열띤 토의를 거쳐 여러 내용이 수정된 뒤, 제59차 본회의에서, 찬성 103표, 반대 6표의 압도적 다수로 가결되고(9월 7일), 국회를 통과한 15일 뒤, 대통령이 〈법률 제3호〉로 공포했다. 이것이 〈반민족행위처벌법〉 (반민법)이다.

해방되고 3년이나 지난 뒤에야 마침내, 그것도 거의 모든 의원들이 이승만을 추종하는 「제헌의회」에서 민족반역자처벌법이 제정되어, 친일파 민족반역자 척결을 열망하는 조선인의 한 맺힌 울분을 풀 수 있게 되었다. 대한국민으로 태어난 조선인 모두가 두 손 높이 들어 환호했다.

이승만 정부는 당초 이 법을 거부하려고 했다. 그러나 거부권을 행사할 수 없었다. 우선 거부할만한 명분이 없었다. 자칫하면, 불붙은 민족감정을 자극할 수 있었을 뿐 아니라, 시급한 양곡(강제)매입법안이 국회에 계류 중이었다. 만일, 이 법안이 거부되면, 가을추수봉기 같은 불상사가 다시 폭발할 수도 있다. 이승만은 마지못해 서명 공포했다.

3장 32조로 된 반민법 제1장 〈반민족 행위자의 죄와 벌〉 규정은 이렇다.

제1조, 일본정부와 통모하여 한일합병에 적극 협력한 자, 한국의 주권을 침해하는 조약 또는 문서에 조인한 자와 모의한 자는 사형 또는 무기징역에 처하고, 그 재산과 유산의 전부 혹은 2분의 1 이상을 몰수한다.

제2조, 일본 정부로부터 작위를 받은 자 또는 일본제국의회의 의원이 되었던 자는 무기 또는 5년 이상의 징역에 처하고 그 재산과 유산의 전부 혹은 2분의 1 이상을 몰수한다.

제3조, 일본 치하 독립운동가나 그 가족을 악의로 살상 박해한 자나 또는 이를 지휘한 자는 사형 무기 또는 5년 이상의 징역형에 처하고 그 재산의 전부 혹은 일부를

몰수한다.

제4조, 좌의 각 1호에 해당하는 자는 10년 이하의 징역에 처하거나, 15년 이상의 공민권을 정지하고 그 재산의 전부 혹은 일부를 몰수할 수 있다.

1. 습작한 자.

2. 중추원 부의장, 고문 또는 참의가 되었던 자.

3. 책임관 이상의 관리가 되었던 자.

4. 밀정 행위로 독립운동을 방해한 자.

5. 독립을 방해할 목적으로 단체를 조직했거나 그 단체의 수뇌 간부로 활동하였던 자.

6. 군, 경찰의 관리로서 악질 적인 행위로 민족에게 해를 가한 자

7. 비행기, 병기, 탄약 등 군수공업을 책임 경영한 자.

8. 도, 부의 자문 또는 의결기관의 의원이 되었던 자로서 일정에 아부하여 그 민족적 죄적이 현저한 자.

9. 관공리가 되었던 자로서 그 직위를 악용하여 민족에게 해를 가한 악질적 죄질이 현저한 자,

10. 일본 국책을 추진시킬 목적으로 설립된 각 단체본부의 수뇌 간부로서 악질적인 지도적 행동을 한 자.

11. 종교, 사회, 문화, 경제 기타 각 부문에서 민족적 정신과 신념을 배반하고 일제 침략주의와 그 시책을 수행하는데 협력하기 위하여 악질적인 반민족 언론 저작과 기타 방법으로써 지도한 자.

12. 개인으로서 악질적인 행위로 일본에 아부하여 민족에게 해를 가한 자.

제5조, 일본치하에서 고등관 3등급 이상, 훈 5등 이상을 받은 관공리 또는 헌병, 헌병보, 고등경찰의 직에 있던 자는 공소시효 경과 전에는 공무원에 임용될 수 없다. 단 기술관은 제외된다.

제6조, 본법에 규정한 죄를 범한 자 중 개전의 정상이 현저한 자는 그 형을 경감 또는 면제할 수 있다.

제7조, 타인을 모함할 목적 또는 범죄자를 옹호할 목적으로 본법에 규정한 범죄에 관하여 허위신고, 위증, 증거인멸을 한 자 또는 범죄자에게 도피의 길을 협조한 자는 당해 내용에 해당한 범죄규정으로 처단한다.

제8조, 본법에 규정한 죄를 범한 자로서 단체를 조직하는 자는 1년 이하의 징역에 처한다.

2. 반민족행위특별조사위원회

〈반민족행위특별조사위원회〉(반민특위)는, 각 도별 국회의원 중 1명씩 투표로 선출된 10명의 위원으로 구성되었다. 10월 12일 제1차 위원회에서, 중경임시정부 문화부장을 지낸 경북위원 김상덕을 위원장, 서울위원 김상돈을 부위원장으로 선임하여, 10월 23일 국회 본회의의 신임을 받았다. 재판을 담당할〈특별재판부〉는, 국회의원 5명을 포함하는 특별재판관 16명, 기소를 담당할〈특별검찰부〉(특검)는 특별검찰관 9명으로 구성되었다. 특별재판부 재판부장은 대법원장이, 특별검찰부 특별검찰부장은 검찰총장이 겸했다.

11월 25일, 국회는 조사를 담당할 〈반민족행위특별조사기관조직법안〉, 특별재판부를 보좌할 〈반민족행위특별재판부부속기관조직법안〉 및 조사 기관의 조직 강화를 위한 〈반민법중개정법률안〉도 의결했다. 반민족행위 조사기관조직법은, 필요시 특별조사위원이 사법경찰관인 〈특별경찰대〉(특경)를 설치하여, 독립적으로 지휘 감독할 수 있는 법이다. 이로써 반민특위는, 독립적인 조사권, 사법권, 경찰권을 모두 갖추게 되었다.

중앙사무국과 각 도 조사사무분국을 국회산하기구로 설치하고, 중앙사무국 조사관과 서기관 및 특별경찰업무를 담당할 특경대원도 임명했다. 특위 산하기구를 국회 산하기구로 둔 것은, 경찰은 물론 검찰과 법원까지 모두 친일파가 장악하고 있을 때라 그들의 방해를 받지 않고 독자적으로 조사 처리하려는 고육책이었다. 또 친일파의 비협조로 조사와 재판이 방해받지 않도록 〈정부가 반민특위 활동에 적극 협력해야 한다〉는 조항도 명기했다.

온 국민의 열렬한 성원 속에 출범한 반민특위는, 1949년 1월 5일, 중앙청 205호실에 사무실을 열고, 사흘 뒤 친일 반민족행위자(반민자) 제1호로 박흥식을 잡아들였다. 일본제국을 위하여 비행기공장을 설립한 박흥식은 1942년 12월 16일자 매일신보에 다음 같은 〈배알의 광영의 감읍〉이란 글을 올린 조선인(朝鮮人)이다.

"나는 산업 경제계 대표자의 한 사람으로 특히 반도 출신으로는 오직 한 사람으로서 황공하옵게도 배알의 광영에 욕하였는데, 지척에서 용안을 봉배한 때의 감격은 일생을 두고 잊을 수가 없습니다. 우리들 산업 경제계에 있는 사람들은 이 황공하옵신 대어심(大御心)에 봉부코자 더욱 노력하지 않으면 안 됩니다."

다음 해 12월 17일에도 같은 신문에, 〈배알 일주년－지성으로 봉공〉이란 글을 거듭 실었으며, 그 감격의 보답으로, 거금 5,000만 엔(円)을 들여 〈조선비행기공업주식회사〉를 설립하여, 대동아전쟁에 보국 충성한 친일파다. 당시 친일 재산가들의 최고 애국행위가, 비행기헌납이었고, 광산왕 최창학이 군용기 6대 제작비용으로 40만 엔을 헌납하여 전설이 되었던 것으로 미루어보면, 5,000만 엔이 얼마나 엄청난 거액인가를 짐작할 수 있다.

해방 뒤에도 활보했다. 1946년 2월 15일, 배임 횡령 등 혐의로 서울법원 검사국에 체포되어 서대문형무소에 구금되었으나, 단 3시간 만에 풀려났다. 미군정 국방국장 챔피니 대령이, 경기도(수도) 경찰부장 장택상을 데리고 대법원에 나타나, 하지 사령관의 명령을 앞세워 석방을 강요했다. 불구속으로 기소되어, 징역 3년에 벌금 200만 원이 구형되었지만, 서울지방법원은 무죄 판결했다(5월). 1947년 7월 4일에는, 홍신피복주식회사 쟁의단이 "친일파 민족반역자 박흥식을 타도하라"는 벽보를 붙이자, 〈친일파〉로 매도한데 격분하여 〈명예훼손〉으로 고발하고, 경찰은 즉시 쟁의단 대표 두 사람을 〈명예훼손죄〉로 체포, 구금했다.

두 번째로 잡힌 반민자는 이종형이다. 이 사람은 만주에서 일본군 고문 직책으로 군경지휘권까지 가지고 밀정 짓을 하여, 250여 명의 우리 독립군을 추포하여 그중 17명을 사형시킨 민족반역자다. 1941년부터는 조선총독부 경무부 촉탁이 되어, 중국에서 활동하는 독립투사들을 밀고하여 떼돈을 벌었으며, 친일단체 청진회를 조직하여 신사 참배를 강요하는 등 극악한 반민족적 행위를 반복한 자다. 해방되자마자, 갑자기 민족주의자로 둔갑하여, 건준에 가담하려 했지만, 여운형이 받아들일 리 없다. 건준 참여가 거부되자, 또 갑자기 철저한 〈반공주의자〉로 돌변하여, 반공을 표방하는 '대동신문'을 만들어 독립투사를 공산주의자, 빨갱이라 욕하고, 여운형을 친일파라 매도했다. 반민법이 상정되자, 자기 신문을 앞세워 "반민법은 망민법이다"고 규탄하며 〈반민법반대 궐기대회〉를 개최하는 등, 적극적으로 반대운동을 펼쳤다. 반민특위 사무실에 잡혀가서도 "나는 애국자다. 내가 풀려나는 날, 한민당, 빨갱이, 회색분자들 모조리 토벌하겠다."며 날뛰었다.

수도경찰청 제3인자 노덕술도 잡혔다. 수도경찰청장 장택상 저격혐의로 체포된 자를 빨갱이로 몰아 고문 치사한 혐의로 수사를 받다가, 경찰 묵인 아래 잠적 중 체포되었다. 그는 일제 경찰에서 조선인이 오를 수 있는 최고위직에 오른 악질 고등계 형사다. 수많은 독립투사들을 검거하여 그중 세 사람을 고문해서 죽였을 뿐 아니라, 일제의 전쟁수행을 적극 도운 친일파 중 친일파다. 해방되고도 버젓이 평양경찰서 장 노릇 하다가 소련군이 들어오자 인민위원회에 체포 구금되었다. 며칠 뒤, 풀려나 자마자 월남하여 제1경무총감 겸 수도관구경찰청장 장택상을 찾아가, 즉시 수도경찰청 수사과장으로 발탁되고(1946년 1월), 곧 제1경무총감부 관방장 겸 수도관구 경찰청 수사과장으로 승진했다.

부활 재기한 노덕술은 친일 경관의 악질 근성을 유감없이 발휘했다. 일제 때 배운 수사기법을 발휘하여, 반 이승만세력 숙청과, 좌익분자 척결을 악랄하게 주도했다. 김원봉 장군 같은 불후의 독립투사들을 고문하는 만행도 서슴지 않아 이승만으로부터 유능한 〈반공투사〉로 지극한 사랑을 받았다.

반민특위는 친일 군인, 경찰, 검찰을 비롯하여, 정계, 관계, 종교계, 문화계, 재계의 친일반역자들을 잇따라 검거했다. 처벌 대상자 7,000여 명 중 688명을 체포했는데, 그중 일제 경찰 출신이 37%나 되었다. 그 가운데는 저명한 고위 경찰 최연도 포함되어 있었다. 그는 일제 강점기에 일제 경찰 최고훈장인 경찰기장을 받아, 조선총독부 조선인경찰에게 허용된 최고위직인 〈경기도 경찰부 수사과장〉으로까지 출세했는데도, 해방되자마자 수도경찰 제2인자인 수도경찰청 관방장으로 발탁된 자다. 일제 헌병보조원이던 박종표 순경도 잡혔다. 십여 년 뒤(1959년 4월), 김주열 군 학살 주범으로 등장한다.

반민특위 활동이 본격화하여 심복 고위 경찰들이 줄줄이 체포되자 이승만이 화가 났다. 내무장관 신성모와 법무장관 이인을 불러 당장 대책을 세우라고 호통 쳤다. 다급해진 정부는, 국무총리 이범석 주재로 국무회의를 열어, 〈반민족행위처벌법 일부 개정의 건〉을 의결하여 국회에 보냈다. 이승만도, 반민법 개정 필요성을 역설하는 〈대통령특별담화문〉을 발표했다.

"근자 조사위원회에서 조사위원들이 경찰관 2, 3명을 데리고 다니며 사람을 잡아다 구금, 고문한다는 보도가 있는데, 이는 국회가 조사위원회를 조직한 본의도 아니요, 정부로서도 포용할 수 없는 것이다. 반민특위가 삼권분립의 원칙에 위반되며, 안보 상황이 위급한 때에 경찰을 동요시켜서는 안 된다"

친일파 척결 말이 나올 때마다 "우리 정부수립 후에 처리하자"던 이승만이, 우리 정부가 수립되자, 딴 소리를 한다. 우리 정부 주요 관리들, 특히 총애하는 경찰간부 거의 모두가 반민행위자로 처벌되는 것을 두고 볼 수 없었다.

이승만의 담화는, 오히려 국회를 자극했다. 특별검찰관 노일환 의원은, "대통령의 담화는 친일파를 옹호하겠다는 저의를 드러낸 것"이라며 맹비난했다. 반민특위 제1조사부장 이병홍은, "반민법을 민족의 성전으로 생각하고, 이 법률을 발동할 때는 언제나 옷깃을 여미고 경건한 마음과 엄숙한 태도를 갖추는데, 특위가 행패를 부리는 것처럼 헐뜯는 것은 있을 수 없다"고 항변했다. 반민특위위원장 김상덕도 반박 성명을 내었다.

"1) 반민법 운영이 삼권분립에 위배된다고 하였는데, 반민법은 헌법 제101조의 규정에 의하여 만들어진 특별법으로, 이를 무시하는 대통령의 행위는 헌법을 무시하고 삼권을 독점하려는 의도이며, 반민법 운영을 방해하려는 행위다.

2) 반민특위 활동이 치안에 중요한 영향을 준다고 하는데, 우리나라의 치안은 반민자가 담당하여야만 하는가? 제주도사건, 여순사건, 38선 충돌사건 등등이 반민자를 처단함으로써 발생한 것인가?

3) 특위위원 2~3인이 자의로 사람을 잡아다가 난타 고문한데 대해, 특위의 체포는, 반민법 제16조 특별조사기관조직법 제6조에 의하여 권한이 부여되어있다. 백보를 양보해서 과거 수십 년 동안 독립군을 살해하고 애국자를 악형으로 고문하여 허위의 문서로 투옥시키던 악질 반역자를 약간 고문이 있었다 한들 이것이 또한 무슨 큰 실수이며 대통령은 무엇 때문에 가슴이 아프고 뼈가 저리는가."

반민특위 특별재판부장인 대법원장 김병로도 담화문을 발표하여, 정부의 협조를 촉구했다.

"대통령이 법을 개정하려는 것은, 법률 자체가 헌법에 위반되니까 이를 수정하려는 것이라고 생각되나, 이는 헌법위원회에서 심의할 성질의 것이며, 반민특위의 체포 구속하는 조사 활동은 불법이 아니라고 본다."

이승만이, 국회의장 신익희, 대법원장 김병로를 경무대로 불러 설득했지만, 정부가 제출한 반민법 개정안은 부결되었다. 이때까지만 해도 국회는 단결하여, 이승만에 대립하는 반민특위를 적극 옹호했다.

그러나 반민특위 활동은 험난했다. 이승만은 반민특위가 업무를 시작하자마자 탄압하고 방해했다. 반민법이 공포된 바로 다음날(9월 23일), 내무부 주관 〈반공국민총궐기대회〉에서 국회를 〈적구(赤狗), 빨갱이〉라 욕하고, 내무장관 윤치영은, 대통령 축사 대독 뒤, "해방 후 처음 보는 애국적 대회"라고 격찬했다. 국회는 즉시 친일파의 음모를 규탄하고, 반공대회가 국회를 〈적구〉라고 모독한 데 대해, 이승만 정부를 맹렬히 비난했다.

처벌 대상 친일파 민족반역자들의 반격도 거세었다. 반민특위 요인 암살 음모까지 꾸몄다. 반민법 공포 직후, 조선정판사사건을 비롯한 불온사상사건을 능숙하게 척결하여 이승만의 신임이 두터운 친일경찰 최란수를 비롯한 노덕술, 박경림, 홍택희, 이종형과 친일부호 박흥식이 공모하여, 테러전문가 백민태에게 특위위원 암살을 청부했다. 특별검찰관 노일환과 김웅진, 특별재판관 김장열을 납치하여, 〈나는 38선 이남에서 국회의원 노릇하는 것보다 이북에서 살기를 원한다.〉는 자필 성명서를 강제로 쓰게 하여, 이를 신문사 등에 보낸 뒤, 38선 가는 길목에서 살해하여, 애국청년들이 살해한 것처럼 위장하기로 했다. 그러나 테러 담당 백민태가 거사 직전 자수하여 암살 흉계는 무산되었다. 친일파들은 자신의 과오를 뉘우치기는커녕, 오히려 특위관계자들을 〈빨갱이〉로 몰아 죽일 음모 꾸미기에 바빴다.

이승만 정부는, 정부차원에서, 공식적, 전면적으로 반민특위 와해공작을 강행했다. 전국적으로 〈반민법 반대데모〉를 벌여, 반대여론을 조성하는 한편, 반민법 개정 작업을 강력 추진했다. 뿐만 아니라, 반민특위가 합법기관임에도 불구하고, 예산을 배정하지 않았으며, 필요한 자료 요청도 거절했다.

다음 해 1월 14일, 반민특위가, 대통령에게, 반민법 제5조 대상자들을 1월 말까지 공직에서 추방해달라고 요청했다. 이승만도 일단 조사해보라고 내각에 지시했다.

그러나 해당자가 너무 많자, 태도가 돌변했다. 해임은커녕, 도리어 반민특위에 체포되어 있는 노덕술을 정부가 보증해서라도 석방시키고(1월 28일), 노덕술을 체포한 특검관계자들을 처벌하라고 명령했다(2월 22일). 국회의장 신익희와 반민특위위원장 김상덕을 경무대로 불러, 직접 노덕술의 석방을 요구했는데도 거절하자, 즉시 〈공산파괴분자의 활동〉을 들먹이면서, 반민특위 활동에 신중을 기하라는 협박 담화를 발표하고, 정부 내 반민법 해당공무원조사 중지명령을 내렸다.

용감한 반공투사라고 극찬하는 심복 경찰간부들은 말할 것도 없고, 서울 10개 경찰서장 중 9명이, 독립지사 고문 전력이 있는 악질 경관이었다. 그들을 경찰에서 추방하면 대한한국의 반공 치안이 마비되지 않을 수 없다.

이 백척간두의 위기를 극복하기 위해, 이승만이 빼어 든 칼은, 〈빨갱이로 몰아 죽이기〉이었다. 일제가, 불령선인 처단용으로 즐겨 써먹은 전가의 보도를, 이승만도 꺼내 들었다. 여건은 충분하다. 지난해 10월 2일, 제주도 폭동진압에 증파된 국방경비대가 반란을 일으켜 폭동세력에 가담했으며, 19일에는 여수, 순천지구 군부대 일부가 반란을 일으켜, 비상경비사령부가 설치되었다. 11월 5일, 이승만이 "여순반란사건에 학동들이 가담한 것은 통탄할 일이다", "공산분자를 철저히 숙청하라"는 담화를 발표했다.

요사이 모든 불온한 일들이, 남로당의 정부전복음모에서 나온 책동임에도 불구하고, 국회가 이런 중차대한 위기를 외면한 체, 친일청산이라는 반정부행위에만 골몰하고 있어, 더는 참을 수 없었다. 반공만이 살 길이다. 그것이 〈국회프락치사건〉으로 터져 나왔다.

3. 제도야당 등장

5.10 총선거는 남한 단독정부 수립을 주장하는 이승만 지지자들만의 선거였다. 따라서 제헌국회의원은 모두 친 이승만 일수밖에 없다. 게다가 무소불위한 국가보안법(1948년 12월 1일, 법률 제10호)까지 지켜보고 있어, 감히, 이승만에 대들고 나설 자가 있을 수 없었다.

그러나 이승만이 친일파 척결 문제를 둘러싸고, 반민특위와 마찰이 생기면서, 변화의 조짐이 나타나기 시작했다. 친일행적이 화려한 자들은, 이승만 그늘에 숨을 수밖에 도리가 없었지만, 그렇지 않은 의원들, 특히 독립운동에 몸 바친 의원들은, 친일파를 감싸려고 반민특위를 방해하는 이승만의 반민족적 작태에 회의를 느끼지 않을 수 없었다. 원조 이승만 친위세력에서, 반 이승만 세력으로 돌변한 김성수와 한민당은, 이 기회를 놓치지 않았다.

한민당은, 건준 대신 임정을 우리 정부로 모시자는, 〈임정봉대〉 기치 아래 모인 정당이다. 그러나 미군정 실세로 자리를 굳혀, 더 이상 독립투쟁세력에 기댈 필요가 없어지자, 임정 대신 미국 업은 이승만을 받들어, 대한민국정부 수립 일등공신이 되었다. 뿐만 아니라, 제헌국회 초, 이승만이 대통령중심제를 고집하자, 앞장서서 성사시켰고, 또 그 헌법에 따라, 이승만을 대통령으로 모시는데도 주도적 역할을 한 이승만의 충복 중 충복이었다. 당연히, 이승만 정부에서도, 미군정 때 누리던 특권을 충분히 기대할만 했다. 그러나 이승만은 차가웠다. 모든 정파가 사전 합의한 내각책임제를 거부하면서까지, 대통령제를 고집한 이승만이, 권력을 나누려 할 리 없다.

양지만을 누리며 살아온 콧대 높은 한민당 지도부 또한, 예기치 못한 이승만의 푸대접에 당하고만 있으려 하지 않았다. 호시탐탐 기회를 노리던 중, 마침내 동병상련 신세가 된 신익희, 지청천을 붙잡았다. 이 두 사람 또한, 임정과 김구를 버리고 이승만에 충성하여 중용되었지만, 어언간 이승만 눈 밖에 나, 용도폐기 단계에 있던 중경임정정부 요인들이다.

신익희는, 이승만과 김구가 반탁운동하려고 만든 독촉국민회에서 반탁운동 하다가, 남한단독선거로 김구와 이승만이 대립하자, 김구 버리고 이승만 따라 단독정부 수립에 앞장섰다. 덕분에 제헌국회 원내 최대 의석을 차지한 이승만의 독촉을 대표하여 국회 부의장으로 당선되었다가, 이승만이 대통령되자, 제헌국회 의장으로 승진했다.

중경임시정부 광복군 총사령관 지청천은, 이승만의 부름을 받아, 미국이 이승만 견제용으로 적극 지원하는 이범석의 반공청년단체 「조선민족청년단」(족청)을 견제하기 위해, 「대동청년단」을 만들었다(1947년 9월). 지청천 도, 신익희와 마찬가지로, 임정과 한독당을 버리고, 이승만 세력만 남아있는 독촉에서 이승만의 단독정부수립을 적극 지지했으며, 5.10제헌의회선거에 당선되자, 이승만은 그를 초대 무임소장관으로 임명했다.

이승만의 두터운 신임을 등에 업은 제헌국회의장 신익희는, 1948년 11월 13일, 이승만이 주창하는 〈일민주의〉를 당시로 하는 「대한국민당」을 창당하여, 대표최고 위원이 되었다. 지청천도 대동청년단을 이끌고 여기 합류하여, 이승만 최측근 윤치 영, 임영신, 이인과 함께, 당 최고위원이 되었다. 대한국민당은 제헌국회 의석 198석 중 71석을 차지하는 원내 최대의 친 이승만 정당으로 등장했다. 그러나 이승만은 거 들떠도 보지 않았다.

모든 국민 위에 군림하는 제왕적 지도자를 자임하는 이승만은, 이름만 거창한 원 내 친위정당이나 정파가 아니라, 대한민국 모든 정당과 단체를 아우르는 거국적인 이승만 충성단체를 원했다. 드디어 1948년 12월 19일, 지청천의 대동청년단을 중심 으로, 전국 우익청년단체들을 모두 통합한 「대한청년단」이 탄생했다. 조선청년총동 맹, 국민회청년단, 대한독립청년단, 서북청년회 등은 물론, 20여 군소 청년단체도 모두 들어갔다. 가장 강력한 반공청년단체인 이범석의 족청은, 창립대회에 참가하 지 않았으나, 이승만의 압박으로, 다음 해 1월 20일 합류했다. 이로써 대한청년단은, 200만 단원을 자랑하는 대한민국 최대이며, 유일무이한 반공청년단체가 되어, 이승 만을 총재로 받드는 〈준국가기관〉으로 국민 위에 군림했다.

신익희와 지청천이, 이승만을 위해 견마지로를 다하고도, 이승만으로부터 밀려나 고 있을 때, 한발 먼저 이승만으로부터 소외된 한민당 지도자 김성수가 손을 내밀었 다. 이승만이 친일파를 보호하려고, 국회 반민특위를 부당하게 협박하고 있을 때라, 독립투쟁에 반평생을 바친 투사들에게는 거절할 수 없는 유혹이었을 것이다.

「민주국민당」(민국당)은 이렇게 생겨났다(1949년 2월 10일). 여당을 자처하는 대한 국민당의 대표 최고위원 신익희와 최고위원 지청천이, 반 이승만 세력 한민당과 손 을 잡았다. 외견상으로는 한민당과 대한국민당의 합당 같지만, 실상은 한민당 그대 로다. 이승만 독주를 견제하기 위해 만든 단체라, 목표는, 당연히 한민당과 같은 〈내 각책임제 개헌〉이다. 원조 이승만계 독촉의원 12명이 신익희를 따라가, 원내 당원 70명에 이르는, 대한민국 헌정사상 최초의 〈야당〉이 되었다.

이승만 측근들이 가만있을 리 없다. 국회에서 내각책임제 개헌안이 논의되자마 자, 대한국민당에 눌러 앉아있던 최고위원 윤치영, 이인이 앞장서서, 1949년 11월 12일, 대한국민당을 재건하고, 여기에 신정회 의원 23명 전원, 일민구락부 의원 24 명, 대한노동당 의원 20명과 무소속 4명을 끌어들여, 원내 최대 의석(71석)을 가진 친정부 〈여당〉으로 부활했다. 대한민국 제헌국회에, 비로소, 정부 여당과 반대 야당 같은 것이 생겨났다. 여당은 대한국민당이고, 야당은 민주국민당이다.

4. 국회프락치사건

1949년 5월 20일, 국회 소장파 의원 이문원, 이구수, 최태규가 갑자기 구속되었다. 남로당 지령으로 국회에서 프락치 활동을 하고 있다는 혐의이다. 자수한 남로당원 전우겸이 제공한 정보에 의한 것이란다. 국회는 즉시 임시총회를 열어 석방결의안을 올렸으나 부결되었다. 국가 보안법에 걸린 빨갱이를 편들만큼 간 큰 국회의원은 많지 않다.

하필이면, 이럴 때에, 미국 국무부 대변인이 "군사고문단을 제외한 모든 주한 미군이 철수한다"고 발표했다. 이승만 정부는 깜짝 놀라, 당장 매일 거국적 미군철수 반대국민운동대회를 열었다. 이런 급박한 정세에도 불구하고, 국회는 계속 정부에 친일파 청산만을 압박했다. 6월 3일, 〈전국무위원 사임요청안〉을 의결하고, 6월 8일에는 〈국무위원 총퇴진〉을 재의결했다.

이승만의 화가 극에 달했다. 몸소 국회에 나가(6월 14일), 정부에 적극 협조해줄 것을 요청하고는, 육군 헌병사령부에 〈국회프락치사건 특별수사본부〉를 설치하여(19일), 국회 내 이승만 반대파 숙청작전에 들어갔다.

이틀 뒤, 월북하던 남로당 여성특수공작원 정재한을 체포하여, 월북한 박헌영에게 보내는 〈국회내 남로당의원의 프락치비밀보고서〉가 들어있는 암호문서를 압수했다는 중대발표가 나오자마자, 육군 헌병대가 국회에 들이닥쳐, 국회의원 겸 특검 차장인 노일환을 비롯한, 김병회, 김옥주, 박윤원, 강욱중, 서용길, 황윤호 의원 등 7명을 붙잡아갔다.

경찰이나 검찰이 아닌 군인이, 민간인, 그것도 특검을 주도하는 현역 국회의원들을, 〈국회프락치〉 혐의로 잡아갔다. 6월 25일에는, 항일독립투사이며 현직 부의장인 김약수 의원이 잡혀가고, 8월 10일에, 신성균, 배중혁, 오택관 의원을 합쳐, 모두 14명이 〈국가보안법〉 위반 혐의로 기소되었다. 모두, 반민특위 활동에 앞장서고 있는 열혈 혁신 소장파 의원들이다.

반민특위를 만들어, 애국자를 친일파로 잡아가는 것도 모자라, 언제 북괴가 남침할지 모르는 이 엄중한 시국에, 〈외국군 철수〉, 〈남북정치회의를 통한 남북통일정부수립〉 같은, 나라를 통째로 공산당에 바치려는, 〈평화통일방안 7원칙〉[6]까지 주장하는 얼빠진 국회의원들을, 〈미군영구주둔〉, 〈북진통일〉만이 살 길이라고 굳게 믿는 이승만이 가만둘 리 없다. 〈평화통일〉을 주장하는 것만으로도, 이승만과 대한민국의 권위에 도전하는 반역행위인 동시에, 북괴에 부화뇌동하는 불온한 '빨갱이'요, 민족반역자다.

한민당 의원이며 특검차장인 노일환 등 소장파 의원들을 구속하게 한 유일한 증거 제공자인 여성 공작원 정채한은, 단 한 번도, 법정에 나타나지 않았다.

얼굴 없는 사람으로부터 압수한 소지품에 증거능력이 있을 리 없지만, 겁먹은 법원은, 모든 피고에게, 징역 3년에서 10년까지의 실형을 선고했다. (1950년 3월 14일). 적용된 법률은 일제 치안유지법을 고쳐 만든 〈국가보안법〉이다. 당시 미국 대사관 문정관으로 근무하던 핸드선은, 이 사건을 직접 방청하고 면밀히 조사한 뒤, 〈정재한은 없다.〉는 결론을 내렸다.

이 사건을 진두지휘한 특별수사본부장은, 육군헌병사령부 부사령관 전봉덕이다. 그는 일제 조선인 최고위경찰에서, 미군정 최고위경찰이 되었다가, 곧바로 〈대한민국〉 고급장교로 변신한 천재다. 일제 강점기에 고등문관시험에 합격하자 바로 경찰에 투신하여, 조선인에게 허용된 일제경찰 최고위직인 경시로까지 승진했다.

해방 뒤, 경기도 경찰부 보안과장으로 계속 근무하던 중, 장택상 눈에 들어, 경무부 공안과장, 경찰전문학교 부교장으로 급속 영전했다. 1948년 9월, 반민법이 제정되어 친일경찰 처벌이 예견되자, 육군사관학교 제1기 고급장교반에 들어가(10월), 두 달 뒤(12월) 졸업하여 육군 소령으로 임관되고, 다음 해 3월, 중령 진급과 함께, 헌병사령부 부사령관이 되었다. 얼마 뒤, 이승만은 헌병사령부 내에 〈국회프락치사건 특별수사본부〉를 만들어, 그를 본부장으로 임명하여, 반민족행위자를 처벌하려는 반민특위 의원들을 체포 구금할 수 있게 했다. 친일파로 체포당한 것이 아니라, 친일파를 처벌하려는 국회의원들을 체포하여 빨갱이로 몰아 고문하는, 대역전극을 총지

---

6) 평화통일방안 7원칙이란, "외국군대 완전철퇴, 남북 정치범의 전원석방, 남북정당사회단체대표의 남북정치회의개최, 남북정치회의에서 정하는 일반, 평등, 직접, 비밀의 선거규칙으로 최고 입법기관 구성, 최고 입법기관이 헌법을 제정하고 통일중앙정부수립, 반민족행위자처단, 조국방위군재편성이다.

휘했다.[7]

국회프락치사건으로 소장파 의원들이 줄줄이 묶여 들어가던 1949년 6월 3일, 탑골공원에서 "국민계몽대"가 주관하는 〈반공대회〉가 열렸다. 국회프락치사건으로 구속된 국회의원들의 석방동의결의안에 "찬성투표한 빨갱이 국회의원들을 국회에서 소탕하자"는 성토대회다. 이 데모 주동자는, 일제 강점기 친일단체 〈임전보국단〉에서 활약했던 죄로 반민특위의 수배를 받고 있던 손홍원, 김정한 등 반민자들이었다. 데모대 중 3, 4백여 명이 반민특위 사무실에 몰려가, "반민특위 내 공산당을 숙청하라" "빨갱이를 죽여라"는 구호를 외치며, 정문을 부수고 쳐들어갔다. 반민특위는 곧 바로 중부경찰서에 경호요청을 했으나 아무런 대답이 없었다. 부득이 특경대가 직접 난동자들을 해산시키지 않으면 안 되었다.

이 성토대회가, 친일경찰이 배후에서 조종한 관제데모라는 사실이 밝혀지자, 반민특위는 즉시 이 사태에 대하여, 이승만 대통령과 내무부에 항의하고, 다음날 배후자로 지목된 서울시 경찰국 사찰과장 최운하, 종로경찰서 사찰주임 조응선, 국민계몽회장 김정한 등 반민자들을, 반민법 제7조 해당자로 체포했다. 이승만은, 최운하가 체포되자마자, 즉시 내무장관대행 내무차관 장경근과 치안국장 이호를 시켜, 최운하를 당장 석방하지 않으면 실력 행사 하겠다고 협박했다. 반민특위가 거부하자, 실력행사에 들어갔다.

6월 6일 오전 7시, 내무부차관과 치안국장 주도하에, 시경국장 김태선과 중부서장 윤기병이 직접 지휘하는 경찰 병력이, 반민특위 사무실을 급습하여, 특경대장 오세훈 등 35명을 체포하여, 중부서 등 경찰서에 분산 감금했다. 검찰총장을 겸하고 있는 특별검찰부장 권승열과 특별검찰관 곽상훈 의원도 변을 당했으며, 반민특위 사무실의 서류와 집기도 모두 빼앗겼다. 경기도, 강원도 등 지방 반민특위 사무실도 〈상부 지시〉에 따라 함께 습격당했다.

오후에는 서울 시경 사찰과 직원 440명이, 〈반민특위의 간부 교체, 특경대 해산, 경찰의 신분보장〉을 요구하면서, 집단사표를 제출했다 .다음날에는 서울시 경찰국 직원 9천여 명이, 〈6월 6일 결의문〉이 지켜지지 않으면, 총사직 하겠다고 협박했다.

---

7) 1949년 6월 26일, 김구선생이 암살되자, 암살 배후인물이란 소문에도 불구하고 이승만은, 그를 헌병사령관에 임명하여, 김구암살 수사지휘를 맡겼다. 국무총리 비서실장을 끝으로 관직을 떠나 변호사를 하면서, 대한변호사협회 회장, 대한법사학회장을 했다.

이 대통령은, 이 충성스런 애국경찰의 〈충심〉에 감동하여, 〈부득이〉 선처를 약속하고, 업무에 복귀하라고 간청했다.

행정부의 집단폭행에 대하여 반민특위도 반발했다. 즉시 긴급회의를 소집하여 국회에 진상규명을 제의하고, 국회도 즉시 반민특위의 원상회복과 난동 책임자 처벌을 정부에 요구했다. 그러나 이승만은 오히려 비웃었다. 6월 8일, AP통신과의 기자회견에서 반민특위습격사건은 〈자신이 직접 지시한 것〉임을 분명히 밝혔다.

> "내가 특별경찰대를 해산시키라고 경찰에게 명령한 것이다. 특별경찰대는 국립경찰의 노련한 경찰관인 최운하 등을 체포하였는데, 현제 특위에 의한 체포의 위협은 국립경찰에 중대한 영향을 미치고 있다."

나아가, 6월 11일, "반민특위 활동으로 민심이 소요되어 부득이하게 특경대를 해산하게 되었다"는 담화를 발표하여, 국회의 요구를 완전 묵살했다.

국회도 강경 대응했다. 당장 의원내각제 개헌안을 추진하여, 이승만을 압박했다. 그러나 힘에 부쳤다. 국회프락치사건으로 기가 죽은 국회의원들이 몸을 사리기 시작했다. 게다가 6월 26일, 민족주의 통일세력의 정신적 지주이며, 친일 반역자 청산의 적극적 후견인인 독립투사 김구 선생이, 서북청년단 간부 출신 현역장교 안두희 소위에게, 공공연히 피살되자, 넋이 빠졌다. 개헌에 대한 논의마저 얼버무렸다.

5. 무너진 친일 청산

6월 6일의 특경대 습격사건은, 반민특위에 대한 치명타였다. 특경대뿐 아니라 특별조사위원과 특별검찰관의 가택을 수색하고, 특별조사위원회 사무국과 특별재판부의 서류를 압수하는 등, 정권 차원의 치밀한 반민특위 와해 작전이 전개되었다. 국회나 반민특위는 속수무책이었다. 이승만 정부는, 잇따른 타격으로 혼이 빠진 국회를 완전히 장악하여, 전 법무장관 이인 의원 주도로, 7월 6일 반민법 공소시효 단축을 골자로 하는 정부개정안(2차 개정안)을 통과시켰다. 반민자의 공소시효를, 이해 8월 말까지, 단 50일만 남게 한 〈친일파청산청산법〉이다. 친일파 청산은 사실상 끝났다.

다음날, 김상덕 위원장을 비롯한 반민특위위원 전원과, 특별검찰관 3명, 특별재판관 3명이 사표를 내자, 즉시 이인, 김익진 같은 친일 친 이승만 의원만으로 〈반민특위〉를 재구성했다. 그리고 9월 23일, 〈반민족행위 특별조사기관조직법과 반민족행위특별재판부부속기관법에 대한 폐지안 및 반민법 개정〉이 통과되어, 반민법으로 조직된 모든 부속기구가 없어졌다. 이것이 〈반민법 3차 개정〉이다. 이로써 반민특위는 형체마저 사라졌다.

그동안 반민특위는 반민족 행위자 7천여 명을 파악하여 682건을 조사하고, 그중 559건을 특별검찰부로 송치했다. 지역별로는 중앙(서울) 282, 경기 32, 황해 26, 충남 24, 충북 26, 전남 27, 전북 35, 경남 50, 경북 34, 강원 19건이다. 그러나 체형 선고받은 자는 단 7명에 불과하고, 그들마저 곧 석방되어, 실제로 처벌 받은 자는 단 한 명도 없었다. 국민의 열렬한 소망과는 달리, 아무런 성과 없이 끝났다. 자주독립의 희망도 동시에 사라졌다.

친일 재벌 박홍식은 무죄판결을 받았고, 민족문학을 일으킨 사람으로 존경 받다가 갑자기 민족성 개조론을 펼친 소설가 이광수는 불기소 처분되었다. 철면피한 악질 친일경찰 노덕술도, "나라에서 요긴하게 쓰일 기술자"란 칭송까지 받으며 당당하게 걸어 나왔다. 친일파를 응징한 것이 아니라, 면죄부를 주었다. 그들은 이제, 대한민국 모든 분야를 이끌어나가는 떳떳한 민족주의 반공 건국공신이다.

반면에, 그들을 무모하게 해코지하려 한 반민특위 관계자들은, 〈민족반역자, 빨갱이〉로 몰려 불안에 떨며 살게 되었다. 순식간에 어처구니없는 대역전극이 벌어졌다. 대한민국 건국에 적극 헌신한 건국공신을, 친일파 민족반역자라 모욕하는 자들이야말로, 진짜 민족반역자요 비애국자, 빨갱이다. 독립국가로 우뚝 선 대한민국에서는, 일제 강점기의 친일행각이, 어떤 분야에서든, 부끄러운 반민족행위 아닌 영광스러운 출세길이 되었다.

〈친일 청산〉는 이렇게 끝났다. 한국인, 아니 조선인은, 역시 조선인이다. 왜놈들 말마따나 외세에 굴종하지 않고서는 살아갈 수 없는 못난 〈축생〉일지 모른다. 일본인 눈으로 조선을 보는 〈식민사관〉이나 〈식민지근대화론〉 같은 억지 주장도, 배달민족의 유구한 종속 체질에서는, 필연적으로 나올 수 있는 소리일 것 같다.

6. 때맞춘 농지개혁

이승만의 반공독재체제가 무르익어 가던 1949년 4월28일, 농림부와 국회 소장파 의원들이 경쟁적으로 제출한 〈농지개혁법안〉이 국회 본회의를 통과했다. 그리고 6월 21일, 소장파 의원들이 국회프락치사건에 엮여 육군 헌병대에 끌려가던 바로 그날, 바로 그 소장파의원들이 애써 만든 〈농지개혁법〉이 공포되었다. 조상대대로 내 땅을 바라던 농민들의 소원이 드디어 이루어져, 대한민국 정치지형에, 새 장이 열렸다.

정부는 재정문제를 이유로 국회에 보상금 조정을 요청했으나 거부되자, 한발 물러서 일단, 법률 제31호로 〈농지개혁법〉을 공포하고(6월 21일), 계속 개정을 요구하여, 1950년 3월 10일, 개정법이 공포되었다. 그리고 3월 25일 시행령, 4월 28일 시행규칙을 공포하여, 5월부터 〈농지개혁사업〉이 시작되었다.

대한민국의 〈농지개혁법〉은 북한의 무상몰수, 무상분배와는 차원이 다른 〈유상매수 유상분배제〉이지만, 남한의 소작농민도 내 땅을 〈소유〉할 수 있게 되는 역사적 법률이다. 국회프락치사건으로 묶여 들어간 소장파 국회의원들이 〈기를 쓰고〉 입안하여, 기득권 세력의 반대를 무릅쓰고, 〈기를 쓰서〉, 국회를 통과시킨 법률이다. 해방 전에, 일제에 빼앗겼던 농지를 모두 국유화하고, 또 부재지주와 3정보를 초과하는 대농가의 농지를 국가가 돈을 주고 사들인 뒤, 이를 영세 소작농민에게 고루 나누어 주었으며, 땅을 분양받은 소작농민은, 5년간 수확량의 30%를 상환하기만 하면, 완전히 자기 땅으로 가질 수 있게 되었다.

농지개혁법 제정에는, 또 한 사람의 공로자가 있었다. 박헌영을 비난하면서 조선공산당을 버리고, 이승만 정부 농림장관이 된 조봉암이다. 북한과 내통했다는 혐의로 체포된 국회의원들과, 전 조선공산당 간부였던 농림장관이 앞장선 이 법으로, 남한 전체 농지의 92%가 법적으로 자작농의 땅으로 바뀌어, 대략 160만 명의 소작농민이, 자영농민으로 신분 상승하게 되었다. 이제 소작농민도, 자기 〈땅〉을 가진 어엿한 지주가 되었다. 조상 대대로 꿈에서도 그리던 〈내 땅〉을 갖는 감격을 맛보게 되었다.

그동안 좌익세력이 그토록 핏대 세워 주장하던 농지개혁을, 좌익과 생사를 겨루는, 대한민국 정부가 해내었다. 유럽의 〈농노해방〉과도 맞먹는 대변혁이 대한민국에서 일어났다. 그리고 그다음 달 6월 25일, 〈6. 25 사변〉으로 시작된 〈한국전쟁〉이 일어났다.

1. 전쟁 전야

1950년 1월 27일, 민국당이 일부 무소속 의원들을 끌어들여 〈의원내각제 개헌안〉을 국회에 제출하자, 이승만이 또 화났다. 당장 전국적으로 개헌 반대데모를 벌이게 하는 한편, "국민투표로 개헌 채택 여부를 결정하자"는 담화문을 발표했다. 국회 본회의에 상정된(3월 14일) 내각책임제 개헌안은, 난투극까지 벌이는 열띤 토의 끝에 제적의원 179명 중, 가 79, 부 33, 기권 66, 무효 1표로, 제적의원 3분의 2에 못 미쳐 부결되었다.

그러나 내각책임제에 〈부〉표 던진 의원은 33명밖에 안 되었다. 여당을 자처하는 대한국민당 의원의 절반에도 못 미쳐, "대한민국 국민 모두가 자기를 따른다." 고 믿고 있는 이승만의 제왕 망상에 심각한 타격을 입혔다. 요란한 관제데모 덕에 당장의 위기를 넘기기는 했지만, 이제 곧 제헌국회 임기가 끝나고 제2대 국회의원선거를 치러야 한다. 이대로 가다가는 다음 국회에서 대통령에 당선될 가능성이 거의 없다. 특단의 조치를 취하지 않는 한, 한평생 누려온 제1인자 자리를 내어놓지 않으면 안 될지 모른다.

이승만은, 급한 대로 5월 30일로 예정되어 있는 제2대 국회의원 선거일을 11월로 늦추기로 했다. 선거 연기로 시간을 벌어 그동안에 친위세력을 총결집한 거대 정당을 만들지 않는 한 선거에 이길 수 없다고 판단했다. 그러나 미국이 반대했다. 미국을 공식 방문 중이던 국회의장 신익희가 주미대사 장면과 함께 미국 국무장관을 찾아 가자 미국 국무장관 애치슨은 선거 연기는 있을 수 없다고 엄중 경고하면서, 만일 듣지 않으면, 군사, 경제 원조를 당장 중단하겠다고 위협했다. 아무리 콧대 높은 이승만일지라도 미국에 맞설 수는 없다. 부득이 예정대로 총선거를 치르기로 했다.

1950년 5월 30일, 제2대 민의원 선거가 치러졌다. 제헌국회와 마찬가지로, 소선거구에 단순다수투표제이고, 민의원 의원 수는 10명 늘어난 210명이다. 39개 정당, 단체가 후보자를 내었지만, 무소속 출마자가 더 많았다. 입후보자 2,209명의 68.5%인 1,513명이 무소속이었다. 가장 많은 후보를 낸 정당은, 165명을 공천한 정부여당 대한국민당이고, 다음은 154명의 후보를 낸 보수야당 민국당이었다. 이 밖에도 친 이승만 정치단체인 국민회, 대한청년단, 대한노동총연맹 등이 많은 후보자를 내었다.

제헌국회와는 달리 입후보 조건이 완화되어 제헌국회 선거와는 분위기가 확연히 달랐다. 부일협력자(민족반역자)는 물론, 이승만의 〈북진통일론〉과 다른 〈평화통일론〉을 주장하는 혁신세력도 출마할 수 있게 되어, 제헌국회 선거를 거부한 중도성향 남북협상파 사람들이 많이 참여했다.

선거 도중 중도성향 평화통일 후보들에 대한 극우세력의 협박과 중상모략은 악랄했다. 즉각 사퇴하라는 협박 전단은 말할 것도 없고, 월북했다거나, 구속되었다거나, 이미 사퇴했다는 허위 전단까지 흐드러지게 나돌았다. 정부도 나섰다. 선거일 일주일을 앞두고, 부산에서 당선이 유력한 장건상, 임갑수, 윤우현, 김칠성 등 입후보자들을 국가보안법 위반혐의로 잡아 가두었다. 총선거가 막바지인 5월 22일에는, 경찰이, 박건웅, 김성숙, 장건상, 김찬, 윤기섭, 조소앙, 원세훈 등 남북협상에 참여한 협상파 후보들이 거물 간첩 성시백의 포섭대상자라고 공식 발표했다.

살벌한 아수라장 속에서도, 정부 발표에 의하면 908만 유권자의 91.9%가 투표에 참여했다. 당선된 민의원 210명 중 무소속이 126명으로 60%나 되었다. 제헌국회에서 여당과 야당을 자처하던 대한국민당과 민국당은, 사이좋게 24명씩 당선자를 내었다.

이승만을 지지한다고 내건 정당·정파는 대패했다. 모두 합쳐 57석밖에 얻지 못했다. 제헌국회의원 중 재선에 성공한 사람은 31명뿐이었다. 제1여당 대한국민당 최고위원이며, 이승만 최대 심복인 윤치영이 낙선했으며, 제1야당 민국당에서도 부위원장 김준연, 이영준과 함께, 조병옥, 백남훈, 서상일, 백관수 고문 등 한민당계 핵심 간부들이 수두룩이 떨어졌다.

가장 큰 이변은, 미군정 경찰총수로 해방정국을 주름잡던 〈반공 거물〉 조병옥이, 임정요인이며 남북협상파인 사회당 조소앙에 참패당한 일이었다. 서울 성북구에 출마한 조병옥은, 경찰력을 동원하여 조소앙의 선거운동원들을 구속하고, 불온사상 가진 조소앙이 월북했다는 전단을 뿌리는 등 온갖 추태를 저질렀음에도 불구하고 대패했다. 조소앙이 전국 최다득표로 반공 경찰총수 조병옥을 물리쳤다는 소식을 전국 모든 신문이 연일 대서특필했다. 부산에서는, 국가보안법 위반 혐의로 구속된 장건상이 전국 3위 득표로 당선되었으며, 함께 구속된 김칠성도 옥중 당선되었다.

남한 단독선거를 밀어붙였던 이승만과 극우정당들이 온갖 불법과 편법, 협박, 관권과 물량공세를 펼쳤음에도 불구하고 완패했다는 사실은, 대한한국 국민은 미군정과 이승만이 억지로 만든 이승만 정부를 믿지 않는다는 것을 뜻한다. 대한민국 국민은, 정당 정파와 관계없이 일제 강점기에 험난한 독립운동에 몸 바친 자주독립투사들을 〈여전히〉 존경하는 반면, 주둔군 힘에 기대어 자주건국세력을 타도한 친미 친일파와 그 비호세력에 대한 냉소와 증오를, 투표로 앙갚음했다.

5.30 민의원선거로 반대세력이 대거 등장하자, 이승만은 불안했다. 반정부 성향, 특히 혁신의원들이 압도적으로 우세한 국회에서, 국회의원 투표로는 대통령에 다시 당선될 가능성이 전혀 없다는 것이 명백하다. 계속 대통령 자리를 지키려면, 우선은 국회의원 다수의 지지를 받을 방법을 찾아야겠지만, 그것이 어려우면 무언가 새로운 묘수를 마련하지 않으면 안 되게 되었다. 그중 가장 쉽고 익숙한 방법이 국민 총동원령이다. 어용세력을 총동원하여 국회를 압박하는 한편, 그 힘을 조직화하여 국회에 대항하는 방법이다.

그러나 머리를 더 굴릴 필요가 없게 되었다. 6월 19일에 개원한 대한민국 제2대 국회가, 자리를 잡기도 전에 6.25 전쟁이 터졌다. 판세가 완전히 바뀌었다. 이승만은 국회 따위에 신경 쓸 필요가 없게 되었다. 대한민국에서 대통령 할 사람은, 역시 이승만밖에 없다.

2. 민족통일전쟁에서 체제전쟁으로

해방 3년 만에, 조선은 둘로 나뉘었다. 1948년 8월 15일, 남쪽에 서울을 수도로 하는 대한민국 정부가 생기자, 북쪽에도 9월 9일 평양을 수도로 하는 조선민주주의인민공화국이 들어섰다. 한 나라에 두 정부가 생겼다. 유구한 배달민족 역사를 돌이켜보아 사달이 안 날 수 없다.

미국이 유엔에서 남한단독정부를 결정했을 때, 이미 많은 사람들이 남북전쟁을 예언했다. 김구를 비롯한 임정 사람들은 남한 단독선거는 반드시 민족 간의 전쟁을 불러온다면서, 단독정부수립계획을 극력 반대했다. 1948년 2월 말, 유엔 소총회에서 〈남한단독선거안〉이 가결되자, 소련을 비롯한 반대국은 물론, 호주와 캐나다 등 기권국 대표들도 "한국의 분단을 영구화할 뿐 아니라, 결국에는 세계평화를 위협할 것이다."고 예견했다. 뜨거운 냉전의 전초기지에서 으르렁거리는 한 민족 두 국가가 화목하게 평화를 누리리라 생각하는 식자는 아무도 없었다. 전쟁은 불가피했다. 시간문제일 뿐이었다.

북위 38도선 경비 책임이 미군으로부터 한국군으로 넘어오면서부터, 남북 양군 간의 충돌이 빈번해졌다. 북한 인민군(북한군)은, 김일성 항일부대와, 중국공산군과 함께 일본제국군에 맞서 싸운 조선의용군 등 항일독립투사 들을 중심으로 하는 군대였다. 이에 비해, 한국국방군 (한국군)은 태평양전쟁에 패배한 일본제국군과 일제 괴뢰 만주제국군에서 복무한 하급 장교와 병사들 중심으로 급조된 군대였다. 마치 일본군이 주도하는 일만 연합군 같아 일제로부터 해방된 독립국가 군대로서의 정체성이 흐릿해 월북하는 일이 잦았을 뿐 아니라, 항일투쟁 경험 있는 북한군과 충돌할 가능성이 높을 수밖에 없었다.

1950년 4월, 미국 대통령 특사로 방한한 제섭(P. Jessup) 교수는 "38도선은 정말 하나의 전선이다. 늘 전투가 있었으며, 어떤 전투는 1, 2천 명이 개입되는 진짜 전투였다."고 미국 정부에 보고한 것을 보면(김학준, 한국전쟁, 89쪽), 남북 군대가 38도선에서, 얼마나 시도 때도 없이 전쟁 연습을 하고 있었던가를 잘 알 수 있다. 그렇게 투덕거리다가, 1950년 6월 25일 새벽 갑자기 북한군이 쳐내려 왔다. 동네싸움이 전쟁으로 커졌다.

한국전쟁의 원인에 대해서는 남침설, 남침유도설, 북침설 등 여러 설이 있으나,

남침설이 가장 유력하다. 남침설은, 대개 북한이 소련의 승인을 받아 남한을 침공했다는 주장이다. 김일성이 소련, 중국과 음모하여 남침했다는 설도 있다. 미국이, 남한을 극동방위지역에서 제외하는 정책이 확실해지자, 존립이 불안한 남한을 조기에 정복하여, 남북통일국가를 만들려 했다는 주장이다. 한국과 미국의 북한 전문가 대부분이 주장하는 정설이다.

남침유도설은, 미국이 북한으로 하여금 남침하게끔 유도했다는, 수정주의자들의 주장이다. 미국 국무장관 애치슨이 1950년 1월 20일 전국신문협회에서 "한국이 미국의 방위선에서 제외된다." 하고서, 한반도에서 분쟁이 발생할 경우 "미국은 군사적 개입을 확실히 배제한다."고 발표한 극동방위전략을 결정적 증거로 든다. 애치슨의 이 연설은 전혀 새로운 것이 아니었다. 그보다 2주일 전에 열린 〈미국국가안전보장회의〉 결정사항을 발표한 것일 뿐이었다.

뿐만 아니라, 이미 1948년 3월 공산주의 봉쇄정책 입안자인 조지 케넌도 동조한 바 있는 맥아더의 〈도서봉쇄전략〉과도 같은 것이었다. 1949년 1월 미국극동군 사령관 맥아더가 미국 정부에 보고한 것을 보면, 미국이 아시아에서 방위할 지역은, 북으로 알류샨열도, 미드웨이, 일본의 모든 섬, 필리핀의 클라크 공군기지와 오키나와를 포함하는 U자형 지역이었고, 한국과 대만은 완전 제외되었다. 이와 같이, 한국이 미국의 극동 방위지역에서 제외되었다는 사실이 전혀 새로운 사실이 아닌데도 불구하고, 애치슨 연설이 중대한 의미를 갖는 것은, 미국 정부가 공식적으로 한국 제외정책을 확인했기 때문이다.

미국 정부는 한국에 대한 〈군사적 불개입정책〉을 확정한 뒤, 한국정부의 자생력을 키우기 위해, 대대적인 군사, 경제 원조를 제공하기로 했다. 그러나 이승만이 북진통일 주장을 굽히지 않자, 세계평화를 위협한다는 구실로 남한에 대한 군사원조를 의도적으로 제한하고, 경제원조 또한 고의로 지연시켜 남한 정부의 불안정성을 증폭시킴으로써 북한의 오판을 유도했다는 설이다. 이미 트루먼 독트린 선언으로, 세계 곳곳에서 적극적 반공전쟁을 벌이고 있는 미국이 중국대륙마저 공산화된 마당에 최강 공산국가들과 마주 보고 있는 전초기지를 포기할 리는 절대로 없다. 그럼에도 불구하고, 미국이 한국을 방위구역에서 제외한다고 선언하여 한국을 완전 포기한 것처럼 보이게 한 것은, 북한을 비롯한 공산국가들에게 전쟁을 일으킬 빌미를 제공하기 위한 공작이었다는 주장이다.

이승만이 강경한 북진통일정책으로 북한의 도발을 유인하여, 미국의 참전을 유도하여, 일거에 북한 정권을 괴멸시키려고 했다는 주장도 있다. 이승만이 1949년 2월부터 반공 북진 무력통일을 주장하기 시작하여, 9, 10월부터는 그 강도를 더욱 높여 북한을 자극하고 있었던 것이 이 설의 근거다.

북침설은, 미국 극동군 총사령관 맥아더의 정치적 야심에서 구상되고, 여기에 한국 대통령 이승만과, 전쟁 직전에 한국을 공식 방문한 미국 국무부 고문 덜레스가 공모하여 북한을 도발했다는 설이다. 1950년 6월, 이승만이 덜레스에게, 중공정권이 안정되기 전에, 남북 분단을 제거해야한다고 강조한 것이 이설의 근거이다. 남침유도설과 마찬가지로 수정주의자들의 주장이다. 어떤 주장이 옳은 가는 앞으로도 계속 논쟁거리로 남을 것이다.

그러나 앞서 본, 여러 국내외적 요인이 복합적으로 작용하여, 6.25전쟁이 일어난 것만은 부정할 수 없는 사실이다. 국제적으로는 냉전이 격화하고 있었고, 국내적으로는 일제 강점으로 축적된 민족 갈등과 계급 갈등이 한국의 단독정부 수립으로 절정에 치달아 많은 사람들이 전쟁이 일어나지 않을 수 없다고 예언한 것 또한 사실이다. 누가 일으키고 원인이야 어떤 것이었던 간에, 한국전쟁은 일어날 수밖에 없었고, 마침내 일어났다.

6월 25일 새벽, 북한군이 한꺼번에 남쪽으로 밀고 내려오자, 한국군은 힘 한번 써보지 못하고 무너졌다. 사흘 뒤(28일) 서울이 함락되었다. 국방 책임자들 중 가장 황당한 사람은, 국방장관 신성모였다. 신성모는 1919년에 조선의 위임통치를 국제연맹에 청원한 이승만을 성토한 적이 있음에도 불구하고, 이승만 정부에서 승승장구했다. 외국상선 선장을 지낸 그는 국회에 나가, "5,000톤급 배 한 척만 주면, 공산당을 다 치고 바다를 다 치겠다." "전쟁 나면 점심은 평양에서, 저녁은 신의주에서 먹을 수 있다"고 큰소리쳤다. 전쟁이 터져, 북한군이 밀려오고 있는데도, 육군 참모총장 채병덕과 입 맞추어, 〈우리가 지금 이기고 있다〉고 허풍을 떨고는, 황망히 서울을 버리고 달아났다.

가장 신바람 난 사람은 역시 대통령 이승만이었다. 유일한 북진통일 수단인 전쟁이 일어났기 때문이다. 6월 26일 밤, 국회가 심야회의까지 열어, 〈수도 사수결의〉를 했음에도 불구하고, 비상국무회의에서 수도를 수원으로 옮기기로 결정하고는, 그 몇 시간 뒤인, 다음날(27일) 새벽 비상열차를 타고 도망쳤다. 비밀이 샐까 봐 비서진에게만 알리고, 국방장관, 군지도부, 국회에는 아무 통지 없이 가만히 떠나 단숨에 대구까지 갔다.

지난해 가을(1949년 10월 8일), 미국 UP통신 부사장과의 회견에서 "제3차 세계대전을 우려해서 북진을 유예한다."고 한 사람이 대구까지 내려갔다. 수원 천도를 결정해놓고 대구까지 달아난 것이 멋쩍었던지 대전으로 되돌아가 한국에 단 하나뿐인 KBS 라디오방송 기자를 불러, "동포 여러분. 아군이 의정부를 탈환했다. 계속 진격하고 있다. 서울시민은 안심하라."는 육성 방송을 했다. 이 녹음은, 6월 27일 밤 10시부터 12시까지 계속 방송되었다. 이미 미아리에 포성이 들리고 있을 때다. 다음날 새벽에는 한강 다리가 폭파되었다. 존경하는 우리 대통령, 이승만의 육성 방송을 굳게 믿고 잠자던 서울시민은 꼼짝달싹 못하고 갇히는 신세가 되고 말았다. 서울대 문리대 교수이던 김성칠은, 그때 사정을 이렇게 썼다.

1950년 6월 26일. "오늘 하루 호외가 두 번이나 돌고, 신문은 큼직한 활자로 '괴뢰군의 38 전선(全線)에 긍(亘)한 불법남침'을 알리었다. 시시각각으로 더해지는 주위의 혼란과 흥분과는 딴판으로 신문 보도는 자못 자신만만하게 "적의 전면적 패주"라느니 "국군의 일부 해주시의 돌입"이라느니 "동해안 전선에서 적의 2개 부대가 투항(投降)"이라느니 하는 낙관적인 소식들을 전하여주고 있다." (김성칠, 역사 앞에서, 창작과비평사, 59쪽)

1950년 6월 27일. "라디오를 틀어놓으니 대한민국 공보처 발표라 하고 아침에 수원으로 천도 운운한 것(신성모 국무총리서리의 특별방송)은 오보이고, 정부는 대통령 이하 전원이 평상시와 같이 중앙청에서 집무하고 있고 국회도 수도 서울을 사수하기로 결정하였으며, 일선에서도 충용무쌍한 우리 국군이 한결같이 싸워서 오늘 아침 의정부를 탈환하고 물러가는 적을 추격중이니 국민은 군과 정부를 신뢰하고 조금도 동요함이 없이 직장을 사수하라고 거듭 외치었다. 그러나 자꾸만 가까워지는 총포성은 무엇을 의미함일까?" (앞의 책, 63~64쪽)

대전에 자리 잡은 대통령 이승만은, 임시수도 수원이 아니라, 한참 더 남쪽인 대전에서 비상 국무회의를 소집하여, 비상전시령인 〈비상사태 하의 범죄처벌에 관한 특별조치령〉을 의결하고(28일), 이를 6월 25일 자로 소급하여 〈긴급명령 제1호〉로 반포했다.

> "비상사태라 함은 단기 4283년 6월 25일 북한 괴뢰집단의 침략에 인하여 발생한
> 사태를 말한다. 본령에 규정한 죄의 심판은 〈단심〉으로 하고 지방법원 또는 동 지원
> 의 단독판사가 행한다. 본령에 규정한 죄에 관한 판결에 있어서는 증거 설명을 생략
> 할 수 있다."

이는 곧, 〈아무 증거가 없어도 용의자를 처단할 수 있는〉 긴급명령이다. 비상사태
하에서, 반민족적, 비인도적 범죄를 신속하게 처벌 한다는 미명 하에, 부역자나 부역
자로 의심되는 자는 물론, 정적도 마음대로 죽이려는 반인륜적 살인명령이다. 일본
에 독립운동 할 때는 폭력을 꾸짖으며 평화적 외교독립운동만 하라던 선교사가 동
족은 〈무조건 죽여라〉다.

이 법령에 의하여, 6월 말부터 8월 중순까지 국민보도연맹원, 형무소 재소자 등
수 많은 사람들이 재판 없이 무더기로 죽임을 당했다. 또 이 법령을 빙자하여, 국군
11사단을 비롯한 국방군과 경찰이 거창, 함양, 산청, 남원, 영광, 함평 등지에서 빨치
산이던 민간인이든, 어른이든 아이든 가리지 않고 모두 죽였다. 일제 강점기 악독한
왜놈이 조선 독립군에게 저질은 악행과 조금도 다르지 않은 반인간적 만행을 동족
에게 저질렀다.

갈팡질팡 허둥대는 한국 정부와는 정반대로, 미국 정부는 재빠르고 단호하게 대
응했다. 북한군이 쳐내려오자마자, 기다리기나 한 것처럼 즉시 유엔안전보장이사회
(안보리)를 긴급 소집했다. 6월 25일이 일요일인데도 불구하고 오후 3시에 개최된 안
보리에서 미국 대표는 "북한의 남한에 대한 무력공격은 평화파괴행위"라면서, "북
한군이 즉각적으로 38도선 이북으로 철수할 것"을 요청하는 결의안을 제출하여 9 :
0으로 가결시켰다. 거부권이 있는 상임이사국 소련 대표가 장기 결석 중이었고, 유
고는 기권했다.

유엔의 〈즉각 철수〉 결의에도 불구하고 북한군이 계속 밀고 내려오자, 미국 정부
는 다음날 안보리를 다시 소집하여 미국과 유엔이 보다 더 적극적인 조치를 취해줄
것을 호소하는 대한민국 대통령의 요청을 받아들여, "한국에 대한 군사공격을 격퇴
하고 그 지역의 국제평화와 안전을 회복하는데 필요한 원조를 한국에 제공할 것"을

결의했다.

미국은, 북한의 남침을 국제사회에 널리 알려 개입 명분을 쌓자마자 한국 파병을 결정했다(27일). 트루먼은, 극동군사령관 맥아더에게 한국군에 즉시 무기를 공급하고 군사지원을 시작하라 명령하고 동시에 해, 공군에게 한국 출동명령을 내렸다. 채 이틀이 안 걸렸다.

맥아더는 "트루먼 대통령의 한국전 참전 결정이 세계를 공산주의 지배로부터 구제하는 역사적인 일"이라 극찬하면서, 즉시 공군에 출격 명령을 내렸다. 그날 밤, 미국 제5공군 소속 B-26 폭격기가 첫 폭격에 나가고, 다음날 낮에는 F-80, F-82 전투기와, 미국 제20공군 소속 B-29 폭격기도 참전했다(김철범, 한국전쟁과 미국, 248쪽). 드디어 6월 30일, 트루먼은 맥아더에게 해, 공군뿐 아니라 지상군도 투입할 수 있는 권한과 함께, "필요시 38도선 이북의 군사목표를 공격할 수 있는 권한을 부여했다"고 발표했다. 6월 27일, 트루먼이 미국 의회지도자들에게 해군과 공군이 이미 한국 전투에 참가하고 있다고 말한 것으로 미루어보면, 미국이 북한의 침략에 얼마나 재빠르고 치밀하게 대처했던 가를 잘 알 수 있다.

미국의 발 빠른 대응과는 달리 북한군은 느긋했다. 서울을 점령하자, 사흘 동안 승리를 자축하며 편히 쉰 뒤에야 남하하기 시작했다. 소련제 탱크를 앞세워 파죽지세로 남진하다가, 6월 30일 오산에서 처음으로 미국군 선발대와 마주쳤다. 맥아더가 일본에서 비행기로 실어 보낸 미국 육군 제24사단 특수부대 1개 대대병력이 북한군을 막아섰으나, 역부족이었다. 다음에는 일본 규슈에서 급파된 제24사단 본진이 대전에서 북한군을 막아섰다. 주한 미군사령관 겸 제24사단장 딘(William Dean) 소장이 직접 북한군 남진을 저지했지만 실패했다(7월 20일). 패전해 도망다니던 딘 소장은 한 달 뒤 전북 진안에서 북한군 포로로 잡혔다(8월 20일). 9월 중순까지 북한군은 동으로는 경북 경주, 영천, 대구, 서로는 경남 창녕, 마산을 잇는 경상도 남단을 제외한 모든 한국 땅을 점령했다.

전쟁이 진행되면서 전쟁의 성격도 바뀌어 갔다. 7월 9일 안보리가 미국이 주도하는 〈유엔군사령부〉 설치를 의결하여, 미국은 국제연합군(유엔군)의 이름으로 한국전을 치를 수 있게 되었다. 이제 전쟁의 성격이 북한군과 한미연합군의 대결에서 북한군 대 서방연합군(유엔군)의 대결로 승격했다. 유엔군 총사령관은 물론 미국 극동군 총사령관 맥아더다. 신바람 난 이승만은 7월 14일, 한국군의 전시작전지휘권(전작권)을 미국군에게 넘겨주는 협정을 맺고는 트루먼에게 "38도선을 무시하고 북진 통일을 완수해야 한다."는 친서를 보냈다.

전투는, 9월 13일을 고비로 유엔군에 유리해졌다. 영천전투에서 북한군을 격퇴하면서 전세가 역전되기 시작했다. 과속 남진하다 지친 북한군이 세계 최강 전투력, 특히 제공권을 독점한 미국군의 물량 공세에 무너져 내렸다. 맥아더가 모험적으로 감행한 인천상륙작전마저 성공하자(9월 15일), 북한군은 두 동강 나 황망히 달아났다.

인천 상륙에 성공한 미국군이 9월 28일 서울을 빼앗았다는 소식을 들은 이승만은, "하루 빨리 유엔군이 38도선 이북으로 진격하여 북한 괴뢰군을 완전 소탕해야 한다."는 담화를 발표했다. 다음날, 맥아더는 서울을 대한민국 정부에 넘겨주는 〈수도 탈환식〉을 거행했다. 미군이 도로 찾아 이승만에게 넘겨준 서울 표정을 보자.

〈1950년 10월 16일〉 인공국 시절에 '계속 남진 중'이란 말이 웃음거리로 유행하더니, 지금은 '남하'란 말이 세도가 당당하게 씌어가고 있다. 지난 6월 27일 "우리는 중앙청에서 평상시와 다름없이 일 보고 있으며 우리 군은 이미 의정부를 탈환하고 도처에서 적을 격파하여 적은 전면적으로 패주하고 있는 중이니 시민은 안심하고 직장을 사수하라" 하고 목이 메도록 거듭 되풀이하여 방송하는 사이에 정부는 '남하'하고 모당(某黨)은 국민을 포탄 속에 속여서 내버려 두고 당원끼리만 비밀로 연락하여 '남하' 를 권면하였다 하고 정부의 고관 혹은 모당의 당원이 아니더라도 눈치 빠른 사람들은 약삭빠르게 피난하여 정처 없이 나선 것이 그럭저럭 가다 보니 대구나 혹은 부산에서 우연히 정부와 행동을 같이하게 되어 이른바 '정부를 따라 남하한' 것이 되고, 어리석고도 멍청한 많은 시민(서울시민의 99% 이상)은 정부의 말만 믿고 직장을 혹은 가정을 '사수'하다 갑자기 적군(赤軍)을 맞이하여 90일 동안 굶주리고 천대 받고 밤낮없이 생명의 위협에 떨다가 천행으로 목숨을 부지하여 눈물과 감격으로 국군과 UN군의 서울 입성을 맞이하니 뜻밖에 많은 '남하'한 애국자들의 호령이 추상같아서 "정부를 따라 남하한 우리들만이 애국자이고 함몰 지구에 그대로 남아 있는 너희들은 모두가 불순분자이다" 하여 곤박이 자심하니 고금 천하에 이런 억울한 노릇이 또 있을 것인가(앞의 책, 251~252쪽).

10월 1일 한국군이 미국의 허락을 받아 맨 먼저 38도선을 넘었다. 다음날에는 미국군도 넘어갔다. 38도선을 넘어도 된다는 안보리 결의는 아직 없었다. 맥아더는, "유엔군이 38도선을 넘어가도 좋다"는 미국 정부의 사후 결정을 한국 정부에 전달하는 한편, 북한정부에게 항복을 요구하는 최후통첩을 보냈다. 미국군 제8군은, 서쪽에서 평양으로 북진하고, 제10군은 동쪽에서 원산방면으로 북한군을 맹추격했다. 유엔총회는 10월 7일에야, 뒤늦게, 군사적 점령에 의한 한반도의 통일을 허용하는 〈한국통일에 관한 공동결의안〉을 통과시켜, 이미 북한 땅 깊숙이 쳐들어 간 유엔군의 〈침략행위〉를 사후 승인했다.

10월 19일, 미국군이 서쪽에서는 평양, 동쪽에서는 함흥을 점령했을 때, 중공군이 가만히 압록강을 건넜다. 그동안 미국군의 발 빠른 북진과 만주 폭격으로 긴장하고 있던 중화인민공화국(중공)이 드디어 행동을 개시했다. 민족통일을 목표로 한 배달민족의 내전이 마침내 공산주의 진영군과 자본주의 진영군이 대결하는 체제대전으로 확대되었다. 맥아더는 중공군 참전을 보고받고서도, 소수 의용병이 북한을 도우러 온 것으로만 믿으려 했다. 유엔군이 모든 전선에서 승리하여, 압록강과 두만강을 코앞에 두고 있어 소수 의용병쯤은 그리 문제 될 것 같지 않았다. 중공 참전은 절대 없을 것이라 장담하던 맥아더의 중차대한 판단 착오는, 미국이 예상한 국지전을 넘어, 제3차 세계대전으로 발전할지도 모르는 단계에 이르렀다.

맥아더는, 중공군이 기하급수적으로 불어난 뒤에야 비로소, 11월 5일 유엔군이 현재 중공군과 교전하고 있다는 특별보고서를 안보리에 제출하는 한편, 미국 극동공군 사령관에게, B−29 폭격기 90대로 신의주와 만주를 잇는 압록강 철교를 폭파하라고 명령했다. 미국 국무부는 즉시 이를 유세중인 대통령에게 보고하고, 트루먼은 즉시 폭격 중지명령을 내렸다. 미국 정부는 한국 내전이 중국으로까지 번지는 것을 원치 않았다.

맥아더는, 아군의 붕괴를 막기 위해서는 불가피하다면서, 강력히 재고를 촉구했지만 받아들여지지 않았다. 화가 난 맥아더는, 워싱턴의 염려에도 불구하고, 11월 24일 아침, 공산군 섬멸 총공격을 개시한다는 특별성명을 발표했다. 온 힘을 기울인 중공군 섬멸작전은, 첫날에는 순조롭게 진행되었다. 그러나 다음날 오후, 강력한 중공군의 측면 기습공격을 당하면서 주도권을 빼앗겨 총퇴각 명령을 내리지 않을 수 없게 되었다(28일).

예기치 못한 유엔군 붕괴에 맞닥뜨린 미국 정부는 양자택일 갈림길에 섰다. 전쟁을 중국으로 확대하여 중국군과 북한군을 함께 궤멸하든가, 아니면 미국군과 서방 동맹군을 보호하기 위해 정전할 것인가를 결정해야만 했다. 영국 등 서방동맹국은, 어떠한 정치적 대가를 치르더라도 미국이 정전에 응할 것을 강력히 요구했다. 미국 정부도 정전이 불가피하다는 쪽으로 기울어 있었다. 그러나 맥아더는 달랐다. 전쟁을 확대하지 않으려고 하는 것은 승리할 의사가 없는 것이라고 맹비난했다.

전쟁이 불리해지자, 맥아더는, 유엔군을 평양과 원산을 잇는 방어선으로 물리고 (11월 28일), 다음날에는 청천강 이남으로 후퇴시켰다. 12월 4일, 평양에서 물러나고, 12월 24일에는 흥남에서도 철수했다. 중공군의 지원을 받은 북한군은 12월 26일 다시 38도선을 넘고 다음 해 1월 4일 서울을 두 번째 점령했다. 미국군은 다시 오산까지 후퇴했다. 군대를 재정비한 미국군은, 압도적으로 우세한 공군으로 중공군의 진격을 차단해 1월 20일부터 반격을 개시했다. 3월 14일 서울을 도로 찾고, 3월 24일에서 30일까지 중공군을 38도선 이북으로 밀어내고, 6월 11일에는, 중부전선에서 38도선을 넘어 철원, 금화 등 요지를 점령하는 데 성공했다. 그러나 그 뒤로는, 모든 전선이 38도선을 중심으로 하여 교착상태에 빠졌다. 전쟁은 사실상 끝났다. 전쟁이나 전투능력보다 정치문제가 더 중요해졌다.

중공군이 참전하면서부터, 미국 정부와 한국전쟁 주역인 맥아더 사이에 전쟁의 성격을 둘러싼 의견충돌이 커졌다. 과감한 인천상륙작전 성공으로 안하무인이 된 맥아더는, 전쟁을 중국 대륙으로 확대하여 중공을 굴복시켜 한반도문제를 즉시 해결코자 했다. 1950년 12월 30일, 맥아더가 합참에 보낸 전략은 이렇다.

(1) 중국해안 봉쇄. (2)중국본토 군수산업시설 폭격.
(3) 장개석군 한국 파견. (4) 장개석군 중국본토 공격.
(5) 원자탄 사용.

이에 대해 합참은, "유엔군의 전력보존을 유의하면서 축차적인 방위작전을 수행하라"라고 지시했다.

화난 맥아더는 "유엔군의 전면철수를 피하기 위해 중공에 보복조치를 취하든가, 아니면 일본방위와 유엔군 전력보존을 위해 한반도를 포기하든가 양자택일하라"고 맞섰다. 트루먼, 1월 13일 "최악의 경우, 유엔군은 제주도 같은 남한 연안의 섬으

로 철수해서 전투를 계속할 수도 있다"면서, 맥아더의 제의를 거절했다. 트루먼은,
전쟁이 확대되는 것은 원하지 않지만, 어떠한 경우에도 한국을 포기할 생각이 없다
는 것을 명백히 밝혔다.

제14장
무법천지

1. 백성이 사람이냐

6. 25 전쟁 동안, 대한민국 정치와 사회는 글자 그대로 난장판이었다. 지레 겁먹은 대통령이 정신없이 허둥댄 것이 가장 큰 원인이었다. 대전에서 비상 국무회의를 주재하던 이승만은 북한군이 계속 남쪽으로 밀고 내려오자, 7월 1일 새벽 3시 또다시 대통령 전용열차를 타고 〈남진〉했다. 이번에는 경부선이 아니라 산 없는 호남선 타고 목포로 가 무장선으로 바꾸어 타고 부산으로 〈몽진〉했다. 대통령이 또 갑자기 사라진 대한민국 정부는, 일단 대구로 천도키로 결정했다가(7월 16일), 다음날, 다시 대통령이 기다리는 부산으로 임시수도를 바꾸었다. 북한군은 7월 20일에야 대전에 들어갔다.

국회도 정부 따라 내려와 7월 27일 첫 〈천도국회〉를 열었으나 곧 휴회하고, 한 달도 더 지난 9월 1일에야 겨우 다시 개회했다. 6.25 전쟁이 나고부터 줄곧 이승만으로부터 푸대접만 받아온 국회가 이승만을 좋아할 리 없다. 개회하자마자 혼자 도망 다닌 대통령의 독선과 무책임을 성토하고, 독재정치 규제에 나섰다.

맨 먼저, 잔학한 긴급명령 제1호 〈비상사태 하의 범죄 처벌에 관한 특별조치법〉에 의한 인권 유린을 막기 위해, 〈사형(私刑)금지법〉을 의결하고(18일), 〈대통령비상조치령에 관한 개정법률안〉과 〈비상조치령폐지법률안〉을 통과시켰다. 그러나 이승만은, 국회가 의결한 모든 법안에 거부권을 행사했다. 국회도 이에 맞서 이승만의 부정부패와 잔학행위를 폭로하여 국민의 실망과 분노도 함께 커졌다.

　정부가 저질은 수많은 잔학행위 중에서도 가장 소름 끼치는 사건은, 국민보도연맹원학살사건, 국민방위군사건, 거창양민학살사건이었다. 모두 다 인간이 한 짓이라고는 믿기 어려운 잔혹하기 그지없는 학살사건이다.

2. 국민보도연맹사건

　국민보도연맹은, 대한민국정부가 1949년 6월 5일에 국가보안법에 저촉되는 자나 전향자들을 강제로 가입시켜 만든 〈좌익보호감시기구〉인 동시에, 〈대한민국정부 절대지지〉, 〈북한정권 절대반대〉, 〈남로당 분쇄〉를 행동강령으로 하는, 〈친정부 반공단체〉였다. 일제가 1938년 7월에, 사상범 등 불령선인의 사상전향을 강요하며 만든 〈시국대응전선사상보국연맹〉을 운용한 경험이 있는 공안관계자들이, 그 조직을 그대로 본떠 만든 기구이다. 가입조건도 일제 때와 똑같다. 남로당 등 국가보안법에 저촉되는 단체에 가입한 적이 있는 좌익 사상자들을 전향서 받아 가입시켰다.

　그러나 실제로는 좌익정당 가입자 말고도, 건준이나 건준 치안대 등 건국운동에 참여했거나, 그 단체의 집회에 한 번이라도 참여하여 박수 친 일이 있는 사람까지 모두 강제로 가입시켰다. 이런 사람들만도 아니었다. 공짜 배급표 준다니까 배급표 받으러 간 사람들, 심지어 호기심 많은 10대 중학생들까지, 지방 관리의 머리수 채우기 작전에 말려들어 도장 찍은 경우가 허다했다. 덕분에, 1949년 말에는, 회원수가 30만을 넘는, 국내 최대 규모의 국가주도형 〈반북반공단체〉로 급성장했다.

　6.25 전쟁이 터지자, 친정부 반공단체, 보도연맹의 위상이 갑자기 뒤집혔다. 정신 없이 허둥대던 반공투사 이승만은, 과거에 좌익 경력이 있는 보도연맹원이 북한군에 동조할까 두려워, 아예 확실히 없애버리기로 마음먹었다. 그래서 나온 것이 〈비상사태 하의 범죄 처벌에 관한 특별조치령〉 곧 〈긴급명령 제1호〉다. 가뜩이나 공산당을 미워하는 대한민국 정부 관리와 국군, 경찰과 반공청년단체들은, 이 사실상의 〈살인명령〉을 앞세워, 조금이라도 사상이 의심스럽다고 생각되면 닥치는 대로 쓸어버렸다.

가장 먼저, 가장 많이 잡혀 죽은 사람들이 국민보도연맹원이다. 정부 믿고 소집명령에 따른 사람이나, 미리 검속된 사람이나 간에 모두 집단으로 즉결처분되었다. 얼마나 많은 보도연맹원이 언제, 어디에서, 어떻게 학살되었는지는 아무도 모른다. 학살 과정에 서북청년단 등 극우 반공단체들이 군경 보조역할을 한 것으로 미루어 볼 때, 즉흥적이거나 우발적인 잔학행위가 아니라 철저히 기획된 계획적 학살작전이었던 것을 충분히 알 수 있다. 정부주도하에 공공연하게 민간인을 대량 학살한 비인도적 만행에, 국제적 비난이 들끓었으며, 보다 못한 미국 정부마저 한국 정부에 〈민간인을 학살하지 말라〉고 공식적으로 경고했다.

3. 국민방위군사건

국민방위군은, 1950년 12월 16일 〈국민방위군설치법〉에 의하여, 만 17세에서 40세 미만의 제2국민병으로 구성된 군사조직이다. 중공군의 인해전술에 맞서 싸우려면 많은 병력이 필요하다는 정부 판단에 따라 서둘러 만든 군대다. 12월 21일, 대통령의 소집명령이 떨어지자마자 50만이 넘는 애국청년이 순식간에 모여들었다. 1951년 1월 3일, 정부가 다시 부산 천도를 결정하여, 30만 서울시민이 얼어붙은 한강을 건널 때, 서울, 경기 등 각지에서 모여든 50~60만 국민방위군도, 자의 반 타의 반 정부따라 함께 남하했다. 그냥 두면 북한의용군으로 편입될 수 있는 장정들을 남겨둘 수는 없었다.

문제는 이 거대한 신병집단을 관리할 예산이었다. 1951년 1월 30일, 국회에서 국민방위군 50만 명의 3개월 치 예산 209억 원이 책정되었다. 이 돈으로는 100만에 가까운 국민방위군 식비에도 모자랐는데, 이마저도 국민방위군 장교로 벼락출세한 대한청년단 간부들이 횡령하여, 무수한 방위군이 굶어 죽고 얼어 죽었다. 배고픔과 추위를 견디지 못한 방위군 〈거지〉들이 목숨 걸고 집단 탈출한 뒤에야, 비로소 이 어마어마한 참사가 국민에게 알려졌다. 정부 공식 통계로는, 동아사자가 1,700명이었지만, 실제 희생자는 5~10만은 된다고 했다.

정부는 사건을 축소 은폐하려 했다. 국민방위군 사령관이 이승만 정부 실세 신성모 국방장관 사위이기 때문이다. 신성모는 장인 덕에 대한청년단 단장에서 일약 육군 준장에다 국민방위군 사령관으로 초고속 출세한, 씨름선수 김윤근을 살리기 위해 백방으로 노력했으나 실패했다. 이승만은 신성모를 편애하고 있었지만, 여론이 워낙 거칠어 부득이 면직했다.

이기붕이 후임 국방장관으로 임명된 뒤, 국회가 사건을 다시 조사한 결과 방위군 간부들이 방위군 예산 10억 원을 착복하고, 정계에 수천만 원의 뇌물을 준 것이 드러났다. 분개한 부통령 이시영이 "국정혼란과 사회부패상에 대한 책임을 통감한다."는 대국민성명을 내고, 국회에 부통령직 사임서를 제출했다.

얼마 뒤, 다시 열린 공개 군사재판에서, 국민방위군사령관 김윤근 등 간부 5명에게 사형이 선고되고, 즉시 공개 처형되었다. 그러나 뇌물 받은 정관계 인사들에 대한 조사나 처벌은 전혀 이루어지지 않았다.

4. 거창양민학살사건

민간인 학살 소문은 6.25 전쟁 전에도 심심찮게 나돌았다. 전라, 경상, 강원도 등 여러 산골에서 벌어진 소규모 공비소탕은 말할 것도 없고, 제주도에서와 같은 대규모 초토화 작전으로 무더기로 죽였다는 소문도 있었다. 6.25 전쟁이 터진 뒤로는 더욱 심했다. 용감무쌍한 반공투사들이 공비소탕 무용담을 신나게 떠벌리고 다녀도 탓하는 사람이 없었다.

실제로, 이승만이 발령한 긴급명령 제1호 〈비상사태하의 범죄처벌에 관한 특별조치령〉이 나온 뒤로는, 법을 빙자하여 닥치는 대로, 즉결처분했다. 모두 빨갱이로 몰아, 〈법과 원칙〉에 따라 죽였으니, 아무런 하자 없는 공정한 〈법치행위〉이다. 재판이 있을 리 없다. 어쩌다 있는 재판 기록이란 것도 마음대로 짜 맞춘 것이었다. 빨갱이는 사람이 아니었다. 붉은 악마였다.

군인과 경찰, 그리고 극우반공단체가 저지른 수많은 만행들이 거의 모두 아무 탈 없이 흐지부지 묻혀버렸지만 기적적으로 밝혀진 것 중 하나가 거창 양민학살사건이다.

거창 양민학살사건은 1951년 2월 빨치산 토벌에 동원된 육군 제11사단 장병들이 경남 거창군 신원면 일대의 민간인을 무차별 학살한 만행이다. 공비토벌 명목으로 출동한 11사단 9연대 1대대 장병들이 2월 10일과 11일 이틀 동안 남녀노소 주민 570명을 산으로 끌고 가 총살하고, 시체에 휘발유를 뿌려 태운 뒤에 매장한 흉악무도한 학살사건이다. 기적적으로 살아나온 사람들의 제보로 이 사실이 세상에 알려지자, 온 국민이 하늘을 우러러 원망했다. 국회는 즉시 내무, 법무, 국방부 공동 진상 조사단을 만들어 현장에 급파했다. 이참에 공비토벌작전을 빙자하여 수없이 자행되고 있는 양민 학살의 진상을 파악하고자 했다.

숱한 양민학살 소문이 사실로 밝혀져, 민심이 이반할 것을 두려워한 이승만 정부는, 곧장 국회조사단의 조사방해공작에 돌입했다. 이승만의 심복 경남지구 계엄사령관 김종원 대령이 직접 나서, 국군 1개 대대를 공비로 위장시켜, 조사 가는 국회조사단에게 위협사격을 가해 조사를 중단시키는 한편, 죽은 자들은 모두 양민이 아니라 진짜 빨갱이들이라고 억지 주장하여, 사건을 은폐 호도하려 했다. 그러나 위장 습격음모가 폭로되자, 국회는 다시 조사단을 파견하여(5월 8일) 사건 전모를 밝혀내었다. 정부도 더 이상 감출 수 없었다. 내무, 법무, 국방 3부장관이 자진 동반 사임하고 11사단장 최덕신을 직위해제했다.

12월에 열린 군법회의에서, 양민학살을 저지른 11사단 9연대장 오익경 대령은 무기징역, 3대대장 한동석 소령은 징역 10년, 국군을 공비로 위장시켜 국회조사단의 조사를 방해한 경남지구계엄사령관 김종원 대령에게는 징역 3년형이 선고되었다. 수많은 죄 없는 양민들의 억울한 죽음에 비하면 너무나 가볍고 관대한 징벌이다. 그러나 그마저도 지켜지지 않았다.

이승만은 즉시 특별사면령을 내려 범죄인 모두를 석방했으며, 한술 더 떠 조사방해작전을 지휘한 김종원을 경찰로 특채하여 경찰 최고위직인 내무부 경찰국장에 임명했다. 무고한 사람들을 그렇게나 많이 그렇게도 잔인하게 학살하고도 책임진 자는 단 하나도 없었다.

1. 부산정치파동

1951년 5월 15일 민국당은, 공화구락부의원 30여 명의 지지를 얻어 반 이승만 선두주자 김성수를 새 부통령으로 뽑았다. 이승만이 긴장하지 않을 수 없다. 1948년에 선출된 이승만의 대통령 임기는 1952년에 끝난다. 헌법상, 이 국회에서 재선되어야만 다시 대통령 할 수 있다. 그러나 가장 강력한 반 이승만 지도자를 부통령으로 뽑은 지금 국회 분위기로는 재선될 가능성이 전혀 없다. 국회를 개편하든가, 대통령 선출방법을 바꾸지 않는 한 대통령 더하기는 글렀다. 그래서 나온 것이 〈대통령직선제개헌〉이다.

1951년 8월 15일, 이승만은, 광복절경축사에서 "농민과 노동자를 토대로 삼아, 일반 국민이 나라의 복리와 자기들의 공동복리를 확보하기 위하여," 노동자 농민의 새로운 정당을 만들겠다고 선언했다. 신당조직 담화도 발표했다(8월 25일). 정당무용론을 입버릇처럼 되뇌던 이승만이, 그것도 전혀 어울리지 않는 노농정당을 마치 전제군주가 정부기구 만들듯 발표했다.

이승만이 정당 창건을 발표하자마자, 즉시 충성스런 추종자들이 국회 안팎에서 동시에, 〈성의〉(聖意)를 관철하기 위한 충성 경쟁을 벌였다. 원내에서는 공화민정회를 중심으로, 원외에서는 이범석의 족청을 중심으로 정당조직을 추진했다. 여기에, 대한독촉국민회, 대한청년단, 대한노동조합총연맹, 농민조합총연맹, 대한부인회를 비롯한 국내 모든 관변단체들이 총집결했다. 임시 당명을 「자유당」으로 정했다.

그러나 이승만이 또 갑자기 〈대통령직선제와 국회상하양원제 개헌안〉을 내어놓자(11월 30일), 충성 경쟁하던 자유당 추진세력이 갑자기 개헌안 찬반으로 분열하여, 원내파와 원외파 두 자유당이 동시에 생겨났다. 원외정당이 먼저 「통일노동당」을 창당하여(12월 17일), 원내 세력과의 통합을 전제로, 「원외자유당」으로 이름을 바꾸고, 당수에 이승만, 부당수 이범석을 선출했다. 원내파는 원외파와 관계없이 〈원내자유당발당준비위원회〉를 열어 「원내자유당」을 만들었다(12월 23일). 두 〈자유당〉 생각은 달랐다.

원외자유당은 이승만의 뜻을 받들어, 직선제 개헌안을 적극 지지했다. 그러나 원내자유당은 국회가 가지고 있는 대통령 선출권을 포기할 생각이 없었다. 이승만을 대통령으로 추대는 하되, 내각책임제로 개헌하여 국회가 실권을 갖기를 원하는 의원이 더 많았다. 장택상 등 대통령제 개헌안을 지지하는 소수의 잔류파(간부파)는, 원외자유당과의 합당을 주장했지만, 다수인 합동파(삼우장파)는 원외자유당과는 무관한 원내조직으로 남아 국회가 가지고 있는 기득권을 지키려했다.

이듬해(1952년) 1월 18일, 정부가 국회에 제출한 〈대통령직선제 개헌안〉이 재석의원 163명 중, 가 19표, 부 143표, 기권 1표의 압도적 표차로 부결되자, 이승만이 격분했다. 원외자유당을 비롯한 관변단체들이 또다시 총출동하여, 〈개헌안 부결반대 민중궐기대회〉를 열고, 개헌안 반대의원에 대한 국민소환운동을 펼치면서 국회를 압박했다.

야당 민국당은 이승만 지지세력이 분열되어 있는 틈을 타 내각책임제 개헌을 적극 추진했다. 4월 17일, 원내자유당 일부와 민우회, 무소속 등 반이승만 의원들을 포섭하여, 곽상훈을 비롯한 국회의원 122명의 서명을 받아, 〈내각책임제 개헌안〉을 국회에 제출하고, 국회가 이를 공고했다(5월 7일). 내각책임제 개헌안에 서명한 의원 122명은, 개헌선인 국회제적의원 2/3를 넘는다. 따라서 본회의에 상정만 되면, 즉시 국회를 통과할 수 있다. 급히 무슨 조치를 취하지 않는 한, 내각제개헌안이 통과될 것이고, 통과되면 이승만은 재선된다고 하더라도 지금 같은 전제권력을 행사할 수 없게 된다.

다급해진 이승만은, 당장 원외 관변단체들에게 동원령을 내렸다. 대통령의 명령이 떨어지자마자, 원외자유당을 비롯한 18개 어용단체가 「내각책임제 개헌안반대

전국정당투쟁위원회」를 조직하여, 국회를 비난하는 성명과 더불어 시위에 나섰다. 뿐만 아니라, 지방의회 선거에서 압승한 자유당이 전국 모든 지방의회 의원들을 총동원하여 연일 국회를 압박했다. 이승만은, 대통령직선제 개헌에 소극적인 국무총리 장면을 해임하고, 대신 직선제 개헌을 적극 지지하는 장택상을 국무총리로 임명했다.

내각제 개헌을 둘러싸고, 국회 내에 찬반양론이 날카롭게 대립하고 있을 때, 내각책임제 개헌에 앞장선 서민호 의원이, 현역 대위를 사살하여 구속되었다. 국회는, 서의원의 살인이 정당방위이고, 구속은 정치적 음모라 판단하여, 즉시 〈서민호의원 석방결의안〉을 가결했다(5월 14일). 바로 이날, 정부도 부결된 바 있는 대통령직선제 개헌안을 수정한 〈대통령직선제 및 양원제개헌안〉을 국회에 제출하고, 국회가 이를 공고했다. 국회에는 이제, 국회가 자체 발의한 〈내각책임제 개헌안〉과 정부안인 〈대통령직선제 및 양원제 개헌안〉이란 대립되는 두 개헌안의 표결을 앞두게 되었다.

5월 19일, 서민호 의원이 〈국회의원 석방결의〉에 의하여 석방되자, 임시수도 부산은 아수라장이 되었다. 민중자결단, 땃벌떼, 백골단 같은 어용단체들이, 매일 "살인국회의원을 석방한 국회는 해산하라"며, 정부, 국회, 국회의장관사, 대법원청사 등 정부기관을 습격 포위했다. 23일에는 〈반민족국회의원추방운동〉 시위대가 국회를 포위하고, 다음날에는 국회 앞에서 거창한 〈민족자결선포대회〉를 거행했다. 모든 지방의회도, 국회해산 요구를 결의하고, 〈반민의국회해산 궐기대회〉를 열어 가세했다.

임시수도 부산의 국회 해산 시위가 험악해지자, 이승만 정부는, 난데없이, 5월 25일 0시를 기해, 부산을 포함한 경상남도와 전라남북도 일부 지역 23개 시 군에, 〈공비소탕 비상계엄〉을 선포했다. 즉시 언론이 검열되고, 내각책임제개헌을 주도하는 서민호, 정헌주, 이석기 의원 등이 구속되었다. 다음날에는, 국회의원 40여명을 태우고, 국회와 함께 있는 임시중앙청으로 들어가던 국회 통근버스가, 중앙청 정문에서 헌병대로 끌려가, 곽상훈 등 국회의원 12명이 국제공산당 연류혐의로, 구속되었다.

국회도 강력히 맞서, 28일 〈계엄해제요구결의안〉과 〈구속의원즉시석방 결의안〉을 의결했다. 정부의 반응이 없자 5월 29일 김성수 부통령이, 이승만 대통령을 비난하는 성명을 내고, 국회에 부통령직 사표를 내었다. 6월 20일, 이시영, 김성수, 김창숙, 백남훈, 장면 등 재야인사 60여 명이, 국제구락부에서 반독재호헌구국투쟁위원회를 만들어 호국선언대회를 열려는 순간, 정체불명의 괴한들이 쳐들어와 대회를 무산시켰다.

보다 못한 유엔한국위원단이 나섰다. 이승만 대통령에게 체포된 국회의원들의 석방을 요청하고, 부산 등지의 계엄령 해제를 요구하는 등, 사태의 진전을 심히 우려한다는 강경한 성명을 발표했다. 미국 대통령 트루먼도, 이승만 정부에 원만한 사태해결을 촉구하는 각서를 보냈다. 그러나 소용없었다. 도리어 분위기가 더 험해졌다. 모든 지방의회가, 이승만 대통령에게 대통령직선제 지지문을 전달하고, 전남의 모든 지방의회의원들이 국회해산운동에 동참하러 부산에 모여들고, 전국 659개 면의회가, 〈국회를 해산하고 총선거를 실시하라〉는 결의문을 이승만 대통령에게 전달했다.

정부는, 계속 공포분위기를 조성하고, 분노한 데모대는 연일 〈반민족국회 해산국민총궐기대회〉를 개최하여 야당의 숨통을 조인 다음, 6월 12일, 국무총리 장택상 의원이, 신라회와 삼우장파가 합의한 〈발췌개헌안〉을 국회에 제출했다. 이 개헌안은, 부결된 정부 대통령직선제개헌안과 계류 중인 국회 내각책임제개헌안을 절충한(발췌한) 것이라고 하지만, 실상은, 〈대통령직선제〉에 〈상하양원제〉가 붙은 대통령직선제다. 내각책임제적 요소는 국무총리 요청에 의한 국무위원 임면, 국무위원에 대한 국회 불신임결의권 뿐이다. 국회가 주장하는 내각책임제와 절충하여, 국회의 의사를 존중했다는, 명분을 준 것에 불과했다.

7월 1일, 민중자결단이 국회의사당을 포위하여 국회의원 80여 명을 연금한 가운데, 발췌개헌안을 심의하기 위한 제13회 임시국회가 소집되었다. 그러나 놀란 야당의원들이 숨어버려, 개헌안 가결에 필요한 정족수를 채울 수가 없었다. 정부는 즉시 구속의원들을 〈개헌심의국회 출석 조건부〉로 석방하고, 대통령이 친히 발표한 〈국회의원 신분보장약속 성명〉을 빌미로, 야당의원들을 강제 연행하여, 이틀간 국회에 연금했다. 군대와 경찰이 겹겹이 국회를 포위하고, 여당의원들이 야당의원들을 엄중 통제하는 가운데, 1952년 7월 4일 야간국회에서, 발췌개헌안 표결이 실시되었다. 기립투표 결과 출석 의원 166명 중, 가 163표 부 3표로 통과되자, 정부는 즉시 이를 공포했다(7월 7일). 대한민국 제1차 헌법 개정인 〈발췌개헌〉은, 이렇게 만들어졌다.

대통령직선제가 도입되자, 새로 제정된 〈정부통령선거법〉에 따라, 8월 5일에 정부통령선거가 실시되고, 예정대로 이승만이 당선되었다. 이승만은 대통령직선제 개헌파동을 전후하여, 여러 차례 다시 대통령할 생각이 없다고 사양했지만, 연일 계속되는 애국 국민의 〈재출마 읍소데모〉와 350만 애국 국민의 충성어린 〈재출마탄원서〉에 감격해, 부득이 다시 출마하여 낙승했다.

부통령으로는, 함태영이, 이승만이 점찍은 후보라는 사실만으로 당선되었다. 이범석은 자유당 공천으로 부통령에 출마했으나 낙선했다. 이승만 특명으로 자유당을 만들고, 대통령직선제개헌에 발 벗고 앞장서, 폭력도 불사하며 충성했지만, 이승만은 거들떠도 보지 않았다. 이승만은, 자기 명을 받아 만든 자유당의 공천을 거부했을 뿐 아니라, 자유당 후보 아닌 나이 많은 무소속 후보 함태영을 밀었다. 연로한 이승만의 후계를 노려 온갖 악역을 마다하지 않고 충성한 이범석은, 끝내 팽당했다.

2. 정전협정

6.25 전쟁을, 맨 먼저, 끝내자고 한 나라는 미국이다. 한국전쟁이 터진 바로 그날, 미국 유엔대표가 안보리에서 "북한은 남한에 대한 적대행위를 즉각 중단하고, 북한군을 38도선 이북으로 철수시킬 것"을 제안하여 가결시켰다. 휴전이 아니라 바로 종전을 요구했다. 북한군은 이를 무시했다. 통일을 눈앞에 둔 북한군이 군대를 물릴 리 없다.

두 번째 종전 제안국은 소련이다. 북한군이, 미국군의 반격을 견뎌내지 못할 것을 안 소련이, 종전 안을 내었다. "중국 대표와 남북조선 대표를 안보리의 한반도문제 토의에 참여시키고, 전쟁을 종결하고, 외국군을 철수하자"고 했다. 이번에는 미국이 거부했다. 〈북한 수복〉을 눈앞에 두고 있는 미국이 양보할 리 없다. 오히려 북한군을 더 세차게 밀어붙였다.

인천상륙작전 성공으로 북한군이 정신없이 달아나자, 신바람 난 미국은, 유엔정치위원회에서, "무력으로 북한을 완전 굴복시키겠다."고 장담하고는, 서방 8개국의 동조를 얻어, 〈무력에 의한 북한의 점령과 유엔감독하의 남북총선거에 의한 통일정부수립〉을 요구하는 공동결의안, 곧 〈대한민국에 의한 통일정부 수립안〉을 제출했다. 이에 맞서, 유엔 활동에 다시 돌아온 소련 외무장관 비신스키(A. Vyshinski)도, 〈한반도문제를 해결하기 위한 7개항 결의안〉을 유엔정치위원회에 제출했다(10월 7일). 주요 내용은 〈38도선에서 즉시휴전, 외국군즉시철수, 유엔감시하의 남북총선거와 남북이 동등권을 갖는 공동임시정부 수립〉이다.

10월 7일, 유엔정치위원회는, 비신스키의 소련 안을 46대 5, 기권 8표로 부결하고, 서방 안 즉 〈대한미국에 의한 통일정부 수립안〉을 47대 5, 기권 7표로 가결했다. 캐나다 외무장관 피어슨(L B. Peason)이, 미국 국무장관 애치슨에게, 북한과의 외교적 접촉이 이루어질 때까지 서방안의 총회 표결을 연기하자고 제의하자, 애치슨이 이를 트루먼에게 보고했으나, 트루먼은 즉시 거부했다. 트루먼은 군부의 자만에 찬 조언에 들떠, 유엔군에 의한 한반도 통일이 당장 이루어질 것으로 확신하고 있었다. 유엔총회는 한 발 더 나가, 10월 12일, 한국에 통일정부가 수립될 때까지 〈유엔군사령부가 점령지 북한의 행정을 주관하는 결의안〉을 의결했다. 필생 소원이며 국시인 북진통일을 눈앞에 둔 이승만은, 즉시 〈북한통치문제에 대한 유엔결의에 성실히 따르겠다.〉고 발표했다(17일).

그러나 중공군의 참전으로 정세가 급변했다. 맥아더가, 중공군의 참전을 유엔에 보고한 뒤(11월 5일), 신의주 철교를 폭파하자(8일), 중공군의 참전을 전혀 예기하지 못했던 서방과 아시아 국가들은 깜짝 놀라, 즉시 휴전을 요구했다. 맥아더의 군사적 모험주의로 소련까지 개입하여, 제3차 세계대전으로 번질까 두려웠다. 이미 중공을 중화인민공화국(중국)으로 승인하고 있는 영국과 인도가 가장 적극적으로 나섰다. 아시아와 아랍권 13개국도 나서, 〈한국문제의 평화적 해결〉을 골자로 하는 결의안을 유엔에 제출하여 통과시키고(12월 14일), 〈3인위원회〉를 구성하여 조속한 시일 내에 휴전방안을 마련할 것을 권고했다. 유엔군 참전국들은 유엔군이 다시 38도선을 넘는 것을 바라지 않았다. 만일 미국이 단독으로 다시 북진을 감행하면, 한반도에서 철군하겠다는 의사를 분명히 전달했다. 미국 정부는, 억울하지만, 전전상태로의 원상회복만으로, 전쟁을 끝낼 수밖에는 다른 도리가 없게 되었다.

1951년 3월 14일, 유엔군이 서울을 재탈환하여 중앙청에 다시 태극기가 올라가자, 이승만은 또 신이 났다. 당장, 임시수도 부산에서, 거창한 〈한만국경진격국민대회〉를 개최하고, "한만국경선에 도착하기 이전에 정전하면 안 된다"는 담화를 발표했다. 그러나 정세는 이승만 소망과는 다르게 움직였다. 전황이 유엔군에 다소 유리하게 전개되어, 6.25 전쟁 이전 상태로의 회복가능성이 보이자, 미국 정부는 물론 유엔에서도, 휴전 논의가 급물살을 탔다. 중공 참전을 예견 못하고, 마지못해 미국을 지원하던 서방국가들, 특히 영국을 비롯한 서유럽국가들은 서둘러 전쟁을 끝내려 했다.

미국 정부 내에서 확전과 휴전으로 격론을 벌이고 있을 때, 영국 수상 애틀리가, 급히 미국을 방문했다. 애틀리는 트루먼과의 정상회담에서, 어떠한 정치적 대가를 치르더라도, 휴전에 응할 것을 강력히 요구하여, 한국전쟁을 협상으로 해결하고, 중국군을 38도선에 묶어두고, 한반도를 평화적 방법으로, 통일시키자는데 합의했다.

만주를 폭격하고 장개석 군대를 중국 본토와 한국전에 투입하자는 맥아더의 확전론이 드디어 묵살되고, 맥아더는 1951년 4월 11일 자로, 해임되었다. 이로부터는 전쟁 모양새가 달라졌다. 이승만 소원대로 한만 국경까지 진격하는 북진통일전쟁이 아니라, 38도선 위에서 군사적 균형을 유리하게 유지하기 위한 〈땅따먹기〉 국지전만이 계속되었다. 전선 밖에서는 동서 양진영 간의 외교전이 치열하게 펼쳐졌다.

1951년 7월 10일 양측 군사대표가 만났다. 유엔을 대표하는 미국대표와, 북한대표와 중국대표가, 개성에서 첫 회담을 가졌다. 쟁점은, 휴전선획정 문제와 전쟁포로 처리문제였다. 전전상태로의 복귀를 위한 휴전선이 기존 경계선이던 38도선이 아니라, 전쟁관례에 따라 현 전선으로 정해질 가능성이 높아지자, 동서 양진영군은 보다 좋은 휴전조건을 확보하기 위해 치열하게 싸웠다. 1951년 11월 27일, 30일 간의 유예기간을 두고 잠정적 분계선을 긋는 데 합의하자, 전투는 더 격해졌다. 단지, 휴전협상에서 유리한 위치를 차지할 욕심만으로, 무수한 젊은 목숨이 허무하게 사라졌다. 결국 미국이 승리하여, 1953년 6월 17일에, 재조정된 군사분계선에 관한 협정을 맺었다.

이승만은, 정전이든 종전이든 간에, 전쟁이 끝나는 것을 원치 않았다. 미국 덕에 간신히 버티고 있으면서도, 북진통일만을 고집하며 휴전을 받아들이려 하지 않았다. 미국이, 유엔을 이끌고 참전한 이 천우신조의 호기를 놓치면, 북진통일 기회가 다시는 오지 않을 뿐 아니라, 북진통일론이 없어지면, 대통령을 계속할 명분마저 사라진다는 사실을 잘 알고 있는 외교전문가 이승만이 휴전을 받아들일 리 없다.

그러나 미국이 알 바 아니다. 전쟁을 주도하는 것은 미국이지 이승만이 아니다. 미국은 무슨 일이 있더라도 전쟁을 여기서 끝내려고 했다. 전쟁 시작과 더불어 개입한 트루먼은 물론이고, 공화당 대통령후보 아이젠하워도 한국전쟁 종결을 대선공약으로 내걸고 당선되었다. 더구나 전쟁이 시작되자마자, 이승만으로부터 한국군 전작권을 넘겨받아, 한국군 통제권도 미국이 쥐고 있다. 그런데도 이승만은 북진통일의 꿈을 버리지 않고, 휴전협상을 방해하기 위한 온갖 수단을 동원했다. 하루도 빠짐없이 학생과 국민을 동원하여, 미국대사관이 있는 부산 서면 하일리아부대 앞에서,〈정전 결사반대〉를 외치게 하고,〈거제도포로수용소〉 포로들을 탈출시키는 모험을 감행했다. 미국도 묵인했다. 이정도 놀음쯤으로는, 휴전협상이 깨어지지 않는다는 것을, 북한을 비롯한 당사국들 모두가 잘 알고 있었기 때문이다. 드디어 7월 27일, 미국군과 유엔군을 대표하는 미국대표 클라크 장군과, 북한군과 중국군을 대표하는 북한대표 남일 장군이 휴전협정에 서명했다.

　3년 동안의 동족상잔은 이렇게 끝났다. 제3차 세계대전으로 치닫는 위기는 면했지만, 수백만 배달민족의 죄 없는 목숨이 희생되는 민족사상 최악의 대가를 치르고서야 끝이 났다. 휴전협정의 공식명칭은,〈국제연합군 총사령관을 일방으로 하고 조선인민군 최고사령관 및 중국인민지원군 사령원을 다른 일방으로 하는 한국전쟁의 군사정전에 관한 협정〉이다. 종전협정이 아니라 휴전협정이다. 전쟁을 끝내는 협정이 아니라 전투를 잠깐 쉬자는 협정이다. 협정 제4조는 이렇다.

　　　"한국문제의 평화적 해결을 보장하기 위하여 쌍방의 군사령관은, 쌍방의 관계 각
　　　정부에 휴전협정이 조인되고 효력이 발생한 후 3개월 내에, 각기 대표를 파견하여,
　　　쌍방의 한 급 높은 정치회담을 소집하고, 한국으로부터의 모든 외국군대의 철수 및
　　　한국 문제의 평화적 해결 등을 협의할 것을 건의한다."

3. 사사오입개헌파동

　1952년의 제1차 개정헌법인 발췌개헌은,〈대통령의 임기는 4년이며, 재선으로 일차 중임할 수 있다〉고 규정하고 있다. 따라서 어느 누구도, 대통령을 두 번 이상 할 수 없다. 이것이 문제다. 이승만은, 1948년, 제헌국회가 시작되자마자, 국회의원 선거로 임기 4년의 대통령에 선출되어, 대한민국 초대 대통령이 되었다. 그리고 4년

뒤, 6. 25전쟁이 치열하던 1952년, 임시수도 부산에서 발췌개헌에 의한 국민직접투표로, 임기 4년의 두 번째 대통령에 당선되었다. 따라서 이승만의 대통령 임기는 1956년 8월까지이고, 헌법상 더 대통령에 출마할 수 없다. 이승만은 대통령을 더 하고 싶을 뿐 아니라, 대한민국 천지에, 이승만 말고는 대통령 할 사람이 없는데도 불구하고, 헌법이 3선을 금지하고 있다. 헌법을 바꿀 수밖에 없다.

1953년 10월 1일, 한국정부는, 워싱턴에서, 한국 최초의 군사동맹인 〈한미상호방위조약〉을 체결하는 데 성공했다. 주요 내용은 이렇다.

> 제4조. 상호 간의 합의에 의하여 미합중국의 육군, 해군과 공군을 대한민국의 영토 내와 그 부근에 배치하는 권리를, 대한민국은 허용하고, 미합중국은 수락한다.

미국군의 〈한국영구주둔권〉을 보장한 이 조약을, 자유당은, 적극 활용했다. 이승만 대통령 덕에 〈미국군 영구주둔〉에 성공하여, 북한침략을 더 이상 염려할 필요가 없게 되었다고 칭송하면서, 이승만의 3선에 온 힘을 쏟았다.

족청계를 제거하고 실권을 잡은 이기붕 등 자유당 주류는, 먼저, 1954년 5월 20일의 제3대 국회의원 선거에서부터 적용되는 〈정당 단일공천후보제〉를 활용하여, 3선 개헌지지자만, 미리 서명 받아 공천하기로 했다. 살인미수자라도 개헌지지만 하면 공천된다는 말까지 나온 뒤에야, 공인 입후보자 181명, 무공인 입후보자 61명을 공천하고, 공천자의 당선 확률을 높이기 위해, 비 공천 입후보당원 200여 명을 제명했다. 다음, 정부가 주도하는 〈개헌추진위원회〉를 만들어 전국적으로 개헌추진국민대회를 개최했다. 야당은 선거자유분위기 파괴행위라면서 선거 거부까지 내세워 위협했지만, 자유당은 오히려 〈선거 분위기 발현〉이라 항변했다.

총선거 분위기는 무시무시했다. 유권자 매수는 말할 것도 없고, 폭력배를 동원해 야당 유세장을 습격하고, 야당과 무소속후보에게 공개적으로 테러위협을 가했다. 조봉암은 괴한에게 등록서류를 빼앗겨 입후보조차 못했으며, 다른 야당후보, 특히 혁신계 후보들은, 생존문제로, 입후보 사퇴를 하지 않으면 안 되었다. 온갖 부정, 불법 속에서 치러진 선거 결과, 자유당은 공인후보자 99명을 포함하여 114명을 당선시켰다. 제일야당인 민국당의 15명에 비하면 압도적인 대승리다. 그러나 최대 현안인 〈초대 대통령 무제한출마〉를 위한 개헌선, 제적의원 2/3인 136명에는, 한참 모자란다.

개헌선을 채우기 위하여, 무소속의원들을 포섭하고 있을 때, 야당 내에 집안 싸움이 났다. 〈뉴델리밀담사건〉이다. 민국당 대표이며 국회의장인 신익희가, 인도 뉴델리 공용출장 중에 북조선에서 간 조소앙을 만나, 〈영세중립음모〉를 꾸몄다는 사건이다. 이 문제로, 야당이 서로 헐뜯을 때, 때맞추어, 유엔총회 의제에 〈한국통일선거안〉이 올라갔다. 자유당은 이 기회를 놓치지 않았다. 〈주권의 제약 또는 영토의 변경을 가져오는 국가 안위에 관한 중대 사항은 국민투표에 부쳐 결정한다.〉는 헌법정신을 들먹이며, 국민투표제를 도입하기 위해서라도, 헌법을 고쳐야 한다고 주장했다. 개정내용은, 개헌추진위원회가 제시한, "국민투표제신설, 대통령제로 환원, 자유경제체제강화, 초대대통령의 3선금지조항철폐, 부통령의 대통령승계, 국무총리제폐지, 개별국무원 불신임인정, 자유주의경제체제강화" 등이다. 이기붕, 임철호, 윤만석, 박일경, 백한성, 한희석, 장경근, 한동석 등 8명을 헌법기초위원으로 정했다.

자유당은, 김두한을 제외한 모든 의원과 미리 포섭한 무소속의원 등 136명의 서명을 받아, 9월 6일, 헌법개정안을 국회에 제출했다. 원외에서는 국민회 주도로 「전국애국사회단체선전협의회」를 만들어 국회를 압박했다. 드디어 1954년 11월 27일, 자유당이 제출한 개헌안이 비밀투표에 붙여지고, 투표 결과, 제적의원 203명, 재석의원 202명 중, 찬성 135, 반대 60, 기권 6, 무효 1표가 나왔다. 개헌에 필요한 의결정족수는, 203의 2/3인 135.333…이라, 자연인으로는 136명이다. 자유당이 136명의 서명을 받아 개헌안을 제출한 것도, 또 예행연습, 조별투표를 한 것도, 바로 이 정족수에 맞추기 위한 것이었다. 그러나 투표 결과 135표 밖에 얻지 못하여, 개헌 의결정족수인 136표에 딱 한 표 부족했다. 사회자인 국회부의장 최순주가, 부득이 부결을 선포하여, 개헌논의가 끝났다.[8]

자유당 지도부는 죽을 맛이다. 이승만을 3선 대통령으로 모시려는 계획에, 그만 차질이 생겼다. 이대로 표결 결과에 승복하면, 이승만을 다시 대통령으로 모실 수 없다. 무슨 수를 쓰서라도 반드시 개헌을 해야 한다. 그래서 나온 묘안이 〈신사사오입

---

8) 자유당의원 중, 한자를 모르는 사람이 기표를 잘못하여, 무효표 처리가 되었다는 말이 있었다. 투표용지의 가, 부가 모두 한문으로 可, 否로 표기되어 있어, 네모(口)에 도장을 찍으라는 예행연습까지 시켰지만, 두 쪽 모두에 口가 있어, 양쪽 모두 찍었다고 한다.

이론〉이다. 사사오입은, 구하는 자리보다 한자리 아래 수가 5 이하이면 버리고, 5 이상이면 올리는, 국민학생(초등학생)도 다 아는 수학용어이다.

자유당 간부회는, 공보처장 갈홍기의 제의로, 한국 수학계 원로의 자문까지 받아, 사사오입 원리를 역이용했다. 신 사사오입이론에 의하면, 국회 재적의원 203명의 2/3는 135.333명이라, 수학이론상 소수점 이하인 .333은 버려야 한다. 더욱이 0.333명이란 자연인은 존재할 수 없으니, 개헌의결 정족수인 203명의 2/3는 136명이 아니라 135명이다. 따라서 135명이 찬성한 헌법개정안은, 부결된 것이 아니라, 가결된 것이다.

다음 날, 즉시 의원총회를 열어, 신이론을 채택하고, 그다음 날(11월 29일), 국회에 〈개정헌법안 번복가결 동의안〉을 상정하여, 야당의원이 퇴장한 가운데 표결에 붙여, 재석의원 125명 중, 김두한, 민관식을 제외한 123명의 찬성으로 통과시켰다. 그리고 앞서 개헌안 부결을 선포했던 최순주 국회부의장이, 〈계산착오에 의한 잘못된 선포〉를 취소하고, 〈가결〉을 선포한 뒤, 곧바로 정부로 보냈다. 정부는 즉시 공포했다. 제2차 헌법 개정은, 이렇게, 죽었다가 다시 살아났다.

사사오입개헌은, 자유당이 무리하게 만든 위헌 헌법이다. 의원정족수 2/3 이상은 당연히 136명이라는 기초적 수학 원리를 무시했을 뿐 아니라, 일단 부결되었다고 선포한 것을, 상식 이하의 억지 논리로 번복한 것은, 불법, 탈법의 차원을 넘는 천하의 웃음거리다. 이승만 단 한 사람을, 세 번 대통령으로 모시기 위해, 수학이론까지 바꾸는 이상한 나라를, 민주국가로 존중할 사람은 아무도 없다.

제16장

태풍전야

1. 반독재와 민주

헌법이 개정되자, 대한민국 정치지형이 요동쳤다. 두 번 대통령 하는 동안, 그렇게도 많은 죄 없는 백성 죽여 놓고도, 대통령 더 하려고 헌법까지 바꾸는 독재자나, 바로 그 독재자를 엉터리 수학법칙까지 만들어, 다시 대통령 시키려는 협잡꾼들을 믿을 사람은 없다. 자유당 당원들조차 자괴감에 빠져 이승만식 자유민주주의를 떠나갔다. 반면에, 이승만 독재에 눌려있던 반대세력은, 대동단결할 수 있는 명분을 얻었다. 이승만에 팽당한 사람들뿐 아니라, 6.25 전쟁으로 철벽화한 반공논리에 갇혀 있던 진보, 혁신, 개혁세력도, 반독재 민주화투쟁에 나서야 할 때를 찾았다.

사사오입개헌이 선포되던 날, 기막힌 개헌에 분개하여 본회의장을 뛰쳐나간 야당 의원들은, 범야연합전선을 만들어 독재와 싸우기로 뜻을 모았다. 제일 야당 민국당을 비롯하여, 무소속동지회와 무소속의원 등 60여 명이 「민의원위헌대책위원회」를 만들어 헌법수호를 선언하고, 이를 모체로 범야세력을 통합하는 〈반이승만 범야 단일신당〉을 만들기로 했다. 김성수를 비롯한 신익희, 조병옥, 장면, 곽상훈, 박순천, 윤보선, 유진산 등 민국당 인사들이 앞장서고, 장택상, 정일형, 오위영 등 전 자유당계 인사와, 조봉암, 장건상, 박기출, 서상일 등 혁신계 인사들이 합류했다. 다음날에는 민의원 61명이 「호헌동지회」를 결성하여, 원내교섭단체 등록도 마쳤다.

그러나 반독재 세력이라 해서 모두 다 받아들이는 것은 아니었다. 똑 같이 이승만을 3선 대통령 만드는 데 앞장섰는데도, 발췌개헌을 진두지휘한 장택상은 호헌세력이 되었지만, 자유당을 만들어 이승만을 도운 이범석은 배척되었다. 정당 만들기도 전에 차기 대권 감투싸움부터 시작했다.

공산당을 차고나온 조봉암을 신당에 참여시킬 것인가를 두고도, 호헌동지회가 자유민주파(보수파)와 민주대동파(혁신파)로 갈라졌다. 신당 창당 주도인물인 김성수를 비롯하여, 장택상, 서상일, 박기출은 조봉암의 참여를 지지한 반면, 윤보선, 조병옥, 김도연, 김준연, 곽상훈, 장면, 박순천 등 보수파는 극력 반대했다. 그중 조병옥이 가장 심하게 반대했다. 조봉암의 사상이 의심스럽다는 것이 표면적 이유였다. 미군정 경찰 총수로 제주 4.3 인민항쟁 학살 등, 수많은 좌익소탕작업을 주도한 한민당 중진 조병옥이, 공산당 전력 있는 인사를 좋아할 리 없다. 더욱이 제2대 국회의원 선거에서, 독립투사 조소앙에게 전국 최대득표 차 참패 수모를 당한 조병옥에게, 같은 독립투사이며 강력한 차기 대선후보인 조봉암이 마음에 들 리 없다.

야권 선두주자 신익희가, 어정쩡한 중립을 지키는 가운데, 야당 통합 핵심인물인 김성수가 죽자, 조봉암 지지파가 갑자기 약화되어, 조봉암의 동참은 무산되었다. 조봉암을 지지하던 서상일, 박기출 등 혁신계 인사들도 함께 떠나갔다. 동시에 신익희 다음의 〈호헌세력〉 대통령 후보는 조병옥으로 굳어졌다. 조봉암을 거부한 새 통합 야당의 이념색깔은 불문가지다. 자유당과 전혀 다르지 않거나, 더 적극적인 반공 보수정당이 될 것이 확실하다.

호헌동지회는, 승리한 자유민주파(보수파) 주장을 중심으로, 신당 기본구도인 4대 원칙을 정했다.

(1) 반 공산 독재, (2) 건전한 대의정치와 책임정치제도 확립.
(3) 사회정의에 입각한 수탈 없는 국민경제체제 확립.
(4) 자유우방과의 협조 제휴를 통한 평화적 국제질서 수립.

민국당과 조금도 다르지 않다. 해방 뒤, 무식한 좌익분자들의 준동으로부터 기득권을 지키기 위해 급조한 한민당의 창당 정신을 성실히 지켰다. 조직 요강에도 〈좌익전향자와 독재나 부패행위가 현저하여 규탄을 받은 자는, 신당 발기에 참여할 수 없다〉고 못 박았다. 누가 현저한 독재자나 부패행위자인 가를 가려내기는 어렵지만, 누가 좌익전향자인가는 분명하다. 정부형태는, 물론, 내각책임제. 한민당이 이승만으로부터 소외당한데 대한 앙심으로 들고 나온, 바로 그, 반 이승만 정부형태이다.

12월 3일에 만든 「신당조직추진위원회」 위원에는, 민국당의 신익희, 조병옥, 윤보선, 김도연, 김준연을 비롯하여, 자유당에서 나온 장택상, 오위영, 현석호, 장면, 정일형, 어정쩡한 무소속 곽상훈, 박순천과, 조선민주당 한근조 등 18명이 이름을 올렸다. 좌익전향자는 조직요강에 따라 철저히 배제했지만, 이승만 독재에 공헌한 사람은, 이범석 빼고는, 모두 받아들였다. 신당 추진위원 중, 독립운동한 사람은, 신익희 백남운 정도였으며, 나머지 대부분은 이승만 독재체제 수립에 지대한 공훈을 세운 반공 반자주 보수주의자들이었다.

신당추진위가 구성된 뒤에도 창당은 아득했다. 계파간의 권력 다툼이 갈수록 심해져 해결 기미가 보이지 않았다. 호헌운동 주도세력인 민국당과, 그 밖의 참여인사들 간에, 장장 9개월에 걸친 끈질긴 흥정 끝에야 간신히 타협하여, 9월 18일 〈민주당〉으로 창당했다. 신익희가 당 대표최고위원으로 선출되고, 조병옥, 장면, 곽상훈, 백남훈이 최고위원이 되었다.

반공, 반독재를 내걸고 출범한 민주당은, 원내 제1 야당이 되기는 했지만, 의석수는 겨우 33석에 불과했다. 호헌동지회를 창립하면서 기대한, 강력한 정부 견제세력과는 거리가 한참 멀다. 그런데도 당내 갈등은 창당 뒤에도 계속되었다. 한민당계인 조병옥, 김도연, 유진산 등 민주당 구파는, 당 주도권은 당연히 한민당 후신인 민국당이 가져야 한다고 한 반면, 자유당에서 나온 장택상과 무소속 곽상훈, 장면 등 신파는, 새롭고 진취적인 이미지 확립을 위해서라도, 자기들이 당을 주도해야 한다고 맞섰다. 범야 호헌신당 창당에 적극 참여하던 장택상은, 최고위원 자리에서 밀려나자, 자유당으로 되돌아갔다.

호헌신당에서 배척된 조봉암과 서상일, 박기출, 김성숙, 장건상, 이동화 등 민주대동과 혁신세력도, 1955년 12월 22일, 가칭 「진보당」 발기취지문과 강령초안을 발표했다.

"우리는 공산독재는 물론, 자본가와 부패분자 독재도 배격하고 민주주의체제를 확립하여 책임 있는 혁신정치를 실시, 생산 분배의 합리적 통제로 민족자본의 육성, 민주우방과 제휴하여 민주세력이 결정적 승리를 얻을 수 있는 조국통일의 실현, 교육체제의 혁신에 의한 국가보장제 수립을 지향한다."

이를 바탕으로, 다음해 1월 26일 조봉암, 서상일, 김성숙, 박기출, 이동화, 신숙, 신백우, 양운산, 정구삼, 박용의, 김인태, 장지필 등 12명을 위원으로 하는 「진보당 창당추진위원회」를 만들어, 혁신야당 창당을 서둘렀다. 반공테러로 이름난 김두한 의원도 자진 합류했으나, 경찰이 사기혐의로 내사하자, 서둘러 탈퇴했다. 강령초안에, 민주당과 똑같이 〈반공산독재〉를 명시했음에도 불구하고, 진보나 혁신정치는, 무조건 빨갱이 짓이었다.

자유당에도 조그만 변화가 있었다. 무리한 개헌에 식상한 소속의원들이 떠나갔다. 12월 6일, 손권배를 시작으로, 9일에 한동석, 민관식, 김영삼 등 12명이 집단 탈당하고, 10일에 도진희가 가세하여, 모두 14명이 떠나갔다. 자유당 지도부는 끄떡도 하지 않았다. 오히려 김두한, 김지태 등 7명을 해당행위자로 제명하고, 개헌안이 정당하게 통과되었음을 선포하는 국회결의안을 통과시키고(18일), 무소속의원을 대거 영입하여, 다시 124석, 원내 안정 의석을 유지했다.

2. 1956년 3. 15 정부통령선거

1956년 3월 5일 자유당은 임시전당대회를 열어 이승만 총재를 제3대 대통령후보, 이기붕 당중앙위원회 의장을 제4대 부통령후보로 지명했다. 그러나 문제가 생겼다. 이승만이 지명되자마자, "두 번이나 나라를 위하여 봉사했으니 이제는 쉬겠다."는 출마사양 편지를 자유당에 내려 보냈다. 〈신사사오입론〉으로 온 세상이 난장판일 때는 아무 말 없던 양반이, 대통령에 추대되자마자, 갑자기 또 〈출마고사병〉이 도졌다.

어쩌면, 미국의 정치관행이 마음에 걸렸을지 모른다. 미국은, 헌법수정 제22조(1951년 발효)에 따라, 어느 누구든 잇따라 세 번 대통령에 당선될 수 없다. F. 루즈벨트가 제2차 세계대전 중의 대통령 선거에서, 내리 네 번 대통령에 당선되고 죽자, 앞으로는 누구도 세 번 연달아 대통령으로 당선될 수 없도록 헌법을 고쳤다. 비록 대통령직을 승계했다 하더라도, 남은 임기가 2년 이상이면, 세 번째 대통령에 출마할 수 없다. 따라서 미국 대통령 임기는, 아무리 길어도, 연속적으로는 10년 이내이다. 이승만이 이번에 3선되면, 임기가 12년이 된다. 미국 헌법의 연속 3선 금지는 물론, 임기 연속 10년 이내 규정마저 무시하여, 미국 헌법정신을 능멸하는 꼴이 된다

이승만이 대통령후보를 사양하자, 또 난리가 났다. 당장, 수많은 어용단체들이, 두 번째 대통령으로 추대할 때의 학습효과를 자랑하기 시작했다. 대한국민회, 대한부인회, 대한노총 같은 어용단체들이, 기다린 듯, 〈불출마 번의탄원궐기대회〉를 열어 출마를 호소하고, 전국 방방곡곡에서 끊임 없이, 〈불출마 철회청원〉 시가행진을 벌였다. 혈서와 진정서가, 경무대에 무더기로 쌓이고, 경무대 앞에는, 매일 전국에서 몰려든 출마호소시위대로 넘쳐났다. 국민학교를 포함한 각급 학교학생들이 재출마를 외치며 거리를 누비고, 소와 말도, 경찰의 정중한 호위 속에, 남대문에서 광화문 거쳐 중앙청에 이르는 서울 중심거리를 〈우의마의데모〉했다

아무리 고집 센 〈불출마고질병환자〉라도, 이토록 엄청난 천의를 거슬릴 수는 없다. 사람과 동물을 가리지 않는 눈물겨운 호소에 감격한 이승만은, 수시로 거리에 나가 시위대를 위로하다가, 드디어 "민심은 곧 천심인데 어찌 하늘의 뜻을 무시하겠느냐"며 천심을 수락했다.

야당도 정부통령후보를 내었다. 민주당은, 대통령후보 신익희, 부통령후보 장면, 진보당은, 대통령후보 조봉암, 부통령후보 박기출이다. 민주당후보 신익희는, 야당후보 단일화를 바랐다. 여론도 그러했다. 조봉암이, 두 야당 후보지명을 백지화하고, 연합후보를 내자고 제의하자, 신익희가 화답하여 조봉암과 비밀회동을 가졌다. 조봉암이, 대통령후보를 사양할 터이니, 부통령후보를 자기에게 달라고 제의하자, 신익희가 고려해보겠다고 약속했다.

그러나 민주당 지도부 생각은 달랐다. 자유당보다 더한 강경 반공주의를 고집하는 민주당이 조봉암을 부통령후보로 받아들일 리 없다. 범야권이 모두 뭉쳐, 민주헌법을 수호하자며 만든 호헌신당에서 마저 쫓아버린 좌익분자 조봉암을, 부통령후보로 모시려할 리 없다. 차라리 이승만 독재를 지지할지언정, 빨갱이와 손잡을 민주당 지도부가 아니다.

5월 들어서도 단일화 협상에 진전이 없어, 두 야당이 독자적으로 선거운동을 펼치고 있을 때, 갑자기 민주당 대통령후보 신익희가 타계했다. 한강백사장 유세에 운집

한 30여 만 청중에 감격한 신익희 후보가, 몸을 사리지 않는 선거유세에 지쳐, 쓰러졌다(5월 5일). 이제 좋든 싫든, 야당 대통령후보가 한 명만 남았다. 진보당은 야당후보 단일화를 위해, 박기출 부통령후보를 사퇴시켜, 결과적으로 야당의 정부통령후보가 단일화했다. 공식적으로 야당 대통령후보는 조봉암, 부통령후보는 장면이다.

용기를 얻은 조봉암이, 5월 14일, 성명을 내었다.

> "공동투쟁전선에서 신익희 선생은 불행히도 유명을 달리했지만 야당 단일후보로서 반독재구국투쟁의 선두에 서게 된 본인은, 다음 세 가지 당면과업, 〈거국일치내각 조직. 내각책임제 개헌. 평화적 국토통일 수행〉을 전 국민 앞에 공약하는 바이다."

그러나 조봉암의 기대는 어긋났다. 민주당선거대책위원회는, 즉시, "민주당은 대통령선거에서는 어떤 후보도 지지하지 않겠다."는 성명을 내었다. 야당 단일후보를 인정하지 않고, 어부지리로 단일화한 자당 부통령후보만을 지지하겠다는 말이다. 이승만을 도와, 용공 좌익분자들을 소탕하는 데 앞장섰던 민주당 지도부가, 공산당 전력이 있는 조봉암을 도울 리 없다. 자유니 민주니 독재 타도니 하는 것도, 자신의 기득권을 지키기 위한 수단일 뿐, 좌익분자들이 권력에 접근하는 길이 되어서는 안 되었다.

선거 결과, 이승만은 5,046,437표(55.7%)를 얻어, 다시 대통령에 당선되었다. 조봉암은 낙선했다. 그러나 관례화한 관권개입과 폭력, 부정으로 얼룩진 선거임에도 불구하고, 2,163,808표(23.9%)를 얻었다. 제2대 대통령선거에서 무소속으로 얻은 797,504표에 비하면 놀라운 득표다. 대통령선거 무효표도 아주 많이 나왔다. 전체 투표수의 20.5%인 1,856.818표나 되었다. 서울에서는 총투표수의 절반에 가까운 46.2%나 되었다. 부통령선거 무효표 421,700표에 비하면 가히 천문학적이다. 무효표 대부분이 민주당 후보 신익희에 대한 추모표로 추정되었다. 온갖 부정에도 불구하고, 대통령 추모 추정 무효표가 20% 이상이나 나왔다는 것은, 주로 이승만 독재에 대한 국민의 반감 때문이었겠지만, 동시에, 공산당 전향자에 대한 국민의 이해 또한 높지 않다는 사실을 알려주었다.

부통령은, 민주당 소망대로, 운 좋은 민주당 후보 장면이 차지했다. 4,012,654표를 얻어, 3,805,502표를 얻은 자유당 이기붕후보를 이겼다. 장면은 도시지역에서 승리하고, 이기붕은 농촌지역에서 압승하여, 이른바 여촌 야도 현상이 뚜렷했다. 서울에서는, 장면 451,037표 대 이기붕 95,454표로, 큰 차이가 났다. 경기도, 충청남도, 전라북도, 경상북도, 경상남도에서도, 관권개입이 상대적으로 불리한 도시지역에서는, 장면 표가 더 많이 나왔다. 자유당을 창당하고도 자유당에서 쫓겨난 이범석은, 공화당 후보로 출마하여, 간신히 317,579표를 얻었다.

3. 야당 탄압

1956년 8월 15일 정부통령 취임식이 성대히 거행되었다. 그러나 부통령으로 당선된 장면은, 취임연설할 기회조차 얻지 못했다. 천주교 덕에 미국 유학하면서, 미국 민주주의를 몸소 보았고, 또 미군정의 각별한 배려로 입신양명한 장면이, 미국식 민주주의 절차를 모를 리 없다. 일제 강점기에는 말 없이 순응했지만, 이제는 아니다. 미군정 때, 〈서울대국대안〉 관철에 발 벗고 앞장선 바 있는, 행동하는 반공 반 좌익 자유민주주의 지성인 장면이, 이승만 정부에 괄시당한 분풀이를 했다. "우리는 첫째 불안으로부터 해방되어야겠다."는 성명을 내고, 같은 날, 외신기자회견에서, "일본과의 관계를 증진하고, 이승만 대통령의 철권정치의 일부를 제거하기 위한 여론조성에 나서겠다."고 큰소리쳤다.

이승만이 당장 화났다. 온갖 높은 벼슬에다 국무총리까지 시켜준 심복이, 부통령 되었답시고 기어오르는 꼬락서니에 울화통이 터졌다. 취임 첫 기자회견(9월 17일)에서, "장부통령이 정부를 방해할 목적으로 정부를 훼손하는 성명을 발표했다"고 꾸짖었다. 이 말 듣고 가만있을 자유당이 아니다. 즉각 국회에 〈장부통령의 외신기자회견담화에 대한 경고결의안〉을 제출하여, 야당이 퇴장한 가운데, 제석의원 109명 중, 가 86 부 5로 가결했다(9월 28일). 바로 그 다음 날, 민주당전당대회장에서 총소리가 울려 퍼졌다. 단상에서 내려오던 장부통령이 총에 맞았다. 다행히 왼손을 조금 다쳤을 뿐이라 응급치료 뒤 귀가했다. 자유당은 민주당 내부 갈등으로 생긴 사건이라 우겼다. 그러나 재판 도중, 총격범 김상붕 배후에 경찰 고위간부와 내무장관까지 있다는 사실이 밝혀져, 내무장관 해임결의안이 발의되고, 치안국장 김종원이 법정 모독죄로 옷을 벗는 사태로까지 발전했다.

장면 부통령 저격사건으로, 국민의 불신이 커지고 있는데도, 야당 탄압은 누그러지지 않았다. 민주당이 급격히 대안정당으로 떠올라, 자유당의 영구집권을 위협할 가능성이 높아졌기 때문이다. 다음 해 5월 25일, 장충단공원에서 열린 민주당〈국민주권옹호투쟁위원회〉강연회장에, 30만 군중이 자유당 독재를 성토하고 있던 중, 갑자기 정치깡패 30여 명이 들이닥쳐 대회를 중단시켰다. 난동 깡패들이 유지광의「화랑동지회」란 사실이 밝혀지고, 언론이 몇 개월 동안 줄기차게 진상을 대서특필했지만 아무런 진전이 없다가, 연말에야 겨우, 유지광이 재물손괴혐의로 구속 기소 되었을 뿐, 배후관계는 전혀 밝히지 못하고 끝났다. 장부통령 총격사건이, 자유당 수뇌부와, 내무장관 이익흥, 경찰국장 김종원을 비롯한 경찰 고위간부 작품이었다는 사실이 밝혀진 것은, 1960년 4.19 민주항쟁이 성공한 뒤이다.

4. 사라지는 자주세력

또 하나 제도야당인 진보당은, 1956년 1월 26일〈진보당 추진위원회〉를 만든 뒤, 이해 11월 10일에야 겨우 발기인대회를 열어 창당된 정치단체다. 공산당전향자란 이유로 반 이승만 야당연합에서 밀려난 조봉암을 중심으로,〈책임 있는 혁신정치, 수탈 없는 계획경제, 민주적 평화통일〉을 3대 정강으로 내걸고, 혁신적 반독재세력이 모여 만든, 혁신지향 정당이다.

진보당은, 공산독재를 반대하는 제3의 길인 민주사회주의 또는 사회민주주의정당 임을 분명히 밝혀, 공산당 같은 좌익정당이 아니라, 유럽의 사회민주주의정당들과 꼭 같이, 자본주의적 자유를 수용하는 반공 반독재 민주정당임을 거듭거듭 강조했다. 그러나 안 통했다. 정부의 탄압은 냉혹했다. 미국과 꼭 같은 자유민주주의만이 민주주의라고 우기는 이승만과 극우익 반공주의자들에게는, 진보나 혁신이나 개혁이란 말은, 어떤 수식어가 붙던지 간에, 모두 민주주의를 파괴하는 반민주적 불온사상일 따름이었다.

평화통일은 더 나쁘다. 대한민국에는 오직 이승만의 염원이자 국시인 북진통일밖에 없다. 그럼에도 불구하고, 조봉암은, 두 번이나 대통령에 출마하여 이승만의 심기를 불편하게 한 것도 모자라, 국시에 반하는 평화통일을 빌미로, 나라를 통째로 북한

공산당에 갖다 바치려는 반역행위를 저지르고 있다. 당장 박살내지 않으면 대한민국 국기가 흔들릴 수도 있다. 진보당이 창당을 시작하자마자, 중앙, 지방 가리지 않고, 경찰과 깡패를 동원하여 훼방 놓았다.

제일 야당 민주당도 정부를 거들었다. 생태적으로 자유당보다 더 진보와 혁신을 혐오하는 민주당이, 혁신세력의 부활을 방관할 리 없다. 자유당의 잇단 무리수로, 힘 안 들이고 대안정당으로 떠올라, 정권창출에까지 접근하고 있는 마당에, 혁신을 내건 새로운 야당이 등장하는 것은, 보수양당 구도라는 지상 목표에 대한 심각한 도전이다. 절대 안 된다.

조봉암에 대한 핍박은, 제3대 대통령에 출마한 뒤에는 더욱 사나워졌다. 정우갑 간첩사건, 김정재 간첩사건 같이, 주로 남파간첩과 엮어, 보수국민의 반공의식을 드높이는 방법으로 없애버리려 했다. 남파간첩 박정호와 혁신계 인사들을 무더기로 엮어 잡아들인 〈근민당재건사건〉에서마저, 거듭 무죄 판결이 나오자, 이승만 정부는 조봉암을 정조준했다.

1958년 1월 24일 경찰이 조봉암을 비롯한 진보당 간부 10명을 잡아, 〈간첩 및 국가보안법 위반〉으로 검찰에 넘겼다. 〈정부를 변란할 목적으로 진보당을 창당조직하고, 북한괴뢰집단과의 협상으로 무력재침의 선전구호인 평화통일 공작에 호응하여 정부전복을 기도했다〉는 죄명이다. 검찰은, 즉시, 조봉암을 간첩죄, 국가보안법 위반 및 무기불법소지혐의로, 나머지 간부들은 국가보안법위반 혐의로 기소했다(2월 16일). 그러자 갑자기 육군특무대가 튀어나와, 조봉암이 남파간첩 양이섭(일명 양명산)과 접선하여, 공작금을 받았다고 추가 고발했다. 일제 강점기에 신의주형무소에서 알게 된 양이섭이, 육군특무대(HID) 공작원으로 남북을 드나들던 중, 북한에 매수 조종되어, 조봉암을 포섭했다는 혐의이다.

정부는, 조봉암을 비롯한 진보당 간부들이 기소되자마자, 예정대로, 진보당의 정당 등록을 전격 취소했다(2월 25일). 재판이 시작되기도 전이다. 이로써 대한민국 정치마당에서, 진보, 좌익, 좌파라고 부를 수 있는 제도정당은, 사실상 완전히 사라졌다.

서울지방법원에서, 3월 13일부터 7월 2일까지 열린 1심 재판에서, 재판장 유병진 부장판사는, 조봉암과 양이섭에게는 징역 5년, 나머지 진보당 간부 모두에게 무죄를 선고했다. 경찰이 고발한 간첩사건은, 모두 사실 아님이 밝혀졌으나, 육군특무대가 고발한 양이섭 간첩사건만은, 양이섭 스스로 기소사실을 일관적으로 시인하는데다, 조봉암이 비록 북한공작금인 줄 몰랐다 하더라도, 간첩으로부터 돈 받은 사실은, 분명하기 때문이었다.

조봉암에게 사형언도가 내려지지 않자, 이승만이 화났다. 당장 국무회의를 열어 (7월 4일), "법관들만 무제한 자유가 허용된다는 것은 이해할 수 없다. … 이러한 판사들을 처리하는 방법이 없는지 모르겠다."고 푸념하자, 갑자기 반공청년단 깡패 수백 명이 법원에 난입하여, "친공 판사 유병진을 타도하라", "조봉암을 간첩죄로 처형하라"며 난동을 부려, 대한민국 역사상 최초의 〈재판파동〉을 일으켰다.

이런 난장판에도, 민주당은 조용했다. 조작인 것이 분명한 간첩방조죄로 조봉암과 진보당 간부들이 구속되고, 진보당이 등록 취소되고, 더욱이 정치깡패들이, 법정 난동을 부리는 야만행위를 자행했는데도 불구하고, 시종일관 침묵했다. 정부의 불법행위를 견제해야 하는 제1 야당의 책임을 기꺼이 팽개치고 모르는 척 눈감았다.

9월 4일부터 서울고등법원 부장판사 김용진 주재로 열린 2심 재판에서는, 1심 재판 때, 자기 죄를 시인하던 양이섭이, 갑자기 진술을 번복했다. 조봉암을 제거하기로 결정한 국가방침에 협조해야만 살아남을 수 있다는 특무대의 협박 때문에, 특무대 각본대로, 허위 자백했다고 진술했다. 또 조봉암에게 준 돈의 출처를 제시하여, 북한공작금이 아니라는 것을 밝혀, 조봉암이 뒤집어 쓴 북한 공작금 수수혐의가 깨끗이 사라졌다. 그러나 2심 재판부는, 양이섭의 진술을 모두 무시하고, 조봉암과 양이섭에게 사형을 선고하고, 진보당 간부 모두에게도 국가 보안법 위반으로 유죄 판결했다.

1959년 2월, 대한민국 최고법원 「대법원」 판결이 나왔다. 재판장 김세완, 주심 김갑수, 배심 백한성, 허진, 변옥주 등 대법관 5명은, 조봉암에게, 이중간첩 양이섭과 공모하여 간첩행위를 한 죄로, 사형을 선고하고, 나머지 진보당 간부들에게는 무죄를 선고했다.

조봉암은, 재심을 청구했지만, 상고심을 맡았던 대법원 재판부가 사건을 다시 맡아 기각했다(1959년 7월 30일). 그리고 바로 그 다음날 사형하여, 또 하나의 야만적 〈사법살인〉을 저질렀다. 그는 형장에서 이렇게 유언했다.[9]

---

9) 2011년 1월 20일, 대법원은 죽산 조봉암에 대한 재심에서 무죄판결을 내렸다.

"나는 이박사와 싸우다 졌으니 승자로부터 패자가 이렇게 죽음을 당하는 것은 흔히 있을 수 있는 일이다. 다만 내 죽음이 헛되지 않고 이 나라의 민주발전에 도움이 되기 바랄 뿐이다.

제17장

이승만의 몰락

1. 보수정당들의 음모

자유당은, 5월 2일의 제4대 민의원선거에, 온 힘을 기울였다. 무슨 수를 쓰서라도, 이번 총선거부터 모든 선거에 압도적으로 승리해야만, 영구집권체제를 만들 수 있다고 생각했다. 그 첫수가, 〈협상선거법〉이다. 자유당은, 떠나간 민심을 되돌리는 대신, 민첩한 관료기구를 활용하여 민심을 왜곡하는 관행에 집착했다. 미군정이 임대한 조선총독부 관료조직을 그대로 승계하여, 해방 민의를 성공적으로 분쇄한 이승만 정부에게는, 다른 대안이란 있을 수 없었고, 있을 필요도 없었다. 국민의 압도적 지지를 받는 자주독립세력마저, 빨갱이로 몰아 단칼에 없애버린 유능한 관료들이, 백성을 두려워할 리 없다. 그들에게 국민이란, 여전히 식민지 노예와 다름없는 무지몽매한 〈조선인〉일 따름이었다.

제도야당도 신경 쓸 것 없었다. 이승만의 일인독재를 반대하는 것만 다를 뿐, 지도이념이나 정책성향이 자유당과 조금도 다를 바 없는, 사실상 한 뿌리 초록동색이다. 모두 다 이승만 덕을 본 반공 기득권세력이다. 자유당의 거듭되는 무능과 부정부패에 진저리난 국민의 반감으로, 잠깐 동안 반사이익을 얻고 있을 뿐이지, 국민의 마음을 얻지 못하기는 매한가지다. 게다가 서로 죽을 판 살 판, 싸우고 있다.

문제는 민중이다. 민중이 깨어나고 있다. 그것이 문제다. 그들의 입을 막아야 한다. 그래서 나온 것이, 〈선거법개정〉이다. 선거위원회에 민주당 추천위원을 넣어주는 것 같은 미끼로, 민주당을 꼬드겨, 이른바 〈협상선거법〉을 만들었다. 우선, 선거공영제라는 명목으로, 〈선거기탁금제〉를 도입하여, 돈 없는 진보세력과 무소속, 신인의 정치 참여를 원천적으로 봉쇄하고, 입후보자의 선거운동을 제한했다. 다음, 정부와 정당의 실정을 속속들이 파헤쳐 민심을 오도하는, 못된 신문의 쓴 소리를 막기 위해, 언론규제를 대폭 강화했다.

그러나 제4대 민의원의원선거 결과는 기대와 달랐다. 자유당은 만반의 준비를 갖추고, 동원할 수 있는 관권은 물론, 폭력배를 동원하여 원시적 물리력을 행사하는 불법 부정을 감행했는데도 불구하고, 겨우 126석을 얻은 데 그쳤다. 반면에 민주당은, 예상을 뒤엎고 80석이나 차지하여, 힘 안 들이고, 개헌 저지선을 확보한 강력 야당으로 등극했다. 득표 차도, 67만여 표밖에 안 되었다. 그밖에는 통일당이 1석, 무소속이 26석을 차지했다.

반인간적 사법살인까지 저지르며 무리하게 진보세력을 소탕한 것이 오히려 민주당을 키웠다. 이대로 가다가는, 다가오는 정부통령선거에서, 자유당이 낙승할 가능성이 전혀 없다는 것이 분명해졌다. 정권을 계속 유지하려면, 더욱 더 세차게, 불순한 재야세력을 억압하지 않으면 안 되게 되었다. 그래서 나온 묘책이, 〈신국가보안법〉과 〈신지방자치법〉이다.

국회에 국가보안법 개정안이 상정되자, 야당은 물론, 언론계를 비롯한 각계각층이, 언론자유와 인권을 침해하는 악법이라며 거세게 반대했다. 그러나 자유당은, 보란 듯이 〈반공투쟁위원회〉를 만들어, "반공에 반대하는 이적행위를 더 이상 하지 말라."고 오히려 협박했다. 드디어 1958년 12월 28일, 개정반대 농성중인 야당의원들을 끌어내고, 자유당 단독으로, 〈신국가보안법〉(신국보법)을 통과시켰다. 이것이 〈2. 4 정치파동〉이다.

이 법은, 자유당이 5. 2 총선거에 진 것은, 재야세력과 언론의 선동 때문이라고 단정하여, 정부비판세력, 특히 혁신세력과 언론을, 반공 빌미로, 억압하기 위한 법률이다. 기존 국가보안법보다 적용대상과 이적행위 범위가 더 넓어지고, 국가기밀의 범위를 경제, 사회, 문화 분야로까지 확대하고, 예비와 음모를 기수범과 똑같이 처벌할 수 있게 했다. 〈무엇이 반정부적 언동인가〉를 사법당국이 판단하는 데다, 경찰의 조서증거능력이 인정되어, 한국 민주주의와 국가안보의 장래가 모두, 정부 특히 경찰과 검찰의 손끝에 매달리게 되었다.

민주당은, 당연히 강경 반대했다. 강력한 제일 야당으로 우뚝 선 민주정당이 극악무도한 반인권법을 방관할 수 없다. 원내외가 합심하여 반대했다. 원내는 단식투쟁에 들어가고, 원외는 반대시위를 벌였다. 자유당이 반대농성의원들을 끌어내고 신국보법을 통과시키자, 곧바로 〈2.4 의결무효확인〉 성명을 내고, 국회 의사일정을 모두 거부했다. 그리고 재야 정당 단체들과 연합하여 〈보안법반대 국민대회 준비위원회〉를 만들어, 거국적 규탄대회를 열기로 결의하는 등, 초강경 반대투쟁에 들어갔다.

이렇듯 강력 반대하던 민주당이, 다음 해 1월, 신국보법이 발효되자마자, 기다리기나 한 듯, 즉시 반대운동을 철회했다. 외로이 남은 재야인사들의 반대투쟁이 경찰의 억압을 견딜 리 없다. 신국보법 첫 희생자는, 미군정법령 제88호에 의하여 폐간된(1959년 4월 30일), 경향신문이다.[10]

2. 3.15 부정선거

〈2.4 정치파동〉 때, 자유당은 지방자치법도 함께 만들었다. 그동안 선거로 뽑던 시, 읍, 면장 등 지방행정기관장 모두를 임명제로 바꾸고, 이장과 동장까지 임명제로 했다. 이승만 정부 스스로 민주주의 표본이라며 극구 찬양하던 지방행정체계를, 단숨에, 일제 군국주의 관료체제로 되돌렸다. 모든 지방행정기관 공무원을 모두, 여당 사람으로 채워 민심을 감시하지 않고서는, 다가오는 정부통령선거에 이길 수 없다고 보았다.

중앙정부 조직도 선거체제로 바꾸었다. 어떤 무리수를 쓰더라도, 다가오는 정부통령선거에서 반드시 이기려고 했다. 젊은 야심가 최인규를 내무장관으로 전격 발탁하여, 정부통령선거 총괄업무를 맡기고, 내무장관을 중심으로, 재무, 법무 등 선거에 관계되는 부처장관들로 〈6인위원회〉라는 선거담당 각내각(閣內閣)을 만들어, 선

---

10) 신국보법 제정을 극력 반대하다가, 발효와 동시에 반대를 철회했던 제일 야당 〈민주당〉은, 뒷날 4.19 민주항쟁 덕에 권력을 잡자마자, 오히려 더욱 더 적극적으로, 이 법을 악용하여, 정부의 부정과 불법을 비판하는 언론과 혁신세력을, 〈법과 원칙에 따라〉 엄중 교화했다.

거를 총괄했다.

갑작스레 이승만 종신집권 전위로 출세한 내무장관 최인규는, 중책을 맡자마자, 모든 공무원에게 "이승만 대통령을 위하여 거룩한 일"을 해 줄 것을 당부한 뒤, 대대적 인사개혁을 단행했다. 중앙은 물론, 지방의 모든 행정기구를, 내무장관과 치안국장 중심의 경찰국가체제로 바꾸고, 도지사와 경찰간부는 물론, 선거와 관련 있는 지방 고위공무원 모두를, 이승만 충성서약자로 채웠다.

이렇게 행정력만으로도 충분히 이승만을 4선 대통령에 당선시킬 수 있는 준비를 갖춘 다음, 6월 29일 전당대회를 열어, 이승만과 이기붕을 정 부통령 후보로 지명했다. 다음, 이승만 장기집권에 가장 큰 걸림돌인 조봉암을 처형했다. 이승만 대통령에 대한 어떠한 도전도 용납하지 않겠다는 협박인 동시에, 장기 집권을 위해서는 무슨 짓이라도 할 각오가 되어 있다는, 굳은 결의를 만천하에 알렸다.

민주당도 정 부통령 후보를 내었다. 치열한 당권투쟁 속에서, 〈당 분규수습 10인 위원회〉 조정으로 간신히 열린 정 부통령 지명대회에서(11월 26일), 구파 조병옥이 이겨, 당선 가능성이 전혀 없는 대통령 후보에 추대되고, 선거에 진 신파의 장면은 당선 가능성이 아주 높은 부통령 후보로 지명되었다. 그러나 다음날 전당대회에서는, 거꾸로 어제 진 신파가 압도적으로 승리하여, 장면이 당대표 최고위원으로 추대되었다. 굳센 단결력을 뽐내며, 철저한 사전 준비를 마친 자유당과는 달리, 민주당 신구파간의 갈등은 갈수록 깊어져, 선거기간 내내, 상호 협력을 기대하지 않는 사실상 별도의 선거운동을 하지 않으면 안 될 지경에까지 갔다.

이런 판국에, 정부가 갑자기 선거일을 〈1960년 3월 15일〉로 공고했다(2월 3일). 농번기를 피한다는 구실로 두 달이나 앞당겼다. 조병옥 민주당 대통령 후보가, 선거를 치르지 못할 만큼 병세가 악화되어 있었기 때문이었다.

2월 5일, 자유당이, 정부통령 후보를 먼저 등록했다. 이틀 뒤 민주당도 등록하여, 선거전에 돌입했다. 선거포스터도 나붙었다. 자유당은 "나라 위한 80 평생 합심하여 또 모시자." "이번에는 속지 말고 바로 뽑자 부통령." 민주당은, "협잡선거 물리치자."

자유당은, 각본대로 동원할 수 있는 관권 금권을 모두 동원했다. 공무원은 말할 것 없고, 돈과 권력으로 동원할 수 있는 단체와 명사들을 총동원했다. 특히 반공청년단과 반공예술인단 같은 폭력배와 연예인을 적극 활용했다. 반면에 민주당에는 진짜 초상이 났다. 어처구니없는 규제와 방해에 무차별 폭력까지 난무하여, 제대로 선거운동을 할 수 없는 판국에, 대통령 후보 조병옥이, 예상대로, 2월 15일 미국의 한 육군병원에서 세상을 떴다. 민주당은, 한 번 더, 부통령선거만 치르지 않을 수 없게 되었다.

3. 젊은 그들

국민은, 이승만 정부의 부정과 부패, 권력 남용을 잘 알고 있었다. 그러나 눈감았다. 한국의 자유와 민주는, 국민 것이 아니라, 정부 것이었다. 자유의 범위는 공안당국이 정하고, 민주는 관리가 대신했다. 국민에게는 복종의 자유가 있을 뿐이었다. 일제 강점기와 별로 다를 바 없었다. 일제 강점기의 식민지 노예 훈육에 주눅이 든 데다, 해방으로 끓어 오른 자주독립 열기마저 반자주세력의 폭압에 짓밟히는 꼴을 보고는, 넋이 나갔다. 먼 산 쳐다보고 사는 것이 차라리 편했다.

자유당의 대안으로 떠오른 민주당도 기대할 수 없기는 마찬가지다. 이승만에 빌붙어 호강하다가 팽당한 퇴물들이 주류이다. 자유당과 똑 같이, 반자주적 권위주의 관행에 젖어 있는 벼슬 사냥꾼들이다. 정권교체를 해봤자 달라질 게 없다. 더구나 상황 판단을 너무 잘한다. 자유당은 무능하고 부패하지만, 교활하거나 변덕스럽지는 않다. 같은 수구세력이 권력을 잡을 바에야, 약삭빠른 민주당보다, 차라리 자유당의 방종을 묵인하는 편이 나을 것 같았다.

그러나 학생들은 달랐다. 해방과 더불어 민주주의 교육을 받았다. 일제의 군국주의 교육방식으로 미국 자유민주주의를 배우기는 했지만, 무엇이 자유이고, 민주인가는 배웠다. 자유민주주의는, 개인의 자유를 존중하고 독재를 반대하는 정치이념이란 것을 배웠다. 군국주의나 공산주의는, 인권을 무시하는 독재정치를 하고, 선거가 없거나, 있더라도 개인의 자유의사가 아니라 강제 투표시키는 나쁜 정치라고 배웠다.

그런데 바로 그 나쁜 정치를 이승만이 하고 있다. 이승만의 민주정치에 회의를 느끼지 않을 수 없다. 뿐만 아니라, 계속되는 부정부패, 무질서와 혼란으로, 국민생활마저 나아질 기미가 없다. 불만이 쌓일 수밖에 없다. 게다가 10대 후반 청소년은 진취적이고 반항적이다. 일제 교육 관행을 버리지 못한 학교 당국의 비민주적 교육행정에 대한 대물림 받은 불만까지 겹겹이 쌓여, 언젠가, 어디에서나, 더운 바람만 불면, 터지게 되어 있었다.

고등학생들의 반정부 시위는 10월 인민항쟁의 원혼이 서린 〈진보의 요람〉 대구에서부터 시작되었다. 학교당국의 권력 아부 관행에 대한 오랜 불만이 정 부통령선거를 계기로 폭발했다. 2월 28일이 일요일인데도 불구하고, 민주당 유세장 가는 거 막으려고 학생들을 강제 등교시킨 것이 탈이었다. 온 대구시민이, 민주당 정견발표회를 손꼽아 기다리고 있었고, 20만이 넘는 시민이 모인 유세장에, 학생들을 못 가게 했으니 사달이 안 날 수 없었다.

대구 학생시위는 다른 지역으로 빠르게 번졌다. 선거 전날까지, 서울, 부산 등 대도시뿐 아니라, 대전, 수원, 충주, 청주, 포항, 인천, 문경 등 전국적으로 퍼져나가, 수많은 지역의 수많은 고등학생들이, 한밤중까지 부정선거 규탄시위를 벌였다. 그런데도 정부와 자유당은 눈 하나 깜짝하지 않았다. 일간신문들이 자유당의 부정선거 계획을 다투어 보도하여, 모든 국민이 흥분하고 있는데도, 정부와 자유당은, 조금도 두려워하지 않았다. 언제나와 마찬가지로, 빨갱이타령 한 방이면, 금세 수그러들 것이라고 자만했다. 제일 야당 민주당 또한 다르지 않았다. 유례없는 부정선거에 대해, 관례대로 의례적인 불만을 늘어놓을 뿐, 근원적 정치개혁을 외치는 학생들의 외침을 대수롭게 생각하지 않았다.

4. 3. 15 민주항쟁

3월 15일, 자유당과 정부는, 모의훈련까지 마친 부정선거계획을 거침없이 실행했다. 사전투표, 무더기투표, 대리투표, 3인조투표에다, 표 바꿔치기 같은 관례적인 부정수법을 모두 동원했다. 친 야당 인사에게는 투표용지조차 주지 않았으며, 야당 참관인을 투표소에 들어가지 못하게 막는 곳도 허다했다.

전국 곳곳에서 원천적 부정선거 항의소동이 동시에 일어났다. 그중에서도 마산이 가장 심했다. 학생들을 중심으로 한 항의군중을 진압하는 과정에서, 어린 학생을 포함한 26명이 경찰 총에 맞아 죽고, 86명이 다치고, 220여 명이 잡혀갔다. 부산, 진주,

서울 등 다른 지역에서도, 고등학생의 항의시위가 잇따라 일어났지만, 경찰이 강경 진압했다. 정부는 관례대로, "간악한 공산당의 배후조종으로 일어난 난동"을 단호히 척결하겠다고 협박했다.

개표 결과, 자유당 이승만은 9,633,376표로 자동 당선되고, 부통령후보 이기붕도 8,337,059표를 얻어 1,843,758표를 얻은 민주당 장면후보를 압도적 표차로 누르고 이겼다. 다음날, 중앙선거관리위원회는 정 부통령 당선을 확인하고, 투표율이 94.3%라고 발표했다. 자유당은, 즉시 자당 정 부통령후보를 지지해준 국민의 성원에 심심한 감사를 드리는 성명을 발표했다. 그러나 바로 그날, 기분 나쁘게 한국 최대 우방국 미국 대통령 아이젠하워가, 한국의 정부통령선거에서 "폭력사태가 발생한 것을 개탄한다."는 유감의 뜻을 보내왔다.

3월 18일 국회가, 야당의원이 퇴장한 가운데 정 부통령 당선을 공표하자, 민주당 의원들은 〈선거무효선언문〉을 낭독하고 총퇴장했다. 민주당의원들은, 마산에서 벌어진 반인간적 만행에 항의하기 위해 의원직 총사퇴문제를 논의 했으나, 또 실패했다. 또 신구파가 다투어 흐지부지되고 말았다.

정부와 자유당은 서둘러 민심수습에 나섰다. 부정선거를 총지휘한 내무장관 최인규의 사표를 수리하여, 법무장관 홍진기를 내무장관으로 임명하고, 학생데모를 막기 위해, 학교에 경찰을 배치했다. 덕택에 학생데모가 누그러졌다. 부산에서 고등학생 1,000여 명이 시위를 벌였을 뿐이다.

끝난 것 같던 항의시위가 다시 불붙은 것은, 4월 11일, 마산 앞바다에 데모학생의 시신이 떠오르면서이다. 3월 15일, 시위 도중 행방불명되어, 어머니가 며칠 동안 실성한 듯 찾아 헤매던 김주열 군이, 얼굴에 최루탄이 박힌 채 떠오르자 마산시민들은 격노했다.

그 많은 착한 사람들을 죽여 놓고도, 공산당 배후공작이라 협박하는 이승만 정권의 파렴치한 짓거리에 분통이 터진 민중이, 드디어 한국 민주화운동에 불을 붙였다. 울분에 찬 수만 명 학생과 시민이 자유당 사무실과 관공서 파출소를 습격했다. 이 북새통에 또 두 사람이 죽고 여러 사람이 다쳤다.

항의시위는 다음날에도, 그다음 날에도, 계속되었다. 학생들이 앞장서고 학부모가 뒤따랐다. 어린 학생을 무참히 죽여 놓고도, 공산당 배후타령만 뇌까리는 자유당 정권의 후안무치한 언동에, 부녀자들이 더 화가 났다. 김주열 학생을 최루탄 쏘아 죽인 자가, 일제 경찰이라는 사실이 알려지자, 시민들은 더 이상 참을 수 없었다. 상가도 문을 닫고 시위에 나섰다.

그런데도 정부는 사태의 심각성을 깨닫지 못했다. 오히려 더욱 강경 대응했다. 미군정으로부터 물려받은 선진적 진압방식으로 강력히 눌렀다. 문교장관 김선기는, 내무부에, 학생데모 배후조종자를 하루 빨리 색출하고, 제2차 마산데모 가담 학생도 찾아내어, 명단을 보내달라고 요청했다. 검찰도 나섰다. 저명한 반공검사 오제도 대검검사를 마산으로 급파하여, 간악한 배후조종 공산도배 색출에 몰두했다. 국회 마산사건 대정부질의에 나온 신언한 법무차관은, "분명히 공산당 개입혐의가 있다"고 답변했다.

네 번째 대통령에 당선된 이승만도, "공산당이 배후에서 조종하고 있다"는 특별담화를 발표했다. 정부는 공식적으로 "이번 사건은 공산주의자들에 의하여 고무되고 조종된 것"이라 발표하고, 반국가적 난동을 부추긴 공산당 배후를 철저히 밝힌다는 구실로, 엉뚱한 사람들을 줄줄이 잡아넣었다.

5. 4.19 민주항쟁

드디어 대학생들이 나섰다. 4월 18일 고대생이 국회의사당 앞에서 연좌데모하고 학교 돌아가다가, 종로 4가에서, 반공청년단 습격을 받아 10여 명이 다쳤다. 학생 한 명이 죽었다는 소문이 퍼지자, 흥분한 학생과 시민들이 밤중까지 항의시위를 벌였다. 이에 앞서, 부산에서는, 동래고등학교 학생들이, 경찰의 공포탄과 최루탄에 맞서 싸워, 여러 명이 다치고, 청주에서도 3천여 고등학생들이, 가두시위를 벌이는 등, 고등학생들의 겁 없는 시위가 전국적으로 번졌다.

다음 날, 〈4월 19일〉 아침, 서울대 문리대 교문 앞 다리 주변으로 학생들이 모여들었다. 그리 긴장한 표정들이 아니다. 학생들이, 문리대 안과 의대 뒷문 안까지 찰 때쯤, 누군가 선언문을 읽었다. 그리고는 종로 5가 쪽으로 걸어갔다. 잠깐 동안, 부정선거 규탄 외침이 있었지만, 곧 조용히 걸어갔다. 다른 학교 학생들도 거리로 나섰다. 서울에 있는 모든 대학이, 이 날 정오에, 태평로 국회 의사당 앞에 모여, 부정선거규탄시위를 함께 하기로, 미리, 약속되어 있었다.[11]

수많은 학생들이 국회의사당 앞에 모였다. 서울대 각 단과대학생들이 차례로 합류하고, 동국대, 건국대, 성균관대, 연세대, 중앙대를 비롯하여 홍익대, 경기대, 외국어대, 단국대, 국학대, 국민대, 서라벌예술대 학생들이 모두 모였다. 고대생도 다시 나왔다. 검은 교복 사이에 흰 가운 입은 의과대학생들도 눈에 띄었다. 동성고를 비롯한 고등학생과 중학생들도 함께 나왔다. 어린 여학생들도 있다. 일반 시민들, 주로 직업청소년들도 엉거주춤 함께 모여, 국회 근방이 사람들로 가득 찼다. 을지로 입구에서부터 반도호텔, 시청, 국회 앞, 종로까지 몰려드는 학생들로 넘쳐났다. 무장 경찰들이, 학생들의 경무대 진입을 막으려고 중앙청 앞에 진을 치고 있다. 검은 옷 입은 학생들과 검은 옷 입은 경찰, 그리고 길가에 널어선 시민들, 심상치 않다.

앉은 자리에서, 부정선거 규탄구호를 외치던 학생들이, 점심때가 지나면서, 갑자기 "청와대로 가자"고 외치며 내달리기 시작했다. 동시에 총소리가 벼락 쳤다. 중앙청 앞에서 학생들을 막고 있던 경찰이, 학생들을 향해, 일제사격 했다. 경찰은, 중앙청 앞뿐만 아니라, 옆길로 돌아 경무대로 돌진하던 학생들에게도 일제사격을 가해, 적어도 21명이 죽고, 172명이 다쳤다.

참변을 목격한 학생들이 울부짖었다. 신문팔이, 구두닦이 같은 직업청소년과 뜨내기들은 더 못 참았다. 얼마 지나지 않아, 국회 맞은편에 있는 정부 기관지 서울신문사가 폭발하며 불길이 치솟았다. 불 끄러 나온 소방차도 불붙었다. 반공회관도 함께 불탔다. 서대문 이기붕 집 앞에서 동대문 운동장에 이르는 종로거리와, 을지로 내무부 근방에서 국회 앞 태평로에 이르는 모든 길을 시위군중이 점거했다.

정부도 물러서지 않았다. 오후 3시, 오후 1시로 소급하여 서울에 경비계엄을 발령하고, 경찰 트럭을 동원하여, 광화문 일대의 데모대에게 무차별 총격을 가했다. 오후 5시에 경비계엄이 비상계엄으로 강화되면서, 시위와 진압도 함께 과격해졌다. 동북방면에서는, 경찰이 트럭에 올라 시위하는 데모대에 발포하여 많은 희생자가 나고, 흥분한 시위대는 동대문과 청량리 일대 파출소를 불태우고 총기를 빼앗아 무장했다.

시위대의 주장도 과격해졌다. "민주주의 사수", "부정선거 다시 하라"에서, 어느덧 "일인독재타도," 이승만 물러나라"로 바뀌었다. 드디어 완전무장한 계엄군이 탱

---

11) 서울의 대학 대표들이, 4월 19일 아침, 국회의사당 앞에 함께 모이기로 약속했는데도, 전국학생총연맹(학련) 위세로, 단 한 번도, 이승만 정권을 반대하지 않던 고려대가 성급했다.

크 앞세우고 서울시내에 들어왔다. 군인이 들어온 뒤에도, 변두리로 밀려난 시위대와 경찰 사이에 간간이 총격전이 벌어졌지만, 밤이 깊어가면서 잠잠해졌다. 부산, 대구, 전주, 제주 등 여러 지방 도시에서도 시위가 격렬해져 희생자가 늘어나자, 정부는 지방 도시에도 계엄령을 내렸다.

다음날 서울시내는 조용했다. 광화문과 종로, 서대문, 중앙청 등 서울 중심가 일대에, 중무장한 군인들이 삼엄한 경계를 펴고 있었다. 군인들은, 전차와 장갑차 옆에 묵묵히 제자리를 지키고 서 있을 뿐, 지나가는 시민들에게는 전혀 관심이 없었다. 어제 총 쏜 경찰과는 아주 다르다. 지나가는 시민이나 학생들도 목석같이 서있는 계엄군을 조금도 무서워하지 않았다. 시민들은 아무런 불편 없이 평상시와 다름없이 서울 시내를 마음 놓고 나다녔다. 변두리로 나갈수록 경찰들이 눈에 띄지 않고 고요했다.

학생들의 반정부시위에 놀란 것은, 이승만과 자유당만이 아니었다. 미국이 더 놀랐다. 이승만이 저질은 온갖 잔악행위를 감싸주던 미국이, 이제야 겨우 정신을 차려, 이승만을 꾸짖었다. 그러나 이승만은, 막무가내였다. 학생들의 반정부시위가, 오직 무리한 부정선거 때문인 것으로 착각하여, 시위의 원인인 부정선거에 대한 모든 책임을 자유당에 떠넘기고, 정부통령선거를 다시 하는 선에서, 가능한 한 빨리, 사태를 수습하고자 했다.

유일 야당, 민주당 지도부 생각도 같았다. 자기들과 무관하게 진전되고 있는 학생들의 반독재 민주화투쟁 불길이 더 커지면, 자유민주주의의 허구에 기생하고 있는 민주당의 지반마저 무너질 수 있다는 것을 잘 알고 있었다. 그러나 국민의 마음은 달랐다.

4월 25일 대학교수들이 움직였다. 서울대 의대 구내 함춘원에 모인 서울 여러 대학 교수들이, "이승만 정권 물러가라"고 외치며, 종로로 나섰다. 학생들이 뒤 따랐다. 국대안 파동과 6.25 전쟁을 거치면서, 집권세력과 사회적 가치를 공유하는 세력이 장악한 교수사회가 등을 돌렸다는 것은, 이승만 자유민주주의 독재의 정치적 기반이 완전히 무너졌다는 것을 뜻한다. 이승만의 버팀목인 미국이 외면하고, 국민을 감시하는 경찰이 손을 놓고, 정권을 뒷받침하는 호위집단이 등을 돌렸으니, 아무리 〈하나님이 점지한〉 이승만이라도 도리가 없다. 물러날 수밖에 없다.

학생시위 때와는 달리, 경찰도 손을 놓았다. 교수데모 다음날에는, 아침부터 수많

은 학생과 시민이 거리로 몰려나와, "이승만 즉시하야"를 외쳤다. 계엄군은 시민의
박수를 받으며 침묵했다. 이승만도 더는 견딜 수 없었다. 깨어난 젊은이들의 민주의
식이 마침내 이승만 독재정치를 무너뜨렸다. 이승만으로부터 팽 당한 기득권세력
이, 민주주의를 염불하고 있을 동안에, 어리고 젊은 학생들이 자유와 민주주의를 지
켰다.

　이승만이 〈대통령 사임서〉에 서명하자(4월 26일), 자유당이 다수인 국회가, "이승
만대통령 즉시하야", "정부통령선거재개", "의원내각제개헌"을 만장일치로 의결했
다. 이승만이 물러나자, 헌법에 따라, 갑자기 수석 국무위원이 된 외무장관 허정이,
대한민국 초대 대통령권한대행이 되었다.

제18장
제2공화국

1. 허정 과도내각

흔들리는 기성체제를 지키기 위한 합헌적 선택으로 등장한 허정내각의 5개 정책은 이렇다.

(1) 확고한 반공정책의 진전. (2) 부정선거의 처벌대상자 제한.
(3) 혁명적 정치개혁의 비 혁명적 방법으로의 수행.
(4) 4월 혁명 과정에서의 반미적 언동자 처벌. (5) 한일관계 정상화.

4. 19 민주항쟁의 원인을, 부정선거로 돌리면서도, 처벌대상자를 제한하고, 〈4.19 혁명 과정의 반미행위자를 비 혁명적 방법〉으로 처벌하겠다고 하는, 철저한 친미 반동정책이다. 4.19 민주항쟁과 사회혼란의 주된 원인인 이승만의 독제 만행에 대해서는 아무 말이 없다. 오히려 이승만 독제체제의 바탕인 친미 반공정책을 강화하고, 친일정책까지 추구하겠다고 한다. 피 흘려 이룩한 〈4.19 민주정신〉을 거스르는 철저한 반동내각이다.

4.19 민주항쟁은, 이승만의 자유민주주의독제에 항거하여 되살아난 자주민주주의정신이다. 자유당의 부패와 부정선거만을 규탄하는 차원을 넘어, 진정한 〈민주주

의민족국가〉를 수립하려는 외침이었다. 그러나 허정은 다르다. 허정은, 생태적으로, 4.19정신을 수용할 수 있는 사람이 아니다. 미국 유학 중에는, 이승만이, 멋대로 만들어 임시정부와 불편한 관계이던, 구미주차한국위원회(歐美駐箚韓國委員會, Korean Commison to America and Europe)〉(구미위원회) 위원으로 이승만을 돕고, 이승만이 정권을 잡자마자, 교통부장관, 사회부장관, 국무총리서리, 서울시장 등 정부요직을 두루 거쳐, 1959년에는 한일회담 수석대표도 맡았던 심복이다. 잠시 이승만 곁을 떠나, 반공 민주당 최고위원을 하고 있을 때, 갑자기 이승만의 부름을 받아 대통령권한대행이 된 사람이, 이승만을 축출한 민주민족세력과 손잡고 이승만을 처단할 만큼, 민주적인 정치인이 될 수는 없다. 그러나 학생들은 침묵했다. 이승만의 하야만으로, 민주주의가 완성된 것으로 착각하여, 허정 과도정부의 반동에 대응할 의지도 능력도 없었다.

6월 15일, 국회가 의원내각제를 중심으로 하는 새 헌법을 만들자, 허정은, 신헌법에 따른 의원내각제정부의 임시국무총리로 선출되어, 엉겁결에, 제2 공화국 초대 국무총리와 동시에, 제2대 대통령권한대행도 겸하는 횡재를 했다. 그러나 무거운 벼슬을 한 몸에 진 허정이 할 수 있는 일은, 거의 없었으며, 하려고도 하지 않았다. 기껏 국민의 분노를 선거부정으로 돌려, 만만한 부정선거 원흉 몇 몇을 잡아넣고, 이승만을 안전하게 해외로 도피시키는 〈비 혁명적 방법으로〉, 국민을 농락했을 뿐이다.

4.19 민주정신과 거리가 먼 허정내각이 해야 할 가장 중대한 일은, 민주당 입맛에 맞는 신정부를 구성할 국회의원을 뽑는 선거관리 대행이다. 보다 정확히 말하면, 이승만이 다져놓은 반자주 반공통치체제를, 힘 안 들이고 횡재한 〈호헌동지〉들에게, 법과 원칙에 따라, 깨끗이 포장해서, 안전하게 넘겨주는 배달부 역할이다. 따라서 허정 내각은, 중간정부(interim government)나 임시정부(transitional government)가 아니라, 선거관리내각(caretaker cabinet)이나 문깔개정부(doormat government), 안내원정부(usher government), 아니면 정권이삿짐센터였다.

2. 7.29 총선거

6월 23일 국회에서 〈민 참의원 동시선거 대정부 건의안〉이 통과되자, 정부는 27

일 제5대 민의원 및 초대 참의원의원 총선거를 7월 29일에 실시한다고 공고했다. 선거 기간은 32일이다. 젊은 민주민족세력이 혁신적 민주주의를 실천하기에는 너무 짧다. 만일 4.19 항쟁이 혁명이었다면, 혁명을 주도한 주체세력이 정치권력을 장악하거나, 아니면 주도세력을 후원한 새로운 정치세력이, 혁명으로 생긴 신질서를 관리해야 한다.

그러나 4. 19 항쟁은, 혁명으로 전진하지 못한 반정부항쟁으로 끝났다. 부정과 불법, 폭력으로 지탱하고 있던 이승만의 독재정치를 끝내기는 했지만, 체제자체에는 아무런 변화도 주지 못하고, 그대로 남겨두었다. 항쟁을 주도한 학생들은 체제를 바꿀 계획도 없었고, 정권을 장악할 의지도 능력도 없었다. 따라서 7.29 총선거는, 기성체제에 대한 심판이 아니라, 기성체제를 관리할 다른 기성세력을 찾는 선거가 될 수밖에 없으며, 그 세력이란, 자멸한 자유당의 유일 대안정당인 민주당뿐이다.

게다가 기성체제를 지탱하는 기민한 관료조직이 그대로 살아있다. 일제 강점기 이래 반복적으로 실습한 권위주의 관행을 쉽사리 버릴 만큼 민주적인 사람이, 반봉건(反封建) 관료국가 관리가 되었을 리 없다. 상명하복의 일제 군국주의 관행을 익힌 관료가 군림하고 있는 한, 젊은 자주민주세력이 끼어들 틈은 없다.

진보진영도 마찬가지다. 오랜 독재가 무너지자, 혁신적 민주체제를 건설할 여건이 성숙된 것으로 착각했다. 자유당독재 타도에 흥분하여 정국의 흐름을 명확히 파악하기 힘들었을 것이다. 해방 직후, 자주독립세력이, 미국자본주의란 최대 변수를 간과했던 것과 별로 다르지 않다. 장장 15년 간, 미국과 이승만이 다져놓은 친미반공체제의 강도를, 그들은 잘못 짚었다.

7.29 총선거에는 민의원의원 233명에 1,518명이 입후보했다. 기성정당 민주당과 자유당 말고도, 급조된 많은 정당들이 후보자를 내었다. 집권이 확실한 민주당은 땅짚고 헤엄치기 감투를 서로 차지하려고 심하게 다투었다. 신구파간의 치열한 갈등 끝에, 정원 233명인 민의원 의원후보에, 정규 공천자 227명을 포함하여 305명의 민의원의원 후보를 내었다.

자유당은 공천 후보를 내지 않았다. 자유당 정권을 심판하는 총선거에 공천해야 실익이 있을 수 없어, 대부분 무소속으로 출마했다. 그래도 자유당 이름으로 출마한 사람이 54명이나 되었다. 자유당정권은, 이승만과 함께 무너졌지만, 자유당은 그대로 살아있었다. 4.19 민주항쟁 열기에 들뜬 혁신계도 다투어 정당을 만들어, 후보자를 내었다. 사회대중당 129명, 한국사회당 19명, 혁신동지총연맹 13명, 한독당 12명, 사회혁신당 1명이다.

도별 중선거구제인 참의원의원 선거에는 정원 58명에 201명이 출마했다. 민주당은 여기에도 정원보다 많은 60명을 공천했다. 자유당 11명, 사회대중당 7명, 한국사회당 2명, 한독당 1명 후보를 내고, 기타 단체와 무소속 등록자가 115명이었다.

선거는, 겉으로는, 보수와 혁신의 대결이었다. 두 진영 모두 자유당 독재를 청산하고, 새로운 정치문화를 만들려고 하는 점에서는 같았다. 보수세력은 기성체제의 민주화에 중점을 둔 반면, 혁신세력은 혁신적 민주주의를 원했다. 그러나 승부는 이미 정해져 있었다. 혁신계는, 4.19 민주항쟁으로 새로운 민주주의가 힘을 얻을 것으로 기대했지만, 전혀 아니었다. 이승만 체제의 탄압과 분열정책으로 잠자고 있던 혁신세력이, 대열을 정비하기에는, 시간이 짧았다. 힘을 합치더라도 힘든 싸움인데도, 노선갈등으로 흩어졌으니, 참패할 수밖에 없다. 자유당 독재 타도에 만족한 국민은 먼 진보보다 빠른 안정을 원했다. 신체제를 만들려는 항쟁세력이 아니라, 기성체제의 호헌세력으로 등장한 민주당을 택했다. 기민한 관료체제가 이를 도왔다.

총선거 결과, 민주당은 민의원 의석 175석, 참의원 31석을 차지하는 압승을 거두었다. 혁신계는 민의원에서 사회대중당 4석, 한국사회당 1석을, 참의원에서 사회대중당 1석, 한국사회당 1석을 얻었다. 자유당은 공천하지 않았는데도, 민의원 4석, 참의원 2석을 얻고, 무소속으로도 여럿이 당선되어, 소리만 요란한 혁신계를 무색하게 했다. 한국국민은, 4.19 민주항쟁의 성공에도 불구하고, 오랜 반공 훈육으로 다져진 반 좌익 강박관념을 넘어설 수 없었다.

3. 제2공화국 민주당정부

7.29 총선거에 승리한 민주당은, 파벌싸움에 기가 올라, 사상 초유의 뜨거운 여름을 보내고 있었다. 창당 전부터 다투던 신구 양파가, 총선거 압승으로 정권이 눈앞에 펼치자, 물불 가리지 않는 감투싸움을 벌였다. 민주당은, 생태적으로 서로 싸울 수밖에 없는 정치인 모임이다. 한민당과 마찬가지로, 정책보다 특정인을 쫓아내려고 모인 권력추구 집단이기 때문이다.

민주당의 뿌리인 한민당은, 스스로 정권을 잡으려고 만든 정당이 아니었다. 점령지 정부인 미국 군사정부의 정책을 반대하거나 지지하기 위하여 모인 정치단체도 아니었다. 오직 여운형과 건준을 쳐부수기 위하여, 중경대한민국 임시정부를 우리 정부로 모셔오자는 깃발 들고 모인, 소수 보수명사들의 안내인집단(usher group,) 또는 접대인집단(hostess group)이었다.

　민주당도 마찬가지다. 이승만 추종자들이 저질은 기상천외한 헌법 개정에 식상한 정치인들이, 갑자기 민국당을 중심으로 모여 〈호헌동지회〉를 만들고, 그중에서 여운형과 건준을 닮은 조봉암과 진보세력을 쫓아내고, 그리고도 오랫동안 지분 실랑이를 하다가, 간신히 타협하여 만든 정당이다. 정부여당의 대안정당(Opposition party)으로 등장한 것이 아니라, 이승만을 반대하는 소수 반자주 반공정치인이, 이승만에게 쫓겨난 분풀이로 이승만을 쫓아내기 위한 혼성정당(mixed party), 잡동사니 정당(medley party)이다. 자리다툼하느라 정권담당능력 기를 겨룰마저 없었다. 그런데 하필이면 이런 어중이 정당에게, 갑자기 공짜로 정권이 굴러 떨어졌으니, 감투에 굶주린 권력편집광들이, 아귀다툼을 벌이지 않을 수 없다,

　민주당 신 구파는, 아예 당선자대회부터 따로 했다. 신파 85명, 구파 95명이 따로 모여, 따로 자축연을 열었다. 그런 다음, 8월 12일 민 참의원 합동회의에서, 구파 윤보선 의원을 압도적 다수로 대통령으로 선출했다. 나흘 뒤, 총리지명권을 가진 윤보선 대통령은 같은 구파의원 김도연을 총리로 지명했으나, 실패했다. 난데없이 남대문시장 상인들이, "김도연 인준반대" 데모를 하는 가운데 가진 투표에서, 111 대 112, 무효 2표로 부결되었다. 이틀 뒤, 두 번째 지명된 신파의원 장면이, 117 대 107, 기권 1표로 인준 받아(8월 19일), 대한민국 제2공화국 초대 국무총리가 되어, 대한민국 최초의 〈의원내각제정부〉가 탄생했다.

　제2공화국은, 생기자마자 대통령과 국무총리의 권세다툼부터 시작했다. 의회정부 경험이 없는, 헌법상 국가원수인 구파 대통령 윤보선과, 의원내각제의 헌법상 실권자인 신파 국무총리 장면이, 국가 최고 권력을 놓고 다투었다. 정부 권력에서 멀리 떨어져 있을 때도, 지분 싸움으로 날 새운 감투몰이꾼들이, 최고 권력을 앞에 두고 물러설 리 없다. 권력싸움은, 신 구파에만 한정된 것이 아니었다. 노장파, 소장파, 남파, 북파 등으로 얼기설기 엉켜, 조선조 사색당파 뺨치게, 치열하게 다투었다. 끝내 권력에서 밀려난 구파가 「신민당」을 만들어 갈라섰지만, 구파 모두가 함께 떠난 것

이 아니다. 벼슬자리에 미련 남은 자들은 그대로 남았다.

의원내각제는, 영국에서 절대 권력을 행사하던 군주가, 의회에 〈명예롭게〉 권력을 물려주면서, 서서히 정착된 서민원(하원)중심 통치체제이다. 영국에서는 성공했다. 전통적 지배계급이, 잔혹하게 착취한 식민지 미개인의 피땀을 잘 굴려, 성장하는 시민계급의 이익을 적절하게 조절할 수 있었다.

프랑스도 이와 비슷한 의회중심 정치체제를 시도했으나 번번이 실패했다. 대혁명으로 생긴 제1공화국은 얽히고설킨 파벌싸움 끝에, 나폴레옹 1세에게 넘어갔고, 2월 혁명으로 탄생한 제2 공화국 또한 수많은 노동자를 죽인 6월 혁명까지 거친 뒤, 나폴레옹 3세에게 넘어갔다. 나폴레옹 3세가 프로이센에 항복하고 생긴 제3공화국도, 군소정당 난립으로 수시로 내각이 바뀌다가, 독일에 패배해 무너졌다. 제2차 세계대전 뒤 생긴 제4공화국의 의원내각제 또한, 계속되는 정국혼란으로 허둥대다가, 알제리 독립전쟁을 계기로, 강력한 대통령을 원하는 드골의 요구에 따라, 제5 공화국의 2원 집정제로 바뀌었다. 프랑스의 의회중심정치는, 이렇게 단 한 번도 정국을 안정시키지 못하고 실패했다.

한국이라고 다를 수 없다. 대통령제만 경험한 한국인에게, 의원내각제는, 낯설 수밖에 없다. 게다가 장면, 윤보선 같은 순응주의자들에게 이승만 같은 카리스마가 있을 리 없다. 독립운동에 무심하던 서양유학파로, 해방되자마자 반건준 반자주전선 한민당에 들어가 미군정을 돕고, 이승만을 대통령 만드는데 앞장 선 사람들이다. 게다가 이승만에게 중용되어 국무총리, 서울시장 등 최고위 벼슬을 두루 거쳤으며, 장면은 이승만 독재 반사이익으로 부통령까지 횡재했다. 그것이 그들의 한계였다. 당내 분쟁조차 조정하지 못하는 정치력으로는, 이해 조정을 바탕으로 하는 의원내각제를, 효율적으로 이끌어나갈 수 없다. 국민은, 4.19 민주항쟁으로 생긴 정치공백을 메울 대안으로 민주당을 택했지만, 민주당 지도자들에게는, 자유와 민주를 되찾으려는 국민의 소망을 충족시킬 수 있는 능력도 의지도 없었다.

장면정부는, 계파 간 권력싸움 중에서도, 해야 할 일이 많았다. 가장 급한 것이, 4.19 항쟁 도화선인 부정선거청산이다. 아니꼬운 자유당 잔당과 경제인을 제거하는 신나는 작업이다. 당장 〈부정선거관련자처벌법〉, 〈부정축재자특별처리법〉, 〈반민주행위관련자공민권제한법〉을 만들었다. 지방자치제를 회복하여 4.19 세력의 민주화욕구를 달래는 것도, 빼어놓을 수 없다. 즉시 〈새지방자치법〉을 만들어, 자치단체장(시, 읍, 면장, 도지사, 특별시장)과 지방의회(시, 읍, 면, 및 도, 특별시의회)의원을, 주민의 직접선거로 뽑기로 했다.

다음은 경제, 외교문제이다. 1인당 국민소득(GNI)이 겨우 79$로, 북한의 절반도 안 되는 절대 빈곤국인 한국이, 〈북한의 끊임없는 남침위협〉을 극복하고 살아남을 수 있는 길은, 오직 세계 최강 우방국 미국의 보장뿐이다. 대한민국을 〈건설〉했을 뿐 아니라, 6.25 전쟁 때 피 흘려 지켜준 미국 덕에, 오늘의 대한민국이 있다. 미국에 적극 의존하지 않을 수 없다.

이승만은, 이런 한미관계를, 탁월한 외교력으로, 능숙하게 조절했다. 미국의 속내를 아는 이승만은, 조선인공을 약화시킬 때도, 또 남한을 분리 독립시킬 때도, 언제나 미국을 앞세웠다. 한국의 공산화를 저지하려는 미국의, 정의에 불타는, 자유민주주의 〈기사정신〉을 최대한 활용했다. 미국에 오래 살면서, 〈강한 자에 부드럽고 약한 자에 강한〉 서부정신을 배웠다. 때로는 강하게 때로는 부드럽게, 미국의 장단을 잘 맞추어주는 것, 이것이 이승만 대미 외교 진수였다. 미국 역시 이승만에게 장단만 맞춰주면, 미국의 이익이 최대한 보장될 수 있어, 밑질 것 없다. 다소 불편하더라도 같이 춤추어 주었다.

장면이나 윤보선에게는, 이승만 같은, 잘 닦은 외교력이 없었다. 평생을 시대상황에 순응하여 부드럽게 살아온 합리주의자들에게, 이승만 같은 고차원적 외교술은 언감생심이다. 오히려 미국이 손 뗄까 봐 불안해 큰소리칠 형편이 못되었다. 미국 하자는 대로 고분고분 따를 수밖에 없었다. 당장, 미국 요구대로 환율을 인상하고, 대한원조를 미국이 직접 관리감독 하는 〈한미경제협정〉을 맺었다. 적극적 굴욕외교란 비난이 그래서 나왔다.

일본에 대해서도 마찬가지다. 이승만은, 노련한 외교력으로, 일본을 한국사람 속이 시원할 만큼, 마음대로 주물렀다. 일제의 강점 만행에 대하여, 임진왜란 때까지 소급해, 천문학적 배상금을 요구하는가 하면, 독도는 말할 것도 없고, 대마도도 우리 땅이라 우기며, 실지 반환을 강력히 요구했다. 미국의 반대에도 아랑곳하지 않고, 동해 한가운데에 이승만 라인이라는 〈평화선〉을 그어, 일본 고깃배들을 닥치는 대로 붙잡아 팔아치웠다.

그러나 장면이나 윤보선에게는 그런 배짱도 민족의식도 없었다. 게다가 미국 원조만으로는, 4.19 민주항쟁 여파로 휘청거리는 경제를 바로잡을 수 없었다. 일본의 협력과 도움이 절실했다. 한국전쟁 덕에 깜짝 부자가 된 일본도 마찬가지였다. 태평양전쟁으로 초토화된 상처를 순식간에 말끔히 씻어내고, 급속히 경제대국으로 되살아나자, 옛 식민지 한국시장을 선점하려는 자본주의적 욕구를 주체할 수 없었다. 장면정부는, 이승만의 대일 강경정책을 버리고, 서둘러 〈한일국교정상화회담〉을 시작하고, 〈대일무역 3개방안〉에 따라 일본상품 수입을 허가했다. 매판자본의 이득으로 민주당의 기반을 굳히는 동시에, 수입허가권으로 정치자금도 챙길 수 있어, 일거양득이다. 그러나 국민의 상실감은 컸다.

또 하나 시급한 문제는, 민주당의 영구집권 기틀을 마련하는 과업이다. 민주당은 생태적으로 친미 친일 반공 북진통일세력이다. 이승만, 자유당과 꼭 같은 정통 반 좌익 보수 기득권 지킴이집단이다. 민주당이 이승만을 반대한 것은, 이승만의 일인독재정치일 뿐이지 친미반공노선이 아니었다. 지금 한창 핏대 올려 권력투쟁하고 있는 신 구파 간부 모두가, 북진통일을 국시로 삼은 반공영도자 이승만을, 대통령으로 받들어 모셔, 큰 감투 썼던 자들이다.

그러나 4.19 항쟁 덕에, 반공 보수를 다투던 이승만 직계가 사라져, 더 이상 다른 보수세력에 신경 쓸 필요가 없어졌다. 다시 고개 드는 좌경세력만 제거하면, 민주당 정권의 앞날은 밝다. 빌미는 있다. 4.19 열기에 들뜬 혁신세력이, 제마다 정당, 단체를 만들어 자본주의를 규탄하고, 남북협상을 통한 평화통일을 주장하면서, 대한민국의 정통성에 맞서고 있다. 이참에 아예, 이 지긋지긋한 반 국시 빨갱이 데모의 뿌리를 뽑아, 다시는 고개를 들지 못하게 해야겠다. 일제로부터 물려받은 집시법이 있기는 하지만, 그것만으로는, 부족하다. 그래서 나온 것이 2대 악법이라 불린, 〈반공임시특례법〉(반공법)과 〈집회시위규제법〉(또는 데모규제법)이다.

이 중, 반공법은 특히 악독하다. 6.25 전쟁 때 이승만의 빨갱이 소탕명령 〈비상사태하의 범죄처벌에 관한 비상조치령〉과 별로 다르지 않다. 이승만의 비상조치령은, 빨갱이라고 추정만 되면, 증거나 설명 없이, 사형을 선고할 수 있어, 즉결처분하고 난 뒤에, 보고만 하면 끝났다. 빨갱이는 인간이 아니라 악귀이고, 빨갱이 가족은 사람이 아니라 짐승이었다. 얼마나 많은 사람이 이 명령으로 학살되었는지는, 하늘도 모르고, 땅도 모르고, 역사도 모른다.

부산 피란정부 때, 야당 의원들이, 이 악법을 철폐하려 했지만, 이승만의 거부권 행사로 실패했다. 그 뒤로는, 민국당을 비롯한 야당 의원들 모두가 계속 침묵했다.

문제의 심각성을 잘 알면서도 적극적으로 없애려고 하지 않았다. 귀찮은 혁신세력을 억누를 수 있는 가장 효과적인 장치를 군이 없앨 필요가 없었다. 4.19 민주항쟁으로 이 악법의 포악성이 만천하에 울려 퍼진 뒤에야, 마지못해, 1960년 10월 13일, 〈비상사태 하의 범죄처벌에 관한 비상조치령 폐지와 동법에 기인한 형사사건 임시조치법〉을 만들어 폐기했다. 마귀보다 포악한 이승만의 〈대통령령〉 하나 없애는데 10년이 더 걸렸다.

그러나 이 악법이 없어지자, 좌익세력을 억누를 적절한 방법이 없다는 문제가 생겼다. 좌익세력이 무섭게 커지고 있고, 학생들이 시도 때도 없이 몰려다니며 "가자 북으로. 오라 남으로"를 외쳐대는 것을, 〈반공 궐기〉를 먹고 자란 민주당 정부가 바라만 보고 있을 수 없다. 그래서 나온 것이 반공법과 데모규제법이다.

반공법은 〈대통령 긴급명령 제1호〉에 버금가는, 사상 초유의 악법이다. 〈평화통일〉을 주장하는 단체는 모두 간첩집단이고, 〈빈곤 타파〉란 말만 해도 반역자가 될 수 있는 법이다. 그것도 대통령령이 아니라, 법률이다. 〈데모규제법〉은, 경찰의 허가나 지도 없는 모든 데모를 금지하는 법률이다. 일제 〈소요법〉을 본떠 만든 반인권적 악법이다. 이승만 독재를 타도하고 신질서를 갈망하는 젊은 민주화세대가 이런 반민주적 악법을 받아들일 리 없다. 학생들과 혁신세력이 당장 반발했다. 민주화운동 학생들이, 사회대중당, 민주민족청년동맹 등, 재야 정당 단체들과 함께, 1961년 2월, 「2대 악법반대 공동투쟁위원회」를 결성하여, 반대투쟁을 시작했다.

3월 22일, 1만여 민중이 모여, 〈2대 악법반대 서울시민궐기대회〉를 열고, 다음날에는, 39개 정당, 단체들이 국회 앞에서 항의 집회를 가진 뒤, 해가 지자, 횃불을 들고 〈장면내각타도〉를 외치며 시가행진을 했다. 이 날, 부산에서는, 부산역광장에 학생들을 중심으로 하는 6천여 민중이, 〈반공법안 및 데모규제법안 반대성토궐기대회〉를 열어, 2대 악법과 더불어, 〈대미굴욕외교와 굴욕적인 한일국교정상화〉도 함께 성토했다. 반대 열풍은, 서울과 부산을 넘어, 대구 광주 등 여러 도시로 번져나갔다. 4.19 만주항쟁 덕에 국가권력을 횡재한 민주당 정권이, 4.19 항쟁 주역의 반대를 넘어설 수 없다. 장면 정부는 마침내 굴복하여, 민의를 수용했다. 청년 학생들로 다시 영근 민주민족세력이, 다시 한 번, 민주주의를 지켰다.

제19장

5.16 군사정부

1. 5.16 군사정변

1961년 5월 16일 새벽, 반란군 한 떼가 한강 다리를 뚫고 서울로 쳐들어와, 육군 본부, 서울시청, 치안국, 서울시경찰국, 서울중앙방송국 등 주요기관을 모두 점령했다. 부산, 대구, 대전, 광주 등 주요 도시에서도, 반란군이 거의 동시에, 별 저항 없이, 순식간에, 주요 시설을 장악했다. 반란군 핵심세력은, 정군운동으로 미국 비위를 거슬러 강제예편이 확정된 육사 8기 장교들과, 그들이 추대한 제2군 부사령관 박정희 소장이다. 서울 점령에 성공한 반란군은, 오전 5시 서울중앙방송국 첫 방송에서 〈5.16 혁명 제1성〉을 발표했다.

"친애하는 애국동포 여러분.
은인자중하던 군부는 드디어 금조 미명을 기해 일제히 행동을 개시하여 국가의 행정, 입법, 사법의 삼권을 완전히 장악하고 이어 군사혁명위원회를 조직하였습니다. 대한민국 만세! 궐기군 만세!"

군사혁명위원회 의장 육군 중장 장도영

혁명공약도 발표했다.

1. 반공(反共)을 국시의 제일의(第1義)로 삼고 ~ 반공태세 재정비 강화.

2. 유엔헌장을 준수하고, ~ 미국과의 유대 공고화.

3. 부패와 구악을 일소하고, ~ 청신한 기풍 진작.

4. 민생고를 시급히 해결하고 국가 자주경제재건에 총력 경주.

5. 국토통일을 위해 ~ 실력배양에 전력 집중.

6. 이와 같은 우리의 과업이 성취되면 참신하고도 양심적인 정치인들에게 언제든 지 정권을 이양하고 ~

오전 9시, 〈군사혁명위원회 포고령〉으로, 전국에 비상계엄령을 내리고, 금융동 결, 공항 항만봉쇄, 옥내집회금지, 국외여행불허, 언론검열, 야간통행 금지시간 연 장을 단행했다. 오후 5시 반, 〈군사혁명위원회 포고 제4호〉로 정권인수를 선언하 고, 이날 밤, 군사혁명위원회 의장 겸 계엄사령관 장도영은, 다음 같은 담화문을 발 표했다.

"군사혁명위원회 및 계엄사령부는 정부의 권한을 접수하고 정식 시무에 들어갔다. 이번 거사는 … 오로지 부패, 무능한 기성정계를 일신하여 희망적이며 고무적인 내 일의 한국을 재건하자는데 목적이 있다."

서울중앙방송국 첫 방송으로, 반란 소식을 들은 국민은 깜짝 놀랐다. 그러나 소수 불만 군인들의 어설픈 반란이 성공하리라고 믿는 사람은 많지 않았다. 철통같은 반 공태세를 완비한 국군과, 한국군 전작권을 쥐고 있는 미국군이 버티고 있는 나라에 서, 미국 승인 없는 반란은, 절대로 성공할 수 없다고 확신했다.

실제로, 유엔군과 한국군 전작권을 쥐고 있는 미8군 사령관 매그루드는, 그린 주 한 미국대리대사와 함께, 반란을 반대하는 공동성명을 발표하고, 한국군의 원대복 귀를 호소(명령)했다. 가장 강력한 야전부대인 육군 제1군 사령관 이한림 장군도 군 사반란을 적극 반대했다.

그러나 미국 정부가, 슬며시 그러나 재빨리, 반란군을 지지하고 나서면서 사정이 달라졌다. 지난해에 극적으로 성공한 〈쿠바 반미혁명〉 신경증을 앓고 있는 미국 정 부는, 학생들에게 끌려 다니는 허약한 장면 정부 대신, 반공 국시를 내건 쿠데타 군부에 의지하여, 한국적 제2 쿠바사태를 미연에 방지코자 했다. 자유민주주의를 뽐내는 미국이, 쿠바의 자주독립혁명에 혼이 나가, 한국의 자유민주주의를 버렸다.

가장 큰 화근은, 역시, 민주당 정부의 무능이었다. 국군통수권자인 국무총리 장면은, 참모총장으로부터 반란소식을 듣자마자 미국대사관으로 피신했으며, 미국대사관이 거절하자, 곧바로 천주교 수녀원에 숨었다. 대통령 윤보선도 마찬가지였다. 미군 8군사령관 매그루더의 진압명령 요청을 무시하고, 장면 내각에게, "희생 없는 사태수습"을 요청하는 담화를 발표하여, 오히려 군사반란을 묵인했다.

반란에 성공한 군사혁명위원회는, 다음날 모든 정부기관에 연락장교단을 파견하여, 신속히 행정부를 장악하고, 체포령 내린 장차관을 제외한 사무차관 이하 전공무원에 원직복귀를 명했다. 정부부처를 점령한 연락장교단은, 부처 최고기관으로서, 부처 공무원을 지휘 감독할 뿐만 아니라, 공무원자격을 심사하여 복직 여부를 결정하는 살생권을 행사했다. 병역미필자나 사상불온자들을 모두 쫓아내고, 그 자리를 군인들로 채워, 정부기구를 일제 군국주의 관료체계로 복원했다. 사법기관도 예외가 아니었다.

또 한편으로는, 반란에 저항하는 세력을 소탕하기 위해, 〈영장 없는 체포구금과 군사재판관할에 관한 포고〉와, 〈청신한 사법운영촉구에 관한 포고〉를 내어, "영장 없이 잡아넣어 청신하게 처벌하는" 만행을 법제화했다. 이 두 포고령으로, 21일까지, 반혁명 〈용공분자〉 3천여 명을, 깡패 4,200여 명과 함께, 속전속결 체포 구금했다.

반란 이틀 뒤인 18일, 미국으로부터 버림받은 장면 내각이 무릎 꿇었다. 군사혁명위원회가 내린 비상계엄령을 공식 추인하고, 내각총사퇴 결의를 했다. 대통령 윤보선도 이를 추인하면서, "전 국민이 군사혁명에 협력할 것"을 호소하는 담화문을 발표했다.

다음 날(19일) 반란군은 군사혁명위원회를 「국가재건최고회의」(최고회의)로 바꾸었다. 대통령 윤보선은, 이날 하야성명을 내었지만, 다음날 다시 번복하여, 〈국민을 위하여〉 대통령 자리를 지키기로 했다. 미국 국무부도, "민주주의와 합헌정치를 위하여 대한원조를 계속하겠다."는 성명을 발표하여, 반란군사정부를 공개적으로 추인했다. 감격한 최고회의가, 다음날 유엔 사무총장에게 "유엔을 존중하고 협조하겠다."는 메시지를 보내어, 화답했다.

2. 반혁신의 혁신

군사반란에 성공한 군사혁명위원회는 군사정부 이름을 「국가재건최고 회의」로 바꾸고(5월 19일), 의장 장도영을 내각수반으로 올렸다. 합법국가 국무총리 턱이다. 대통령 자리는 전 정부 대통령 윤보선이, 사퇴 번복 뒤, 눌러 앉았다. 정권을 장악한 군부는, 제2공화국헌법을 대신하는 〈국가재건비상조치법〉을 만들고(6월 6일), "대한민국을, 공산주의 침략으로부터 수호하고, 부패와 부정과 빈곤으로 인한 국가와 민족의 위기를 극복하여, 진정한 민주공화국으로 재건하기 위하여," 모든 헌법기관과 산하기관에 현역군인을 갖다 앉혔다. 그리고 군사반란을 일으켜야할 만큼 중차대한 이유이자 목표인 〈혁명공약〉 실천에 들어갔다.

첫째, 〈반공 국시〉. 미국 지지가 필수적인 군사정권이, 반공을 국시로 한 것은, 국민의 목숨을 담보한 생존전략이다. 그래서 미국 지지도 쉽게 얻었다. 대한민국 헌법상, 국시는 〈자유민주주의〉이지만, 그런 건 문제 될 것 없다. 헌법은 포고령으로 바꾸면 되고, 자유민주주의, 자본주의, 반공주의는 사실상 같은 말이다. 대한민국이, 이승만과 한민당 같은 반공투사들이, 미국 힘을 빌려 만든 반공국가임을 재확인하는 것일 뿐이다.

그런데도 괴이한 〈별 일〉이 생겼다. 반공을 국시로 한 군사반란을, 친일파도 아니고 반공주의자도 아닌, 혁신인사들이 지지하고 나섰다. 장준하가 "새로운 민족적 활로를 개척할 계기를 마련했다" 하고, 송건우도 "민족주의적"이라 한 것을 보면, 군사반란군이, 전 정권들에는 없던, 민족주의적 분위기를 풍겼던 것이 분명하다. 동양 철학자 김범부가, 전혀 민족적이지도 않고 전혀 민주적일 수도 없는 군사정권을, 〈민족적 민주주의〉라고 치켜세운 것도, 또 북으로 가자고 외치던 4.19세대 일부가 신나게 민족적 민주주의를 읊고 다닌 것도, 모두 이런 맥락이었을 것이다. 전 정권들의 지나친 종속성에 대한 반작용일 수도 있었겠지만, 박정희의 미묘한 전력에 〈반혁신적 혁신〉을 기대했을 수도 있었을 것이다.

아무튼, 반란군은, 반공국시를 실현하기 위해, 반란 다음날, 〈영장 없는 체포구금〉 포고령으로, 혁신인사 3,300여 명을 〈반공 국시〉 본보기로 전격 체포 구금했다. 그리고 5월 21일, 〈계엄고등군법회의 설치 및 운영 등에 관한 공고〉를 발표하여, 군민 가리지 않고, 모든 반혁명분자를 군법회의에서 처벌하는 법을 만들었다. 6월 22

일에는 〈국가재건비상조치법〉 제22조의 특별법 제정권에 의거하여,[12] 「특수범죄 처벌에 관한 특별법」을 제정하고, 이를 집행할 「혁명재판소」와 「혁명검찰부」를 만들었다. 영장 없이 체포할 수 있는 법에 따라, 영장 없이 잡혀 들어간 3천 여 반혁명 분자의 운명은, 「계엄고등군법회의」에서, 혁명재판소와 혁명검찰부로 넘어갔다.

7월 4일에는, 미국독립기념일에 맞추어, 무시무시한 〈반공법〉도 공포했다. 장면 정부를 무정부상태로 만들면서까지 반대하여 철회시켰던 소름 끼치는 반인권법을, 눈 깜짝할 새 뚝딱 만들어, 군사정부의 반민주적, 비인도적 야만성을 다시 한번 자랑했다.

혁명재판에 걸린 반혁명분자는, 세 갈래이다. 자유당정권의 3.15부정선거 관련자, 부정축재자와 정치깡패, 반란군의 내분으로 생긴 군부반혁명세력, 그리고 용공 분자들이다. 용공분자는, 사회대중당 등 혁신계 정당 관련자, 민족통일전국학생연맹(민통학련), 민주민족청년동맹(민민청), 통일민주청년동맹(통민청) 등 청년학생단체 관련자, 민족자주통일중앙협의회(민자통) 등 통일단체 관련자, 피학살자유족회 등 사회단체 관련자. 교원노조, 민족일보 관련자 등 통일운동과 민주운동에 관련된 〈특수 반국가 행위자들〉이다.

7월 29일부터 정식 혁명재판이 시작되었다. 심판부 5부 모두, 자유당정권의 부정 선거책임자, 부정축재자, 정치깡패부터 심리했다. 모두 제2공화국 특별재판소에서 심리중이거나 심리를 마친 것이지만, 군사정부가 소급입법으로 다시 심판하여, 국민의 공분을 되살려, 군사반란의 불법성을 중화하는 쇼로 재생했다. 따라서 당연히 전 정부 선고보다 훨씬 준엄할 수밖에 없다.

8월 25일, 반공청년단 종로구단장 임화수에게 사형, 대한반공청년단 총본부단장 신도환에게 무기징역을 선고한 것을 시작으로, 부정선거 관계자와 정치깡패에게 중형이 선고되었다. 자유당 정치깡패 이정재, 유지광, 신정식에게 사형(26일), 부정선거 관련자 최인규, 이강학, 한희석, 사형(9월 20일), 경무대 앞과 서울 일원 발포책임자 홍진기, 곽영주 사형, 유충열 무기징역이 선고되었다.

국시를 위반한 용공 반혁명분자 판결은 더없이 준엄했다. 민족일보사건은, 증거가 성립되지 않는데도 불구하고, 조용수, 송지영, 안신규에게 사형이 선고되고(28

---

12) 국가재건비상조치법, 제22조. "국가재건최고회의는, 5.16 군사정변 이전 또는 이후에 반국가적 반민족적 부정행위 또는 반혁명적 행위를 한 자를 처벌하기 위하여, 특별법을 제정할 수 있다."

일), 사회당 조직부장 최백근도 사형언도를 받았다(9월 14일). 혁신당, 사회대중당 등 혁신정당과 교원노조, 민통학련, 피학살자유족회 같은 이른바 특수반국가행위사건 은, 피고 전원이 유죄판결 받았다.

자유당 3.15 부정선거와 경무대 앞 발포사건 관련자 중 실제로 사형된 자는, 최인 규, 곽영주 뿐이고, 정치깡패 또한 이정재, 임화수, 신정식이 사형되었을 뿐, 나머지 는 모두 감형되어, 2, 3년 안에 석방되었다. 그러나 통일운동과 민주화운동으로 재 판받은 이른바 〈용공분자〉는, 모두 감형이나 사면 없이, 사형되고 징역 다 살았다.

3. 빛바랜 구악(舊惡)

다음 〈부패와 구악 일소〉 "새 술은 새 부대에 담겠다."는 후진국 반란군 전용 〈정 의바로세우기〉 공약이다. 군사반란군은, 생태적으로 정부행정과 거리가 먼데도 불 구하고, 정부행정을 신속하게 장악하여 구악 일소에 착수했다. 일제 강점기로부터 물려받은 행정관례에, 미국 군대식 신행정기법 ABC(Army, Briefing, Charter)를 접목 한 덕을 톡톡히 보았다.

전 정권인 장면 정부가, 1년도 못 버틴 무능 정부인 것은 분명하지만, 얼마나 부패 하고, 얼마나 구악에 찌들었던지는 알 수 없다. 미군정 이래 한국의 가장 큰 이권이 라고는, 일제 적산과 미국 원조밖에 없었고. 이를 둘러싼 실력자들의 부정부패 그림 자가, 이승만 정권 내내 드리웠던 것은 사실이다. 그러나 그 규모는 별로다. 국민소 득 80$도 안 되는 내전에 찢긴 나라에, 민족자본이건 매판자본이건 간에, 자본이 축 적될 여지가 없었으니, 기껏해야, 특별한 배려에 인사하는 전통적 온정주의 수준에 불과했다. 따라서 군사정권이 아무리 힘껏 민간의 부정부패를 들쑤셔봤자 별 소득 이 없다. 게다가, 한국 부정부패의 최대 온상으로 이름 난 군대가, 상대적으로 깨끗 한 민간의 부정부패를 뿌리 뽑겠다고 나서는 것 자체가 웃을 일이다. 그래서 나온 것 이 〈사회적 구악소탕〉이라는 민중영합 쇼이다.

먼저, "이 나라 사회의 모든 부패와 구악을 일소하기 위한" 본보기로, 기업인 17명 을 부정축재 혐의로 잡아넣었다(5월 19일). 이 중 10명은, 전 재산 국가헌납 각서 쓰 고 풀려났다. 다음날에는, 양곡 매점매석을 이유로, 서울의 쌀가게에서, 쌀 6천여 가마를 압수하여, 영세민에게 나누어주는 의적행위를 했다. 그다음 날에는 전국 깡패 4,200여 명을 잡아넣고, 그중 이정재 등, 동대문 정치깡패 반공청년단과 화랑동지회원들을, 종로에서 조리돌렸다. 5월 24일에는, 댄스홀들을 급습하여, 〈옥내외집회금지법〉을 위반하고 춤추는 남녀들을 줄줄이 체포하여 재판에 넘겨, 춤 도사 박인수 등 남녀 춤꾼들게 징역형을 선고했다. 5월 25일에는, 최고회의령 제12호 〈고리채정리령〉으로, 농어촌민을 상대로 하는 고리대금업을 금지했다.

경찰도 정의바로세우기 쇼 행진에 동참했다. 반란군인정신으로 무장한 치안책임자가, 〈좌측통행을 독려하라〉는 교통질서확립지침을 하달하여, 뒷골목에서 우측통행하거나, 건널목 표지 없는 곳을 무단횡단하는 사람들을, 무조건 잡아넣으라고 지시했다. 일제 군대식 사회기강 바로잡기 훈령에 놀란 동아일보 만화가 고바우영감이, 횡단보도 한 가운데 서서, "여기가 좌측입니까, 우측입니까?" 묻는 만화를 그려, 세상을 웃겼다.

공보부도 거들었다. 올바른 언론창달을 위해, 신문, 통신사를 정비하겠다는 발표가 나자마자, 경찰이, 경북과 전북지방 사이비기자 140여 명을 검거한 것을 시작으로, 모든 지역 지방기자들을 무더기로 잡아넣었다. 축첩공무원을 전원 해임하고, 정부기관에 근무하는 병역미필자 9,200여 명을 파면하고, 정부 산하기관, 교육기관, 신문사, 통신사 등 주요 기업과 학교에도 병역미필자를 즉시 추방하라고 엄명했다.

「부정축재위원회」를 만들어 부정축재처리도 했다. 11개 기업에서 부정 축재금 126억 환을 찾아낸 것을(6월 2일) 비롯하여. 제4차 중간발표까지 총 445억 여환의 부정축재금을 밝혀내고, 부정축재자 57명이 자진 신고했다고 발표했다. 또 부정축재 혐의가 있는 89개 기업체에 감독관을 파견하여 감시토록 하고, 부정축재 조사종결 선언(7월 1일) 뒤 실시한 5차 조사에서 까지, 모두 726억 환의 부정축재를 적발했다고 발표했다. 재무부도 1천만 원 이상 고액 국세납세자 116명의 명단을 발표하고, 감찰위원회도, 군사반란 후 35일 동안, 공무원 비리 7백여 건을 적발했다고 발표했다. 그러나 경제 규모가 워낙 작아, 군사정권이 깨끗한 정치를 하려한다는, 선언적 의미가 있을 뿐이었다.

4. 원인 없는 신악(新惡)

하잘것없는 〈정의바로세우기〉 구악 일소로, 어진 백성들의 말초신경을 자극하는 한편으로는, 미국에서 배운 새 자본주의기법을, 한국군대의 생태적 부패에 접목하여, 고차원적 금권지배구조, 이른바 〈신악〉을 만들었다.

먼저, 무모한 화폐개혁으로, 국민경제를 뿌리째 흔들었다. 군대식 부정부패 척결에도 불구하고, 경제가 살아나기는커녕, 재정적자가 갈수록 늘어나고 인플레이션이 위험수위에 다다르자, 지하경제를 활용한다는 구실로 갑자기 화폐개혁을 단행했다.

1962년 6월 9일(토요일) 밤 10시를 기해, 10환을 1원으로 명목 절하하여, 1인 당 500원 한도로 바꾸어주고, 나머지는 은행에 예치토록 했다. 게다가 모든 구권과 수표, 어음, 우편증서를 금융기관에 신고하고, 6월 17일까지 신고하지 않은 청구권은 무효로 한다고 선언하여, 전국이 대공황에 빠졌다. 갑작스런 경제 활성화 계획으로, 경제혼란은 말할 것도 없고, 산업계의 자본유통을 가로막아, 오히려 경제 침체를 가중시켰다.

군사정권의 막가파식 화폐개혁에, 한국 국민보다 미국이 더 화가 났다. 미국 정부는, 사전 승인 없이, 기습적으로 단행한 화폐개혁에 대노하여, 즉시 예금동결을 해제하지 않으면, 즉시 미국 원조를 끊겠다고 위협했다. 정부예산 절반을 미국 원조에 의존하고 있는 군사정권이 버틸 재간이 있을 리 없다. 즉시 예금동결을 해제했다. 지하자금을 끌어내어 재정적자를 줄여보려던 군사정부의 어설픈 화폐개혁은, 한국경제를 한층 더 미국에 예속시키는 비참한 쇼로 끝났다.

다음은, 〈4대 의혹사건〉으로 대표되는 대규모 권력형 부정부패사건이다. 비리 일소를 공약한 군사정권이, 앞에서는, 기업과 관리의 작은 부정부패를 응징하면서, 뒤로는, 상상을 초월하는 초대형 〈전리품챙기기작전〉을 전개했다. 증권파동, 워커힐 사건, 새나라자동차사건, 빠징코(회전당구)사건 등, 대한민국 역사에 기리 남을 대규모 국정농단 비리사건이 바로 그것이다. 이로 말미암아, 〈구악 일소〉를 내건 혁명공약에 빗대어, 〈신악〉이라는 조롱 섞인 신조어까지 유행하여, 군사정권의 도덕성에 치명타를 입혔다.

이 중, 증권파동은, 중앙정보부가, 증권 전문가 윤응상과 결탁하여 저지른 증권사기사건이다. 1961년 11월부터, 한국전력, 대한증권거래소 등 유력 주식을 조작하여 폭리를 취한 뒤, 주식대금을 결재하지 못해, 군소 증권회사를 비롯한 5,300여 일반 투자자들이 엄청난 피해를 입었다. 패가망신한 사람들의 잇단 자살소동으로 여론이 들끓자, 군사정권은, 윤응상과 대한증권거래소 이사장 서재식, 최고회의 재경위원 유원식, 재무장관 천병규, 중앙정보부 행정처장 이영근을 비롯한 중앙정보부 간부 등 모두 14명을 구속하여, 군법회의에 넘겼다. 육군보통군법회의 재판은 절묘했다.

> "〈원인 없는 의혹〉으로 국가를 소란케 하는 일이 근절되어야 한다. … 강성원, 이
> 영근, 장지원 등 피고인이, 증권시장육성으로 경제개발5개년계획 수행을 위한 내자
> 동원이라는 국가시책에 순응, 애국적 충정으로 한 일이다."

즉 피고들은, 주식을 조작한 〈사기꾼〉이 아니라, 국가경제개발에 필요한 내자를 동원하기 위해 헌신한 〈애국자〉라고 높이 칭송하고서, 피고 전원에게, 무죄를 선고했다. "사기꾼이 애국자"가 되었다. 이 사건 진짜 주역 김종필은, 외유를 이유로, 기소도 되지 않았다.

두 번째는, 워커힐 사건이다. 중앙정보부가, 외화벌이 빌미로, 광나루 일대에 워커힐이라는 화려한 주한미군휴양시설을 만들면서 생긴, 부정부패사건이다. 군사정부는, 교통부 산하에 관광공사를 설립하여, 워커힐 건설공사를 추진했다. 여기에 막대한 정부자금은 물론, 육해공군 공병단까지 동원하여 무상 노역시켰다. 산업은행의 융자 거부로 공사가 중단되자, 교통부장관 박춘식과 관광공사 사장 신두영이, 1962년 8월부터 63년 2월까지, 법률적으로나 업무상으로나 아무런 연관 없는 정부 주식출자금 5억 3천만여 원을, 중앙정보부 제1국 1과장이며, 워커힐 이사장인 임병주에게 가불하여 공사를 진행시켰다. 임병주는, 그 돈을 상부지시에 따라 횡령했다.

셋째, 새나라자동차사건은, 군사정부가 일본 닛산자동차회사의 폐기 모델 블루버드를 대량 면세로 들여와 조립하여, 비싸게 팔아, 막대한 폭리를 취한 사건이다. 주범은 역시 중앙정보부장 김종필이다.

1961년 12월, 한일회담 차 일본에 간 김종필이, 재일교포 사업가 박노정에게 한국내 자동차판매 특혜를 주면서, 시작되었다. 군사정부는 우선 1962년 5월 31일 〈자동차공업보호법〉을 공포했다. 외국산 완성차의 수입은 제한하되, 자동차의 제조와 조립에 필요한 부품의 관세를 면제하는 법이다. 자동차공업 육성을 위해 만든

이 법으로, 국내 유일의 자동차회사 〈시발〉에게 주려던 기술지원금이, 고스란히 재일교포 박노정이 인천에 설립하는 〈새나라자동차회사〉로 넘어갔다. 박노정은, 중앙정보부와 인천시의 적극 지원으로, 공장 부지와 자재 구입은 물론 거금 100만$ (지금 가치로는 1조원이 넘는다)의 지원도 받았다. 새나라자동차는, 곧바로 일본 닛산자동차가 폐기한 소형 모델 〈블루버드〉를 반제품 형태로 면세로 들여와 조립하여, 〈새나라〉라는 이름으로 원가의 거의 두 배에 팔았다.

1963년 7월까지 1,772대를 조립하여 판매한 대금 중, 원가 900$의 두 배인 1,800$를 일본으로 송금하여, 중앙정보부 구좌에 적립했다. 새나라자동차에 대한 정부특혜 때문에, 한국 최초로 자생한 자동차공장 〈시발회사〉는 얼마 못가 파산했다. 뿐만 아니라, 기술과 부품 모두를 일본에 의존하던 새나라자동차도, 외환사정 악화로 1964년 문을 닫았다. 군사정권 정치자금 때문에, 한국자동차산업의 기술자립이, 30년이나 뒤로 밀렸다

넷째. 빠칭코사건. 1961년 12월, 재일교포 김태준 등이 전 정권에서는 엄격하게 금지되었던 도박기구인 회전당구대, 일본 이름 〈빠징코〉 100여 대를, 재일교포 재산반입 명목으로 속여 들여와, 국내에 사행행위를 유행시킨 사건이다. 무서운 계엄령 하인데도 불구하고, 대규모 도박으로 세상이 사끄러워지자, 군사정권은 뒤늦게 영업허가를 취소하고, 김태준 등을 관세법 위반 혐의로, 보통군법회의에 송치하는 것으로(1963년 3월) 사건을 마무리했으나, 정부 묵인 불법 사행행위의 후유증은 컸다.

이 네 사건 모두 중앙정보부가 정권 연장용 정치자금을 마련하기 위해 저질은, 초법적 부정행위이다. 이런 엄청난 불법으로 얼마나 많은 자금을 모았으며, 또 그 자금이 어디로 갔는지는, 끝내 밝혀지지 않았다. 부정부패 일소 한답시고 군사반란까지 저질은 군사정권이, 상상을 초월하는 탈법으로, 이완용 이래, 최대 최고의 부정부패를 저질렀다.

이뿐만이 아니다. 돈될 수 있는 것에는 모두 손대었다. 1962년, 흉작으로 먹을 것이 귀해지자, 밀가루와 설탕에, 또 개발바람으로 시멘트가 동나자 시멘트에까지, 재벌이 독과점하고 있는 생활필수품에 간섭하여, 〈삼분폭리사건〉이라는, 국민을 볼모로 정치자금을 만드는, 추태를 벌였다. 정부가 체면 불고하고 챙기는데, 힘센 군인들이 가만있을 리 없다. 권력 천지가 〈먹자판〉으로 변했다.

군사정권이 시작한 통 큰 부정부패는, 위아래가 따로 없는 군사반란군 전리품챙기기이다. 위는 위 대로, 아래는 아래 대로, 마음껏 취하는 새로운 〈자본만능 국민도의〉가 대한민국을 지배했다.

끝으로 참신하고 양심적인 정치인에게 정권을 이양하겠다는 공약은 좀 낯간지럽다. 어느 나라 어느 반란군이든 간에.

5. 독불장군

반란군의 네 번째 공약은, 민생고 해결이다. 국민소득이 80$도 안 되는 절대빈곤국 정치인치고, 생색내기 민생고 해결공약 안 하는 자 없다. 불법적인 정권 탈취일수록 민생고 해결을 더욱 앞세운다. 잘 살고 싶지 않은 사람은 없다. 그러나 민생고 해결이란 것이, 그리, 녹록한 문제가 아니다.

군사반란으로 쫓겨난 민주당 정부도 이것 때문에, 국민들의 반일감정을 알면서도, 일본으로부터 경제적 이득을 얻으려고 애썼다. 군사정권이라고 다를 리 없다. 기댈 곳이라고는 미국과 일본뿐인데, 미국은 너무 빡빡하다. 당장 돈 나올 곳은 일본밖에 없다. 더욱이 반란군인들 모두, 일본을 잘 아는 사람들이라, 편하게 일본에 기댈 수 있다.

반란에 성공하자마자, 〈재건국민운동본부〉를 만들어, 일제 강점기 전시동원 체제 비슷한 국민동원을 시작하는 한편으로, 장면 정부가 만든 〈경제개발 5개년계획〉을 그대로 발표하고(1962년 1월 13일), 일본 눈치를 살폈다.

다섯째, 국토통일을 위한 실력 배양. 군사반란을 정당화하는 구호다. 동시에, 군사반란 민얼굴인 진보세력 제거용이기도 하다.

여섯째, 참신하고 양심적인 정치인에게 정권을 이양하겠다는 공약은 좀 낯간지럽다. 어느 나라 어느 반란군이든 간에, 모두 다 하는 소리지만, 지켜진 일은 없다. 혁신세력을 싹쓸이하고, 기성정치세력의 정치참여까지 차단하면서. 천문학적 탈법 정치자금 수집에 혈안이었던 것을 보면, 자신들 만이 참신하고 양심적인 독불장군이 되고 싶었던 게 분명하다.

〈부패하고 무능한 정치세력 제거한다〉면서 만든 〈정치활동쟁화법〉(62년 3월 16

일)이 그것을 증언한다. 이 법은 〈5.16 군사반란 이전 또는 이후에 특정한 지위에 있었거나 특정한 행위를 한 자의 정치적 활동을 일시적으로 정지시키는〉 법이다. 이 법에 따라 정치활동이 금지된 사람은, 자유당, 민주당 등 정당 지도자, 전직 고위관리, 부정축재처리법(6월14일 제정)에 의거한 부정축재자, 심지어 남북회담관련 학생 지도자, 및 군사정부 내부 권력투쟁에서 밀려난 자 등, 무려 4,374명에 이른다.

대한민국에서 정치할 수 있는 사람은, 이제, 군사반란을 일으킨 군인들과, 그들의 비호를 받는 반공투사들뿐이다. 권력과 자금을 움켜쥔 정치군인들이, 필요할 때 마다, 국민을 투표에 동원하는 〈군인주권시대〉가 열렸다.

제20장

제3공화국

1. 민정이양

박정희는 군정을 계속하고 싶었다. 그러나 미국이 허락하지 않았다. 군사반란 때는, 허약한 장면정부 믿다가 제2 쿠바사태 날까 봐 슬며시 지지했지만, 자유민주주의 맹주 미국이, 아무리 급하더라도, 주변국 군사정권을 용인하는 수모를 오래 감당할 수는 없다. 계속 원조중단 하겠다고 겁주면서 즉시 민정이양하라고 압박했다. 박정희도 더 이상 버틸 수 없었다. 결국, 61년 8월 12일, 〈8.12 선언〉 즉 민정이양선언을 했다.

단, 거창한 조건부다. 먼저, 〈구악일소 및 법질서확립〉, 〈체제개혁 및 발전〉, 〈종합경제5개년계획추진〉 등 기초작업을 완수한 다음, 〈63년 3월 이전에 새 대통령책임제 헌법을 제정하여〉, 〈5월 총선거에 승리한 정부에게, 이 해 여름까지〉 정권을 이양하겠다.

이 절차에 따라, 다음 해 11월, 최고회의가, 헌법개정안을 의결하여, 국민투표로 확정하고(12월 17일), 12월 26일, 이를 공포했다. 이것이 〈대한민국제3공화국헌법〉이다. 물론 〈대통령책임제〉다.

군사정권은, 신헌법에 따른 민간정부를 만들기 위하여, 1963년 4월 〈대통령선거〉, 5월 〈국회의원선거〉, 8월 〈민정이양계획〉을, 박정희의 대통령 출마의사와 함께 발표했다.

　정당도 만들었다. 중앙정보부장 김종필이, 군부 중심으로 〈재건당〉을 만든(1963년 1월)뒤, 여기에 민간인을 끌어들여 「민주공화당」(공화당)이라 이름 붙였다(2월 26일).[13] 〈반공과 경제성장을 통한 조국근대화〉라는 5. 16 군사정변 목표를 실현하기 위한 정치단체다. 공화당에 들어간 민간인은 두 부류이다. 하나는, 5.16 군사반란에 적극 협조한 친일파 윤치영, 임영신 등 이승만 잔당이고, 또 하나는, 일제에도 굽히지 않던 정구영 같은 법조계, 학계 인사와, 〈최고회의포고 제6호〉에 묶이지 않은 비정치적 시민단체이다.

　박정희의 군사정권 승계 작업이 막바지에 다다랐을 때, 뜻밖의 내분이 터졌다. 공화당 사전조직에서 밀려난 반란주체세력과 반란편승세력이, 김종필의 독주에 반발하고 나섰다. 국방장관을 비롯한 각 군 참모총장 등 현역장군과, 최고회의 내 온건파가 이에 가세하여, 〈박정희 불출마〉를 요구했다. 박정희도 한발 물러섰다. 다음날 〈2월 18일 성명〉으로, "군인은 민정에 참여하지 않겠다"는 〈불출마선언〉과 동시에, "군의 정치적 중립" 등 〈9개 정국수습방안〉을 발표했다. 국방장관 박병희가 즉시 화답하여 3군 참모총장과 함께, "군은 정치적으로 엄정중립을 지키고 민의에 의하여 선출되는 민간정부를 절대 지지하고 … 충성을 다할 것을 다짐한다."고 선언했다. 그러나 박정희는 물러날 생각이 없었다. 충성스러운 군인들이 〈충정 어린〉 군정연장데모를 벌이자, 보란 듯이, 〈4년간 군정 연장안〉을 국민투표에 붙이겠다는 중대 발표를 했다(3월 16일). 미국이 즉시 반대했다. 박정희는 이를 철회하는 대신, 스스로 대장으로 승진 예편하여, 군복 벗고 공화당 대통령후보로 출마했다.

　1963년 10월 15일에 치러진 제5대 대통령선거에서 공화당 박정희 후보는, 지방 몰표 덕에, 윤보선 후보를 간발의 차로 누르고 신승했다(박정희(46.4%), 윤보선 (45.1%)). 순식간에 정부 여당으로 뛰어 오른 공화당도, 제6대 국회의원선거에서, 175의석 중 110석을 차지했다(1963년 11월 26일). 무려 2년 6개월에 걸친 초법적 군사정권은 이렇게 끝이 나고, 현역군인 아닌 〈전역군인〉 민간인이 권력을 휘두르는 〈합법적 전역군인민간정부〉, 즉 대한민국 제3공화국정부가 탄생하여(12월 17일),

---

13) 민주공화당은, 기존 한국정당들과 달리, 영국노동당 같은 원외 사무국 중심의 정책정당으로 발족했으나, 정권 내부 역학관계가 변함에 따라, 점차 원외 정책기능이 약화되어, 결국 자본주의 국가의 통상적인 원내정당으로 돌아갔다.

이른바 〈민정이양정치〉가 시작되었다.

2. 경제 개발

제3공화국은, 이로부터 유신체제로 바뀐 1972년까지 계속되었고, 대통령은 언제나 박정희였다. 이 기간, 박정희정부가 가장 공들인 것이 경제개발이다. 군사정부 때인 1962년 1월 13일부터, 장면 정부의 〈제1차 경제개발 5개년계획〉 세부사항을 조정한 〈제1차 경제개발 5개년계획〉을, 작심하고 추진했다. 3조 2천억 원을 투입하여, 연 경제성장률 7.1% 달성이 목표다.

이 야심 찬 계획을 성공시키려면, 우선, 이 계획을 실천할 수 있는 조직과 인력이 있어야 하고, 둘째, 돈이 있어야 한다. 다행히 생산역군은 갖추어졌다. 군사반란 하자마자 정부 부처와 산하기관에 군인을 집중 충원하여, 일본 군대식 권위주의 관료체계를 구축했다. 또 군사반란 직후, 「재건국민운동본부」를 만들었다. "복지국가를 이룩하기 위하여 전 국민이 민주주의이념 아래 협동단결하고 자조자립정신으로 향토를 개발하며 새로운 생활체계를 확립하는 운동"을 하기 위한, 전국 조직이다. 초대 재건국민운동 본부장 유진오가, 3개월 만에 사임하면서, "전체주의체제에 불과하다." 고 한 것으로도 알 수 있듯이, 일제강점 말기 관주도 전시동원조직 재판이다. 경제개발역군으로는 안성맞춤이다.

문제는 돈이다. 제1차 경제개발 5개년계획에는, 민간 44%, 정부 56%의 투자자원을 투입하기로 되어있다. 그러나 민간자본은 물론 정부자원은 더욱 없다. 재건국민운동으로 고철 같은 폐품 모아봤자 아무 도움 안 된다. 나라밖에서 돈이 들어와야 한다. 가장 확실한 것이 미국원조인데, 이게 해마다 줄었다. 1957년 3억 83백만$로 정점을 찍고, 1961년부터는 FAA(대외원조법)으로 더 줄어, 1965년 1억 31맥만$, 1973년 2백만$로 떨어졌다.

20여 개국에 경제원조투자단을 보내는 한편으로, 가장 확실한 외화벌이인 인력수출을 시작했다. 1963년 서독에, 엘리트청년 247명을 광부로 취업시킨 것을 시작으로, 1977년까지 광산노동자 8,395명, 간호사 10,371명을 서독에 〈수출하여〉 외화벌이 시켰다.

이보다 더 파격적인 외화벌이는 월남파병이다. 박정희 정부가, 경제, 군사적 이유로, 끈질기게 월남 참전을 요청했으나, 미국은 허락하지 않았다. 북한을 비롯한 공산권 국가들을 자극할 우려가 있다는 이유로 거절했다. 박정희 정부를, 군사정부든 민정 이양정부든 간에, 묵인은 하되 공식 인정할 수는 없는 미국이, 한국군의 참전요청을 선뜻 받아들일 수 없다. 미국 자유민주주의에 대한 멍에가 될 수도 있다.

　그러나 사정이 달라졌다. 공산주의 확산을 막으려는 숭고한 소명으로, 프랑스 대신 월남전을 가로 맡았다는, 미국의 참전 구실을 믿는 동맹국은 하나도 없었다. 프랑스조차 외면했다. 고작, 필리핀, 태국 같은 약소 주변국만이, 미국편을 들 뿐이었다. 명분 없는 대리 식민전쟁에 뛰어든 미국에 대한 국제적 비난이 거세어지자, 미국은 다급했다. 한국 정부의 애절한 파병 요청을 거절할 처지가 아니었다.

　마침내, 1964년 9월 11일부터 1973년까지, 한국군 31만 2천여 명이 월남전에 참전했다. 용병 대가는 좋았다. 먼저, 미국이, 향후 10년 간, 박정희 정부를 인정하기로 했다. 원조와 차관을 제공하고, 한국군 현대화를 위한 최신무기도 주기로 했다. 다음, 미국이 파월군 장병에게 전투수당을 주기로 했다. 상병은, 1일 1. 5$로 월 45$, 병장은 1일 1. 8$로 월 54$의 외화를 벌었다. 필리핀군 보다는 좀 많고, 태국군 보다는 좀 적다. 미국 군인은, 기본 수당만으로도, 한국군의 2. 6배를 받았다. 한국군 급료는, 10분의 1 만 본인에게 주고, 나머지는 국고로 들어가, 경제개발자금이 되었다. 반인륜적인 고엽제조차 마셔야 하는 값싼 파병 대가 때문에, "청부전쟁," "미군총알받이" 라는 반대 여론이 거세었지만, 국고에는 외화가 찼다. 동시에 소총을 비롯한 한국군 무기현대화도 진행되었다.

　그러나 이 정도 외화로는 어림도 없다. 훨씬 더 많은 돈이 필요하다. 박 정권이 한일회담에 열 올린 것은, 일본으로부터 막대한 〈식민지 약탈보상금〉을 받기로 되어 있었기 때문이다. 그동안 한일 간 외교관계는, 미국이 주선한 1951년 10월의 예비회담을 시작으로, 여러 차례 열렸지만, 아무런 성과가 없었다. 제1차 회담은 재산청구권과 어업문제로, 제2차 회담은 이승만의 "인접해양 주권선언" 곧 평화선(이승만 라인) 선언으로, 1953년의 제3차 회담은, 일본대표 구보다의 "한국은 일본의 36년 통치 덕에 번영을 누리게 되었다"는, 〈식민지근대화론 망언〉(구보다 망언)으로 중단되었다. 제4차 회담은, 경제대국으로 급부상한 일본이, 한국시장을 선점하기 위해, 오히려 더 적극성을 띠워 성공가능성이 높았지만, 재산청구권문제와 어업문제에, 교포북송문제까지 겹쳐 난항을 겪던 중, 4.19 민주항쟁으로 중단되었다. 장면 정부 때인 제5차 회담도, 5.16 군사반란으로, 본회담에는 들어가지도 못했다.

경제개발자금이 화급한 군사정권은, 서둘러 1961년 10월 20일에, 제6차 회담을 가졌다. 그러나 이 회담 또한, 청구권, 평화선, 독도문제에 대한 고압적인 일본 태도로, 아무런 성과를 낼 수 없었다. 다급한 군사정부는, 다음 해 10월, 제2인자 김종필을 일본에 보내어, 이른바 〈김-오히라 메모〉로, 가장 큰 쟁점인 재산청구권문제를 타결했다. 민정이양으로 제3공화국으로 이름이 바뀐 1964년에는, 어업협정문제도 매듭지어, 한일 회담 성공이 눈앞에 다가왔다.

그러나 국내에 문제가 생겼다. 그동안 비밀히 진행된 회담내용이 조금씩 알려지면서, 박정희정권의 굴욕적 대일저자세에, 학생을 비롯한 많은 국민의 분노가 폭발했다. 한일기본협정체결을 추진하고 있다는 사실이 알려지자, 1964년 1월, 여권을 제외한 모든 정당 단체와 재야인사가, 윤보선을 위원장으로 하는 「대일굴욕외교반대 범국민투쟁위원회」를 만들어 (64년 3월 6일), 거국적으로, 〈한일국교정상화반대 및 철회투쟁〉을 벌였다. 친일적인 장택상 조차 한일회담을 〈현대판 한일병합〉이라 비난했다.

반대진영은, 〈매국외교 중지, 평화선 양보불가, 일본 경제식민지화 반대, 식민지 배상금 27억$, 한국 전관수역 40마일〉을 주장했다. 제2차 세계대전 직후, 연합군 사령부에 제출한 〈배상요구조서〉의 요구액이 73억$이었고, 이승만과 장면도 80억$, 20억$ 이상을 요구했는데, 고작 8억$이 무엇이냐? 필리핀은 단 3년 식민지배 받고도 14억$이나 받아내었는데, 35년 식민 지배에 고작 8억$이라니, 말도 안 된다. 게다가 평화선이 없어지면, 어업 피해는 물론이고, 독도 주권까지 위협받는데, 어떻게 전관수역까지 양보할 수 있단 말인가? 군사정권 실세 김종필이 일본기업으로부터 천문학적 정치자금을 받았다는 〈뒷거래 설〉도 함께 규탄했다.

드디어 학생들이 일어섰다. 3월 24일, 서울대 문리대 교정에서, 정치학과 주도로, 일장기와 함께 〈허수아비〉 두 개가 불타올랐다. 하나는 대일국교정상화 일본대표 이케다 일본수상이고, 다른 하나는 〈제2의 이완용, 김종필〉이었다. 그리고 거리로 나섰다. 서울대. 연세대, 고려대 등, 여러 대학 학생 5,000여 명이 태평로 국회의사당 앞에 모여, 경찰과 투석전을 벌였다. 이 날과 다음 날, 이틀 동안, 반대시위에 참가한 학생은 8만여 명에 달했으며, 중고등학생들까지 참가하여, 제2의 4.19 학생 항쟁으로 진화하고 있었다.

다급해진 박정희가, 3월 30일, 학생대표 11명을 청와대로 불러, 한일회담의 불가피성을 설명했으나 실패했다. 학생들은 계속 〈김－오히라 메모〉를 거부하고, 평화선 수호를 주장하면서 단식농성에 돌입하는 등, 강경한 반대투쟁을 이어갔다. 그러나 이쯤으로 물러설 박정희가 아니다. 죄 없는 최두선 내각에게, 민심 악화 책임을 지워 쫓아내고, 대신, 정일권 장군 내각을 세워, 정면 돌파작전에 돌입했다.

정부의 강경책에 맞서 학생들의 항의구호도 강경해졌다. "민족적 자존심을 3억 $에 팔아넘길 수는 없다."는 〈대일굴욕외교반대〉를 넘어, "5월 혁명 자랑은 4월 혁명 모독이다." 같은 〈군사독재정권비난〉 구호로 바뀌었다. 5월 20일, 〈박정희식 민족적민주주의 장례식〉을 치른 뒤로는 더욱 과격해져, 곧바로 "박정희정권 물러나라", "군사정권 퇴진하라"고 외치며 경찰과 충돌했다.

운명의 6월 3일. 18개 대학 1만여 학생들이, 청와대, 중앙청 등 정부 건물에 뛰어들어 군인들과 난투극을 벌였다. 이 소란 속에서, 경찰서 하나가 불탔다. 반대 시위가 폭동으로 거칠어졌는데도 박정희는 냉담했다. 혈서 쓰고 일본군 장교 된 사람이, 더욱이 멀쩡한 민주정권을 총칼로 빼앗은 약탈자가, 일본 욕하는 학생들 무서워, 물러날 리 없다. 당장 이 날 오후 8시를 기해, 서울 전역에 〈비상계엄〉을 선포했다. 모든 집회를 금지하고, 서울 시내 모든 학교를 무기휴교하고, 통행금지시간을 자정에서 오후 9시로 앞당겼다. 이어, 시위주동자 1,120여 명을 잡아들여, 그중 348명을 〈내란 및 소요죄〉로, 6개월 동안 징역 살렸다.

계엄령을 선포하고, 데모꾼들을 무더기로 잡아넣어 겁주는데도 불구하고, 국민의 반대가 수그러들지 않자, 이번에는 무시무시한 간첩사건을 터뜨렸다. 시위학생들이 외친, "배고파서 못살겠다. 매판자본 잡아먹자"는 불순 구호가 빌미다. 도예종, 양춘우 등 사회운동가와 언론인, 학생 등 57명을 붙잡아, 그 중 41명을 구속했다.

8월 14일, 중앙정보부장 김형욱이 중대 발표를 했다.

"시위의 배후에 북괴의 지령을 받고 국가변란을 기도한 대규모 지하조직 '인혁당'이 있다. 이들은 조선민주주의인민공화국 노동당으로부터 지령을 받아 〈인민혁명당〉(인혁당)을 구성하여 국가사변을 기획했다."

〈인혁당〉이란 중대 공안사건을 맡은 서울지검 공안부(부장 이용훈)는, 20여 일 간 정밀 수사를 했으나 증거가 불충분하여, "양심상 도저히 기소할 수 없다" 며 기소장 서명을 거부했다.

일제 강점기 판사였던 법무장관 민복기가, 즉시 "상명하복의 검찰 기강을 확립하기 위하여 서명 거부한 검사에 대해 조치를 취하겠다."고 하자, 중앙정보부 차장 출신 신 검찰총장 신직수가, 즉시 담당 검사들을 바꾸어, 인혁당사건 관련자 모두를, 국가보안법 위반 혐의로 기소했다. 기소장 서명을 거부한 이용훈 부장 등 담당 검사들은 모두 옷을 벗었다.

억울한 구속자 중 서울법대생 이상배는, 성북경찰서 2층 유치장에서, 고문 중 수갑 찬 체 뛰어내려, 폐인이 되었다. 주모자 도예종과 양춘우, 박현채 등 6명은, 2심에서, 징역 1년형을 선고받았다. 〈천인이 공노한〉 국가전복 기도사건 치고는, 너무 관대한 처분이다.

정부는, 계엄령 선포와 친공 지하조직 일망타진 협박으로, 대일본 굴욕외교 반대 투쟁을 철저히 봉쇄한 뒤, 1965년 6월 22일, 일본과 제8차 회의 끝에, 〈대한민국과 일본국 간의 기본관계에 관한 조약〉(한일기본조약)과 부속 협정 〈대한민국과 일본국 간의 재산 및 청구권에 관한 문제의 해결과 경제협력에 관한 협정〉(청구권협정)을 체결하여, 양국 국회의 비준을 받았다(1965년 12월 18일).

대일청구권이란, 〈김－오히라 메모〉를 바탕으로, 일본이 한국에, 무상 3억$을 10년에 걸쳐 지불하고, 경제협력으로 정부 차관 2억$를 연리 3.5%, 7년 거치 20년 상환조건으로 10년간 제공하고, 민간 상업차관 1억$ 이상을 주기로 하는 것이다. 모두 합쳐 6억$＋l이다. 한국은, 이를 〈대일청구권〉 또는 〈보상금〉이라 했지만, 일본은, 줄기차게 〈독립축하금〉이라 우기며, 절대로 35년간의 식민지지배 만행을 인정하려 하지 않았다.

이름이야 어떻든, 마침내 박정희 경제개발계획에 숨통이 트였다. 한일기본조약으로 받은 〈식민지약탈보상금〉을 바탕으로 경제개발의 토대를 구축하여, 제1차 경제개발계획이 끝나는 1966년까지, 경제성장률 7.8%를 초과 달성했으며, 1인당 국민소득(GNI)도 82$에서 125$로 수직 상승했다. 제2차 5개년계획부터는 그 성과가 뚜렷하게 나타났다. 제1차 때는, 1963년에 호남비료공장 짓는 정도였지만, 제2차에는, 1967년 3월 24일에 착공한 한국 최초 고속도로, 〈경인고속도로〉를 1968년 12

월 21일에 완공하고, 1970년 7월 7일, 경제개발의 상징, 〈경부고속도로〉도 개통했다. 좀 뒤, 서울지하철도도 개통했다(1974년 8월 15일) 1968년에는, 대한중석을 모태로 설립된 〈포항종합제철주식회사〉가 대일청구권자금으로, 한국 중공업의 상징인 〈포항제철소〉도 세웠다. 제3차 5개년계획(1972년~1976년) 동안에는, 중화학공업 추진. 석유 파동 등 어려운 여건 속에서도, 외자도입의 급증, 수출드라이브정책, 중동건설경기 붐 등으로, 계속 연평균 9.7%의 성장률을 유지했다.

3. 6. 8 부정선거 규탄투쟁

1967년 5월 3일, 박정희 공화당 대통령후보는, 신민당 윤보선 후보를 10.5% 차이로 여유 있게 누르고, 제6대 대통령에 당선되었다. 이 선거에서는, 관례적인 "여촌야도"현상과 함께, "동여서야"현상이 나타났다. 영남과 강원, 충북표가 박정희에게 일방적으로 몰린 반면, 수도권과 충남, 호남에서는 야당이 우세한, 새로운 지역분할 현상이다. 6월 8일에 치러진 제7대 국회의원 선거에서도 공화당이 압승했다. 지역구 당선자 102명, 정당득표율 50.6%로 전국구 27명, 합계 129명으로 의원 정수 175명의 3분의 2선을 넘었다. 신민당은 합계 44석, 대중당이 1석을 차지했다.

이변도 있었다. 윤보선이 이긴 호남에서는, 공화당이 이긴 반면, 박정희가 압승한 부산에서는 신민당이 압승했다. 또 예외 없이 부정선거문제가 터져나왔다. 집권 연장에 필요한 안정 의석을 확보하기 위해, 가능한 모든 수단을 동원한 여당과, 3선 개헌과 군사정권 연장을 저지하려는 야권의 총력투쟁이 부딪혀, 과열 타락선거로 치달았다. 선거가 끝나자마자, 신민당은 "제7대 국회의원선거는 관권개입, 공개 대리투표에 의한 전면 부정 선거"라 선언하고, 〈선거무효화, 즉시 재선거 실시〉를 요구하며, 의원 등록을 거부했다. 부정선거에 앞장선 김종필 공화당 의장, 정일권 국무총리, 김형욱 중앙정보부장, 엄민영 내무장관의 인책도 요구했다.

대구, 광주 등지에서 시민의 규탄시위가 일어나자 학생들도 움직였다. 서울에서는, 6월 12일, 서울대 법대의 규탄시위를 시작으로, 14일에 서울대, 동국대 등 5개 대학과 21개 고등학교 학생이 경찰 최루탄에 투석으로 맞섰다. 부산이 가장 심했다. 14일 부산대, 15일 동아대의 규탄대회를 시작으로, 거의 모든 고등학교 학생이 참가하여 경찰과 충돌했다.

16일에도 서울을 비롯한 전국 각지에서 부정선거규탄데모가 계속되자, 전국 31개 대학과 136개 고등학교가 자진휴업에 들어갔다. 박정희가 제7대 대통령으로 취임한 (7월 1일) 뒤에도, 부정선거규탄데모는 계속되었다. 7월 3일, 서울시내 10개 대학생 2만여 명이 기말시험을 거부하고, 〈6.8 부정선거규탄, 학원정상화〉를 외치며 경찰과 충돌하여, 60여 명이 연행되었다. 서울시내 고등학교에 무기휴교령이 내렸다. 다음 날에는 대학도 조기 방학했다.

모든 대학과 고등학교가 휴학할 만큼 국민의 저항이 거세어지자, 정부도 명백한 부정선거를 인정하지 않을 수 없었다. 대통령이 직접 부정선거 개탄 담화를 발표하면서, 부정이 뚜렷한 6개 선거구 공화당 당선자의 제명을 지시하자(6월 16일), 공화당은 낙선자 1명을 포함한 7명을 제명처분 했다. 정부도 나섰다. 재검표로, 화성군 당선자를, 공화당 권오석에서 신민당 김형일로 바꾸었다. 억울하게 낙선한 많은 야당후보들이 당선무효소송을 냈지만, 성공한 사람은 둘 뿐이었다. 서천. 보령군의 신민당 김옥선이, 공화당 후보 이원장의 당선무효관결로 당선인으로 재결정되고, 전남 보성군 벌교읍의 일부 재선거로, 신민당 이중재가 당선되었을 뿐이다. 공화당에서 제명된 의원들은 무소속 교섭단체「10. 5 구락부」를 만들어 모여 있다가, 3선 개헌 때 공화당에 복당하여, 3선 개헌에 이바지했다.

부정선거규탄투쟁으로 세상이 시끄러워지자, 기다린 듯, 또다시 초대형 간첩사건이 터져 나왔다. 중앙정보부가, 7월 8일에서 18일까지 장장 열흘 간 일곱 차례에 걸쳐, 〈북괴대남공작단사건〉 이른바 〈동백림거점간첩단사건〉 (동백림사건)을 발표했다. 국내외 대학교수, 공무원, 학생 등 312명이 체포되었다. 그중에는, 〈민비련〉 관련자 50명,「신민당 6.8 총선무효화투쟁위원회」 집행위원 장준하와 부완혁, 독일에서 잡혀 온 작곡가 윤이상 부부와 프랑스에서 잡혀 온 이응로 화백도 들어있었다.[14]

동백림사건이 터진 한 달 뒤인 1968년 8월 24일, 또 다른 대규모 간첩단사건인 〈통일혁명당사건〉이 터졌다. 중앙정보부가 거물간첩 김종태와, 그에 포섭되어 지하당을 조직, 국가전복을 기도한 김질락, 이문규, 김진환, 신영복, 이재학, 오병철,

---

14) 대법원에서는, 간첩죄 부분에서, 사형수 대부분에게 무죄 등 파기환송이 많았다. 박정희 정부는, 1970년 광복절을 기해, 서독 및 프랑스의 항의를 수용하여, 사형수 정규명, 정하룡을 포함한 사건 관계자 모두의 남은 형기를 모두 면제, 석방했다.

박성준 등 158명을 검거하여, 그중 73명을 재판에 넘겼다. 중앙정보부장 김형욱은, "김종태가 전후 4차례에 걸쳐 북괴 김일성과 면담하고, 통일혁명당을 결성하여 혁신정당으로 위장, 합법화하여 반정부 반미데모를 전개하는 등 대정부공격과 반정부적 소요를 유발시키는 데 주력했다"고 발표했다. 김종태와 함께, 국가보안법(간첩죄)이 적용된 이문규, 김질락, 이관학, 김승환 등은 9월 23일 대법원에서 사형이 확정되고, 나머지 피고들도 모두 무기징역 등을 선고받았다.

신학기에 들어와서도 6. 8 선거반대투쟁은 계속되었다. 그러나 약삭빠른 신민당이, 국회정상화협상을 통해 국회에 등원하기로 해, 부정선거 반대투쟁은 어이없이 끝났다(11월29일).

정부와 공화당이, 이토록 무리한 부정선거를 저지르고, 잇따라 반공 간첩사건을 터트려 세상을 놀라게 한 것은, 모두 〈3선 개헌〉 때문이었다. 군사정부가 만든 1962년의 제3공화국헌법에는 대통령 3선 출마가 금지되어있다. 따라서 이미 두 번 대통령에 당선된 박정희는 더 이상 출마할 수 없다. 아무리 무식한 군인이라도, 이승만이 3선 개헌 때문에, 비극적 종말을 맞은 것을 모를 리 없다. 그래도 정부와 여당은 개의치 않았다. 박정희를 3선 대통령으로 받들기 위한 개헌에 온 힘을 쏟았다.

박정희의 대통령 임기가 끝날 무렵인 1969년 1월 6일, 공화당 사무총장 길재호가 현행 헌법의 미비점을 보완 개정하기 위한 논의가 진행 중이라고 운을 떼자, 바로 다음날, 기자회견에 나선, 공화당 의장서리 윤치영이, 작심하고 안개를 피웠다. "필요하다면 대통령의 2차이상 중임금지조항까지 포함해서 개헌문제를 연구할 수 있다. 이는 북한의 도발 위협속에서 … 박정희 대통령의 지도력을 극대화하기 위해서다."

다음날에는, 공화당 정책위의장단이 당 공식기구에서 개헌 논의를 검토하기로 결정했다. 신민당도, 이에 맞서, 〈개헌저지 5인 대책위원회〉를 만들고(14일), 유진오 총재는, 17일, 연두기자회견에서, "3선 개헌을 적극 저지하겠다." 고 다짐했다. 다음달 3일에는, 군사정부의 정치쟁화법 해금자들이, 〈3선개헌반대 범국민투쟁위원회 발기준비위원회〉를 구성하여, 3선 개헌 저지를 다짐하는 성명을 발표했다.

3월이 되자, 관변단체들이 들썩였다. 대한반공연맹, 대한재향군인회를 비롯한 어용 반공단체들이 〈개헌안 국민발의 서명운동〉을 벌였다. 공화당 의원총회에서 개헌을 둘러싼 논쟁이 격렬해지자, 원내총무 김진만이, "박대통령께서 공화당은 개헌 논의를 하지 말라는 지시를 내렸다"고 입막음 했다. 그러나 4월 8일, 신민당이, 문교

행정 난맥상을 이유로, 〈권오병 문교장관 해임건의안〉을 제출하자, 뜻밖에도, 89대 57표로 가결되었다. 개헌에 불만인 공화당의원 40여 명이, 당론을 무시하고, 찬성표를 던졌다. 이 〈4. 8 항명파동〉으로, 반당분자로 찍힌 임순직, 예춘호 등 김종필 계 핵심의원 5명이 제명되었다(15일).

다른 항명의원들도 무섭게 다독였다. 반민특위 때, 악질 친일파들이 특위위원들에게 저지르려 했던 간첩 협박도 서슴지 않았다. 감투로 회유하다가 안 되면, 휴전선 근방에서 총살한 뒤, 자진 월북하려 했다는 가짜 유서를 남긴다는 시나리오였다. 마침내 김종필이 개헌 지지의사를 밝혔다(27일).

야당과 대학생들의 거센 반대투쟁에도 불구하고 개헌안이 국회에 제출되었다(8월 7일). 공화당 의원 109명, 정우회 의원 11명과 신민당 의원 3명(성낙현, 조흥만, 연주흠) 등 123명이 서명했다. 개헌안이 국회에 제출되자마자, 대한반공연맹, 재향군인회, 경제인연합회, 대한기독교연합회, 심지어 4월혁명동지회까지, 50여 단체가 지지성명을 내었다.

신민당도 강경했다. 9월 8일. 소속의원 전원으로부터 제명원서를 받아 제명처분하고, 다시 신당발기서명을 받아 임시 전당대회를 열어, 신민당 자진해산과 동시에 〈신민회〉를 만들어 국회교섭단체로 등록하고, 신민당(가칭) 창당준비위원회를 선거관리위원회에 신고했다.

그러나 개헌안은 예정대로 국회 본회의에 상정되고, 14일 새벽, 특별회의실에서 속개된 제6차 본회의에서, 찬성의원 122명만 참석한 가운데, 개헌안과 국민투표법안이 함께 통과되었다. 이은 국민투표에서 찬성 65.1%의 압도적 다수로 통과되어(10월 7일), 새 헌법으로 확정되었다. 이것이 대한민국 헌정사상 여섯 번째 개헌인 〈대한민국헌법 제7호〉이다.

신헌법에 따라 실시된 1971년 4월의 제7대대통령선거에서, 3선에 도전한 공화당 후보 박정희는, 뜻밖에도, 가까스로 대통령에 당선되었다. 대통령 더 하려고 헌법까지 고쳤으니 당선 안 될 리 없다. 그런데도 고전했다. 신민당 대통령후보 〈40대 기수〉 김대중이 서울, 경기, 호남에서는 박정희보다 훨씬 더 많은 표를 얻었다. 전국 득표도, 박정희 6,342,828표(53.2%), 김대중 5,395900표(45.2%)로, 겨우 946,928표(8%) 차이였다.

제6대 대통령선거는, 전 현 대통령 끼리 맞붙은 선거였음에도 불구하고, 표차가

116만여 표(10.5%)였던 것에 비하면, 젊은 대통령후보 김대중의 깜짝 놀랄 선전이었다. 신민당이, 제7대 대통령선거 전면거부투쟁을 펼칠 만큼 관권선거가 성행했던 정황을 감안하면, 김대중 후보의 기세가 얼마나 드세었던가를 짐작할 수 있다. 그러나 아쉽게도, 영호남 출신이 여야 대통령 후보가 되면서, 지역감정 정치화현상이 뚜렷해졌다. 수십 년 동안 반공으로 홍역 치른 한국정치가, 또 다른 악질 〈지역감정병〉마저 앓게 되었다.

지역감정이란, 어느 나라, 어느 곳에서나 있는 보편적 현상이지만, 호남에서 〈영남인의 호남푸대접론〉이 번지자, 성급한 영남 사람들 기가 돋았다. 영남 정치인들이, 이를 역푸대접론으로 역이용하자, 열 받은 영남사람들은, 눈 딱 감고 박정희를 찍었다. 정당이나 정강 정책, 이념 같은 것은 아예 안중에도 없었다. 친일파, 민주헌정파괴자, 군사독재자, 전 남로당원 박정희가 아닌, 〈우리 경상도 사람〉 박정희를 찍었다. 오직 〈동향〉이란 이유만으로 박정희를 찍었다. 영호 간의 감정 골은, 권력에 눈먼 영악한 정치인들의 이기심으로 말미암아, 이렇게 박정희 영남당과, 김대중 호남당으로 영글어졌다.

또 하나의 중대한 변화는, 이 두 지역 간의 정치의식 역전현상이다. 해방 직후에는, 대구 10.1 인민항쟁에서 보듯이, 영남지역 특히 대구는, 자주민주세력의 본산이었다. 지난 대선 때만 해도, 전 남로당원 박정희 후보가, 반공을 국시로 들고 나왔음에도 불구하고, 원조 반공 보수 민주당 후보 윤보선보다, 친 민족적이고, 진보적일 것으로 기대했다.

반면에, 호남 특히 전라남도는, 반자주 보수세력의 요람이었다. 반 건준 한민당의 핵심 인물인 김성수, 송진우, 장덕수 등 당 지도자 모두가, 일제 강점기에 자치를 탄원한 타협적 민족주의자들이었다. 해방 뒤에도 그 기조에는 별다른 변화가 없었다. 게다가, 10월 인민항쟁과 6. 25 전쟁 전후의 처절한 공비소탕작전으로, 자주민주세력의 씨까지 말랐다.

그런 영호남이, 이번 대통령선거를 계기로, 영남사람들은 군사반란으로 민주헌정을 파괴한 군사독재를 비호하는 반민주 반자주 친 독재세력으로 돌연변이한 반면, 호남사람들은 군사독재를 반대하는 반독재 민주세력으로 우뚝 섰다. 남산에서 던진 돌이, 한국 정치지형 뿐 아니라, 민주화의 의미마저 바꾸었다.

뒤 이은 제8대 국회의원선거(5월 25일)에서도 이변이 생겼다. 진산파동, 총선거부운동, 호남소외론, 영남역소외론에다, 무서운 관권 역풍에도 불구하고, 신민당이 개헌저지선보다 20석이나 더 많은 89석을 확보했다. 이는 곧, 지난 대통령선거가, 정당 아닌 지역감정으로 결정되었다는 것과 동시에, 박정희는 이승만과 마찬가지로, 국회를 통해서는, 더 이상 대통령이 될 수 없다는 것을 뜻한다.

그동안 제3공화국 정부는, 강력한 관권으로 경제에 몰입하여, 연평균 경제성장률 10.5%, 수출 40% 라는, 역사상 유례없는 업적을 이루었다. 덕분에 한국은 가난한 경제후진국에서 단숨에 공업화단계로 들어섰다. 동시에 공업화에 따른 부작용도 급속히 늘어났다, 산업화 과정에서 소외된 서민의 분노가, 전태일 분신자살사건, 광주대단지사건, 파월노동자 대한항공빌딩 방화사건 등으로 나타나, 개발독재의 참혹한 실체가 폭로되기 시작했다.

4. 변화하는 정치지형

3선 개헌 헌법, 곧 〈대한민국헌법 제7호〉로 치른 1971년 대통령 선거와 제8대 국회의원 선거를 분수령으로, 한국정치에 여러 변화의 조짐이 나타나기 시작했다.

그 첫째가, 야당 신민당의 체질 변화다. 신민당의 뿌리인 한민당은, 해방 직후, 소수의 반 좌익 기득권세력이, 자주독립세력 건준을 타도하기 위해 급히 만든, 반 자주 반 좌익 수구집단이다. 임정봉대를 높이 쳐들었던 그 「한민당」이, 1949년에 임정 독립투사 신익희, 지청천을 끌어들여 만든 「민국당」, 그리고 1955년 9월, 사사오입개헌에 분개한 범야연합체 〈호헌동지회〉 주류가 만든 「민주당」, 모두, 당 기본이념이, 원조 한민당과 똑같은 〈반 공산독재, 반 좌익, 기득권보호〉에, 〈반 이승만독재〉 하나가 덧붙은 반공 반좌익 보수 정치집단이었다.

원조 한민당과 다른 것은, '반이승만독재' 하나뿐이고, 또 이 점에서만 이승만을 받드는 자유당 등 정부 정파들과 달랐다. 이승만 독재에 맞서 싸우면서도, 독재보다 진보세력이 더 미워, 개혁세력마저도 무조건 좌익, 빨갱이로 몰아 없애려고 한 극우익 반공 반자주 정치조직이었다.

그런 민주당이 1967년, 대통령선거를 앞두고, 민중당(유진오)과 신한당(윤보선)으로 분열 대립하고 있을 때, 장준하, 함석헌 등 혁신인사들이 중재에 나서, 두 당이

「신민당」으로 합치면서, 당 체질이 조금 바뀌었다. 군사독재 종식을 지상목표로 창당된 신민당의 10가지 다짐 속에, 〈반공법의 원칙적 폐지, 통일논의의 자유보장, 국토분단 국가회의체 구성〉이 포함되어, 전통적인 〈냉전적 반공주의, 반 좌익주의〉가 당 이념에서 누그러졌다. 강력한 반공 반북 군사독재정권에 맞서기위해서는, 반공 반북보다 반독재가 더 급할 수밖에 없었다. 반공만을 고집하다 가는, 똑같은 보수이면서도 혁신적 민주민족정당으로 분식하고 있는 공화당을 절대로 이길 수 없었다.

전통적 강경 반공 보수야당이, 군사정권과 차별화하기 위하여, 단지 반공기조를 조금 완화하여 자유로운 통일논의를 허용하기로 한 것뿐인데도, 반공 보수 일색이던 신민당 지도부에 놀라운 변화가 일어났다. 40대 기수 중 하나인 김대중이, 끊임없는 좌경 모함에도 불구하고, 극우익 반공 보수로 입신한 이철승, 김영삼을 제치고, 대통령 후보로 추대되었다. 이는 곧 강경 보수 신민당의 주된 투쟁목표가, 반공에서 〈반독재〉로 옮아갔다는 것을 알려주는 증좌이다. 평화통일 근방에만 가도, 좌파, 종북 빨갱이란 거센 북풍에 휘말리던 세월에 비하면, 천지개벽이 따로 없다. 그러나 동시에, 오랫동안 권력 주변부에서 맴돌던 강경 반공 보수정당이, 단지 반공주의를 조금 완화했다는 것만으로, 혁신이나 진보로 매도되는 어처구니없는 일 또한 흔해졌다.

둘째, 군사정부의 대북 태도 변화이다. 1960년대 말부터, 데탕트 훈풍으로 냉전체제가 무너지고 있을 때, 〈닉슨 독트린〉이 나왔다. 베트남 전쟁에 지친 미국 대통령 닉슨은, 1969년 7월 25일에 괌에서 발표한 뒤, 다음 해 2월 미국 의회에 교서로 보낸 〈닉슨 독트린〉에서, "미국은 앞으로 아시아 국가에 직접적 군사적, 정치적 개입을 하지 않고, 각국의 자주적 행동을 측면 지원만 하겠다."고 선언했다.

미국의 직접적 군사원조에 의존하고 있는 한국에, 갑자기 자주국방 불똥이 떨어져, 〈한국안보의 한국화〉와 동시에 북한에 대한 인식 변화가 불가피하게 되었다. 제7대 대통령 선거에서 민심이 멀어지고 있는 것을 실감한 군사정부는, 이를 계기로, 새로운 안보로 장기집권으로 통하는 길을 찾으려 했다. 그 안보는 기존의 〈반공 반북안보〉가 아닌 사상과 이념을 초월하는 〈통일안보〉였다.

그것이 1972년 7월 4일 〈7.4 남북 공동성명〉으로 나타났다. 반공을 국시로 탄생한 군사정권이, 주적으로 저주하던 북한 공산정권과 함께, 자주통일 방안을 발표했다.

"통일은 외세에 의존하거나 간섭받지 않고 자주적으로 해결해야 하며, 무력행사에 의거하지 않고 평화적 방법으로 실현해야 하고, 사상과 이념, 제도의 차이를 초월하여 하나의 민족적 대단결을 도모해야 한다."

"통일보다도, 자립경제, 조국근대화가 선행되어야 한다."고 열 올리던 박정희 논리와, 군사정권, 특히 중앙정보부의 냉혈적 반공 반북정책을 감안할 때, 빨갱이가 비로소 〈인간〉으로 부활하는 돌연변이다. 이제야 겨우, 적어도 외견상으로 나마, 정부와 제일 야당의 기본 이념이던 반공 정서가 희석되어, 정부 여당과 제도 야당이, 자유민주주의의 키 높이를 다투는 사이가 되었다.

셋째, 국민의 의식변화이다. 군사정부의 경제개발이 진전되면서 사회도 따라 변해갔다. 봉건유제가 짙은 농업사회에서 급격하게 근대산업사회로 바뀌어가자, 국민의 의식구조 또한, 봉건적 온정주의에서 자본주의적 실리주의로 변해갔다. 6.25 전쟁 중 미국 원조로 급성장한 서양 종교들이, 국민의식의 급격한 서양화, 개인주의, 합리주의, 배물주의에 크게 기여했다. 노사문제 또한 산업화와 더불어 전통적 온정주의에서 자본주의적 실리주의로 바뀌어갔다, 급속한 산업화에 따라가지 못하는 사용자들의 봉건 영주 의식이 초래한, 전태일 분신자살사건 같은 소외된 노동자들의 몸부림을 계기로, 노동운동 또한 이념투쟁에서 임금인상. 노동조건 개선 같은 현실적 복리투쟁으로 옮겨갔다. 반 부르주아운동 같은 고상한 이념투쟁은, 허약한 소부르주아 인텔리와 팔자 좋은 대학생들의 탁상공론으로 넘겨 버렸다.

더불어, 모든 사회문화영역이, 빠르게 미국화 되어갔다. 학문의 길(道)도, 〈구 방심〉에서 〈구 실리〉로, 서양 자본주의화, 근대화의 길로 들어섰다. 6. 25 전쟁 덕에 팽창한 서양 종교가, 서양의 사고와 생활 방식, 가치 기준, 도덕, 관습, 심지어 몸짓마저, 우리 것을 열나게 밀어내기 시작했다.

5. 10월 유신

지난 대선 때, 박정희 공화당 후보가, 서울 유세에서 "나를 한 번 더 뽑아주십시오. 하는 이야기도 이것이 마지막입니다."(4월 25일)고 하자, 김대중 신민당 후보가, 장충단공원 유세에서 "이번에 정권교체를 하지 못하면 박정희 씨의 총통시대가 오게 됩니다."(4월 27일)고 한 말이, 강한 설득력을 얻고 있었다. 여당은, 헌법상 3선 밖에 할 수 없으니, 마지막으로 한 번만 더 뽑아달라는 뜻이라고 해명했지만, 야당은 안 믿었다. 무리한 3선 개헌까지 감행하면서 대통령 더 하려는 군인이, 3선 만으로 만족할 리는 없다, 고 단언했다.

그러나 제8대 국회의원선거에서, 야당이 개헌저지선을 넘는 의석을 차지해, 국회를 통한 개헌은 불가능하다. 따라서 항간의 추측처럼, 만일 박정희가 3선으로 만족하지 않는다면, 조만간 무슨 일이 일어나지 않을 수 없다. 이미 대통령에게는, 국가보위법으로 〈헌법상의 국민의 권리와 자유를 잠정적으로 정지할 수 있는〉 권리가 보장되어있다. 오래전부터 무임소장관실 정무조정실 중심으로 개헌을 연구하고 있고, 개헌모델인 스페인에 여러 젊은 학자들을 파견했다는 구체적인 소문까지 파다하게 나돌았다.

얼마 뒤, 〈7.4 남북공동성명〉이 나왔다. "자주적, 평화적으로 한 민족으로 단결하여야 한다."는 〈통일 원칙〉을 실천할 「남북조절위원회」가 설치되어, 해방 26년 만에 처음으로 공식적인 남북대화통로가 열렸다. 드디어 차디찬 한반도에 데탕트의 훈풍이 밀려와, 상호 비방이 끝나고, 평화통일을 바라보게 되었다. 북진통일, 남침야욕, 친북파, 종북파 같은 역겨운 단어들이 사라지는 날이 코앞에 왔다. 그러나 박정희의 뜻은 달랐다.

1972년 10월 17일, 돌연 〈대통령 특별선언〉과 함께 〈비상조치〉가 선포되었다. 〈우리 실정에 가장 알맞은 체제개혁을 단행하고, 조국의 평화통일을 지향하는 새로운 헌법을 만들기 위하여〉, 비상국무회의가, 〈10월 27일까지 헌법개정안을 공고하여, 1개월 이내에 국민투표에 부쳐 확정하게〉 되었다. 박정희가, 3선 대통령 된지, 겨우 1년 반밖에 안 되었고, 〈7.4 남북공동선언〉에 따라 판문점에서 〈제1차 남북공동위원장회의〉가 열린 지 닷새만이다.

비상조치령으로 국회를 해산하고, 정당과 정치활동을 금지한 뒤, 비상국무회의가 공고한 헌법개정안을 국민투표에 부쳐(11월 21일), 투표율 91.9%에, 찬성 91.5%로 확정하고, 12월 27일, 이를 공고했다. 이것이 대한민국 제7차 개정헌법 〈유신헌법〉이다.

유신헌법은, 한국에 토착한 자유민주주의, 곧 〈한국적 민주주의를 실현하기 위한 중대한 사명을 타고〉 이 땅에, 눈 깜빡할 새, 태어난 헌법이다. 대통령이 국가권력을 독점하여, 〈민족적 민주주의가 완성할 때까지〉, 집권할 수 있는 〈한국형 총통제 헌법〉이다. 주요 내용은,

1) 대통령은 통일주체 국민회의에서 선출한다.
2) 국회의원 1/3을 대통령 추천으로 통일주체국민회의에서 뽑는다.
3) 대통령은 헌법의 효력을 정지시킬 수 있는 긴급조치권을 갖는다.
4) 대통령은 국회 해산권, 법관 임면권을 갖는다.

철통같은 계엄령 하에서 치러진 국민투표에서 유신헌법안이 통과되자, 비상국무회의는 즉시 계엄령을 해제하고, 다음날 (12월 15일), 〈통일주체국민회의〉 대의원 선거를 실시했다. 새로운 국민대표로 뽑힌 통일주체국민회의 대의원 2,359명은, 12월 23일, 단 한 사람만 출마한 박정희 후보를, 찬성 2,357표, 무효 2표로 새 대통령으로 선출하고, 당선자 박정희는, 12월 27일, 임기 6년의 대한민국 제8대 대통령에 취임했다.

새 대통령 취임과 동시에, 헌정이 정상화되고, 정당과 정치활동이 허용되었다. 비상국무회의는, 12월 30일, 유신헌법에 따른 국회의원선거법과 정당법개정법을 제정 공포했다. 새 국회의원선거법은 이전 선거법과 다르다. 국회의원 219명 중 2/3는, 전국 73개 지역선거구에서 1선거구 2명씩 국민이 직접 뽑고, 나머지 1/3은, 통일주체국민회의가, 대통령 제청을 받아 임기 3년의 국회의원을 뽑는다.

다음 해 2월 27일에 치러진 제9대 국회의원선거에서, 임기 6년의 지역구의원 146명 중 73명을 공화당이 차지했다. 여기에 통일주체국민회의가 뽑은 유정회 국회의원 73명 모두가, 당연직 여당의원이라, 국회는 언제나 안정적으로, 차질 없이, 대통령을 보필하는 〈국민총화〉를 이루었다.

제21장
제4공화국 유신정부

1. 민청학련과 인혁당재건위

유신체제는, 미국이나 서유럽 자유민주주의와는 다른, 한국 군부가 새로 개발한 신자유군주주의(新自由軍主主義)다. 여느 민주주의 같이, 민주주의적 형식과 절차를 갖추고는 있지만, 대통령이, 3권뿐 아니라 〈긴급조치권〉까지 가지고 있어, 서유럽 자유민주주의와는 아주 다르다. 군이 민주주의라야 한다면, 보호민주주의, 지도민주의나, 유신민주주의, 자유군주주의라 하는 것이 더 어울린다.

민주주의를 30년이나 학습한 국민, 특히 학생들이, 세상에서 가장 나쁜 독재체제라고 배우고 또 배운 북한정치와 전혀 다를 바 없는, 〈한국적 민주주의〉를 좋아할 리 없다. 게다가 반란군이 정권을 쥐고 흔든 지도 벌써 10년이 더 넘었다.

유신체제에 가장 먼저 반기를 든 사람은 김대중이다. 일본에 머무르고 있던 김대중은, 유신이 선포되자마자 미국으로 망명하여, 워싱턴에 「한국민주회복통일촉진국민회의」(한민통)을 만들어(1973년 7월 6일), 미국과 일본을 드나들며, 유신체제를 규탄했다. 그리고 얼마 뒤, 한민통 일로 일본에 들렀다가, 정체불명의 납치집단에 납치되어(8월 8일) 서울 본집으로 강제 환향했다.

대학생들이 또 앞장섰다. 9월 개학과 동시에 전국 여러 대학에서 수업거부, 시위, 반유신유인물배포 등으로 반독재투쟁에 불을 붙였다. 재야인사들도 가세했다. 장준하, 백기완, 함석훈 등이 〈민주헌정회복〉을 위한 〈100만인 개헌서명운동〉을 벌였다. 북한도 화가 났다. 김대중 납치극과 6.23 선언을 탈잡아, 〈8.28 선언〉으로, 남북대화를 중단했다. 엎친 데 덮친 격으로 중동전쟁 여파로, 석유 값이 두 배도 더 넘게 뛰어올라, 경제마저 흔들렸다.

이 엄청난 위기를 극복하기 위한 유신정부의 처방은 〈긴급조치〉였다. 1974년 1월 8일, 〈제1호〉를 발령하여 "대한민국헌법을 부정, 반대, 비방, 왜곡하는 일체의 행위를 금하고", 〈제2호〉로 긴급조치 위반자를 처벌하는 〈비상군법회의〉를 만들어, 장준하, 백기완 등을 잡아들여(74년 1월 15일), 장준하, 백기완에게 징역 15년에 자격정치 15년, 이근후 등 서울 의대 학생 3명에게, 징역 7년에서 10년을 선고했다 (3월 2일).

이런 위협에도 불구하고, 학생들이 동맹휴학과 반정부 유인물 등으로 반항하고, 재야인사들이 개헌서명운동을 계속하자, 4월 3일 긴급조치 제4호, 〈민청학련과 이것에 관련된 제 단체의 조직에 가입하거나 그 활동을 찬양, 고무 또는 동조 … 하는 것을 일체 금지한다.〉를 선포하여, 〈민중민족민주선언〉으로 거국적 반정부시위를 준비하던 「전국민주청년 학생총연맹」(민청학련) 관련자들을 모조리 체포했다.

중앙정보부는, "공산주의사상을 가진 학생들을 주축으로 한 정부 전복을 기도하는 불순 반정부세력인 민청학련 관련자 1,024명을, 〈긴급조치 제4호 및 국가보안법 위반〉 혐의로 일망타진하여(4월 25일), 그 중 253명을 비상군법회의에 넘겼다"고 발표했다.

수많은 불순학생을 넘겨받은 비상군법회의 검찰부는, 한술 더 떠, 「인민혁명당재건위」(인혁당재건위)가, 민청학련 배후에서, 민청학련의 국가전복활동을 지휘했다는 추가발표를 했다(5월 27일). 이것이 민청학련과 인혁당재건위사건, 즉 〈제2차 인혁당사건〉이다. 1971년에 입국하자마자 붙잡혀 사형 당한 간첩 김배영이 가져온 북한 공작금으로 인혁당을 재건하여 민청학련을 배후 조종했다는 혐의이다.

비상군법회의의 선고는 참담했다. 배후조직으로 지목된 인혁당재건위 관련자 21명 중, 도예종, 하재완 등 8명은 사형, 이태환, 김한덕 등 7명은 무기징역, 정진만 등은 징역 15년에서 20년이 선고되었다. 민청학련 관련자들도, 이철, 유인태 등 7명 사형. 서중석, 류근일 등 7명 무기징역, 강구철 등 18명은 징역 20년에서 15년이 선고되었다. 일본인 기자 2명에게도 징역 20년을 선고했다. 함께 구속된 윤보선, 지학순,

박형규, 김동길, 김찬규 등, 재야 반정부 인사들도 모두 유죄판결 받았다.

대법원 판결은 참담했다. 제1차 인혁당사건(1964년 8월)때 법무장관이었던 대법원 전원합의체 재판장(대법원장) 민복기는, 1975년 4월 8일 오전 10시, 피고인은 물론 변호인조차 출석하지 않은 가운데, 인혁당재건위사건 관계자 등 39명에 대한 판결문을 10분 동안 읽은 뒤, 상고를 기각했다. 그리고 다음날, 도예종, 서도원, 송상진, 김용원, 하재원, 우홍선, 이수병, 여정남 등 8명 모두를 사형했다. 고문사실을 숨기려고, 유족에게 알리지 않았을 뿐 아니라 시신마저 화장했다.[15]

이로 말미암아, 미국을 비롯한 많은 민주국가들이 〈사법 살인〉이라는 비난을 퍼부었으며, 스위스에 본부를 둔 〈국제법학자회〉는, 이날 (4월 9일)을, 〈사법사상 암흑의 날〉로 선포했다. 그러나 대한민국 대법원은 꿋꿋했다. 태연히 김한덕 등 나머지 피고의 상고를 모두 기각했다.

그동안 다른 간첩사건들도 수시로 터져 나왔다. 1974년에만 해도, 재일동포 고병덕 간첩사건을 비롯하여, 김용준 간첩사건, 문인 간첩단사건, 유럽거점 간첩단사건, 울릉도 간첩단사건, 광양부부 간첩사건, 재일동포유학생 김승효간첩사건 등 7건이나 발표되었다. 이 모두 홍보용임에도 불구하고, 울릉도거점 간첩단사건에서는, 유신을 반대하는 재일동포 등 47명을 잡아들여, 32명을 국가보안법과 반공법위반 혐의로 구속 기소하여, 그중 3명 사형, 4명 무기징역, 나머지는 1년에서 15년 징역형을 선고했다. 사형수 3명은 모두 사형당했다(1977년 12월 5일). 아무리 조무래기라도, 간첩누명 쓰고는, 살아남을 수 없다.

드디어 사달이 났다. 1974년 8월 15일 광복절 기념식 중이던 국립극장에서, 대통령 저격사건이 터졌다. 재일교포로 참석한 문수광이 연설 중인 박정희에게 총을 쏘았다, 그러나 엉뚱하게 대통령 부인 육영수와 죄 없는 어린 여고생 정봉화가 맞아 숨졌다. 이를 계기로 반정부 반독재 민주화운동은 더욱 확산되었으며, 정부 대응도 따라 과격해졌다. 동아일보의 자유언론에 뿔난 정부가, 광고주를 압박하여 광고를 빼자, 동아일보가 12월 26일 자 신문광고란을 백지로 발행한 〈동아일보백지광고〉 사태와, 이로 말미암아 해직된 기자모임인 〈동아자유언론수호투쟁위원회〉 사건은,

---

15) 2002년 9월, 〈의문사진상규명위원회〉는, "인혁당사건은 중앙정보부의 조작사건"이라 발표하고, 서울 중앙지방법원은, 2007년 1월 23일, 도예종 등 '인혁당재건위사건'으로 처형된 8명을 포함한 모든 희생자들에게 무죄를 선고했다.

반정부 반유신운동이 학원과 야권을 넘어, 전 사회분야로 확산하는 계기가 되었다. 동정 농성을 벌이던 조선일보 기자들도 무더기로 해직되자, 거의 모든 언론, 대학, 종교단체가 앞 다투어 〈자유언론수호지지성명〉을 내고, 시위에 참가했다.

유신체제 반대 여론이 가세어지자, 박정희는 1975년 1월 22일, 유신헌법에 대한 찬반을 묻는 국민투표를 실시하겠다고 발표했다. 군사반란 이래 실시한 모든 국민투표에서 단 한 번도 진 일이 없으니, 당연히 이기게 되어 있는 〈국민투표〉다. 예상대로, 2월 12일에 실시된 국민투표 결과, 투표율 79.84%에, 찬성 73.1%, 반대 25.6%로 가볍게 재신임 받았다.

2. 양심선언에 자리다툼

대통령 박정희와 유신헌법의 압도적 재신임에도 불구하고, 정권반대운동은 수그러들지 않았다. 1,975년 4월 11일, 서울대 농대생 김상진이, 유신체제와 긴급조치에 항거하여 양심선언문을 낭독하고, 할복자살하는 일이 벌어졌다. 보도통제에도 불구하고, 김상진 할복사실이 알려지자, 유신헌법폐지와 정권퇴진운동이 더욱 거세어졌다. 15일에는, 모교 광주제일고에서 〈김상진 열사 추도식〉을 연 학생들이, 무더기로 무기정학 당했다. 18일, 명동성당에서 1,500여 명이 참석한 가운데, 〈4.19 희생자와 김상진을 추모하는 미사〉를 열고, 신민당은 〈김상진 양심선언문〉을 당보에 실어 배포했다.

이렇게 시끄러울 때, 4월 30일, 월남이 패망했다. 박정희가 온 정성을 다해 지켜주려던 쌍둥이 반공국가 월남이, 그만, 공산당 손으로 넘어갔다. 놀란 유신정부는, 서둘러 〈긴급조치 제9호〉를 내어(5월 13일), 대한민국헌법을 부정, 반대, 왜곡 또는 비방하거나, 그 개정 또는 폐지를 주장, 청원, 선동 또는 선전하는 행위를 일체 금지했다. 학생들의 반공의식 부족에 놀란 문교부도, 〈고등학교 입시에 반공문제를 10% 이상 출제하라〉는 반공교육 강화지침을 시달했다. 긴급조치 9호 선포 다음날에는, 서울대에서, 정부 주도로, 〈긴급조치지지 안보궐기대회〉를 거창하게 거행했다.

그러나 그 안보대회 열기가 오히려 역류하여, 긴급조치 9호 선포 뒤 첫 반대시위인, 〈오둘둘사건〉이 터졌다(5월 22일). 2천여 서울대생들이 반독재선언문을 낭독하고, 〈유신철패, 독재타도, 긴급조치철폐〉를 외치며 시위를 벌여, 100여 명이 제적되고, 29명이 구속되고, 서울대 총장, 치안본부장, 서울남부경찰서장 등이 줄줄이 쫓겨났다.

다음해 3월 1일 재야인사들이 명동성당에서, 독재정권을 규탄하고 자유민주주의를 회복하자는 〈3.1 민주구국선언〉을 선포하자, 경찰은 그 자리에서 서명자 20명 모두를 연행 구속했다. 그러나 국민은 전혀 몰랐다. 언론통제 때문이다. 열흘 뒤, 검찰이, "정부전복을 선동한 재야인사 20명을 대통령 긴급조치 제9호 위반혐의로 구속했다"는 발표를 보고서야 비로소 알았다. 구속자 중 문익환, 김대중, 안병무 등 11명은 구속 기소되고, 윤보선, 함석헌. 정일형은 고령자로, 이태영, 이우정은 여성, 김승훈 등 신부 4명은 간접 가담이란 이유로 불구속 기소되었다.

이런 긴박한 소용돌이 속에서도, 제1야당 신민당은, 두 실력자 김영삼과 이철승이 감투싸움 하느라 정신이 없었다. 두 사람 다, 강경 반공투사로 정치 입문 했지만, 유신체제에 대해서는 생각이 달랐다. 김영삼은 김대중과 함께, 유신체제를 강력 반대하는 선명노선인 데 반해, 이철승은 유신체제의 반공안보정책에 호의적이었다.

유신정권은, 이 두 야당 지도자의 권력욕을 조종했다. 김영삼의 분별없는 공명심을 부추겨, 유신반대 선명노선을 흐리게 하는 한편, 강경 반공투사 이철승의 빗나간 애국심을 들쑤셔, 야당의 반정부투쟁을 약화시키고자 했다. 때맞추어 1976년 5월, 새 지도부 선출을 위한 신민당 전당대회가 열렸다. 주류 김영삼은, 연임으로 총재직을 지키려한 반면, 열세인 이철승은, 집단지도체제로 비주류세력을 규합했다.

전당대회 날, 이철승의 사주를 받은 범서방파 김태촌이, 조직폭력배 태촌파를 이끌고 신민당사에 난입하여 전당대회를 무산시켰다. 백주 대낮에, 그것도 서울 한복판에서, 살벌한 정치폭력사태가 벌어졌는데도, 정부는 모른척했다. 박정희 군사반란군이, 권력을 잡자마자, 빨갱이와 함께 가장 먼저 〈숙청〉한 정치깡패가 되살아 날뛰었지만, 바로 그 반란군의 유신정부는, 야당 내분에 개입하면서까지 민주적인 〈집회와 표현의 자유〉를 훼손할 생각이 조금도 없었다.

얼마 뒤, 서울시민회관에서 다시 열린 전당대회에서는, 김영삼이 동원한 친김 정치깡패가 대회장을 선점하려 했지만, 각목 난전 끝에, 태촌파와 경찰에게 쫓겨나고, 이철승 계 대의원만 남은 전당대회에서, 이철승이 당대표로 선출되었다. 대회장에서 쫓겨난 김영삼 계 대의원들은, 신민당사에서 따로 전당대회를 열어, 김영삼을 다시 총재로 선출했다. 한 정당 두 총재로 분당 위기에 몰리자, 주류가 집단지도제를 받아들여, 임시 통합전당대회를 열었다. 1차 투표에서는 김영삼이 이겼으나 과반수 미달로 2차 투표로 넘어가, 정일형 도움을 받은 이철승이 역전승했다. 정부 묵인 아래, 정치깡패까지 동원해 당대표가 된 이철승이, 〈참여하의 개혁〉이라는 대정부 타협정책을 들고 나오자, 강경파는 당장 〈사꾸라〉라고 맹비난했다.

3. 10월 부마민주항쟁

민주화운동에 앞장서야 할 제1야당이, 정치깡패를 동원한 유혈 각목대전 추태를 벌였음에도 불구하고, 국민의 지지도는 오히려 높아졌다. 제10대 국회의원선거 (1978년 12월 12일)에서 61석을 얻어, 68석을 얻은 공화당을 위협했을 뿐 아니라, 유효투표 32.8%로, 31.7%를 얻은 공화당을 제쳤다. 군사반란 난 지, 벌써 17년이나 지났다. 오랜 세월, 〈반공안보〉를 앞세운 군사정권의 무단정치에 주눅 들어 짓눌려있던 국민의 정치의식이 서서히 깨어나, 3.15와 4.19 민주항쟁 정신으로 돌아가고 있었다. 심지어 인혁당 재건위사건으로 죄 없는 여덟 명이 죽임을 당하자, 무장 혁명으로 유신체제를 없애려는 비밀결사까지 생겨났다. 1976년 2월, 이재문, 신향식, 안재구, 김병권 중심으로, 유신타도 무장혁명을 목표로 「남조선민족해방전선준비위 원회」(남민전), 「한국민주투쟁위원회」(민투위)를 만들어 투쟁 중, 1979년 10월 4일부터, 84명이 체포되자, 정부는 〈북한과 연계된 간첩단사건〉으로 과대 포장, 국가보안법 및 반공법 위반으로 준엄하게 처벌했다.

박정희는, 〈헌법〉 규정에 따라, 1978년 12월 21일 통일주체국민회의에서 다시 대통령에 선출되었다. 합법적으로만, 다섯 번째 대통령에 취임하는, 대한민국 제9대 대통령이다. 그러나 1979년이 시작되자마자, 제2차 석유파동이 터졌다. 제1차 석유파동 때는 그런대로 잘 버틴 한국경제가, 이번에는 큰 타격을 입었다. 경제성장률이, 1979년에는 6.4%를 겨우 지켰지만, 1980년에는 −5.2%로 크게 떨어졌다. 경상수지적자도, 1979년에 42억$, 1980년 53억 2천만$로 급격히 불어났다. 군사독재를 지탱해온 유일한 기반인 "잘 살아보세"에 금이 가면 아무리 강력한 독재체제라도 버티기 힘이 든다.

그 신호탄이 YH사건이다. 전 근대적 농업사회가, 10여 년 만에 급격히 공업사회로 바뀌면서 쌓인 경제발전의 어두운 그림자가 드디어 드러나기 시작했다. 군사정권의 경제성장정책에 올라타, 초기 자본가로 성장한 공장주들은, 조선시대 봉건적 농노노동관에 더 익숙하여, 정부의 경제성장정책에만 추종할 뿐, 노동자의 인권에는 전혀 관심이 없었다. "머슴에게 돈 많이 주면 게으름뱅이 된다." "먹고 살만큼 만 주어야 열심히 일한다." 밥 먹여주는 것을 시혜로 생각하는 봉건 성주 눈에, 인권 같은 것이 보일 리 없다. 머슴은 돈 버는 기계 부품일 뿐이었다. 잘해야 조지 오웰의 돼지였다.

1979년 8월 9일, 가발 수출업체 YH무역 여성 노동자 170여 명이, 신민당 당사에서 점거농성을 벌였다. "배고파 못살겠다. 먹을 것을 달라." 커피 한 잔 값밖에 안 되는 일당 받고 일하는 〈직공〉들이, 노동조합을 만들어, 열악한 노동조건 개선을 요구하자, YH무역사장 정영호는, 가발 경기불황 핑계로 폐업 신고하고(1979년 3월), 챙겨둔 재물 들고, 미국 가버렸다. 살길 잃은 공원들이 회사 살리려고 무진 애썼지만, 정부도 회사도 아무런 성의를 보이지 않자, 마지막 희망을 걸고, 제1 야당 신민당 당사에 들어가 농성했다. 선명야당과 민주회복을 기치로 당권에 재도전, 2차 투표에서 간신히 이철승에 역전승하여, 다시 총재가 된(5월 30일) 페미니스트 김영삼이, 여공들의 농성을 적극 보호했다.

야당이 두둔하고 있는 반정부행위를 가만히 보고 있을 군사정부가 아니다. 8월 11일 새벽, 경찰 1천여 명을 투입하여, 신민당의 완강한 반대를 제치고, 농성자들을 모두 잡아갔다. 이 소동 속에서 노조 간부 김경숙이 동맥이 끊긴 채 추락해 숨지고, 노조원들은 말할 것 없고, 강제 해산에 항의하던 김영삼 총재를 비롯한, 신민당 국회의원과 경비원, 기자들까지 무차별 폭행당했다. 농성 노조원 172명과, 저지하던 신민당원 26명이 함께 연행되어, 그 중 노조 지부장 최순영과, 배후조종 혐의를 받은 재야인사 인명진, 문동환, 서경석, 고은, 이문영 등 8명이, 국가보안법과 집시법 위반혐의로 구속되었다(8월 17일).

보다 못한 미국 국무부가, "경찰의 강제해산 조치는 분명 지나치고 가혹했다"는 성명을 내어, 한국 정부의 반인권행위에 특별한 관심을 보였다. 한국 정부가 이에 반발하자, 미국은, 오히려 더 엄중한 꾸중을 내렸다. "지난 번 성명의 입장을 고수한다. 한국 정부가 관련자를 징계하는 적절한 조치를 취하기 바란다." 사태는 이것으로 끝나지 않았다. 신민당이, 노동 탄압과 경찰의 고의적 국회의원 폭행을 규탄하는 농성에 들어가자, 정부는, 이를 빌미로 야당을 강경 탄압하여, 경제 불황에서 오는 민심 동요를 막으려 했다. 그 표적이 YH점거농성을 적극 옹호한 김영삼(YS)이었다. 당장 신민당 내분을 이용하여, 〈총재직무정지가처분신청〉을 내어, 김영삼의 정치활동에 제약을 가했다.

약 오른 김영삼이, 미국 신문 뉴욕타임스와의 회견에서, "미국 정부가 대한 원조를 중단하여 박정희 정권을 압박해 달라"고 요청하자(9월 16일), 공동 여당인 공화당과 유정회가, 기다린 듯, 〈김영삼의원 제명동의안〉을 국회에 제출하고, 여당 단독으로, "국회의원으로서 본분을 일탈하여 반국가적인 언동을 함으로써 국회의 위신과 국회의원의 품위를 손상시켰다"는 이유로 제명, 의원자격을 박탈했다(10월 4일). 신민당 의원들이 단상을 점거하고 있는 사이, 단 1분 만에, 사회봉 대신 손을 흔들어, 의결했다. 외세(미국)에 아부하여, 무모한 국가변란을 도모하다가 의원직을 상실한 김영삼은, 즉시 가택 연금되었다.

변칙적인 무리수로, 제1야당 총재의 의원직을 박탈한 정치 살인이, 무사할 리 없다. 신민당 국회의원 66명 전원과, 민주통일당 국회의원 3명이, 의원직 사퇴서를 제출하여, 박정희의 독재정치에 강력 항의했다.

독재에 식상한 부산, 마산사람들의 소외의식도 더불어 터졌다. 경남과 경북은 합쳐서 영남이라 한다. 호남사람들이, 호남푸대접론으로 영남을 싸잡아 욕할 때는, 가당찮은 비난에 영남인의 긍지를 느끼기도 했지만, 곰곰이 따져보니, 호남만 푸대접 받은 것이 아니다. 같은 영남이면서도 경남사람들이 오히려 더 푸대접 받고 있었다. 언젠가부터 중앙의 정, 관, 재계 요직은 말할 것도 없고, 부산, 경남의 요직과 상권까지 중앙에 연줄 닿는 경북사람들이, 휘젓고 있다는 사실을 알았다.

경제가 호황일 때는, 상도 분들이 "하도 놈"이라고 무시해도, 박정희의 "잘 살아 보세"를 믿고 참을 수 있었다. 그러나 경제가 나빠지면서 사정이 달라졌다. 경공업 중심인 부산, 경남 중소기업들은, 제2차 오일쇼크로 물가가 급격히 뛴 데다, 정부의 중화학공업 육성정책에 자금줄이 막혀, 심각한 경제적 압박을 받고 있었다.

호남보다 더한 푸대접에 뿔이 난 경상하도사람들은, 박정희에 대한 미련을 버리고, 하도사람들의 지역정서를 종교화할 수 있는 새로운 "상징"을 찾았다. 공교롭게도 그때 가장 앞선 사람이 김영삼이었다. 이승만 독재 그늘에서 자랐음에도, 민주투사로 변신하여, 독재정권에 맞서는 투지에 주목하던 차에, 한국 정치사상 초유의 〈야당총재 국회의원직 제명사태〉가 벌어졌다. 그동안 TK 군사독재에 대한 소외감을 참아오던, 경상하도사람들은, 스스럼없이 독재 대신, 〈다시〉 민주화의 길을 택했다. 그리고 대한민국의 역사를 바꾸었다.

10월 16일, 부산대 학생들이 먼저 일어섰다. 5천여 학생들이 도심 광복동에 나가, 유신철폐, 독재타도를 외쳤다. 오후에는 동아대생들이 합류했다. 시민들도 적극 호응하며, 경찰의 저지를 방해했다. 저녁에는 퇴근하던 회사원, 상인, 노동자, 특히 위락시설 종사자와 고등학생 등 5, 6만 명이 동참하면서, 〈민중민주항쟁〉으로 커졌다. 밤이 깊어지자, 거리를 메운 민중이, 파출소, 방송국, 신문사 등 친정부기관에 돌을 던지고 불을 질렀다. 다음날에도 민중항쟁은 계속되었다. 부산시 중구. 동구, 서구의 거의 모든 파출소와 경찰서, 공공기관이 공격당했다. 21개 파출소가 불타거나 파괴되었으며, KBS, MBC, 부산일보, 경남도청, 부산서구청 등이, 돌 폭격을 받아 부서졌다. 유신정부도 화가 났다. 다음날(18일) 새벽 0시를 기해, 부산지역에 계엄령을 선포하고, 대학생 등 1,058명을 붙잡아, 그 중 66명을 군사재판에 넘겼다.

부산사람들의 울분은 곧장 〈대한민국 민주화의 성지〉 마산으로 번졌다. 부산에 계엄령이 선포된 바로 그날(18일), 경남대와 마산대 학생들이 일어섰다. 밤이 되자, 수천으로 불어난 민중이 경찰과 투석전을 벌이면서, 공화당사, 파출소, 방송국을 부수고 불태웠다. 다음날에는, 고등학생과 한계 노동자도 합류하여, 더욱 과격해졌다. 영남 하도사람들의 억눌린 분노는 날이 갈수록 커졌다. 경찰차가 불붙고, 파출소, 관공서, 언론기관이 부서지고 불탔다. 정부는, 다음날(20일) 0시를 기해, 마산과 창원 일원에 위수령을 내리고, 군대를 투입하여 무자비하게 진압했다. 체포된 사람 중 59명이 군사재판에 넘겨졌다.

부마민중항쟁의 위력은 컸다. 지배동맹의 한 축으로 철석같이 믿고 있던 경상하도사람들이 박정희 독재에 등을 돌리자, 박정희 정부의 반민주성을 지켜만 보던 미국이, 드디어 박정희의 위험한 〈자주국방정책〉에 인내심의 한계를 드러내었다. 유신정권은 이에 대처할 방법이 없다. 미국은 말할 것도 없고, 국내 문제도 무력으로 시작해서 무력으로 버텼으니, 무력 아닌 해결방법이 있을 수 없다. 오랫동안 누려온 독재타성에 젖어, 전술적 후퇴법을 마련할 기회를 놓쳐 방황하는 사이, 최측근의 반역이 일어났다. 유신대통령이, 유신체제 제1 수호자인 중앙정보부장에게 살해되었다(10월 26일). 부마 민주항쟁이 드디어 기나긴 군사독재정치를 무너뜨리고, 다시 한 번, 대한민국에 자유민주주의의 길을 열었다.[16]

4. 서울의 봄

갑자기 대통령이 죽자 유신체제가 요동쳤다. 유신 초상정부는, 우선 현행 헌법에 따라 새 대통령을 선출한 뒤에, 국민을 통합할 수 있는 새로운 헌법을 만들기로 했다. 그러나 야당과 재야세력이 반대했다. 당장 유신체제를 없애고 새로운 민주헌법을 만들자 했다. 유신헌법에 따라 대통령 권한대행이 된 최규하는, 박정희 암살 다음 날(10월 27일), 제주를 제외한 전국에 비상계엄을 선포하고, 육군 참모총장 정승화를 계엄사령부 사령관, 보안사령관 전두환을 계엄사령부 합동수사본부장에 임명했다.

그리고 11월 6일, "유신헌법에 따라 새 대통령을 선출하고, 새 대통령이 빠른 시일 내에 민주적 헌법을 만들고, 그 헌법에 따라 선거를 실시하겠다."는 담화문을 발표했다. 야당과 재야세력은, 즉시 반발했다. "유신체제를 당장 없애고, 민주화 일정을 앞당기라" 했다. 1979년 11월 24일, 국민연합, 민주청년협의회 등 재야세력이, YWCA에 모여 〈통일주체국민회의에 의한 잠정대통령선출저지국민대회〉를 열어, 즉시 유신체제를 해체하고, 거국민주 내각을 구성하라고 요구했다. 그러나 유신 둔부(엉덩이) 정부는 단호했다. 즉시, 140여 명을 잡아가, 그중 14명을 구속했다.

12월 6일, 예정대로 최규하 대통령권한대행이, 통일주체국민회의에 단일후보로 출마하여, 제10대 대통령에 당선되었다. 대통령 최규하는, 12월 8일, 긴급조치 9호를 해제하고, 긴급조치로 처벌받은 재야인사들을 모두 복권했다. 공화당과 신민당도 대통령 직선제 개헌에 합의했다. 윤보선과 함께 사면 복권된(2월 29일) 김대중도, 〈반공안보태세강화, 자유민주주의실현〉을 내걸고, 김영삼과 함께 대선준비를 서둘렀다. 민주화 일정의 방법과 시간만 남았을 뿐이었다.

그러나 신군부가 반대했다. 12월 12일, 보안사령관 전두환 중심의 하나회가, 갑자

---

16) 김재규가 왜 박정희를 죽였는가에 대해서는 말이 많다. 제2인자 행세하던 경호실장 차지철과의 권력싸움이란 말이 가장 유력하나, 오랫동안 기획한 민주의거 라던가, 미국 CIA의 사주라는 등, 다른 설도 만만치 않다. 아무튼 결과적으로, 박정희 군사독재를 무너뜨린 〈반독재 민주화의거〉가, 궁정혁명 아닌 반역행위로 끝을 맺은 것만은 분명하다.

기 반란을 일으켜, 문민정부 이양 일정에 순응하던 계엄사령관 정승화 육군참모총장을 비롯한 특수전사령관, 수도경비사령관 등, 온건 군지도자를 모두 쫓아내었다. 군권을 움켜쥔 하나회 지도자 전두환은, 스스로 중장으로 진급하고, 중앙정보부장서리도 겸하여(4월 14일), 권력핵심기관을 모두 거머쥐었다. 독재자는 사라졌지만 독재정권은 끝나지 않았다.

3월 초. 봄 학기를 맞은 대학생들이 다시 나섰다. 학생들의 민주화 요구는, 주로 학원자유화, 어용교수퇴진 등 학원 내부문제에 집중했다. 대학에 입학하면, 반드시 군부대에 입대하여, 소정의 군사훈련을 받아야 하는 〈병영집체훈련〉 거부운동도 함께 했다. 4월에 들어서면서 민주화 열풍이 드세어지자, 서울지역 14개 대학교수들이 학원민주화를 요구하는 성명을 내어, 학생들의 민주화운동에 힘을 실었다. 학원 밖의 민주화 열기도 뜨거웠다. 순식간에 2천여 건에 달하는 노동쟁의가 발생했다. 강원도 정선 사북에서는 탄광 노동자들이, 어용노조에 반발하여 임금인상투쟁이 벌이는 과정에서, 치안공백상태에까지 이르렀다. 언론매체도 언론검열 폐지와 언론자유를 요구하는 결의문을 발표했다.

5월 들어, 12.12 군사반란으로 실권을 잡은 전두환과 신군부가, 〈비상계엄전국확대, 국회해산, 국가보위비상기구설치〉를 골자로 하는 〈시국수습안〉을 마련하여, 정권장악 속내를 드러나자, 불법적 정권탈취를 저지하려는 대학생들의 움직임도 따라 뜨거워졌다.

서울대 비상학생총회가, 병영집체훈련 반대투쟁을 버리고 정치투쟁으로 전환하여, 〈계엄해제, 유신잔당퇴진, 정부개헌중단〉을 내걸고, 전두환과 국무총리 신현확의 허수아비 화형식을 거행했다(2일). 다른 대학들도 서울대의 정치투쟁노선을 따랐다. 9일, 전국 23개 대학대표가, 고려대에 모여 〈총학생회장단회의〉를 열어, 계엄해제와 유신잔당 퇴진을 요구하고, 관제 언론을 비난하는 성명을 내었다. 정계 움직임도 활발했다. 신민당과 공화당 원내총무가, 개헌안을 내고(12일), 20일에 임시국회를 소집하여, 계엄해제와 정치일정 단축 등 현안문제를 논의하기로 합의했다.

잠깐 쉬던 대학생들이, 5월 13일부터 다시 실력행사에 들어갔다. 연세대 등 서울 시내 6개 대학생이 세종로에서 가두시위를 벌이고, 고려대 등 7개 대학생이 철야농성에 들어갔다. 다음날에는 서울지역 대학생 7만여 명이 서울 중심가에 모여 반정부 시위를 벌이고, 부산 등 다른 지역에서도 대학생 수만 명이 거리로 나와, 계엄해제를 요구하는 시위를 벌였다. 신군부도 이에 맞서, 〈소요진압본부〉를 설치하여, 진압군 투입 시점을 계산하고 있었다.

학생시위는 5월 15일에 절정에 이르렀다. 서울시내 30개 대학생들이 서울역으로 모이기 시작했다. 용기를 얻은 신민당 국회의원 66명이 비상계엄해제건의안을 국회에 제출하고, 지식인 134명도 비상계엄해제요구 시국선언문을 발표했다. 오후 3시, 10만에서 15만에 이르는 학생과 시민이, 서울역 앞에 모여 계엄 철폐를 외치며, 정부의 명확한 민주화 일정을 요구했다. 부산, 대구, 인천, 광주, 춘천에서도 수많은 학생과 시민이 모여 군대에 맞섰다. 그러나 밤이 깊어지며 열기가 한창 끓어오를 때, 갑자기, 학생지도부가, 시위를 중단하고 학교로 돌아가기로 결정했다. 곳곳에 진압군을 배치하여 학생 움직임을 주시하고 있는 신군부에, 무력개입 빌미를 줄 수 있다는 빌미로, 민주화 의지를 포기했다. 이것이 〈서울역 회군〉이다. 서울의 봄은 이렇게 흘러갔다.

그래도 그 충격은 컸다. 엄청난 학생시위에 풀죽은 신현확 국무총리가, 정치 일정을 앞당겨, 80년 말까지 개헌안을 확정하고, 81년에 양대 선거를 실시하여, 정권을 이양하겠다고 발표했다. 국회도, 서둘러, 임기 4년에 한 번 연임할 수 있는 대통령직선제를 골자로 하는 개헌안을 만들어, 20일의 본회의에서 통과시키기로 여야가 합의했다. 그러나 신군부의 뜻은 달랐다.

5월 17일 밤, 대통령이 제주도를 포함한 전국에 비상계엄령을 확대선포 했다. 이유는, "북한의 도발에 대비해야 할 시점에, 학생들의 데모로 사회가 어수선하니, 군이 나서서 수습해야 한다."(주영복 국방장관)는 것이었다. 계엄포고령 제10호로, 5월 18일 0시를 기해, 〈모든 정치활동중지, 정치목적의 옥내 외 집회 일체금지, 언론검열, 모든 대학 휴교조치〉가 내려졌다. 새벽 2시 계엄군이 국회와 중앙청을 점령하여 헌정을 중단시키고, 휴교령이 내린 모든 대학에 군대를 주둔시켰다. 이화여대를 급습한 계엄군은, 〈서울역회군〉 사후대책을 논의하던 전국총학생회 회장단을 체포했다.

비상계엄 확대 직전, 보안사령부에 예비검속 되어 있던 김대중, 예춘호, 문익환, 고은, 이영희 등 20명은, 〈사회혼란 및 학생, 노조 배후조종 혐의〉로 구속되었다. 신민당 총재 김영삼은 가택 연금되고, 김종필은, 이후락, 박종규 등과 함께 권력형 부정축재혐의로 보안사령부에 감금되었다. 이렇게 연행된 학생, 정치인, 재야인사가

2,600명을 넘었다. 김종필은, 다음날 이후락 등 박정희 정권 실세 10여 명과 함께, 부정축재재산을 모두 국가에 헌납하고 정계 은퇴를 선언했다. 5.16 군사반란으로 벼락출세한 원조 군인들이, 후배 군벌에 의하여, 볼썽사납게 허물어졌다.

5. 5. 18 광주 민주항쟁

비상계엄이 확대 시행된 5월 18일 일요일 아침, 전남대 학생들이 휴교령 내린 학교 정문 앞에 모여, "계엄령 철폐", "전두환 퇴임", "김대중 석방"을 외치며 시위를 벌이자, 대학점령군이 폭력 해산했다. 쫓겨난 학생들이, 금남로에서 연좌시위를 벌이다가, 합류한 시민들과 함께 시외버스 터미널 앞으로 진출하자, 계엄군 공수부대 병력이 무차별 발포하여, 많은 사람이 죽고 다쳤다. 다음날 오후부터는 시위가 거칠어졌다. 시내 전역에서 학생과 시민이 계엄군과 충돌하여, 계엄반대시위의 차원을 넘어, 민중봉기의 모습으로 변해갔다.

계엄군의 흉포한 진압에 돌과 화염병으로 맞서던 시위군중이, 공수부대의 소총, 수류탄 등을 빼앗아 무장하여, 파출소, 방송국, 공공기관을 습격하자, 계엄군도 이에 맞서 장갑차에서 발포하여, 분위기가 더욱 험악해졌다. 20일에는, 20만 명이 넘는 시위대가, 전남도청을 중심으로 주요 도로를 점거하고, 금남로로 모여든 버스, 화물차 등 덩치 큰 자동차들을 앞세워 계엄군을 몰아내었다. "폭도들의 난동"을 보도한 MBC방송국을 비롯하여, 노동청, 세무서 등 관공서도 함께 불탔다. 이 날 자정 광주역 앞에 포진해 방어하던 계엄군은, 계속 불어나는 시위대에 발포한 뒤 자진 철수했다.

21일 오전. 시위대가, 계엄군에 맞서기 위해, 아세아자동차공장에 몰려가 장갑차와 군용 차량을 빼앗고, 파출소 등지에서 소총 등 무기를 빼앗아 무장하여, 오후 3시쯤부터 계엄군과 시가전을 벌였다. 비상계엄 확대를 반대하는 학생시위가, 어느덧 무장봉기로 커졌다. 저녁 무렵, 힘에 부친 계엄군이 광주시 외곽으로 철수하자, 시위대가 광주시를 완전히 장악했다.

22일, 수습대책위원회가, 계엄사령부와 협상을 시작했지만, 여의치 않자, 시위대가 강온파로 갈라졌다. 무기 회수를 거부하고 끝까지 싸우자는 강경파는, 25일 밤

수습위를 대신할 새 투쟁지도부 「민주시민투쟁위원회」를 만들어, 〈광주시민에 의한, 광주시민의, 자율적인 민주주의 공동체〉를 수립하여, 체계적인 저항을 하려 했다. 그러나 시간이 짧았다. 민주적 자치 공동체가 자리잡기도 전에 계엄군의 야만적인 무력 진압이 시작되었다.

5월 27일 새벽 외곽을 봉쇄하고 있던 2만 5천여 정예 계엄군이, 탱크를 앞세워, 무차별 난사하며 쳐들어갔다. 갑자기 만든 혼성 시민군이, 최정예 진압군을 이길 수 없다. 전남도청에서 저항하던 시민군이, 한 시간 남짓의 교전 끝에, 모두 연행되면서, 민주화 시민항쟁은 끝이 났다. 이 사변으로 사망자가 193명이나 나왔다. 민간인 166명, 군인 23명, 경찰 4명이다. 부상자도 852명이라고 발표했다. 연행된 민주화운동 관련자들은, 구속 중인 김대중 등 재야인사들과 함께, 〈김대중이 주동한 내란기도 혐의〉로 구속 기소되었다.[17]

유신체제를 연장하기 위한 마지막 걸림돌인 광주항쟁을 진압한 전두환의 신군부는, 5월 31일 대통령을 자문 보좌하기 위한 기구로 「국가보위비상대책위원회」(국보위)를 만들었다. 신군부 공식정부다.

국보위는, 위원장인 대통령과 상임위원장인 중앙정보부장 서리를 비롯하여, 국무총리 서리, 부총리 겸 경제기획원장관 등 행정부 요인 8인, 계엄사령관, 합동참모회의의장, 3군 참모총장 등 당연직 위원 17명(2명 겸직)과, 민간인인 대통령특보 1명, 군 장성 9명의 임명직으로 구성되었다. 엉겁결에 국보위 위원장까지 겸하게 된 최규하 대통령은, 6월 5일, 사실상의 내각인, 국보위 상임위원회 위원 30명을 임명했다. 위원은, 상임위 위원장 전두환을 비롯하여, 이희근 공군 중장, 장원민 해군 중장, 노태우 육군소장, 안치순 대통령 정무비서관 등 임명직 16명과, 국방위원장, 정화위원장 등 각 분과위원장과 사무처장 등 당연직 14명, 합계 30명이다. 18명이 군인이다.

드디어 8월 16일 최규하 대통령을, 공직에서 강권 사퇴시키고, 전두환이 유신헌법 절차에 따라, 장충체육관의 통일주체국민회의에서, "합법적으로" 〈대한민국 제11대 대통령〉에 선출되었다(9월 1일). 이어 10월 22일, 제8차 헌법개정안을 확정하여, 국민투표(10월 27일)를 거쳐 신헌법을 공고하고, 〈국가보위입법회의법〉을 만들

---

17) 광주항쟁은, 광주시민들이 부당한 정치권력에 맞서 싸웠다는 점에서, 대구 10.1 인민항쟁과 아주 많이 닮았다. 일반 시민이, 외세에 굴종하여 국민의 의사를 저버린 반민주 반동정부에 저항하여, 스스로 자주민주적 공동체를 만들었다는 점에서는, 흰 깃발이 붉은 피로 물든, 파리코뮌과 비슷하다.

어, 국보위를 〈국가보위입법회의〉로 개편했다.

정당도 만들었다. 1981년 1월 15일, 신군부 중심으로 〈민주정의당〉(민정당)을 먼저 만들고, 이틀 뒤, 전 신민당 의원들을 지원하여 〈민주한국당〉(민한당)을 만들고, 1월 23일에는 전 유정회의원에게 〈한국국민당〉(국민당)을 만들게 하여, 새로운 〈자유군사민주주의정부〉 정당정치 구색을 갖추었다.

1. 정의사회구현

1981년 2월 25일, 신헌법에 따른 〈대통령선거인단〉 선거로, 전두환이 〈제12대 대통령〉으로 선출되어, 3월 3일, 다시 대통령에 취임했다. 대한민국 제5 공화국 초대 대통령이다. 전두환은 대통령이 되자마자, 박정희정권을 〈부정부패비리정권〉으로 규탄하고, 제5공화국은 〈정의사회구현정부〉라고 선언했다. 이미 국보위 때부터, 정의사회구현에 방해될 만한 주요 정치인들의 정치활동을 규제한 데 이어, 이해 9월까지, 장관 등 2급 이상 공무원 232명을 포함한 국영기업체, 금융기관 임직원 등, 8,601명을 〈정의사회부적절인물〉로 숙청했다. 문공부도, 주간지 15개, 월간지 104개 등, 정기간행물 172개를 〈정의사회부적절〉을 이유로 등록 취소했다.

보다 더 거창한 정의사회구현사업은, 〈삼청교육대〉사업이다. 국보위가, 아무런 법적 절차 없이, 만든 〈삼청계획 5호〉에 따라, 계엄사령관이 〈계엄포고 제13호〉를 발령하여 (1980년 8월 4일), 거국적으로 〈사회정화작업〉을 실시했다. 이미 불량배 일제소탕작전을 펼치고 있던 신군부는, 연인원 80만 군경을 동원하여, 다음 해 1월 25일까지, 사회풍토문란사범, 사회질서저해사범을 잡아넣었다. 부랑자, 거지, 지적장애인까지, 무려 6만 755명을, 길거리 청소하듯 깡그리 잡아들였다.

잡혀 온 사람들은, 지역별로, 군이 주도하는 군, 경, 검 합동심사에서 분류되어, A

급 3,252명은 재판에 회부되고, 주로 소년인 D급 1만 7,761명은 훈방되었다. 나머지 B, C급 3만 9,742명은, 군에 인계되어 전후방 26개 군부대와 교도소에 급히 만든 〈삼청교육대〉에서, 1980년 8월 4일부터 다음해 1월 21일까지, 11차례에 걸쳐 〈사회정화교육훈련〉을 받았다. 법 위에 서서, 법을 완전 무시하는 군인들이, 법 가장자리에서 맴도는 민간인을, 잡아 들여 〈법치훈련〉 시켰다.

사회정화 순화교육을 마치더라도 모두 사회에 복귀시켜주지 않았다. 사회복귀자와 근로봉사자로 다시 분류하여, 미 순화자로 분류된 B급 1만 16명은, 다시 전방 사단에 분산 수용하여, 노동봉사(강제노역)시켰다.

비상계엄이 해제된 1981년 1월 4일 이후에도, 강제수용자 중 7,478명은 1~5년간의 보호감호처분을 받아, 계속 강제노동에 동원되었다. 1982년 국방부 공식발표로는, 삼청교육대 사망자가 57명이었다. 그러나 노태우 정부 때, 피해사례 추가접수 결과, 군부대 내 사망자 54명, 후유증 사망자 397명, 부상 및 상해자 2,786명의 추가 피해가 신고 되었다. 뿐만 아니다. 대통령 지시에 따라, 내무부훈령 제410호에 의거하여, 1981년 4월 20일부터 8일간, 공무원 2만여 명이, 부랑인 1,850여 명을 단속하여, 〈부산형제복지원〉 등 복지시설에 강제 수용했다. 부랑인을 떠맡은 일부 복지시설은, 막대한 국고보조금을 받아 챙기고도, 비인간적으로 학대하여 오랫동안 세상을 분하게 했다.

전두환 정부는, 반민주적이고 반인권적인 정치사회 정화사업과는 달리, 경제 분야, 특히 복지국가건설 분야에서는, 놀라운 성과를 거두었다. 김재익을 중심으로 하는 경제팀이 물가를 안정시키고, 경제성장률을 크게 높여, 한국경제발전에 크게 기여했다. 1980년에 28%이던 소비자 물가 상승률이, 1982년에 7%대로 크게 줄어들고, 다음 해부터는 언제나 3.5%선을 넘지 않았다. 경제성장률도 1980년에 −3.7%이던 것이 1983년에 +12%로 뛰어오른 뒤로는, 연달아 연평균 10%대 이상의 성장을 이루어, 박정희 정부의 무리한 고속 경제개발정책으로 흔들리던 한국경제를 정상궤도에 올려놓았다. 1986년부터는 경상수지 흑자와 외채 감소로, 선순환경제구조를 만들었을 뿐 아니라, 수입자유화, OECD 가입추진, 과학기술투자, 반도체, VCR, 정보통신산업육성, 자동차산업 집중육성, 금융실명제추진 등, 미래지향적 경제정책을 실시하여, 한국경제가 한 단계 도약할 수 있는 발판을 마련했다.

같은 군사독재정권이면서도, 박정희정권과는, 사회정책 지향이 분명히 〈차별적〉

이었다. 1인당 국민소득 80$ 언저리에서 출발한 박정희 정권은, 일제의 군국주의적 근검절약정신에 집착해야만 했다. 그러나 국민소득 2,000$을 넘긴 전두환 정권은, 소비문화를 촉진할 수 있는 여유가 생겨, 박정희 개발독재정권의 엄격한 근검절약 정신과 정반대되는 개방정책을 펼쳤다. 야간통행금지 폐지, 해외여행 자유화를 비롯하여, 중고등학생들의 교복과 두발을 자율화하고, 청소년의 머리와 치마 길이를 재지 않고, 스포츠와 위락산업을 활성화했다.

뿐만 아니라, 국민의료보험제도를 정착시키고, 문화시설과 국민편의시설을 늘리는 등, 국민생활의 질을 획기적으로 향상하고, 국민연금제 실시, 최저임금제 도입 등으로 복지국가의 기틀을 마련했다. 이러한 사회정책 변화는, 경제성장이 도약 단계를 넘어, 복지국가로 진입하기 위해 반드시 거쳐야 하는 순기능적 과정이다.

고도 경제성장과 사회문화의 미소정책에도 불구하고, 군부독재에 대한 반대운동은 줄어들지 않았다. 가장 눈에 띄는 것이, 유신체제 붕궤에 고무된 학생들의 자주민주운동 열기이다. 학생들은, 민족해방(NL. National Liberation). 반미자주화반파쇼민주화투쟁위원회(자민투), 민중민주(PD, Peaple's Democracy), 반제반파쇼민족민주주의투쟁위원회(민민투), 제헌의회그룹(CA, Constitutional Assembly) 같은 이른바 이념서클과, 전국학생연맹(전학련,1985년)과 그 산하의 민주통일민주쟁취민중해방투쟁위원회(삼민투), 전국반외세반독재애국학생투쟁연합(애학투련.1986년), 전국대학생대표자회의(전대협.1987년) 같은 전국적 학생연대조직들을 만들어, 신군부 독재에 적극 저항했다.

반인간적인 광주 민주항쟁 진압 후유증이 가장 컸다. 83년 5월 18일, 가택연금 중인 전 신민당수 김영삼까지, 광주항쟁 3주년을 맞아 희생자들을 추모하고, 독재에 항거하는 23일 단식을 벌일 만큼, 국민의 원한이 깊었다. 군사독재정권을 끊임없이 지원하는 미국에 대한 불만도 함께 커졌다. 대학생들은 80년 12월 9일, 광주 미문화원 방화를 시작으로, 82년 3월 18일 부산 미문화원 폭발, 83년 9월 25일 대구 미문화원 폭발, 85년 5월 23일부터 26일까지, 삼민투 주도하의 서울미문화원 점거농성으로, 미국을 성토했다.

전두환 정권의 대처도 매서웠다. 전 정권들의 관례에 따라, 용공간첩단을 끊임없이 발굴, 조작하면서, 민주화운동에 강경 대치했다. 대학마다 사복 경찰들을 배치하여, 조금이라도 수상하면 〈머리에 든 빨간 물을 파란 물로 바꾼다.〉는 〈녹화사업〉

이름으로, 영장 없이 끌고 가 족쳐 군대에 강제 입대시키거나, 간첩단 반열로 밀어 올리기 일쑤였다.

그런데도 학생들의 민주화 열기가 꺾이지 않자, 국가 폭력도 따라서 늘었다. 무림 사건에 이은, 학림사건(1981년), 부림사건(1981년), 서울대민주화추진위원회사건(일 명 깃발사건(1985년), ML당결성기도사건, 반제동맹사건(86년), 민족해방노동자당사 건(86년) 등이 줄줄이 이어지더니, 마침내 1987년 1월 14일, 박종철 군이, 남영동 대 공분실에서, 고문당하다 죽었다.

학생과 재야민주세력의 민주화운동에 더해, 제12대 국회의원선거(1985년 2월 12 일) 3일 전에 급거 귀국한 김대중의 지원에 힘입어 제1 야당으로 급부상한 신한민주 당(신민당)은, 다음 해 2월 12일, 〈대통령직선제개헌을 위한 1,000만명 서명운동〉을 시작했다. 김영삼과 김대중이 공동의장인 「민주화추진협의회」(민추협)이 함께 했 다. 3월 17일에는 민통련과 신민당이, 「민주화를 위한 국민연락기구」(민국련)을 만 들어, 신민당은 옥내 서명운동을 맡고, 민통련과 학생은 옥외시위를, 서울에서부터 부산, 대구, 광주로 확대 실시하기로 했다. 3월 30일의 광주 〈개헌추진위원회결성대 회〉에는, 광주 민주항쟁 때보다 더 많은 30만 명이 넘는 시민이 모여, 군사독재 타도 와 함께, 광주학살책임자 처벌을 소리 높이 외쳤다.

2. 6월 민주항쟁

1986년 4월이 오자, 전국 대학에서 전방입소 거부투쟁이 벌어졌다. 거듭된 군사 반란과 군사정권의 위력으로, 대학이 반쯤은 병영화 하여, 대학생들은 군사훈련을 필수과목으로 이수해야만 했다. 1학년은 5박 6일 후방부대 입영훈련을, 2학년은 5 박 6일 최전방 입소훈련을, 반드시 받아야 했다. 이 중 2학년의 전방 입소훈련은, 대 학생의 민주화 의지를 꺾기 위한 〈미제 용병교육〉이라 여겨져, 특히 반대했다.

부산에서, 또 먼저, 터졌다. 4월 25일, 동아대와 부산산업대(현 경성대) 야구 결승 전이 끝난 뒤, 두 대학 학생들이 어깨동무하여, 〈전방입소 결사반대〉를 외치며, 도 심 남포동까지 나갔다가 경찰에 진압되고, 10여 명이 잡혀갔다.

서울에서는 서울대 학생들이 앞장섰다. 서울대 정치학과 이재호를 중심으로 한

〈전방입소훈련 전면거부 및 미제 군사기지화 결사저지를 위한 특별위원회〉가, 교내 투쟁을 벌이다가, 4월 28일, 입소훈련 대상자 85학번 2학년생 400여 명과 함께 교문을 나서, 신림사거리에서 연좌농성시위를 벌였다. 이웃 3층 건물 옥상에 올라가, 〈전방입소훈련은 미제국주의 용병교육이고 식민지 용병교육이다〉, 〈양키 용병교육 전방입소 결사반대〉를 외치며 시위를 지휘하던, 김세진(자연대학생회장)과 이재호(반미자주화 반파쇼민주화투쟁위원회장)가, 폭력 진압하는 경찰과 정부에 항의하여, "조국의 현실을 바라보며 오랜 시간 고민하여 얻은 결론으로"(김세진), "지금부터 새로운 삶이 시작된다고 생각하며"(이재호), 분신했다.

학생들의 시위가 반미로까지 확산되자, 깜짝 놀란 야당 지도자들이, 서둘러 자가보신을 시작했다. 민추협공동의장 김영삼과 김대중이 함께, 29일, "반미 용공시위를 반대한다."는 성명을 발표하자, 다음날, 신민당 총재 이민우도 가세했다, 이민우는 야당을 대표하여 전두환 대통령을 만나, 정부가 개헌 논의를 수용하는 대신, 신민당은 가두시위를 중단하기로 합의하고는, 학생들의 반미운동과 과격 민주화운동을 맹비난했다. 이 총재 가라사대, "좌익학생들을 단호히 다스려야 하며, 민주화운동에 이런 사람들이 끼어서는 안 된다." 무엇이 민주인지도 모르면서, 입으로만 민주화를 외쳐 대던 제도 야당이, 민주화가 눈앞에 닥치자, 또다시 투쟁 과실을 독식하려고 민주화투쟁을 주도해 온 학생과 재야 민주세력을, 좌익 불순분자라 헐뜯고 욕했다. 〈재주는 곰이 넘고, 돈은 되놈이 먹은〉 회한의 4.19 민주항쟁 악몽을 떠올린 학생과 재야 민주세력은 분개했다. 재야민주화운동 연합세력인 「민족통일민중운동연합」은, 신민당의 염치머리 없는 소행을 강경 비난하면서, 즉시, 「민국련」을 탈퇴했다(5월 1일).

그리고 이틀 뒤, 〈신민당 개헌추진위원회 인천 및 경기도지부결성대회〉가 열리는 인천시민회관 앞에 모인 1만여 학생, 노동자, 민주시민단체는, 신민당의 각성을 촉구하고, 국민헌법 제정을 위한 〈민중회의〉 소집을 요구하는 〈인천 5.3 민주항쟁〉을 벌였다. 안기부가 직접 나서, 319명을 연행하여 이 중 129명을 구속했다. 부천경찰서 성고문 만행도 이때 생겼다. 학생 및 재야 민주화운동권과 민추협 등 제도권 야당과의 공조는, 다음 해 4월에야 회복되었다.

학생들의 항쟁은 계속되었다. 10월 28일, 전국 25개 대학 2천여 명이, 건국대에 모여 「전국반외세반독재 애국학생 투쟁연합」(애학투련)을 만들어, 전두환 정권을 지원하는 〈미국 대통령과 일본 총리 화형식〉을 거행하고, 〈반공이데올로기 쳐부수자〉를 외치며 경찰에 맞섰다. 나흘 뒤, 경찰은, 학생 모두를, 〈좌경 용공분자, 빨갱이〉로 몰아, 몽둥이로 때려잡아 단체로 끌고 가 그중 1,290명을 구속하여 〈구속자 세계신기록〉을 경신했다.

반정부 열기가 한창 달아오르던 1월 14일, 서울대생 박종철이 남영동 대공수사분실에서 고문당하다 죽은 사실이, 뒤늦게 알려졌다. 민추협과 통일민주당은, 〈고문사건대책위원회〉를 구성하고, 신민당 조사위원회는, "박종철 군의 최종사인은 전기고문에 의한 충격사"라고 발표했다. 2월 7일, 전국적으로 〈박종철 군 범국민추도식〉과 시가행진이 펼쳐지고, 3월 3일, 대규모 〈박종철 군 49재와 고문추방 국민대행진〉이 거행되었다. 4월 2일에는, 서울대 학생과 학부모 130여 명이, 시국관련 사건으로 구속된 학생들의 징계철회를 요구하며 철야농성을 벌였다. 그러나 전두환은 물러서지 않았다. 현행 헌법에 따라 권력을 이양하겠다는, 이른바 〈4.13 호헌조치〉를 선언하고, 제도 야당을 회유하여, 군사정치 연장을 도모했다.

5월 18일, 명동성당에서 〈5.18 광주항쟁희생자추모〉 미사를 마친 뒤, 김승훈 신부가, "박 군 고문치사사건의 진상이 은폐 축소되었다"는 사실을 폭로하자, 분노한 시민들이, 5월 23일, 「고 박종철 고문살인은폐조작 규탄 범국민대회준비위원회」를 만들어, 민정당이 대선후보를 결정하는 6월 10일에 맞추어, 규탄대회를 열기로 했다.

또 5월 27일에는, 재야 민주세력, 학생, 종교인, 야당 정치인 등 80명이, 「민주헌법쟁취국민운동본부」(국본)를 결성하여, 전국 16개 도시에서, 〈박종철 고문치사 규탄 및 4.3 호헌조치 철회와 대통령직선제 개헌〉을 촉구하는 〈6.10 범국민대회〉를, 동시에 열기로 결의했다. 전국대회 하루 전날, 교내 집회 뒤, 교문을 나서던 연세대 이한열 군이, 경찰 최루탄에 뒷머리를 정통으로 맞아 쓰러지는 불상사가, 중앙일보와 미국 뉴욕타임스에 보도되자, 민중의 분노는 하늘에 닿았다.

6월 10일, 드디어, 〈6.10 민주항쟁〉이 불붙었다, 국본 주최로, 서울을 비롯한 22개 도시에서 학생을 비롯한 24만 민중이, 〈박종철 군 고문치사조작 은폐규탄 및 호헌철폐 국민대회〉를 개최했다. 서울에서는 오후 6시, 자동차 경적을 신호로, 시내 곳곳에서 학생과 시민의 대규모 반정부시위가 벌어졌다. 다음날에도, 그다음 날에도, 학생과 시민의 농성과 시위는 계속되었다.

그 중에서도, 부산과 경남의 항쟁이 가장 뜨거웠다. 6월 13일, 전방입소훈련을 마치고 나온 학생 1천여 명이, 부산역에서 〈독재타도, 호헌철폐〉 농성을 벌이자, 순식간에 시민 1만여 명이 합류했다. 16일에는 부산대를 비롯한 9개 대학생 1만여 명이, 광복동, 남포동 거리에 앉아 농성시위를 벌였다. 진주에서는 파출소 4곳이 불타고, 남해고속도로가 점거되었다. 경상대생들은, 다음날도, 남해고속도로를 가로막고, 파출소 하나를 불태웠다. 마산에서도 파출소와 의창군청이 돌멩이 세례를 받았다. 6월 18일, 국본이 선포한 〈최루탄추방의 날〉에는, 전국 16개 도시 247곳에서 150여만 명이 시위에 참여하고, 부산에서는 고가도로 위에서 시위 중이던 이태춘이 경찰의 다연발 최루탄을 맞아 떨어져 숨졌다.

6월 26일, 전국 34개 도시와 4개 군에서, 민중 150여만 명이 〈국민평화대행진〉에 나섰다. 경찰병력 10만 명이 진압작전에 동원되었지만 힘이 부쳤다. 전국 파출소 29곳, 경찰서 2곳, 민정당 지구당사 4곳이 부서지고 불탔다. 경찰은 난동시위자 3,467명을 잡아들였으나, 그것이 한계였다. 이제 남은 방법은 단 하나, 한 번 더 계엄령을 선포하여, 민중의 시위행렬에 돌격하는 길뿐이었다. 그러나 미국 정부로부터 엄중 경고를 받았을 뿐 아니라, 군내부에서도 반대 의견이 거세어, 또다시 군대를 동원하는 일은 불가능해졌다.

드디어 군사정부가 손들었다. 6월 29일, 민정당 대통령후보 노태우가, 〈6.29 민주화선언〉을 했다. 노태우는, 선거인단 건접선거로, 차기 대통령이 되기로 되어 있었지만, 그 특혜를 포기하고, 〈대통령직선제 개헌을 통한 1988년 2월의 평화적 정권 이양〉, 〈김대중 사면복권과 시국관련사범 사면석방〉 등을 수용했다. 미국 정부가 즉시 전폭 지지성명을 내었다. 6월 항쟁을 이끈 국본, 민통련 등 재야단체들이 환영성명을 발표하자, 대통령 전두환도 노태우 대표의 8개항 선언을 수용하는 특별 담화를 발표했다(7월 1일).

마침내, 권력체제에 대한 제도야당과 군사정부의 타협이 이루어져, 벼랑 끝에 밀린 제5공화국이 한숨 돌렸다. 동시에, 혁명으로까지 과잉 격상된 4.19 민주항쟁으로 얻은 것보다, 훨씬 더 큰 정치발전을 이룰 수 있게 되었다.

그래도 학생을 비롯한 민중의 민주화운동은 끝나지 않았다. 그들은 제도야당이 받아들인 민주화 수준에 만족하지 않았다. 7월 9일 〈애국학생 고 이한열군 민주국민장〉에 모인 100여만 민중은, 〈5공 정부 즉각 퇴진과 민주정부 수립〉을 요구하는

시위를 벌였다.[18]

6. 29 선언으로 제도야권과 타협하여, 민주화운동을 잠재운 정부는, 10월 27일, 대통령중심제이면서도, 국회의 권한을 크게 강화한 〈제9차 개정헌법안〉을 국민투표에 붙여 확정하고, 12월 16일, 신헌법에 따른 대통령선거를 실시했다. 선거 결과, 군사 정부를 계승한 노태우가 이겨 임기 5년인 대한민국 제13대 대통령에 무난히 당선되었다.

이 선거가, 국민직선제에다 자유경선제였음에도 불구하고, 야당후보들이 모두 졌다. 제2차 군사반란 주모자 경북대표 노태우가, 유효표 36.64%를 얻어, 반독재 투사 경남대표 김영삼(28.03%)과 전라대표 김대중(27.04%)은 물론, 원조 군사반란 주모자 충청대표 김종필까지 가볍게 물리치고 당선되었다. 반독재운동권의 분열과, 지역감정, 후진적 선거 관례, 정권 프레미엄에 더해, 미국 정부의 적극적 지원을 받은 신군부가 이겨, 결과적으로 체육관에서 박수치며 뽑은 것과 다름없을 뿐 아니라, 민주정치지형마저 후퇴시켰다. 미련한 〈곰〉이 또 한 번 험한 재주넘었지만, 되놈들 욕심으로, 도둑놈이 판돈 날치기한 꼴이 났다.

학생들의 피어린 항쟁으로 얻은 제9차 개정헌법은, 비록 군사정권 축출에는 실패했지만, 한국정치가 미국 자유민주주의와 비슷한 길로 발전할 수 있는 길을 열었다. 국민직선제로 뽑는, 임기 5년 단임제 대통령의 권한이 제한된 반면, 국회의 권한이 크게 강화되고, 법원이 정상화되어, 절차적 민주주의체계를 정착시키고, 군대의 정치개입 여지를 없애, 다시는 군대가 반란을 일으키는 흉사를 막았다.

보다 더 값진 것은, 국민의 기본권적 인권이 강화되고, 사회 각 분야의 자치와 자율이 강화된 것이다. 언론 출판 집회 결사의 자유가 되살아나, 허가와 검열이 사라지고, 노동 3권이 보장되고, 최저임금제 도입 등으로, 모든 국민이 인간다운 생활을 할 권리가 보장되었다. 나아가 헌법 제37조 제2항에 의하여, "국민의 모든 자유와 권리는 국가안전보장, 질서유지, 또는 공공복리를 위하여 필요한 경우에 한하여, 법률로써 제한할 수 있으며, 제한하는 경우에도, 자유와 권리의 본질적인 내용을 침해할 수 없게" 되었다. 헌법상, 적어도 선언적으로는, 국민이 국가권력을 통제할 수 있는 민주국가가 되었다. 개발독재정권이 이룬 경제개발이, 드디어 독재를 불가능하게 하

---

18) 이 기간에 발생한 노동쟁의는, 3,241건에 달했으며, 조직활동을 통해 노조수를 늘리고, 노조 간의 연대를 강화하여, 1988년 6월 30일, 단위노조 5만 62개에, 151만여 조합원을 갖는 거대조직으로 성장했다.

는, 역설을 낳았다.

1. 노태우 정부

　노태우 정부는, 박정희로부터 시작된 군사정권 끝자락을 움켜잡은 마지막 민간인 군사정부다. 6월 민주항쟁 수렁에 빠진 군사정권을, 6·29 선언으로 간신히 붙들어, 야권 분열과 지역감정, 여당 프리미엄에 힘입어 운 좋게 탄생했다. 10월 유신 이래 처음으로, 국민의 직접 보통선거로 치러진 제13대 대통령 선거에 신승하여, 어렵게 대통령이 되었다.

　그러나 대통령의 권한이 축소된 데다가, 국회 권한이 강화된 뒤에 치러진 제13대 국회의원선거(1988년 4월 26일)에서, 평화민주당(70석), 통일민주당(59석), 신민주공화당(35석) 등 야 3당이 국회 과반수 의석을 차지하여, 여당 민주정의당의 125석만으로는, 야당의 민주화 공세, 특히 5공 청산 압박을 막을 수는 없었다.

　드디어 국회에 〈5공비리특별위원회〉(5공비리특위)와 〈5·18 민주화운동진상조사특별위원회〉(광주특위)가 생겨났다(1988년 6월 27일). 그러나 5공 신군부 제2인자가 스스로 5공 비리를 청산한다는 것은 불가능하다. 그렇다고 가만있을 수도 없다. 여소야대 불안에서 벗어나려면, 여소야대 정국을 여대야소로 바꾸지 않으면 안 된다. 그리고 그 방법이란 오직 원내 다수를 차지한 야당, 특히 민주화 운동세력과 타협하는 길뿐이다. 노태우 정부가 검사출신 TK 신주류로 하여금 TK 구주류 5공 인사들을 솎아내어 신군부와의 결별을 꾀하는 한편으로, 야당과의 통합을 추진한 것은 바로 이 때문이다. 그것이 〈중용을 근간으로 하는 화합과 화해의 정치〉로 나타났다. 중용은 포용이 아니다. 되는 것은 되고, 안 되는 것은 안 된다. 화합과 화해에도 한계가 있다. 미국식 자유민주주의에까지는 돌아가겠지만, 그보다 앞선 민주화는 용납하지 않겠다는 속내다.

처음에는, 아예 제1야당인 평화민주당(평민당)과 통합하여 단숨에 정치 주도권을 잡으려 했지만 실패했다. 5·18 민주항쟁 고개를 넘을 길이 없었다. 차선책으로 성공한 것이 내각책임제를 고리로 한, 이른바 〈보수대연합〉이다. 탈군사독재로 갈 길을 잃어버린 통일민주당 김영삼은 제2야당으로는 대통령이 될 수 없다는 것을 절감하고 있던 차에 1989년 동해시 보궐선거에서 최측근 서석재가 무소속 후보 매수혐의로 검찰에 구속되자, 여당과의 합당을 결심하지 않을 수 없었다. 여기에 내각책임제가 아니고서는 대권 도전이 절대 불가능한 충청도 대표이며, 원조 군사반란 주도자인 제3야당 신민주공화당 김종필이 합류하여, 이른바 보수대연합이라는 「민주자유당」(민자당)이 탄생했다(1990년 1월 25일).

세칭 TK, PK, 충청 극우보수세력이 모두 모여, 한동안 의석수가 개헌선을 훨씬 넘는 거대여당을 뽐내었으며, 1992년 3월의 제14대 국회의원 선거에서도 299석 중 149석을 얻어, 과반에는 못 미쳤지만 여전히 압도적 제1당으로 군림했다. 힘을 얻은 노태우는 〈물태우〉 가면을 벗어던지고 강태우로 돌변하여, 5공 청산 대신 군사정권 전용물인 퇴행적인 공안 통치로 되돌아갔다.

노태우정부도 처음에는 제법 개혁적이었다. 5공 청산 장단에 맞추어 군인 대신 대학교수 등 민간인을 많이 기용했다. 1988년 신년사에 "정치인에 대한 풍자를 적극 허용한다."고 한 것을 시작으로, 언론 자유화를 추진하여 미국 한 기관으로부터 〈언론자유국〉 지위를 인정받기도 했다. 또 풍파 겪은 재야인사들에 대한 복권과 해금을 대대적으로 단행했다. 1991년 장준하 등을 복권하고, 이해 8월 15일 장준하에게 건국공로훈장을 추서했다.

그러나 국민의 관심이 경제 호황에 쏠려있는 사이, 힘 드는 정치보다 손쉬운 사회문화 분야에 더 공을 들였다. 대표적인 것이 1990년 10월 13일의 민생치안확립을 위한 10·13특별선언, 곧 범죄와의 전쟁선포이다. 범죄와 폭력, 불법과 무질서, 과소비와 투기, 퇴폐와 향락 등을 추방하여 건강한 사회를 만들겠다는 군사정부 단골 메

뉴를 다시 꺼내 들었다.

한편으로는 유화정책도 썼다. 의료보험 대상을 전 국민으로 확대했다. 그리고 1989년, 음력 초하루를 〈설날〉로 정했다. 1985년부터 〈민속의 날〉로 정하여 당일 휴일로 기념하던 것을, 1989년에 〈설날〉로 본 이름을 회복하여, 사흘을 공휴일로 축하하게 했다. 해방되고 45년이 지난 뒤에야 비로소 조선 사람들이 〈우리 설〉을 되찾았다.

〈우리 설〉은, 1896년 을미개혁으로 태양력이 도입되어 양력 1월 1일 〈양력설〉이 생겼어도, 별 문제 없이 잘 지켜졌다. 그러나 1910년 한일 합방이 되자, 일제는 조선문화말살정책 시범사업으로 우리 〈설〉을 선정하여 공식적으로 폐지하고, 일본설인 양력설 준봉을 강요했다. 해방되고도 오랫동안 거들떠보지도 않던, 바로 그 조선인의 혼이 서린 "우리 설날"이 군사정부 끝자락에 와서야 비로소 조선 사람 품으로 돌아왔다. 이제야 겨우 우리 전통문화 하나가 일제로부터 해방되었다.

외교 특히 북방외교에도 큰 진전이 있었다. 1988년 올림픽을 성공적으로 마무리한 것을 계기로, 해체과정에 있던 공산권에 대한 〈북방외교정책〉을 적극 추진하여, 헝가리를 비롯한 동유럽 여러 나라와 더불어, 소련(1990년 10월 1일), 중화인민공화국(중국)(1992년 4월), 베트남(1992년 12월 21일), 몽골 등 공산국가들과 차례로 수교했다. 뿐만 아니라 북한 입김이 강한 알제리, 말리, 앙골라, 탄자니아 등 아프리카 제3세계국가들과도 성공적으로 수교하여, 한국의 국제적 위상을 높였다.

경제도 순탄하여 중용에 허덕이는 과도정부를 도왔다. 전 정권부터 이어온 경제 호황에, 때맞추어 불어온 저금리, 저유가, 저달러, 3저 호황이 겹쳐, 적자에 머물던 무역수지가 1986년부터 엄청난 흑자로 돌아서고, 1988년 11.9%의 고도성장을 발판으로, "단군 이래 최고호황"을 누릴 수 있게 되었다. 1970년에 254$이던 1인당 국민소득이 1977년 1,034$, 1990년 6,147$로 급등하고, 시중에 돈이 풀려 웬만한 노동자도 생활이 안정되었다. 일부 조직노동자들은, 강력한 노동조합을 통한 노동쟁의 성공에다, 정부의 최저임금제 실시로 최저임금 증가율이 연평균 17%에 이르면서 임금이 급격히 올라 이른바 신중산층에 들 수 있을 정도로 신분 상승했다. 〈귀족노조〉란 말이 그래서 나왔다.

동시에 문제도 따랐다. 가장 큰 문제는, 물가와 부동산 가격 폭등이다. 물가는 연평균 7% 대를 기록했으며, 주택 가격은 1990년에 전년 대비 무려 21.0%나 급등했다. 전세 값은 더 올랐다. 1987년부터 1990년까지 연 20%씩 폭등하고, 지역에 따라서는 60%까지 오른 경우도 있었다. 3저 호황에 돈 많은 부자들의 부동산 투기열풍으로 불로소득이 폭증하여, 소외계층과의 거리가 더욱 더 멀어졌다. 수입시장 개방도 문제였다. 미국의 압력에 밀려, 농산물에서부터 지적소유권, 통신시장, 금융시장, 주식시장까지 개방하여 대망의 수입자유화 선진국 대열에 합류하게는 되었지만 농민과 빈민층의 불만은 더 커졌다.

남북교류에도 공을 들였다. 1988년 7월 7일, 6개항의 "민족자존과 통일번영을 위한 대통령특별선언," 즉 〈7. 7 선언〉으로, 남북 동포의 상호교류 및 해외동포의 남북 자유왕래 개방, 이산가족 생사 확인 적극 추진, 남북교역 문호개방, 비군사 물자에 대한 우방국의 북한무역 용인, 남북 간의 대결외교 종결, 북한의 대미·대일 관계 개선 협조 등, 북한체제를 인정하고 포용하는 정책을 펼쳐, 남북 상호협력의 기틀을 마련했다. 나아가, 괴뢰정권이라 욕하던 〈조선민주주의인민공화국〉과 유엔에 동시 가입하고, 남북총리회담을 1990년 2월부터 1992년 2월까지 8차례에 걸쳐 서울과 평양을 오가며 개최하여, 남북관계가 획기적으로 개선되었다. 그러나 강대 야당을 배경으로 한 남북통일 논의가 거세어지고, 1989년부터 범민련 대표 문익환 목사, 정경모 작가, 임수정 학생, 황석영 작가, 문규현 신부 등이 무단 방북하여, 통일 분위기가 정부를 앞지르자 태도가 돌변했다.

학생운동과 노동운동을 특히 강경 탄압했다. 군사정부 전용물인 범죄와의 전쟁에 함께 묶어, 아직도 군사정권의 반공정책이 끝나지 않았다는 것을 보여주기라도 하듯, 노골적으로 탄압했다. 노동쟁의가 생기면 즉각 경찰과 구사대를 투입하여 진압하고, 학생운동은 등록금 인상반대 같은 학내문제에 대해서 만 관용했을 뿐, 그 밖의 교내외 시위는 단호하게 억압했다.

교원의 민주화운동에는 더욱 냉엄했다. 대통령이 직접 나서, "교원의 노조 결성은 불법"이라는 대국민담화 발표까지 했는데도 불구하고, 1989년 5월 28일, 전국교사협의회를 모체로 한 「전국교직원노동조합」(전교조)을 결성하자, 즉시 철퇴를 가했다. 문교부와 경찰, 검찰, 보안사, 안기부 등 공안기관을 총동원하여, 전교조 활동을 차단하는 한편. 전교조 결성에 참가한 징계 대상자 6,300여 명 중 47명을 구속하고, 1,794명 징계회부, 1,138명을 징계요구하고(1989년 8월 5일 기준), 이들 중 자진탈퇴를 거부한 교사 1,465명을 불법단체가입 혐의로 해직 또는 파면했다.

전교조 탄압이 대학생들의 학원민주화운동에도 불을 붙였다. 세종대 학생들이 수업을 거부하고 학원민주화투쟁을 벌이자, 문교부는 즉시 학생 전원을 징계, 유급, 퇴학 처분했다. 문교부장관 정원식은, 노태우와 함께, 화형식을 당하고(1990년 12월 26일), 장관직에서 물러났지만(1991년 3월 14일), 학생들의 분노는 가라앉지 않았다,

1991년 봄, 국회의원 뇌물외유사건, 대구낙동강페놀방류사태에, 6공 최대비리로 불린 〈수서특혜분양사건〉이 잇따라 터져, 정부가 고전하고 있을 때, 명지대생 강경대가, 시위 도중, 경찰 백골단의 집단폭행으로 숨지는(1991년 4월 26일) 불상사가 일어났다. 학생들은 더는 참을 수 없었다. 사흘 뒤(4월 29일), 3만여 명이 연세대에 모여, 대통령 사과와 책임자 처벌을 요구하는, 〈폭력살인정권규탄 범국민결의대회〉를 연 것을 시작으로 전국 60여 대학에서 규탄대회가 열렸다.

전대협, 국민연합 등 44개 단체로 구성된 〈고 강경대 열사 폭력살인 규탄 및 공안통치 종식을 위한 범국민대책회의〉는 대통령의 사과와 공안내각 총사퇴를 요구하는 결의안을 채택했다. 같은 날 전남대 박승희가 분신자살한 것을 시작으로, 5월 1일 안동대 김영균, 5월 3일 경원대 천세용, 8일 전국민족민주운동연합(전민련) 김기설, 10일 노동자 윤용하 등 11명이 잇따라 분신했다. 이것으로 끝나지 않았다. 5월 25일 오후, 퇴계로에서 3만여 학생과 시민이, 〈공안통치 민생파탄 노태우정권 퇴치를 위한 제3차 범국민대회〉 시위 도중, 백골단 토끼몰이작전에, 성균관대 김귀정이 깔려 숨지면서, 모두 열세 명의 젊은이들이 아까운 목숨을 잃었다.

각종 비리사건에 겹쳐 계속되는 분신정국으로 궁지에 몰린 정부는, 겉치레 사과를 하면서, 동시에 치밀한 반격작전을 시작했다. 조선일보를 비롯한 반공보수언론과, 이름 높은 보수인사들을 동원하여, 분신을 헐뜯고 비방하는 언론 선동공세를 펼치기 시작했다. 반 유신 오적시인으로 이름 날린 김지하가 먼저 나섰다. 조선일보 5월 5일 자 칼럼에, "젊은 벗들. 역사에서 무엇을 배우는가. 죽음의 굿판을 당장 걷어치워라."면서 분신 학생운동을 꾸짖어, 세상을 깜짝 놀라게 했다.

서강대 총장 박홍 신부도 거들었다. 5월 8일 서강대 강당에서 기자회견을 자청하여, 물귀신까지 끌어드리는 분신자살 배후음모설을 내어놓았다.

"죽음을 선동하는 어둠의 세력이 있다. 죽음의 블랙리스트가 있다. 구체적으로는 잘 모르겠지만 우리 사회에는 죽음을 선동하고 이용하려는 반생명적인 죽음의 세력,

어둠의 세력이 존재한다. … 이 전염병 같은 배후세력은, 그늘에서도 엄청난 힘을 갖고 자신도 죽고 남도 죽이는 물귀신 공법으로 물마시듯 폭력을 전파시키고 있다."

조선일보를 비롯한 반공언론들이, 이 〈매카시〉식 덮어씌우기 선동에 장단을 맞추자, 힘센 검찰이, 잽싸게 〈죽음의 세력〉 배후세력을 밝혀내었다. 그것이 〈강기훈 유서대필사건〉이다. 5월 8일에 분신자살한 김기설이, 자의가 아니라 운동권의 감언이설과 협박으로 분신에 내몰렸고, 그 증거가 〈강기훈이 대필한 김기설의 유서〉라고 발표했다.

전민련 총무부장이며 단국대 학생인 강기훈은, 극구 부인했다. 그러나 국과수 김형영의 강기훈의 필적이 맞다고 한 감정이 결정적 증거가 되어, 강기훈은 징역 3년을 선고받았다(1991년 8월 28일 제1차 공판). 저명한 〈하느님 전도사〉까지 깜짝 놀라게 한, 그 무시무시한 〈죽음의 세계 영도자〉 물귀신이 고작 단국대 학생이었다는 허황한 발표에도 불구하고, 데모 피로감에 지친 국민은 학생시위를 외면하기 시작했다. 검, 언 합작 물귀신작전이, 또 한 번 민심을 뒤틀었다.[19]

하필 이럴 때에 〈정원식 총리 구타사건〉이 터졌다. 문교부장관 시절, 전교조 관련자를 대량 해임, 파면하고, 이를 규탄하는 세종대 학생들까지 징계한 강성 반민주인사로 학생들로부터 화형식 세례까지 받은 정원식이 새 국무총리로 발탁되자, 학생들이 화났다. 한국외대에서 마지막 강의를 마치고 나오는 국무총리 지명자 장원식에게 계란과 밀가루 세례를 퍼부었다. 새 국무총리 회견 차 현장에 몰려있던 기자들이, 이 광경을 전국에 생생히 중계하자. 봉건적 권위주의에 젖어있는 애국 시민들, 특히 세 차례나 군사정권을 지켜준 늙은 반공 보수주의자들의 울화통이 폭발했다. 대한민국 국기를 위협하는 위험천만한 주장도 모자라, 감히 스승에게까지 못된 짓하는 운동권 학생들을, 천하에 몹쓸 망나니로 저주했다.

한숨 돌린 정부도 적극 공세에 나섰다. 남한사회주의노동자연맹사건(1990년 10월), 강기훈유서대필조작사건(1991년 5월), 남한조선노동당간첩사건(1992년 10월) 등을 대대적으로 홍보하고, 민간인 사찰을 더욱 강화하여, 학생운동과 노동운동, 특히 통일운동의 기를 꺾었다.

---

19) 강기훈은, 2015년 5월 14일, 대법원이 검찰의 상고를 기각하여, 무죄가 확정되었다.

2. 김영삼 문민정부

1992년 12월, 제14대 대통령선거에서, 여당인 민정당 후보 김영삼이 숙명적 경쟁자 민주당 후보 김대중을 물리치고, 대통령에 당선되었다. "우리가 남이가"에 충청도까지 세 지역 세 정당이 합친 정부여당을 업은 데다 깜짝 등장한 통일민주당 정주영 재벌후보의 예상을 뛰어넘는 선전 덕에, 어부지리로 당선되어 다음 해 2월, 대통령에 취임했다.

김영삼 정부 하면, 가장 먼저 떠오르는 것이 IMF 그리고 5공 청산이다. 김영삼은, 군부와 손잡은 정체성의 한계를 넘어, 집권하자마자, 5공 핵심 TK인맥과 제2 군사반란 중추세력 하나회를 척결하여 5공 군사독재를 응징하는 문민적 결단력을 과시하여, 국민의 마음을 기쁘게 했다.

그러나 정권 막바지에 총체적 무능으로 마의 IMF를 초래하여, 한국경제를 통째로 말아먹는 재앙을 가져와, 국민을 슬프게 했다. 결단력이 부족한 노태우를 〈물태우〉라 부른데 대해, 아는 것이 없다는 〈명삼〉이라 불린 것도, 또 IMF 때 부산 앞바다가 잘려나간 엄지손가락으로 뒤덮였다는 풍문이 돈 것도, 바로 이 때문이었을 것이다.

김영삼 정부도 초기에는 의욕적이었다. 〈신한국 창조〉를 국정지표로 선언하고, 군사정권 30년 간 깊게 쌓인 비리. 부정, 특혜 등 군사독재의 폐해를 쓸어내어, 군사정권과 다르다는 것을 보여주기 위한 문민적 민주개혁을 과감히 추진했다. 취임하자마자, 자신과 가족의 재산을 공개하면서, 어떠한 정치자금도 받지 않겠다고 선언했다. 그런 다음, 사실상 유명무실하던 〈공직자 윤리법〉을 손보아, 1급 이상 모든 공무원의 재산을 공개토록 하는, 자칭 〈명예혁명〉을 단행했다.

8월 12일에는 대망의 〈금융실명거래 및 비밀보장에 관한 긴급명령〉으로 〈금융실명제〉를 도입하여, 관행으로 굳어진 부정한 정치자금을 근원적으로 차단토록 했다. 다음 해(4월 15일)에는, 〈공직선거 및 부정선거방지법〉, 〈정치자금법(정치개혁법)개정안〉, 〈지방자치법개정안〉 등 3대 정치개혁법안에 서명하여 한국 자유민주 정치발전의 터전을 닦았다.

보다 더 의욕적인 것은 "역사바로세우기"였다. 이승만과 두 차례 군사정부에 대한 30여년 반독재운동으로 민주화 대부가 된 김영삼에게는, 독재정치 잔재청산이 곧 민주주의 완성이었다. 그래서 나온 것이 역사바로세우기였다.

김영삼 대통령에게 역사바로세우기란 "잘못된 과거를 청산 정리하는 것 뿐 아니라, 미래를 위한 창조의 대업"이며, 〈명예혁명〉, 〈제2의 건국과업〉이었다. 일제강점기로부터 비롯된 역겨운 권위주의체제의 정치 경제 사회적 부조리를 단숨에 바로잡으려는, 그의 민주민족운동을 온 국민이 두 손 모아 성원했다.

김영삼의 역사바로세우기는, 32년에 걸친 군사독재에 대한 평가부터 시작했다. 〈취임 100일 기자회견〉(6월 3일)에서, 헌법에까지 버젓이 올라있는 5.16 혁명을 〈5.16 쿠데타〉(군사반란)로 격하시켜 박정희 정권이 비합법적 비민주적 〈군사독재정권〉이었음을 공식적으로 확인했다. "5.16은 분명히 쿠데타라고 생각한다. 우리의 역사를 후퇴시킨 하나의 큰 시작이었다고 생각한다." 또, 이 해 광복절 기념사에서 문민정부가 〈대한민국 임시정부의 법통을 계승하는 민족민주주의정부〉임을 만천하에 선포했다. "새 문민정부는 임시정부의 빛나는 정통성을 잇고 있다. 민족의 역사는 바로 서야 한다."

이는 곧, 문민정부가 미국 점령군 힘을 빌려 건준 등 자주독립세력을 타도하고 세운 이승만의 남한 단독정부가 아니라, 우리 독립투사들이 만든 상해임시정부를 잇는 〈민족자주정부〉임을 공식적으로 확인하는 중대한 민족사적 의의를 갖는다.

그러나 그의 역사바로세우기는 여기서 끝났다. 겨우 법통 바로 세우고 끝났다. 민족정통성 회복을 위한 인적, 물적 청산에는 손끝 하나 대지 못하고, 잠들었다.

다음은, 노태우정권이 남긴 "5공 청산"이다. 5월 13일 역사바로세우기 특별담화에서, "오늘의 정부는 광주민주화운동의 연장선 위에 서있는 민주정부다"고 한 것으로도 알 수 있듯이, 5공 청산이야말로 역사바로세우기의 본론이며, 주목적이었다.

먼저, 소극적, 구제적 청산작업부터 시작했다. 3월 6일 공안사범과 일반사범 41,886명에 대한 특별사면과 감형, 복권을 단행하고 강제 해직된 전교조 조합원 일부를 사면 복직시키고 전교조 활동을 허용하여 5공 군사독재의 반인권적 과오를 바로잡았다.

5월에 들어서면서, 적극적 응징적 청산이 시작되었다. 제2차 군사반란 요람인 군부 사조직 하나회를 숙청하여, 군사반란의 소지를 없애고, 5.18 광주항쟁 억압 관련자들을 처벌하기 위한 특별법을 만들어, 전직 대통령 전두환, 노태우 등을 〈5.18사건에서의 내란죄〉와 〈내란목적살인죄〉 혐의로 체포하여(1996년 1월 23일), 2월 2일부터 2월 28일까지 〈12. 12사건〉, 〈비자금사건〉 등으로 구속 기소했다. 한편으로는, 5. 18 광주민주항쟁을 〈명예혁명〉으로 격상하여, 광주에 〈국립 5.18 민주묘역〉을 조성하고, 5월 18일을 국정기념일로 지정하여 기리게 했다. 5공 군사정권의 압정에 희생된 광주 민주시민에게 최대한의 존경과 보상을 동시에 베풀었다.

역사바로세우기에는 일본제국주의 잔재 청산도 포함되어 있었다. 역사는 인간이 쓴 과거의 사실이다. 누가 쓰느냐에 따라 달라진다. 불행히도 지금의 한국 역사는, 조선을 강제 합방한 일본제국주의자와 그들을 닮은 친일파들이, 황국사관, 식민사관으로 쓴 역사이다. 임진왜란 유전자를 타고난 일본인과, 친일파의 손으로 쓴, 우리 역사가 올바를 리 없다. 왜곡되고 비관적 부정적인 것일 수밖에 없다.

일본인과 친일 매국자의 눈에 비친 배달민족은 "자립능력 없는 미개인이며, 대국의 도움 없이는 살아 갈 수 없는 쓸모없는 열등 민족"이었다. 미군정 이래, 모든 한국 기득권세력의 역사관은 대체로 이런 것이었다. 따라서 우리 역사를 바로 세우려면, 무엇보다 먼저 이 삐뚤어진 식민사관 찌꺼기부터 걷어내어야 한다. 일제에 추종한 사람들이 만든 역사가, 올바른 역사일 수 없으며, 그런 자들이 세운 국가가 자주 민족국가가 될 수 없다.

김영삼 대통령이, 역사바로세우기를 선언함으로써 우리 민족은, 드디어 친일사관이 낳은 왜곡과 부조리를 걷어내고 우리 얼을 되찾는 민족사적 대과업을 이룩할 역사적 순간을 맞이하게 되었다. 그 첫 사업으로 원시인을 닮은 일본인이, 조선 정기를 자르기 위해 조선 명산에 박아놓은 주술쇠말뚝 119개를 모두 뽑았다. 다음, 경복궁을 가로막아 조선의 기를 꺾은, 조선총독부 건물을 허물어 조선민족의 정기를 되살렸다. 그러나 이 또한 여기까지였다. 눈에 보이는 거죽만 들어냈을 뿐, 내면적인 친일 역사는, 하나도 손대지 못했다. 생색만 낸 요란한 전시효과로 끝났다.

그 밖의 다른 청산이라고는 국민학교가 일본식이라고 '청산하여' 초등학교로 바꾸고 시, 군을 분리한 행정구역을 통합시로 바꾼 것쯤이다. 아직도 어깨 힘주고 설치는 토종 친일파와 이승만 후광으로 자란 그 후예들이 아울러, 눈에 잘 보이는 것만 골라 청산하려 했을 것이다. 역사 〈바로세우기〉가 역사 〈거꾸로 세우기〉가 되었다는 자조 어린 비유도 그래서 나왔을 것이다. 김영삼의 역사바로세우기는, 시의적절한 민족주의적 발상이기는 했지만 아쉽게도 〈바로 선 역사〉 문 앞에도 가보지 못하고 주저앉고 말았다

대북정책 또한 김영삼답게 갈팡질팡했다. 집권 초기에는 탈냉전 훈풍 탄 민주화

운동 지도자답게 "통일된 조국"을 내걸고, 대북 유화정책을 폈다. 취임사에서부터, 남북정상회담에 대한 강한 의지를 밝혔으며, 1993년 7월 1일, 제6기 민주평화통일자문회의 출범식에서는 〈3단계 3기조 통일정책〉, 곧 〈화해·협력→ 남북연합→ 통일국가〉라는 대북정책을 제시하여 평화통일 의지를 과시했다. 나아가 강경 반공세력의 반대를 무릅쓰고, 혁신인사를 통일부총리로 임명하는가 하면, 친북 비전향 장기수 이인모를 북한으로 돌려보냈다. 그러나 1993년 3월, 북한이 핵확산방지조약 탈퇴를 선언하여 IAEA 사찰을 거부하고, 이에 맞서, 미국이 한미연합군 팀스피리트 훈련을 재개하면서, 김영삼의 대북유화정책은 깊이 잠들었다.

1년 뒤(1994년 6월), 전 미국대통령 지미 카터가 방북하여, 남북 정상회담을 제의하자, 북한 주석 김일성이 이를 수락하여, 1994년 7월에 역사적인 남북정상회담이 열리게 되었다. 그러나 흥분은 잠시뿐 남북정상회담 개최 직전에, 김일성 주석이 갑자기 사망하여(7월 8일), 상황이 급변했다. 민주당 국회의원 이부영이, 국회 외교통상위원회에서, 김일성 장례조문사절단을 보내자고 제안하자, 김영삼 대통령은, "남북정상회담의 합의원칙은 유효하다"고 하면서, 명백히 찬성의사를 비쳤다.

그러나 조선일보를 비롯한 극우 반북반공세력이 조문사절을 살인마처럼 잔혹하게 비판하자 태도가 돌변했다. "북한의 상황은 대단히 불안하고 김정일이 권력을 확실히 승계할지도 불확실하다." "어떤 형식의 조의 표현도 국가보안법 위반으로 간주해 처벌하겠다."며 반대했다. 정상회담 날짜를 손꼽아 기다리던 대통령 김영삼이, 갑자기 반공법까지 들먹이며 조문마저 못하게 한 것은 북한이 곧 무너져, 자기가 〈통일 한국〉 대통령이 될 것이라고 아첨하는 선지목사따라 조찬기도에 온 정성을 다 바쳤기 때문이라고도 했다.

아무튼 조기붕괴는커녕 누수 하나 없이 권력을 승계한 김정일이 "전쟁 불사"를 외치고, 반공대북관을 되찾은 김영삼이 "핵 가진 자와는 대화할 수 없다"고 엄포 놓는 판에 남북관계가 원활할 수 없었다. 군사정권 때도 진행되던 범민족대회 같은 민간교류마저, 안보상 이유로 철저히 통제했으며, 강릉무장공비 침투를 계기로 대북 경제협력마저 중단했다. 덕분에 남북한은 또다시 세계에서 오직 하나뿐인 냉전 동토로 되돌아갔다.

경제는 더욱 갈팡질팡했다. 기고만장 설치다가 망쳐버렸다. 취임 초(3월 19일), "지금의 경제위기"를 극복하기 위한 〈신경제 100일계획〉, 그리고 7월 1일 〈신경제

5개년계획〉을 잇따라 발표했다. "성장잠재력확충, 국제시장 기반확충, 국민생활여건개선"을 위해 만든 〈신경제 5개년계획〉에는 〈노사 간의 자율교섭보장〉과 〈국가의 중립성유지〉를 중심으로 하는 노사관계개혁 공약도 들어있다. 그러나 이 해 7월 7일, 현대그룹 울산지역 8개 사업장에서 동시에 노조파업이 일어나자, 즉시 긴급 조정권을 발동하여, 어설픈 신자유주의 기조 위에 선 김영삼 민주화정부 노동정책의 한계를 드러냈다.

1994년 11월, 아시아태평양협력체(APAC) 정상회담에 다녀와서는, 난데없이 "세계 중심에 우뚝 서는 풍요롭고 편안한 나라"를 만들겠다는 〈세계화선언〉을 했다. 이른바 〈신자유주의선언〉이다. 이에 따라, 1993년 12월, 〈우루과이라운드〉 협정을 타결하여, 1995년 1월에 출범한 〈세계무역기구〉(WTO) 회원국이 되어, 상품, 금융, 유통, 서비스 등, 모든 경제분야의 문호를 개방하는 자유무역주의국가로 급진전했다.

1995년 3월 29일에는 선진국 모임인 〈경제협력개발기구〉(OECD)에 가입 신청하고, 1996년 12월 12일, 마침내 대망의 OECD에 가입하여 민주화와 산업화를 동시에 이룩한 대한민국의 위상을 세계만방에 드높였다. 〈통일 선진 대한민국〉 초대 대통령을 꿈꾸던 김영삼의 찬란한 〈세계화 구상〉이 드디어 빛을 보기 시작했다. 그러나 바로 그것이 문제였다.

세계화에 성공하려면, 우선 국내 경제구조가 튼튼해야 한다. 무엇보다 먼저, 관치금융과 정경유착 같은 권위주의적 금융관행이 없어져야 하고, 금융기관이 건전하고, 외환이 안정되어야 한다. 이러한 여건이 갖추어지지 않았는데도 불구하고, 아무런 사전 준비 없이 의욕만 앞세우고 시작한 대외개방이 온전할 리 없다. 당초에 OECD에 가입하는 것 자체가 무리였다. 1인 당 국민소득(GNI)이, 적어도 2만$은 되어야 하는데, 한국은 그에 한참 못 미쳤다. 저환율정책으로 억지로 끌어올렸는데도 겨우 11,432$(1995년)에서 12,197$(1996년)밖에 안 되었다. 멕시코정부가 페소 고평가 정책을 유지하다가 경상수지를 악화시켜, IMF 구제 금융을 받은 전례(94년 말)를 알면서도, 김영삼 정부는 막무가내였다. 한국은 멕시코와 다르다며 일찍 터트린 〈서양독주〉에 취해 갑작스러운 문호 개방에 따라 오는 문제들을 외면했다.

OECD규범에 맞추기 위하여 비합법조직으로 억압하던 민주노총(1995년 창립)을, 복수노조로 인정하려 하자, 재계가 즉각 반발했다. 당황한 김영삼 대통령은, 제15대

국회의원선거를 앞둔 1996년 4월 24일 "신 노사관계구상"을 발표하여, 신 노사관계 5대 원칙을 구체화할 「노사관계개혁위원회」를 만들었다. 이 위원회는, 노동시장유연화(정리 해고제)와 근로자파견제도를 도입하는 한편, 복수 노조와 교원 단결권 보장 도입을 미루는, 새로운 노동관계 개혁법안을 국회에 제출했다. 이번에는 노동계가 즉각 강력 반발하여, 민주노총, 한국노총이 함께 총파업 돌입을 선언했다. 그러나 정부는, 야당 반대를 무릅쓰고, 여당 단독으로 노동관계개혁법을 안기부법과 함께, 날치기 통과시켰다(1996년 12월 10일, 26일).

〈신경제 5개년계획〉에서 노동자의 권리향상을 선언한 문민정부가, 재벌과 보수 기득권세력의 반대에 부딪치자마자, 재벌개혁 대신 재벌을 옹호하던 군사정권의 노동규제정책으로 되돌아갔다. 이에 대해, 30만이 넘는 노동자들이, 민주화운동 이래 최대 규모 총파업을, 다음 해까지 이어가고, 야당들도 노동계 편을 들자, 또다시 태도를 바꾸었다. 다음 해 1월 20일 여야 영수회담을 열어 정리해고제도입 2년 유예 무노동 무임금 조항삭제, 대체근로 부분의 신규하도급금지, 복수노조도입 등에 합의했다.

그사이, 1996년 8월 14일, 한총련 사태가 벌어졌다. 지난 6, 7년 동안 별 탈 없이 진행되어온 〈8.15범민족대회와 범청학련통일대축전〉 남측행사장인 연세대에, 난데없이 전경들이 들이닥쳐 강제 해산하자, 화난 학생들이 밤늦게까지 격렬한 반대 투쟁을 벌였다. 다음날, 경찰 5만을 투입하여 강경 진압하자, 학생들이 한발 물러서, 집회 일정을 모두 취소할 테니 안전 귀가를 보장해 달라고 요청했다. 그러나 경찰은 듣지 않았다. 한총련 관련 수배자 전원을 〈이적행위와 불법행위자〉로 검거하여, 이 참에 아예, 한총련을 없애버리려 했다. 경찰은, 2만여 병력에, 조명차, 조명탄, 그물에 헬기까지 투입, 16일 저녁 7시부터 다음날 아침까지, 총공격, 1,700명이 넘는 학생을 연행하여,〈세계 최대 학생연행 신기록〉을 세우고, 그 중 54명을 구속했다.

이렇게 정부가 갈팡질팡하며, 학생, 노동계와 힘겨루기를 하는 사이, 경제사정은 점점 더 나빠졌다. 1995년 10월 현재, 사상 최초로 수출 1천억$를 돌파하고, 1996년 말, 1인당 국민소득 1만$을 넘어, 진짜 선진국으로 발돋움하고 있었으나, 그 뒤로는, 무역수지 역조가 점차 깊어지고 경제성장이 무디어져, 1995년 9.6%이던 경제성장률이 1996년에는 8%를 밑돌게 되었다.

드디어 1997년 1월부터, 한보철강, 삼미산업 등 재벌기업에서 중소기업까지, 도

미노 부도폭탄이 터지기 시작했다. 사상최대 정경유착 금융부정사고인 한보사태는, 국정 농단하고 있던 대통령 아들 김현철의 뒷배로, 반년이나 표류하다가 끝내 도산, 외화로 50억$이 넘는 부도를 내었다. 이보다 훨씬 더 큰 폭탄은 기아사태였다. 사노합작 부실경영으로 부도직전에 있던 불실기업 기아자동차그룹이, 오히려 "국민기업"을 자칭하며 "호남기업 기아자동차를 부산으로 옮겨가려는 PK정권과 삼성의 유착 음모 때문에 경영위기에 빠졌다"는 〈정치음모설〉을 제기하면서, 정부가 제시하는 모든 구제방안을 거부하고, 결사 항쟁했다. 여기에 경실련과 동아일보 등, 세칭 〈전주 마피아〉는 물론, 김대중을 비롯한 차기 대선 후보들까지 앞 다투어 "기아를 국민기업으로 살리겠다."며 지원하고 나서 사태를 악화시켰다. 용기백배한 기아산업이 정부가 제시하는 모든 조건을 거부하고 버티는데다가 영남과 호남을 대표하는 두 거물의 대화 길마저 끊겨 정부가 할 수 있는 일은, 아무것도 없었다.

기아자동차는, 그렇게 3개월이나 더 버텨, 영구 구제불능 상태에 빠진 뒤에야 비로소 간신히 부도유예협약기업으로 지정되고(7월 15일), 외화로 100억$이 넘는 부도내고 파산했다. 재계 서열 8위에, 계열사 38개, 5,000여 하청업체에 모두 20만이 넘는 종업원을 거느린 자칭 〈국민기업〉의 도산으로 한국경제는 치명타를 입었다. 후유증은 더 컸다. 지역감정까지 곁들인 치졸한 이전투구에 식상한 외국자본이 한국시장을 떠나기 시작했다. 외자도입이 점점 더 어려워지고, 원화가치도 따라서 급속히 떨어졌다. 권력욕에 눈먼 경제 문외한들이 서로 책임 떠넘기며 우왕좌왕하는 사이 한국경제가 흐무러졌다. 〈기아사태는 결국 '환란'을 불러오는 도화선이 되었다.〉(ifs Post 2016년 10월 5일 자)는 말처럼, 기아사태야말로 한국이 〈국제통화기금〉(IMF) 〈경제식민지〉로 전락하는 직접적 원인이었다.

김현철 뒷배로 버티던 한보철강이 무너지고, 동아일보 앞세운 전주 마피아와 김대중 등 호남세력을 뒷배로 한 자칭 국민기업 기아자동차마저 무너지는 판국에 뒷배 없는 중소기업이 버텨낼 재간이 있을 리 없다. 건실하던 기업들이 줄 도산하여 대량 실업사태가 일어났다.

무능한 정부가 갈팡질팡하는 사이, 때맞추어 태국과 인도네시아를 비롯한 동남아 국가들이 외환위기를 맞았다. 우리 외채규모는, 김영삼 정부 출범 직전인 1992년 말에 428억$이었으나, 1996년 말, 1,607억$, 1997년 6월, 1,635억$로 불어난 반면, 외환보유고는 300억$에도 못 미쳤다. 대외지급불능사태에 빠질 수밖에 없다.

게다가, 11월 20일, 환율 제한폭을 철폐하여 환율이 폭등하자, 이상 더 버틸 재간이 없었다. 다음날, 국제통화기금에 200억$ 구제 금융을 요청했다. 김영삼 정부는 IMF가 내건 지원조건인 〈저성장과 고실업〉을 거절할 힘이 없었다. 대통령 하나 잘못 찍은 덕분에, 어진 대한민국 백성은 6.25 전쟁에 버금가는 국치를 당했다. 취임 초, 세 번이나 단행한 〈명예혁명〉 덕에 90%를 넘던 대통령 김영삼의 지지율은, 외환위기를 맞자 6% 대로 떨어졌다.

3. 김대중 국민의정부

1997년 가을. 또 한 번, 대선 열기가 달아올랐다. IMF사태로 경제가 쑥밭이라 정치인의 권력욕이 더 뜨거웠다. 무슨 수를 쓰서라도 권력을 잡으려고 했다. 이념, 정책이나 민주주의 같은 것은 따질 생각도, 필요도 없었다. 오직 정권만을 바라보고, 새정치국민회의 김대중 후보와 자유민주연합 김종필 후보가 단일화했다(11월 3일). 호남표만으로는 당선 가능성이 없다는 것을 학습한 호남 대표 김대중과, 충청표를 독식할 수 있는 충청 대표 김종필이라는 두 대통령 경쟁자가, 전혀 어울리지 않는, 지역연합을 만들었다. 반평생을 군사독재 타도에 몸 바친 민주화운동 선도자와, 바로 그 반민주 군사반란 주모자가, 오직 지역정서만을 담보로 하는 〈신 백제연합전선〉을 만들었다. 조건은, 이른바, 김대중 김종필 〈진보 보수 공동정부〉, DJP정부다. 여당 신한국당 후보 이회창도 민주당후보 조순을 끌어안아(11월 7일), 한나라당 후보가 되었다.

12월 18일에 치러진 대통령선거 결과 야당 DJP연합이 승리하여, 대한민국 역사상 처음으로, 정부여당과 반대야당 간의 평화적 정권교체가 이루어졌다. 그리고 이 기이한 〈독재, 반독재 지역연합〉은, 2001년 임동원 통일부장관 해임건의안 사태로 깨어질 때까지 계속되었다. 김대중은 1971년 40대기수로 대통령에 출마한 이래, 26년이란 길고 험한 고행 끝에, 드디어 야당 대통령후보 4수에 성공하여, 대망의 제15대 대통령이 되었다.

그동안 한국 정치의 주제는 언제나 반공이었다. 반공을 빌미로, 독재까지 서슴지 않는, 전혀 민주주의일 수도 없고 전혀 자유민주주의일 수도 없는 〈반공지상주의〉

였다. 그러나 이번 대통령선거로 지역주의가 완성되면서 사정이 달라졌다. 한국정치의 암적 존재이던 반공 안보가 힘을 잃어, 적어도 반공 국시를 앞세워 반대세력을 제거하는 만행만은 더 이상 없게 되었다. 〈지역주의〉 덕에, 한국 정치가 드디어 미국식 자유민주주의 비슷한 길로 들어설 수 있게 되었다.

김대중 정부 하면 가장 먼저 떠오르는 것이 햇볕정책, 곧 대북포용정책이다. 북한을 흡수통일 하겠다는 전 정권들과는 달리 북한정권을 북쪽 정부로 인정하고, 남북간의 화해와 협력을 통하여 한반도의 평화를 유지하면서 통일을 논의하겠다는 정책이다. 어떤 수단 방법으로든지 간에 북한정권을 궤멸하고야 말겠다는 반공 반북 흡수통일이 아니라 호혜적 평화적 민족통일 방식이다.

전 정부들의 대북정책은 두 가지다. 하나는 이승만식 〈북진 반공통일〉이고, 다른하나는 〈압박 유화 고립 와해 통일론〉이다. 미국과 우방이, 정치, 경제, 군사, 외교력을 총동원하여 북한을 궁지로 몰면, 끝내 두 손 든다는 논리다. 이런 통일이 쉬울리 없다. 안 되는 줄 알면서도 고집하는 것은, 국민의 대북 증오심을 증폭시키는 동시에 반공체제의 우월성을 고취하여, 보수권력을 유지할 수 있는 가장 좋은 수단이기 때문이다. 박정희정권 이래, 해빙무드 타고 여러 번 북한정권과 거래하여 정상회담 문턱까지 갔으면서도, 흡수통일은커녕 화해마저 기대할 수 없었던 것은, 모두 이런 전략적 반공 의식구조 때문이었다. 세계 최강국과 싸워 이겼다고 자부하는 북한정권이 값싼 당근과 채찍에 넘어갈 리 없다. 무릎 꿇고 기어들어오기를 바라다가는, 오히려 불벼락 맞을 수도 있다.

김대중 대통령의 대북정책 기조는, 군사독재 때조차도, 반공주의자들의 비난을 무릅쓰고 〈연방제 통일론〉이었던 것으로 보아, 호혜적인 〈화해와 평화통일〉이었다. 국제정세 또한 평화무드였다. 1989년 폴란드인민공화국 와해, 1990년 독일 재통일에 이어, 드디어 1991년, 미국 압박을 견디지 못한 러시아소비에트체제가 무너져 냉전이 끝났다. 두 체제 전초기지로 분리 독립 하여 민족사상 최대의 참화를 입은 한반도가, 그 영향을 받지 않을 수 없다.

노태우 정부는 반공 군사정부임에도 불구하고, 남북관계를 평화적으로 유지하려애썼으며, 김영삼 정부 또한 오락가락하면서도, 전 정부의 기조를 이어 나갔다. 냉전에 이겨 의기양양한 미국 또한 경수로를 제공하면서까지, 북한에 대한 당근정책을 펴고 있는 판이라 김대중 대통령이, 평소 소신대로 〈햇볕정책〉을 추진할 수 있는 대내외적 여건은 충분히 갖추어져 있었다. 단지 반공교육으로 굳은 기득권세력의 안보공포증이 문제일 뿐이었다. 그러나 사실, 북한의 안보위협 타령은 허상일 뿐 애당초 아무 문제없는 문제였다.

북한이 남한의 안보에 위협이 된다는 것은 물론 틀림없는 사실이다. 공식적으로, 전쟁을 잠깐 쉬고 있는 엄연한 〈적국〉이니 위협이 안 될 수 없다. 반공 보수주의자들이 줄기차게 주장하는 북한의 위협은 두 가지이다. 하나는 북한의 〈남침야욕〉이고 다른 하나는 남한 인민의 공산주의 혁명을 부추긴다는 것이다. 우선, 북한의 남침야욕이란 것부터 보자.

조그만 분단국인 북한은 시끄러운 이른바 〈도발〉위협은 얼마든지 할 수 있다. 그러나 실제 전쟁은 하고 싶어도 할 힘이 없다. 세계 최대 군사 강국 미국은 말할 것도 없고, 세계 10대 무기수출국 중 하나인 한국보다 훨씬 뒤진 무력 뿐 아니라, 전쟁 나고 열흘을 버틸 수 있는 국력이 없다. 아마 이것이 북한이 핵을 개발하게 된 가장 큰 이유일 것이다. 핵을 가지면 공격은 물론, 방어에도 지극히 유리하다. 핵전쟁이 나면 아무도 살아남을 수 없는데, 누가 감히 공격하려 할 것인가. 또 만일 다른 나라가 북한을 선제공격 하면 직접적 핵 피해자가 되는 이웃이 보고만 있을 리 없다.

보다 더 결정적인 것은 미국의 전쟁억제력이다. 핵폭탄이 아니라, 신형 재래폭탄 한 발만 터트리면, 웬만한 도시 하나가 송두리째 날아간다는 사실을 잘 알고 있는 북한이, 쓸 데 없는 모험을 감행할 리 없다. 따라서 상징적으로라도 미국군이 한국에 주둔하고 있는 한 또는 미국이 기발한 유인책을 개발하지 못하는 한, 북한의 침략은 상상할 필요조차 없다. 그리고 다행히 미국군이 한국을 떠날 가능성 또한 거의 확실하게 없다.

미국은 이 날 이때까지, 역사상 한 번 발들인 곳에서, 쫓겨난 경우를 제외하고는, 자발적으로 군대를 철수한 일이 단 한 번도 없다. 그런 미국이, 〈트럼프〉 말처럼, "1인 당 실질국민소득 〈2$〉밖에 안 되는" 전쟁에 박살난 세계최빈국을, 천문학적 자본과 무기에다 36,000명도 더 넘는 귀중한 자국민 목숨까지 바치면서 지켜주고서, 아무 소득 없이, 자발적으로 물러날 리는 절대로 없다. 재무장에 열 올리고 있는 전 조선 식민본국 일본을 끌어들여서까지 지켜줄 각오가 철석같은 미국이 빈손으로 한국을 떠나는 자비를 베푸는 일은 공상영화에서나 나올 법한 이야기다.

따라서 궁지에 몰린 북한이 원자탄을 자폭하여 대한민국과 함께 이 지구상에 영원히 사라질 수 있을지는 모르지만, 남한을 무력 병합하기 위해 전쟁을 일으킨다는 것은, 사실상 불가능하다. 북한이 호시탐탐 공산화 통일을 노리고 있다는 주장은, 냉전 의식에 절은 반공 기득권세력이 권력 줄을 놓지 않으려고 국민을 오도하는 억지에 불과하다.

다음, 북한이 남한 인민의 공산주의 혁명을 선동하고 있다는 주장이다. 그럴듯하다. 그러나 공산주의혁명이란 것이 시도 때도 없이, 쉽게 일어날 수 있는 것이 아니다. 먹고 살기가 지극히 어려운데도 빈부 격차가 격심하던 초기 자본주의사회에서나 일어날 수 있는 사회변동현상이다. 우리나라에서는, 4.19 학생민주항쟁 때만 해도 빈부격차가 아주 심하고, 국민소득이 북한의 절반에도 못 미쳐 사회주의혁명이 매력적일 수 있었다. 그러나 20세기 후반을 지나면서 사정이 완전히 바뀌었다.

제2차 세계대전 후유증을 극복하여 세계경제가 급속도로 성장하자, 사회주의적 이상이 오히려 부담스러워졌다. 내 재산을 모두 바치고 싶은 자비로운 성인이 많을 리 없고, 남의 행복을 더 원하는 이타주의자는 더욱 없다. 따라서 1인당국민소득이 2~3천$을 넘어서고, 사회안전망이 얼마큼 갖추어지면 빈부 격차가 생존 아닌 생활수준의 차이에 불과하여, 사회주의혁명은커녕 아나바다운동마저 시들해진다. 좀 더 나가, 복지사회나 풍요사회에 들어서면, 소비가 미덕이 되어 나누어 먹고 나누어 쓸 필요가 없어진다.

국내외 정치와 사상에 통달한 김대중 대통령이 케케묵은 보수 기득권세력의 반공 안보논리의 진의를 모를 리 없다. 재빨리 평화무드를 떨쳐 일으켰다. 취임사에서 북한에 대한 〈당면 3원칙〉, 즉 〈북한의 무력도발 불용, 북한을 해치거나 흡수할 생각이 없고, 남북 간 화해와 협력 적극 추진〉을 발표하고, 지지부진하던 금강산 관광 협상을 마무리하여, 남북 분단 후 처음으로 1998년 11월, 대한민국 사람들이, "그리운 금강산"의 반공 가사 바꾸어 부르며 〈금강산 구경〉을 하게 되었다.

김대중 대통령은 〈2,000년 신년사〉에서, 남북경제공동체 구성을 제안하고, 2월에, 철도 전력 등 사회간접자본 건설지원 의사를 전달하고는, 드디어 3월 10일, 독일에서 "지구상에 마지막으로 남아있는 한반도 냉전구조를 해체하고, 항구적인 평화와 남북 간의 화해 협력을 이루고자 한다"는 〈베를린선언〉을 발표했다. 정부 당국이 직접 만나, 경협방식, 냉전종식과 평화정착, 이산가족상봉을 논의하기 위한 특사교환을 하자는 역사적 제의를 했다. 한민족이 나누어진 지 40여 년 만이다.

북한이 이에 화답하여 이해 6월 13일에서 15일까지, 김대중 대통령과 김정일 국방위원장이, 민족 분단 사상 처음으로 평양에서 남북정상회담을 열어, 〈6.15 남북공동선언〉을 발표했다. 이후 금강산 관광길이 트이고, 남북 간 교역 규모도 연간 3억 $를 넘어서게 되었다. 정부와 현대가 함께 5억$를 북한에 보내기도 했다. 개성공단 착공식도 가졌다. 2,000년 9월 2일에는 비전향장기수인 김인서, 함세환, 김영태 등 62명을 제2차로 돌려보냈다.

한편으로는, 반공안보태세도 강화했다. 북한에 중대 변혁이 생길 경우 북한의 지도세력을 숙청하고, 남한을 지지하는 개혁세력을 적극 지원하여 통일을 주도한다는 원대한 북한흡수계획이다. 김대중조차도 벗어날 수 없는 북한 노이로제를 성실히 반증한 유비무환책이다. 북한이라고 외투를 모두 벗을 리 없다. 미국 민주당 정부가 경수로를 제공하면서까지 열성적으로 회유하는 데도 불구하고, 핵개발을 멈추려고 하지 않았다. 서로가 서로의 진의를 믿을 수 없었고, 믿지도 않았다.

김대중 정부에게, 북한 햇볕정책보다 더 시급한 문제는 외환위기 극복이었다. 무능한 전 정부의 성급한 미국식 신자유주의 사랑이 초래한 IMF 사태를 조속히 해결하여, 경제를 정상화하는 일이 더 급했다. IMF 사태 최대 원인 제공자인 〈기아사태〉에 일정한 책임이 있다는 항간의 소문도 시끄러운 터라 신경이 더 쓰일 수밖에 없었을 것이다.

문제는 IMF 구제금융 지원조건인 구조조정 곧 영미식 신자유주의 전면화정책이다(손호철, 촛불혁명과 2017년 체제, 2017, 146쪽). 성장성이 약한 기업을 줄이거나 없애고 동시에 종업원도 줄이거나 좇아내어야 한다. 국영기업, 금융기관, 일반기업 가리지 않고 불량 기업을 가려내어, 국내외에 팔거나 아예 없애버리는 재량을 휘두를 수는 있겠지만, 줄도산에다 대량실업은 불가피하다. 비정규직이 일상화되고 사회적 양극화가 심화되었다(위의 책, 147쪽). 혁신이나 진보와는 거리가 한 참 먼 사회자유주의 구조조정이다.

마침내, 운 나쁘게 아니면 연줄 없어 구조조정에 옭힌 수많은 중산층 가정도 불량기업과 함께 무너졌다. 눈 밝고 공정한 대한민국 〈법과 원칙〉은 〈마피아〉 배경 없는 잔챙이들을 빠짐없이 솎아내어, 사정없이 엄벌했다. 뜻밖에 경상하도에 구조조정그물에 걸린 나쁜 기업이 많았다. 억울하지만, 그게 모두 장로님을 잘못 모신 업보이니 호소할 데도 없다.

운 나쁜 경상하도 사람들의 한숨과 원한이 하늘에 닿았는데도, 신자유주의 구조조정으로 득본 자들도 많았다. 김대중 정부 실세 권노갑 같은 거물 여당정치인들의 벤처기업과의 유착이 들통나 민심이 울부짖었고, 정현준, 진승현, 이용호 3대 게이트에다 대통령 막내아들이 경제실세 조풍언, 최규선 등과 얽힌 불법 부정행위를 비롯하여 세 아들 모두 〈홍삼게이트〉로 물의를 일으켜, 김영삼 아들 김현철과 꼭 같이 국민의 분통을 터트렸다. 못난 "아랫것들"이 구조조정으로 목이 달아나는 사이, 똑똑한 "높은 아이놈들"이 말린 곶감 빼먹다 엎쳤다. 그러나 모가지 달아난 놈은 단 하나도 없었다.

그런 한편으로는 국민 복지에도 많은 공을 들였다. 1998년, 직장, 공단, 지역으로 나누어져있던 의료보험조합을 국민건강보험공단으로 통합하고, 다음 해 9월에는 국민기초생활보장법을 만들어 국민의 복지 혜택을 복지국가에 부끄럽지 않은 수준으로 확대 강화했다.

외교에도 뛰어나 국위 선양에 크게 기여했다. 김대중 대통령의 외교력이 외교독립운동가 이승만보다 한 수 위라는 사실은 자타가 공인하는 정론이다. 빛나는 노벨평화상 수상이 그 진가를 증명한다. 무모한 아프가니스탄 침략전쟁을 일으킨 미국 공화당 대통령 조지 W. 부시조차, "한미 간의 전통적 동맹관계를 지속적으로 발전시키며, 대북문제는 한국의 입장을 존중한다"고 할 정도였다. 덕택에 반북 반공보수주의자들의 말세론적 우려를 비웃기라도 하듯 미국과 미국 군인들은 변함없이, 더욱 더 꿋꿋하게 자유 대한민국 국토를 지켜주고 있다.

대일 외교도 원활했다. 일본은 미국과 더불어 〈김대중 납치사건〉때, 김대중의 목숨을 구해준 은인이기도 하다. 1998년 10월, 일본 도쿄에서 일본 수상 오부치와 〈김대중 오부치 게이조 공동선언〉으로 일본의 사죄를 받아, 양국 관계를 안정시켰다.

"오부치 총리대신은 금세기의 한·일 양국관계를 돌이켜 보고 일본이 과거 한때 식민지 지배로 인하여 한국 국민에게 다대한 손해와 고통을 안겨주었다는 역사적 사실을 겸허히 받아들이면서 이에 대하여 통절한 반성과 마음으로부터의 사죄를 했다"

드디어 1998년 11월, 말 많은 한일어업협정을 다시 체결하고 2002년 월드컵경기를 공동개최하면서 한일관계를 단단히 굳혔다. 그러나 〈한일 어업협정〉에서 독도가 한국 바다에서 사라져 버려 온 국민이 깜짝 놀랐다.

분명한 우리 고유 영토인 독도가 한일 양국의 배타적 수역, 즉 공동수역으로 밀려난 문제는 결국 헌법재판소에 까지 올라갔고, 헌법재판소는 〈어업을 위해 정한 수역과 섬의 영유권 내지 영해 문제는 관련이 없다〉고 구차하게 기각했다. 그러나 일본이, 독도를 자기네 땅 〈다케시마〉(竹島)라고 끈질기게 고집할 빌미를 주었다는 사실을 덮을 수는 없다.

4. 노무현 참여정부

21세기에 들어서면서, 한국정치지형에 의미 있는 변화가 나타났다. 그 첫째가, 새로운 자주적 정치세력의 제도권 등장이다. 서민 정치인을 자처하는 노무현이 앞장섰다. 노무현은, 20세기 주류 정치지도자들과는 여러 면에서 다르다. 출신부터 다르다. 자본의 자유를 모르는 가정에서 자라나 막노동을 체험한 풀뿌리 한글세대 민주의식이 일본 강점 하에서 자란 20세기 주류 일본어세대와 같을 수 없다.

다음, 386세대의 제도권 진입이다. 386세대는, 1960년대 생으로 1980년대에 대학에 다니면서 진보적 민주화운동에 앞장섰던 세대다. 이들은 일제 강점기의 고통은 물론, 해방의 감격도, 6.25 전쟁의 아픔도 모르고 자란 행복한 세대이다. 80$도 안 되던 1인당 국민소득이 2~3,000$ 너머로 가파르게 뛰어오르는 시기에, 빈곤과 풍요를 함께 체험하며 자랐을 뿐 아니라, 급속한 경제 발전과 더불어 전자 기기가 인간 생활을 지배하는 시대로 진화하고 있는 시기에 자란 세대이다.

보다 더 중요한 것은, 이 세대가 사회화하는 과정에서 반공안보 논리가 조금 힘을 잃어 반공을 빌미로 인권을 침해하는 만행이 크게 줄어들었다는 사실이다. 덕분에, 이 세대는, 반미, 자주, 민족해방, 민중민주주의 같은 반신자유주의적 민주화운동으로, 6월 민주항쟁의 주역이 될 수 있었다. 그리고 10여 년 뒤(2000년), 노무현이 제16대국회의원선거에 패배하자, 노무현의 탈지역주의, 탈권위주의, 실천적 자주민주주의에 공감하여 〈노사모〉를 만들고, '깨어있는' 민중을 동원하여, 자금도 조직도 없고, 당내에서 조차 비주류인 노무현을 새천년민주당 대통령후보로 만들고, 새천년민주당 주류를 비롯한 기득권세력의 핍박마저 물리치고, 21세기 첫 대통령으로 당선시킨 일등공신이 되었다.

이 젊은 민주세력이 제도권에 들어가면서, 한국 정치 주제에 다시 한 번 자주민주주의가 힘차게 등장했다. 어느 면에서는, 50여 년 전 일제 식민지배에서 벗어나 자주독립을 갈구하던 여운형을 비롯한 독립운동세력이, 미국 점령군을 업은 친일 친미 기득권세력에 맞서, 힘든 싸움을 하던 때로 되돌아간 것 같은 모양새다. 1인당 국민소득이 50$도 안 되는 국가형성단계의 빈곤사회가 국민소득 1만$을 넘는 고도자본주의사회로 바뀌었다는 것 말고는 두 시기의 정치지형은 아주 비슷하다. 시대가 다를 뿐이다. 어쩌면 세기적 전환기에 들어섰다고도 할 수 있다.

셋째, 인터넷 정치운동의 등장이다. 전자기기 인터넷을 통하여 〈정치인 팬클럽〉이라는 새로운 정치단체, 이른바 〈행동하는 네티즌〉이 생겨났다. 2000년 4월의 제16대 국회의원선거에서 노무현이 낙선하자마자 정치무대에 등장한 〈노무현을 사랑하는 사람들의 모임〉(노사모)라는 정치인 개인 열성 지지단체가 바로 그것이다. 노사모는, 정당이나 정당 지도자와는 관계없이 노무현 한 사람만을 지원하는, 전자기기를 매체로 한 지지모임이란 점에서 정당이나 정당정치인후원회와는 다른 새로운 정치인지지단체이다. 기성 정당이, 기저국민의 의사를 대변하지 못하는 한계를 보완하는 새로운 풀뿌리 정치참여수단이기도 하다.

넷째, 일반 국민의 대통령경선 참여이다.[20] 2002년 1월, 새천년민주당이 대통령후보 국민참여 경선제를 도입하여, 일반 국민의 정치참여 길을 넓혔다. 대한민국이 생긴 이래, 군사정부를 포함한 모든 정당의 대통령 후보는, 직접적이든 간접적이든 또 실질적이든 형식적이든 간에 모두 정규 당원에 의하여 선출되었으나, 21세기 한국 최초 대선인 제16대 대통령선거에서 새천년국민당이 한국 최초로, 보통 국민들로 구성되는 일반선거인단을 대통령후보 경선에 참여시켰다. 그것도 정규 당원과 일반 국민의 비율을 50 대 50 동률로 하고, 선거 해인 2002년 3월에서 4월에 걸쳐, 모든 광역자치단체를 순회하여 투표하는 경선 방식으로, 밑바닥 국민에게 보다 더 가까이 다가서려고 했다.

이러한 새 물결에 힘입어 2002년 12월 19일, 제16대 대통령선거에서 노무현이 당

---

20) 이 방식은, 미국의 예비선거중 하나인 개방형선거제(open primary)를 본뜬 것이지만, 영국 보수당에 비하면 압도적으로 민주적이다 .2022년 10월, 리시 스낵(R.Sunak) 수상은, 혼자 출마하여 당선되었다.

선되었다. 상고 출신 노동인권변호사 노무현이, 대법관, 감사원장에 국무총리까지 지낸 최상위 선민정치인 이회창을 누르고, 신세기 첫 대통령이 되었다.

노무현의 승리는 단지 대통령 자리가 〈민주화〉했다는 차원을 넘어, 험난한 자유민주 독재를 견뎌낸 자주민주세력이, 지역주의 정서에 의존하지 않고서도, 신자유주의적 장애를 극복할 수 있다는 것을, 알려주는 것이기도 하다.

17대 대통령선거에 승리한 노무현과 6월 민주항쟁 주역은, 오랜 세월 신자유주의 정책으로 기울어진 한국의 경제 사회적 불균형을 바로잡을 수 있는, 〈새로운 민주정치〉를 펴려고 했다. 스스로, "우리 민주주의를 국민의 참여가 일상화되는 참여민주주의의 단계로 발전시키고, 진정한 국민주권, 시민주권의 시대를 여는 참여정부"라 선언하고, 낡은 권위주의 정치문화를 청산하여, 국민과 함께 하는 〈새로운 민주주의 대한민국〉, 더불어 사는 〈민주주의 균형사회〉 건설을 다짐했다.

그 첫걸음으로 노무현 참여정부는 비례대표제를 들여왔다. 19세기 영국인이 만든 현 선거제도로는, 새로운 민주정치를 실현하기 어렵기 때문이다. 2002년 3월과 2004년 3월에, 공직선거법을 개정 〈정당명부식 비례대표제〉를 채택하여, 시 도의원 선거와 국회의원 선거에서 지역구의원과 비례대표 의원 각 각 1표씩 투표하는 1인 2표제를 도입하고, 2005년에는, 자치구, 시·군 단위에도 비례대표제를 도입하여, 버려지는 소수의사를 반영할 수 있게 했다. 선거에서 금권을 배제하기 위하여 상향식 공천제를 도입하고, 국회와 여당에 자율권을 준 것 또한, 보다 더 넓은 민의를 반영하기 위한 방안이다.

다음은, 국가권력 분산이다. 권위주의 국가에서는 주요 의사결정권이 중앙에 집중 되어 있어, 중앙정부를 중심으로 돈이 꼬이고, 사람이 모인다. 참여정부는, 이러한 중앙집중현상을 개혁하기 위하여, 2003년 12월 29일, 대통령 공약 중 하나인 신행정수도건설특별법 등 〈국가균형발전 3대 특별법〉을 제정했다. 행정수도를 만들어 수도를 옮기려던 계획이 좌절되자, 차선책으로 〈혁신도시조성 및 발전에 관한 특별법〉에 의거한 지방거점 혁신도시를 만들어, 주요 공공기관과 정부 출연 연구기관 등을 낙후 지방으로 이전하여, 인구 분산과 지방 발전을 동시에 실현코자 했다.

셋째, 권위주의 정치문화 개혁이다. 20세기 내내, 한국 정치를 지배한 권위주의는, 대소 공직을 봉사하는 자리가 아니라 권력을 휘두르는, 〈벼슬자리〉로 생각하는 관존민비사상, 상명하복, 지배자의식, 선민의식 같은 조선시대로부터 전해 내려 온

유물이다. 일제에서 해방되어 민주주의체제가 들어서면, 이론상 권위에 의존하는 심리적 태도나 행동양식은 당연히 사라져야 한다. 그것이 민주주의이다. 그러나 한국에서는 그렇지 못했다. 민간 분야에서는 좀 줄어든 듯도 하지만, 정, 관, 재계, 특히 법률, 규칙 해석권을 가진 분야에서는 변함없이 그대로 전승되었다.

노무현 대통령은, 이러한 반민주적 정치문화를 민주화 하려고 했다. 검찰이, 참여정부의 검찰개혁에 반발하여, 불법 대선자금 수사로 선제공격을 감행하자, 스스로 〈국민과 눈높이를 맞춘 지도자〉로서 〈대통령과 전국 검사와의 대화〉를 주재하면서까지 〈권위주의 화신〉 검찰권의 민주화를 독려했다.

다음해 1월 14일의 연두기자회견에서는, 권위주의 정치문화 개혁에 대한 강한 의지를 바로 내비쳤다.

    "지난 수십 년 끊어내지 못했던 정치와 권력, 언론, 재계 간 특권적 유착구조는 완
    전히 해체될 것이며, 투명하고 공정한 사회로 성큼 다가설 것이다."

참여정부가, 관행화한 특권적 유착구조, 이른바 〈권력카르텔〉을 해체하여, 공정한 정치문화를 만들기 위하여 내어놓은 방안이, 국가보안법, 언론관계법, 사립학교법 같은 권위주의를 조장하여 사회 정의를 해치는 법률의 개정이다. 여기에 과거사진상규명법을 더한 것이 참여정부가 반드시 개혁하겠다고 공언한, 이른바 〈4대 개혁입법〉이다.

그러나 〈공정사회〉로 가는 길은 험했다. 기득권 지배체제의 뿌리를 흔드는 혁명적 도전을 기득권세력이 보고만 있을 리 없다. 민, 관, 여, 야가 따로 없이 반대했다. 미군정 이래, 확고한 지배권을 움켜쥔, 정치, 언론, 종교, 재계, 관계, 모든 영역의 기득권세력이 거칠게 반발했다. 〈국민운동본부〉를 비롯한 우파 시민단체들이 급조한 〈반핵반김국민협의회〉 등 아스팔트 우파와, 운동권 전향자들의 〈자유주의연대〉 같은 뉴 라이트에다가 〈북핵저지시민연대〉 같은 신생 주변 카르텔들까지 모두 나서 참여정부의 새 정치를 헐뜯었다.

검찰은 〈대통령과의 대화〉에도 아랑곳하지 않고, 보란 듯이 권위주의 상징 검을 계속 휘둘렀다. 입헌 독재, 군사독재 같은 권위주의 정부 하에서는 영특한 하수인으로, 문민정부부터는 사실상의 법치 지배자로 군림하면서 무소불위 재량권을 행사해

온 검찰이 2003년부터 다음 해까지 〈2002년 대선자금〉을 조사(검사)했다. 그 결과, 한나라당 이회창 후보는 823억 원, 노무현 새천년민주당 후보는 113억 원의 불법 정치자금을 받은 것으로 드러나, 한나라당은 물론 노무현 대통령 또한 도덕성에 큰 상처를 입었다.

기성 정계의 역습도 무서웠다. 전 여당 새천년민주당이 앞장섰다. 새천년민주당은, 노무현을 대통령으로 당선시킨 여당이다. 그러나 노무현 후보의 "민주세력대통합론" 이래 새천년민주당 주류의 〈낡은 정치〉와, 노무현의 〈새로운 정치〉가 점차 멀어져갔다. 게다가 2003년 2월, 한나라당이 발의한 〈남북정상회담관련 대북비밀 송금 의혹사건 등의 진상규명을 위한 특별검사 임명 등에 관한 법률〉(대북송금특검법)에 대해 대통령거부권을 행사하지 않았을 뿐 아니라, 새천년민주당을 탈당하여(9월 29일), 새천년민주당 탈당 의원들이 만든 열린우리당(2003년 11월 1일 창당)을 감싸자 마침내 폭발했다

드디어 2004년 2월 25일, 참여정부 출범 1주년을 맞아, 〈실패한 1년, 잃어버린 1년〉이라는 국정평가 보고서를 발간하여 노무현의 비리를 속속들이 꼬집었다. 한나라당의 5분의 1에 육박하는 불법 대선자금, 대통령 사돈의 펀드 불법 조성, 안희정 등의 불법 자금 수수 등 7대 비리 의혹과, "대통령 못 해 먹겠다" 등 11가지 자질 부족 사례 양강 구도 언급 등 총선 관련 발언들을 비롯한 4가지 불법 관권개입 사례, 그리고 21가지 정책 실패, 경제 파탄 등, 모두 4개 주제, 43가지 비위 사실을 들어, 대통령으로서의 지적 능력과 지도력 부족 문제를 제기하면서, 스스로 권위를 내려놓은 서민 대통령 노무현과 참여정부를 신랄하게 저주했다.

2004년 3월 12일, 노무현 대통령이 탄핵되었다. 대한민국 국회가 대한민국 헌정 사상 처음으로, 대한민국 대통령을 탄핵 소추했다. 전 여당 새천년민주당이 주도했다. 탄핵 사유는 "공직선거 및 선거부정방지법이 정한 중립의무 및 헌법 위반"이다. 소수 신당 열린우리당의 반발에도 불구하고, 야당이 된 전 여당 새천년민주당과 원내 다수당인 한나라당, 자유민주연합이 단합하여, 찬성 193표, 반대 2표로 탄핵소추안을 통과시켜, 헌법재판소로 보냈다. 노무현의 대통령직 직무는 당연히 정지되고, 고건 국무총리가 대통령 권한대행을 맡았다.

대통령 탄핵의 후폭풍은 컸다. 풀뿌리 보통사람들이 촛불을 들었다. 탄핵 당일부터 3월 27일까지 보름 동안, 서울을 비롯한 전국 각지에서, 〈탄핵무효 부패정치척결

을 위한 범국민행동〉〈탄핵무효국민행동〉이 주도하는 탄핵무효촛불집회가 열렸다. 〈낡은 정치〉진영도, 80여 보수단체를 중심으로 〈바른선택국민행동〉을 만들어, 탄핵찬성 맞불집회를 열었다.

한 달 뒤인 4월 15일, 제17대 국회의원총선거가 치러졌다. 한국 최초로, 인물(지역구)과 정당을 동시에 투표할 수 있는 〈1인 2표 비례대표제〉가 도입된 이 총선거에서, "새로운 정치"를 내세운 열린우리당은, 47석의 소정당에서 단숨에 152석(지역구 129석, 비례대표 23석)을 얻어, 원내 제1당이 된 반면 탄핵을 지지한 정당들은 모두 된서리를 맞았다.

한나라당은, 경상도당 충성 덕분에 121석(지역구 100석, 비례대표 21석)을 얻어, 그나마 체면을 유지했지만, 새천년민주당은 단 9석(지역구 5석, 비례대표 4석) 밖에 얻지 못하는 참패를 맛보았으며, 자유민주연합은 지역구 4석만 겨우 얻어 비례대표 1번 김종필마저 낙선하여 정계를 떠나야만 했다. 반면에 진보정당을 표방하는 민주노동당이 10석(지역구 2석, 비례대표 8석)을 얻어, 대한민국 역사상 처음으로 원내에 진출한 데다 원내 제3당으로까지 도약했다. 뿐만 아니라, 열린우리당과 함께 대한민국 역사상 최초로 〈새로운 민주정치세력〉이 국회를 장악하여, 자주민주주의에 대한 기대를 높였다.

그리고 한 달 뒤(5월 14일), 헌법재판소가 노무현 대통령의 탄핵소추안을 기각하여, 노무현이 다시 대통령직에 〈복귀〉하고, 5월 20일, 열린우리당에 "수석 당원"으로 입당했다.

국민의 압도적 지지에 용기를 얻은 열린우리당은, 서둘러 권위주의 정치문화 개혁을 시작했다, 17대 정기국회가 시작되자마자, 국가보안법 폐지, 언론 관계법 제정, 사립학교법 개정, 과거사진상규명법 제정 등, 〈4대 개혁입법〉을 추진했다. 또 불공정한 재계의 지배문화를 바로잡기 위해 보유세를 강화하고, 종부세, 증권관련 집단소송제를 도입하는 등으로, 부정부패의 최대 온상인, 정, 경, 언 유착을 끊으려고 했다.

그러나 〈새정치〉의 길은 역시 험했다. 법안이 상정되자마자 국회가 요동쳤다. 한나라당은 〈4대 국론분열법〉이라 비난하면서, 격렬하게 반대했다. 권위주의정권의 보도, 국가보안법 폐지에 대한 반대가 가장 심했다. 한나라당을 비롯한 기득권세력과 조. 중, 동 등 기득권 언론의 강경한 반대에 부딪혀, 일부 개정으로 후퇴까지 했지만, 그마저도 여당 내 강경파와 민주노동당의 반대에, 당 지도부 무능까지 겹쳐 없던 일로 되고 말았다.

그렇게 많은 무고한 사람들을 빨갱이로 몰아 죽이고도, 책임진 사람이 하나도 없는 최대 악법인데도 불구하고, 아무 탈 없이 살아남아, 권위주의 통치의 대변자로 위세를 떨친 언론, 특히 조, 중, 동의 독점적 지위와 허위사실 유포를 개선하기 위한 언론관계법 개정 또한, 위세 등등한 조 중 동의 반발에 밀려 뒷북치다가 끝났다.

사학법은 더 처참했다. "사학의 〈자주성〉을 확보하고 〈공공성〉을 양성하여 사학의 건전한 발달을 위하여" 제정된(1963년 6월 26일) 사학법은 여러 차례 개정에도 불구하고, 사학의 자주성이나 공공성이 전혀 없었다. 참여정부 개정안의 골자는, 학교법인 이사 중 4분의 1 이상을 학교운영위원회나 대학평가위원회가 2배수로 추천하는 개방형 이사제와, 감사 2인 중 1인을 학교구성원단체가 추천하는 공익 감사제, 학교법인 임원의 친인척 비율을 3분의 1에서 4분의 1로 줄이고, 이사장은 학교장이나 다른 학교법인 이사장을 겸직할 수 없도록 하는 등 비교적 무난한 개방형이었다.

그러나 개정안이 나오자마자 사학관계자들이 흥분했다. 박근혜를 비롯한 한나라당 중진들과, 105개 대학을 포함한 496개 학교를 거느린 〈한국기독교총연합회〉(한기총)이 앞장서 반대했다. 노무현이 대통령으로 당선되자마자, 〈반핵 반김 자유통일 3.1절 국민 대집회〉를 열어, 시가행진했던 한기총은, 4대개혁 입법이 나오자마자, 또다시 서울광장에서 〈대한민국수호국민대회〉를 열어, 〈국보법폐지반대, 사학법개정반대〉를 외치며, 서울거리를 누볐다. 11월1일 에는, 목사 권사 장로 1만여 명을 장충체육관에 모아, 〈종교탄압규탄한국교회통곡기도회〉를 열어, 한국 정치를 정교통합시대로 되돌렸다.

사학법 개정안이, 국회의장 직권상정으로 국회를 통과 공포되자, 사학세력의 반발이 극에 달했다. 한나라당은 국회 등원을 거부하고 "사립학교의 자율성과 자주성을 침해하지 말라"고 성토하는 기독교재단들과 함께 사학법 무효 장외투쟁에 나섰다. 한기총은, 사학단체, 반공보수단체들과 「사학수호범국민운동본부」를 만들어(2005년 12월 29일), "우리는 순교의 정신으로 사학 악법의 철폐 및 재개정을 끝까지 관철한다. … 우리는 불순세력으로부터 사학과 우리 자녀들을 보호한다." 마침내, 2007년 7월 3일, 사립학교법 재 개정안이 국회 본회의를 통과했다. 개정된 지 1년 반 만이다. 사학재단과 사립학교 비리를 척결할 수 있는 장치들은 모두 사라졌다. 개방이사와 공익감사는, 학교운영위원회와 대학평의회뿐 아니라, 재단도 참여하는 이사추천위원회에서 추천하도록 되었으며, 친인척의 학교장 취업 길까지 열어주었다.

참여정부가 마음먹고 추진한 4대 개혁 입법은, 결국, 모두 여야 간에 적당히 타협한 〈누더기법〉이란 오명을 쓰고 끝이 났다. 뿐만이 아니다. 지난해 여야 합의로 통과, 공포되고, 입지까지 선정된 신행정수도법조차, 헌법재판소의 관습 헌법 위반이라는 보수적 위헌 판결(2004년 10월 21일)에 걸려 물 건너갔다.

다음해 3월 2일, 〈행정도시특별법〉으로 행정도시를 만들기는 했지만, 국가 권력의 지방 분산을 통하여 전통적인 권위주의 관행의 폐해를 개혁하려던 새 정치의 꿈은 힘을 잃었다. 어떤 〈새정치〉도, 자유주의기득권세력의 권위를 능가할 수 없다는 것이 증명되면서, 국민의 기대도 함께 떠나갔다.

다행스럽게도 〈진실 화해를 위한 과거사정리 기본법〉이 제정되었다(2005년 5월). 이 법으로, 권위주의적 사법제도를 개혁하고, 공안사건 등의 인권침해사건을 조사 정리하기 위하여, 독립적 정부조사기관인 「진실 화해를 위한 과거사정리위원회」 (2005년 12월~2010년 12월)를 만들 수 있게 되었다. 덕분에, 2005년 3. 1절에, 불후의 애국 독립운동가 여운형에게 건국훈장 대통령장을 추서하는 등, 54명의 독립투사들에게 뒤늦은 서훈을 추서한 데 이어, 광복 60주년을 앞둔 8월 3일 사회주의 계열 독립투사 47명을 포함한 214명의 순국선열과 애국지사에게 서훈을 추서하여, 대한민국의 정체성을 재확인할 수 있었다.

참여정부의 외교정책은 아주 새롭다. "과거 우리가 종속적 변수였던 처지에서 벗어나 적극적으로 우리의 역할을 찾아나가자"는 〈동북아균형자론〉, 곧 자주자립외교이다. 우선, 북한을 보는 눈이 다르다.

미국의 대북정책은, 20세기 내내, 압박과 제재 회유를 통한 확장억제고사 정책이었다. 가장 온건한 클린턴 정부조차, "국제주의에 의거한 한반도 전쟁예방, 핵동결, 대량살상무기감축"을, 당근과 채찍으로 연착륙 시키려는 정책이었다. 한국정부들은 한걸음 앞섰다. 이승만은 오직 북진통일 뿐이었고, 박정희로부터 시작된 군사정부 또한 변함없는 북진통일론이었다. 냉전이 끝난 뒤에는, 다소 누그러진 듯 했지만, 정책기조에는 별다른 변화가 없었다. 김영삼의 문민정부는, 군사정부와 거의 다르지 않으면서도, 갈팡질팡 했다. 김대중 국민의 정부만이 햇볕정책이란 비폭력적 유인책이었지만, 이 또한 반공안보라는 자유주의적 접근이란 한계에서는 벗어날 수 없었다.

참여정부 대북정책은 전혀 다르다. 먼저, 〈우리 중심〉 외교다. 남의 간섭을 받지
않는 우리 중심의 자립 자주외교이다. 다음, 북한을 적이 아닌 〈평화번영의 동반자〉
로 본다. 이 점에서, 북한을 궤멸해야 할 〈주적〉으로 본, 미국이나 전 정부들의 대북
정책과 근본적으로 다르다.

참여정부는, 태어나자마자 2차 북핵 위기틈새에 끼었다. 2003년 1월 10일, 북한
이 핵확산금지조약(NPT)를 탈퇴하자, 미국 정부(조지 W. 부시)는, 즉시 북한 봉쇄와
제재에다 핵시설 폭격도 불사하겠다고 으름장 놓았다. 북한도 이에 굴하지 않고,
2006년 1월, 실제로 제1차 핵실험을 강행했다.

이런 위기상황에도 불구하고, 참여정부는 북핵 불용, 외교적 해결, 한국의 주도적
역할을 앞세워, 6자회담을 중심으로 〈평화와 번영의 동반자〉로 격상시킨 북한과의
〈평화공존〉에 힘썼다. 그 결과, 2007년 2월 13일 〈2.13 합의〉를 이끌어내었으며,
2007년 10월 2일에는 군사분계선을 "걸어서" 넘어가, 미국의 〈압살정책〉에 맞서
싸우는 북한 김정일 국방위원장과 남북정상회담을 열어, 〈남북관계 발전과 평화 번
영을 위한 선언〉, 곧 10.4 남북공동선언을 발표했다. 8개 조항으로 된 이 선언으로,
해주경제특구가 설치되고, 금강산과 더불어 개성과 백두산까지 관광할 수 있게 되
었다.

미국과의 관계 또한 전정부들과 다르다. 자주적이다. 가장 돋보인 것은, 감히, 미
국에 〈전시작전권〉(전작권) 환수를 요청한(2006년) 일이다. 전작권은, 국군통수권의
핵심이다. 당연히 대한민국 대통령만이 가지고 있어야 하는 존엄한 〈대한민국 주
권〉이다. 그러나 1950년, 6. 25 전쟁이 터지자마자, 이승만 대통령이 서둘러 미국에
헌납한 이래, 계속 미국이 가지고 있다. 지난 정부들에서는, 엄두조차 내지 못하던
전작권 환수, 곧 〈군사적 독립〉인 동시에 〈외교적 독립〉을 참여정부가 요청했다.

이에 대해, 미국 정부도, 흔쾌히 〈3년 안에〉, 〈한반도 유사시〉 한국군에 양도하기
로 약속했다. 이 때문에 노무현은, 개혁이나 혁신, 자주, 평화 근처에만 가도 종북파,
주사파, 김일성주의자라고 핏대 올리는 기득권세력으로부터, 반미주의자, 친북파,
편협한 국수주의자라는 화끈한 비난을 받았다.

그렇다고, 북한에 대한 경계를 늦춘 것은 아니었다. 〈한반도 유사시에〉를 대비한
자주국방을 완성하기 위해, 해마다 국방예산을 평균 8.8% 올리고, 값비싼 미국의 공

중조기경보기 등 여러 선진 무기를 도입하고, K2전차 개발사업, 사병월급 인상 등 한국군 전력 증강을 위한 방위력개선비 예산을 연평균 11.7$ 올려, 북한의 군사 위협에 대비했다.

한편으로는, 미국과의 관계 증진에 공을 들였다. 9.11 테러를 구실로 아프가니스탄과 이라크에 〈테러전쟁〉을 벌인 조지 W. 부시 강성 네오콘 정부와, 아무 충돌 없이 아주 잘 지냈다. 가장 돋보인 것은, 2006년 2월 3일 한미 간 자유무역협정(한미 FTA)을 촉진하기 위해, 말썽 많은 4대 선결 조건, 즉 〈미국산 쇠고기수입 재개, 2009년까지 배출가스강화기준 철폐, 스크린쿼터 축소, 약값재평가제도 철폐〉를, 미국 요구대로 모두 받아들인 일이다. 외환위기를 예방하기 위한 다국적 FTA의 일환이란 명목으로, 우리에게 불리한 4대 선결조건을 조건 없이 받아들이자, 반대자들은 여야 가리지 않고, 친미굴욕협상이라 극구 비난했다.

뿐만이 아니다. 미국이 무단 침략한 이라크전에 참전했다. 참여정부는, 국제적 비난을 무릅쓰고, 부시 정부 요청에 따라, 미국군, 영국군 다음 가는 제3위 규모 3,000여 명의 〈자이툰부대〉를 파병하여(2004년 2월 23일~2008년 12월 20일), 미국의 침략전쟁을 도왔다. 또 말썽 많은 주한미군 용산기지 이전 문제를, 미국 정부 요청 그대로 순순히 받아들였다. 당연히, 자주민주 진영으로부터 친미주의자, 신자유주의자라는 거친 비난을 받았다.

참여정부는, 노동문제에도 힘썼다. '사회 통합적 노사관계'를 국정과제 중 하나로 정하여, "참여와 협력, 대화와 타협의 노사관계를 실현하여, 외환위기 후유증으로 헝클어진 노동시장의 불평등과 불안정을 해소하여" 노동시장을 안정시키기 위하여, 〈기간제 및 단시간 근로자 보호 등에 관한 법률〉, 〈파견근로자보호 등에 관한 법률〉, 〈노동위원회법〉 등의 비정규직보호법을 제정, 2007년 7월 1일부터 시행했다.

가장 심각한 비정규직 노동자의 권익을 보호하기 위한 대책은, 노사 양측 모두로부터 거부당했다. 민주노총을 비롯한 노동계는, 취약 노동자 보호는커녕 오히려 비정규직을 양산하는 비정규직 개악법이라며 개정을 요구하고, 사용자 측은, 노동시장 유연화에 역행하는 처사라고 비난했다. 더불어 사는 노동문화를 실현하려던 참여정부의 노동정책은, 이렇게, 강력한 산업계의 저항뿐 아니라, 노동시장의 중층 다단계구조에서 오는 노노갈등까지 겹쳐, 실패로 끝났다. 소수 자주민주세력의 인권의지만으로는, 고도자본주의 노동정책 후유증을 극복할 수 없었다.

부동산 정책도 마찬가지다. '지방분권 3대 특별법'과 '혁신도시 조성 및 발전에 관한 특별법'을 만들어, 지역 균형 발전으로 수도권 인구를 분산시키고, 부동산 가격을 안정시키려고 했다. 나아가, 부동산세 신설, 투기과열지구, 투기지역, 조정대상지역 지정 같은 여러 가지 대책을 쏟아냈지만 과열된 부동산시장을 진정시키는 데는 실패했다. 고도성장에 따른 부의 과점으로 돈이 남아도는 부자들과 투기꾼들의 과욕에다 무책임한 언론의 부추김을 막지 못해 빈부의 격차를 오히려 늘리는 역풍을 맞았다.

〈새로운 대한민국〉을 건설하기 위한 노력이 이렇게 모두 누더기신세로 밀리면서, 노무현과 새 정치세력은 갈수록 힘이 빠졌다. 〈남대문시장에서 마주친 대통령과 소주 한잔을 기울일 수 있는 시민〉과 "더불어 사는 사회를 사랑하는 국민"이 점차 줄어들었다.

재보선에 이어, 2006년 지방선거에서 마저 패배하자, 발빠른 출세주의자들이 앞장서 노무현 없는 신당을 만들기 시작했다. 민심이반이 이유다. 노무현은, 열린우리당을 떠나면서, 이렇게 한탄했다.

"말이 신당이지 지역당을 만들자는 것이기 때문이다."(2006년 11월 30일).

"다시 지역당 시대로 돌아갈 수는 없다. … 지역당으로는 어떤 시대적 명분도 실리도 얻을 것이 없다." (2007년 2월 22일).

열린우리당이, 대통합민주신당에 흡수(2007년 8월 20일)되면서 노무현과 6월 민주항쟁세대의 〈새로운 민주정치〉 꿈도 함께 사라졌다.

안희수

서울대학교 문리대학 정치학과(정치학학사)
서울대학교 대학원 정치학과(정치학석사)
단국대학교 대학원 법학과(법학박사)
경기대학교 부교수
인하대학교 교수
인디애나대학 교환교수
월간 〈현실과 대안〉 발행인

대한민국 현대정치사 —건준에서 참여정부까지—

초판발행   2024년 4월 10일

지은이   안희수
펴낸이   안종만 · 안상준

편 집   박가온
기획/마케팅   김민규
표지디자인   Benstory
제 작   고철민 · 조영환

펴낸곳   (주) **박영사**
              서울특별시 금천구 가산디지털2로 53, 210호(가산동, 한라시그마밸리)
              등록 1959. 3. 11. 제300-1959-1호(倫)
전 화   02)733-6771
f a x   02)736-4818
e-mail   pys@pybook.co.kr
homepage   www.pybook.co.kr
ISBN   979-11-303-1924-7 93340

copyright©안희수, 2024, Printed in Korea

* 파본은 구입하신 곳에서 교환해 드립니다. 본서의 무단복제행위를 금합니다.

정 가   18,000원